한국 경제의 기적과 환상

한국 경제의 기적과 환상

2020년 2월 20일 초판 인쇄
2020년 2월 25일 초판 발행

엮은이 | 경제질서연구회
교정교열 | 정난진
펴낸이 | 이찬규
펴낸곳 | 북코리아
등록번호 | 제03-01240호
주소 | 13209 경기도 성남시 중원구 사기막골로 45번길 14
우림2차 A동 1007호
전화 | 02-704-7840
팩스 | 02-704-7848
이메일 | sunhaksa@korea.com
홈페이지 | www.북코리아.kr
ISBN | 978-89-6324-695-6(93320)

값 28,000원

한국 경제의 기적과 환상

경제질서연구회 엮음

The Miracle and Mirage of the Korean Economy

북코리아

서문

독일어권에서 경제학과 경영학을 수학한 학자들을 중심으로 "경제적 재도약을 다짐하고 내일의 풍요한 경제사회를 이끌어가는 올바른 경제사상의 재정립"을 위해 1996년 한국질서경제학회가 창립되어, 지난 25년간 질서자유주의의 소개와 독일 경제정책의 연구로 한국의 경제학 발전에 기여를 해왔다. 그런데 한국 사회에 제대로 된 대안을 제시하기 위해서는 보다 체계적인 경제질서의 연구와 토론이 필요하다는 문제의식으로 2015년 10월에 경제질서연구회가 시작되었다. 그 후 현재까지 계속된 40회의 월례 세미나에서 질서자유주의와 독일과 한국의 경제 현안을 심도 있게 토론하였다. 이 책에 수록된 논문은 대부분 그동안 연구회에서 발표되었던 것이며, 한국의 올바른 경제질서 수립을 위한 노력의 결과물이다.

이 세미나가 시작된 이후에 한국 사회는 정치적으로 엄청난 격변을 맞이했고, 경제적으로도 커다란 시련에 직면해있다. 생산, 투자, 수출 등의 모든 경제 지표는 이미 한국 경제가 장기 침체에 접어들었음을 나타내고 있다. 이와 함께 그동안 잠재되어 있던 다양한 사회적 갈등이 표출되어 한국 경제의 전망을 더욱 어렵게 하고 있다. 특히 촛불로 들어선 문재인 정부는 '소득주도형 경제성장'으로 최저임금을 급격하게 인상하였으나, 이로 인한 부작용으로 경제성장과 소득분배가 모두 악화되어 박근혜 정부 때보다 심한 소득불평등이 초래되었다. 또한, 언제 종식될지 예측할 수 없는 중국 우한 코로나는 전 세계적인 차원에서 경제에 커다란 위기를 가져왔다. 이에 앞서 미 · 중 경제패권의 다툼 속에 한국은 양자 간에 택일을 강요당하는 상황에 처해있다. 그런데 한국 경제를 둘러싼 외부의 상황변화와 함께 내부의 변화가 미래의 전망을 더욱 어둡게 하고 있다. 국민은 건전한 노동윤리를, 기업은 투자 동력을 상실했으며, 정부는 경제민주화를 명분으로 과다한 규제와 포퓰리즘 정책을 남발하고 있다.

우리는 세미나에서 한국의 경제가 새롭게 도약하기 위해서는 한국경제가 어떤 방향으로 나아가야 할 것인가를 끊임없이 고민했다. 우리에게 갈 길을 안내해 준 것이 질서자유주의였다. 발터 오이켄이 제2차 대전 후에 독일이 가야할 방향으로 제시했던 그 사상의 핵심 가운데 하나는 질서정책과 과정정책을 구분하여 국가의 역할을 규정하는 점이다. 질서정책이란 시장에서 경쟁질서를 유지하기 위해 게임규칙을 제정하는 경제정책을 의미하며, 과정정책이란 게임의 결과를 개선하거나 변경하기 위해서 국가가 시장에 개입하는 간섭주의 정책이다. 정부는 장기적인 안목의 질서정책에 한정해서 경제에 개입할 수 있고 특정한 목적의 달성을 위한 과정정책을 통한 개입은 최소한에 그쳐야 한다는 것이 질서자유주의의 원칙이다. 이런 사상은 제2차 대전의 종식과 함께 독일 경제질서의 기초가 되었다.

유명한 '라인강의 기적'을 불러와 전쟁으로 폐허가 된 경제를 되살리고 나아가 통일을 이룩하여 서구 세계에 모범국가로 자리를 잡을 수 있게 한 질서자유주의는 우리에게 많은 교훈을주었다. 특히 독일의 사회 · 경제 시스템의 기본인 사회적 시장경제와 그 이론적 토대를 이루는 질서자유주의사상의 올바른 이해는 우리 사회의 갈등을 해소하고 국가경쟁력의 강화를 위해 많은 시사점을 제공하였다.

독일의 사회적 시장경제는 질서정책을 중시하는 원칙을 기초로 독일의 사회 · 경제시스템을 형성하였고, 1948년 이후로 독일 경제의 잠재능력을 발휘할 수 있게 만들어 '모두를 위한 번영(Wohlstand für Alle)'을 달성하였다. 하지만 질서정책은 60년대 사민당의 집권을 계기로 사회적 시장경제의 원형에서 많이 벗어나게 되었고, 이것이 독일의 경제가 쇠퇴하는 원인이 되었다. 그 후 독일의 경제정책은 질서정책보다 과정정책이 우위를 점하게 되었다는 비판이 있지만, 정부는 시장경제질서의 확립만 담당하며 경제활동은 개인의 자유에 의해 이루어진다는 원칙은 다른 나라에 비교하면 엄격하게 유지된다고 하겠다. 2005년 집권에 성공한 메르켈 총리는 자유로운 경쟁적 시장질서를 중시하는 사회적 시장경제의 원래의 의미로의 복귀를 강조하고 있다. 특히 독일은 통일과 2008년 세계 금융위기로 인한 국가채무의 증가로 2009년 헌법에 재정준칙을 도입하여 재정건전성이 강화되었다.

이와 같은 독일의 성공과 실패의 경험을 통하여 우리는 경제질서 확립과 원칙의 준수가 중요성을 다시 한 번 공감하였다. 우리는 한강의 기적이라고 흔히 말하는 한국경제의 번영을 안겨준 원인도 그런 질서정책의 원칙을 부분적으로 적용했었기 때문이라는 점에 대해서도 마찬가지로 공감했다. 물론 기존에 한국의 경제성장은 관료적 권위주의나 발전국가경제모델로 설명하는 논의가 다수였다. 하지만 독일이 질서자유주의 사상을 바탕으로 한 경제정책으로 경제부흥에 성공한 것과 비교하여, 한국의 경제발전도 질서정책적 원칙이 적용된 점이 있다. 정부는 세계시장에서 경쟁하기 위한 기업에 우호적인 환경을 조성하였고, 양질의 인적자원 공급을 위한 교육환경을 개선하였으며, 개별기업 차원에서 어려운 기술을 개발하여 보급하였다. 이는 일부 기업에게 특혜로 작용한 측면이 있으나, 당시 물질적 자원이 절대적으로 부족한 상황에서 내수가 아닌 수출주도형 경제성장을 선택한 한국에는 경쟁적 시장질서의 확립과 함께 성장을 추구하는 최선책은 아니지만, 차선의 선택이 될 수 있었다. 그리고 엄격한 재정준칙의 확립은 한국 경제가 오늘날까지 정부 부채가 양호하게 유지될 수 있는 기반을 조성하였다.

그리고 '박정희헌법'이라 불리는 1962년 12월 26일 개정된 헌법의 제111조 제1항에는 "대한민국의 경제질서는 개인의 경제상의 자유와 창의를 존중함을 기본으로 한다."라는 조항이 신설되어 현행 헌법까지 유지되고 있다. 이 조항으로 대한민국의 경제질서가 '자유시장경제'임이 천명된 것이다.

한국의 고도성장 경제발전 경험은 많은 제3세계 국가들에게 바람직한 모델로 알려져 있고, 한국은 우리보다 가난한 나라의 젊은이들이 자신들의 꿈을 달성할 수 있는 '코리언 드림'의 나라이기도 하다. 그런데 한편으로 한국형 경제모델은 청산되어야 할 관치경제모델로 오늘날의 한국을 헬조선으로 만든 원흉으로 치부되고 있다. 그러나 최근 한국의 경제성장율은 1%대로 저하되리라는 예상이 나오는 가운데, 한 번도 경험하지 못한 나라를 만들겠다는 대통령의 다짐은 환상으로 끝날 가능성이 명백해지고 있다. 우리 앞에 닥친 현재의 위기를 어떻게 극복하느냐에 따라 우리나라가 독일과 같은 선진국으로 도약하느냐, 베네수엘라와 같은 남미국가 수준으로 퇴보하는 가가 결정될 것이다. 무엇보다도 퇴행적인 국가 개입주의 미몽(迷夢)에서 깨어나 기업 환경을 개선하여 성장잠재력과 국가경쟁력을 높일 수 있는 한국형 질서정책의 확립이 시급히 요망되는 시점이다.

이 책의 집필에 열세 명의 학자가 참여하였다. 질서자유주의사상의 소개를 중심으로 한 3편의 논문을 비롯하여 소득주도 성장, 경제민주화, 독점규제, 노동조합, 가업승계, 중소기업, 금융자유화, 국민연금, 재정준칙, 지방분권 등 10가지 다양한 개별 영역의 현안문제와 관련하여 독일과 한국을 비교하면서 한국경제가 가야할 정책방향을 제시했다. 이 책이 한국경제가 제2 또는 제3의 기적을 불러올 한국의 지적 자산이 될 수 있기를 기대한다.

출판시장의 열악한 환경에도 불구하고 출간을 흔쾌히 맡아주신 북코리아 이찬규 사장님과 이 책을 훌륭하게 편집한 북코리아 편집진에게도 감사의 마음을 전한다.

2020년 2월 15일

필진을 대표하여

김 상 철

CONTENTS

CONTENTS

CONTENTS

CONTENTS

1장

최종태

한국 자본주의의 진화를 위한 독일의 질서자유주의와 인본적 자본주의 정책의 의의*

* 본고는 서울대학교 노사관계연구소 『노사관계연구』 22권에 실린 저자의 논문 「한국자본주의 진화와 노사관계 발전을 위한 독일의 질서자유주의와 인본적 자본주의 정책의 의의」를 기반으로 하여 작성한 것임.

1. 라인강의 기적, 독일 시장경제의 규범과 원리

1) 사회적 시장경제체제에 바탕을 둔 독일

독일은 질서자유주의와 인본적 자본주의 이념과 정책에 입각한 사회적 시장경제(Social Market Economy)체제에 바탕을 둔 나라다. 독일은 유럽의 후진국으로 출발한 나라, 다른 나라에 비해 부존자원이 부족한 나라, 무역의존도가 매우 높은 나라, 인적 자원을 기반으로 성장 · 발전한 나라로서 우리나라의 상황과 비슷한 점이 대단히 많다. 라인강의 기적을 이룬 독일의 사회적 시장경제체제를 확립시킨 질서자유주의와 인본적 자본주의 정책을 고찰함으로써 한국 자본주의의 진화에 주는 시사점을 찾고자 한다.

한국 자본주의는 경제기술사회의 지각변동을 맞이하여 새로운 진로를 모색해야 할 전환점에 있다. 경제기술사회의 변화는 한편으로 산업사회에서 지식과 창의사회로 이동함에 따라 경제사회의 새로운 진로를 모색토록 요구하고 있고, 또 다른 한편으로 세계화와 디지털혁명으로 인한 심각한 양극화로 공생발전의 경제사회정책을 모색토록 요청하고 있다. 한국 경제의 성장발전은 그동안 다른 후진 산업국에 비해 우등생이 될 수는 있었지만, 오늘날 고임금, 저성장, 실업률 증가, 빈곤층 증대 등으로 인해 심각한 갈등사회의 어려움에 직면해 있는 것도 사실이다.

당면한 경제 난국을 타개하고, 공생발전의 한국적 자본주의 진화와 자유민주주의의 발전을 모색함에 있어서 독일의 '사회적 시장경제'와 그에 따른 경제정책을 고찰하고 시사점을 찾는 것은 대단히 의미 있는 일이 되겠다. 특히 정부 주도 경제성장과 발전을 이룩한 우리의 DNA로 미루어보아 오늘날 한국 자본주의 진화에 걸림돌이 되고 있는 양극화와 더불어 사회갈등 극복을 통한 사회통합을 위해 독일의 질서자유주의와 사회적 시장경제에 근거한 질서경제정책과 인본적 자본주의에 입각한 인적 자본형성 정책은 우리에게 주는 시사점이 대단히 크다.

2) 독일의 사회적 시장경제의 규범

독일은 '사회적 시장경제(Soziale Marktwirtschaft)'체제에 바탕을 두고 성공적인 경제정책을 수행해왔다. 사회적 시장경제는 제2차 세계대전 이후 독일 경제정책의 근본 콘셉트다. 전후 '라인강의 기적'이라 일컬어진 독일의 경제발전은 그 독특한 방식으로 인해 전 세계적으로 인정받게 되었다. 독일의 경제질서는 사회적 시장경제 정책과 뗄 수 없는 관계다.

경제체제의 기본을 확립하는 데 있어서 사회적 시장경제의 사회(sozial)란 '물질'에 대응하여 '사람'을 중시하고 우선시한다는 의미를 담고 있다. 후자는 또한 개인의 이기심 추구가 사회의 공동이익에 반하거나 갈등관계에 있을 때는 개인이익에 대응하여 사회이익을 우선시한다는 의미다. 사회의 의미에는 영미형 국가에서처럼 국민경제의 운용을 그냥 시장에 방임하는 게 아니라 정부가 적절하게 개입해 기업 간 공정경쟁, 노사 간 힘의 균형, 약자에 대한 배려를 위해 힘쓴다는 뜻도 포함되어 있다. 그러나 독일의 사회적 시장경제는 어디까지나 자본주의적 자유경쟁 시장경제체제를 기반으로 하므로 중국 등 사회주의 국가들이 취하고 있는 '사회주의적 시장경제(Sozialistische Marktwirtschaft)'체제와는 본질적으로 다르다.

독일의 사회적 시장경제의 제1 원칙은 자본주의 사회의 시장경제다. 이는 개별경제적인 행동과 시장에서의 경쟁만이 완전한 경제적 효율성을 유발하며, 이를 통해 획득되는 성과가 사회적 조정을 행할 수 있는 물질적 토대를 형성한다는 사실에 기인한다. 따라서 사회적 시장경제는 주체적으로 행동하는 인간, 자신의 자유 의사결정에 대해 스스로 책임을 지는 인간을 전제로 하며, 시장에서의 자유경쟁을 보장한다. 경쟁은 재화 및 요소가격들이 자유롭게 형성될 수 있을 경우에만 효과적으로 기능하고, 경제의 역동성과 적응력을 보장할 수 있으며, 경제력이 소수에게 집중되는 것을 효과적으로 제한함으로써 경쟁의 실적능력이 제고될 수 있기 때문이다. 즉 경쟁에 기초한 시장경제의 효율성을 제고하기 위한 경제적 의미에서뿐만 아니라, 인간의 자유를 바탕으로 하는 사회의 근본원칙으로서의 기능도 포함한다.

에르하르트는 흔히 언급되는 '경제기적' 표현이 적절하지 않다고 비판하면서 다음과 같이 말했다. "독일의 발전은 기적이 아니라 자유의 원칙에 따라 인간의 주도, 인간의 자유, 인간의 에너지를 다시 사용할 수 있게 된 한 민족이 정직하게 일궈낸 결과일 뿐이다"라고 한다(Erhard, 2009). 독일의 사회적 시장경제는 개인의 의지 및 성과경쟁을 개인의 책임 및 국가적 질서 틀과 접목했기 때문에 인간의 역동적 능력을 더욱 끌어낼 수 있었고, 사회적 형평으로 빈곤층에게 인간다운 삶을 보장했다. 복지는 사회주의의 경우처럼 부분적으로 현실화될 목표로서가 아니라, 총체적으로 시장기능에 기본바탕을 두고 경제정책과 함께 실현토록 한다. 시장이 잘못된 방향으로 흘러가는 것을 막고, 통제 불가능할 때는 필수적 규제로써 실현토록 한다. 그리고 이러한 규제는 시장경제적 질서 안에서의 방안으로써 처방되도록 한다(Hasse, R. H., Schneider H., Weigelt, K., 2005).

'사람'을 기반으로 한 '인본적 자본주의'를 바탕으로 한 독일의 사회적 시장경제의 규범은 '시장에서의 자유'라고 하는 원칙 또는 '효율성'이라고 하는 원칙과 '사회적 형평'이라고 하는 원칙을 성공적으로 서로 연계시킴으로써 독일 국가경쟁력의 두 가지 자산인 '인적 자본'과 '사회적 자본' 형성의 이념적 단초가 되었다. 특히 전자는 개인적 차원에서, 후자는 사회적 차원에서 각각 사람 기반 자본형성의 단초가 된다.

그들은 시장경제가 경제생활에서 고도의 생산적 질서형태이며 국민 대다수의 복지를 증진시킬 수 있는 전제조건을 형성하는 것은 사실이나, 시장경제의 근본을 구성하고 있는 개인의 이기심을 기반으로 한 영리추구의 시장경쟁시스템은 사회적 조정 또는 보완할 필요가 있다고 생각했다. 결국 새로운 제3의 형태를 발전시켜야 한다는 결론에 도달하게 되었으며, 자유시장경제와 통제경제의 단순한 통합 또는 타협이 아닌 자유공동체의 초월적 패러다임에 의한 당시의 모든 가능한 것들로부터 도출된 하나의 합명제인 '사회적 시장경제' 체제를 발전시킴으로써 경쟁력의 원동력인 인적 자본과 사회적 자본을 형성했다.

독일의 사회적 시장경제에서 인간상은 개인의 인간상뿐만 아니라, 사회의 인간상도 포함된다. 따라서 사회적 시장경제 규범에는 개인의 이기심도 존중하지만, 사회적인 공동이익에 부합되어야 한다는 것이다. 그러므로 사회적 시장경제는 개인의 자유경쟁원리를 기반으로 하지만, 사회 공공이익을 중시하는 시장경제체제를 의미한다. 개인과 사회 이익 간의 갈등관계가 존재할 때는 개인보다 사회 공동선을 중시하는 시장경제체제를 의미한다.

따라서 독일의 사회적 시장경제의 인본주의적 사상은 정책 형성과 실현과정에 다음과 같은 두 가지 관점이 '사회적'이라는 수식어에 내포되어 있으며, 이는 독일 경제체제의 기조와 특성을 이해하는 데 대단히 중요한 의미를 지니고 있다.

첫째, 물질보다 사람을 우선하는, 사람 존중과 사람 기반 경쟁력 강화의 자유 경쟁시장 경제체제이고,

둘째, 개인적 이기심을 기반으로 하되 사회적 공동이익과 공동선을 존중하는 자유 경쟁시장 경제체제이다.

독일의 사회적 시장경제는 경쟁에 기초한 시장경제의 효율성을 제고하기 위한 경제적 의미에서뿐만 아니라, 좁은 의미에서 보면 서독 정부가 1948년 이래 추구해온 경제정책적 개념을, 넓은 의미에서는 공식적 · 물질적 경제질서를 나타낸다. 공식적으로 사회적 시장경제는 독일 통일과 함께 1990년 5월 동서독 간 체결된 통화, 경제사회적 통합을 위한 국가조약을 통해 동서독을 위한 공동 경제질서로 결정되었다. 이에 따라 사회적 시장경제에 의한 경제질서는 "사유재산, 경쟁, 자유로운 가격형성, 그리고 노동, 자본, 서비스에 대한 근본적이고 완전한 이동(국가조약 제1조 3항)"이라는 특성을 가진다. 이러한 경제질서에 해당하는 사회질서는 "사회적 시장경제를 통한 노동시장질서, 그리고 성과정의 원칙 및 사회적 형평 원칙에 입각한 광범위한 사회보장시스템"이 골간을 이룬다.

사회적 시장경제의 기본구조를 사회적 시장경제 사전(Lexikon Soziale Marktwirtschaft)에서 정리한 내용을 보면 다음과 같다.

- 경제활동은 경제주체가 희소성 있는 재화를 가지고 욕구를 충족하는 행위다.
- 재화교환이 경제적이고 합리적으로 이루어지려면 이를 위한 조정

시스템이 필요하다.

- 사회적 시장경제는 경쟁경제를 바탕으로, 자율적 행위를 시장경제적으로 보장된 복지개선책과 접목시키는 질서정책적 프로그램이다.
- 이러한 접목과정에는 질서정책을 위한 여러 헌법적 조건이 충족되어야 한다. 주요 요소들은 사적소유권, 생산자유, 거래자유권, 업종자유권, 직업선택의 자유, 직장선택의 자유, 소비자유 등이다.
- 위의 조건이 충족되었으면 시장에서의 경쟁원리에 따라 공급자와 수요자의 이해가 접점을 찾는다. 이 과정에서 형성되는 가격은 형평적 기능, 신호 기능, 조정 및 자극 기능 등 여러 가지 기능을 가진다.
- 시장경제적 정책구조가 항상 성공하거나 매끄럽게 진행되는 것은 아니다. 이 정책구조가 안정적으로 성공을 거두려면, 외부적 또는 구조 내 방해요소 및 사회적 요구를 고려하여 사회적 형평을 이룩할 정책을 마련해야 한다.
- 국가정책은 질서정책적 또는 과정정책적 성격을 띨 수 있다. 제도적 규정을 위해 투입할 수 있는 수단은 다양하므로 선택 과정에서 시스템 친화성 여부를 잘 검토해야 한다. 사회복지 목표를 달성하는 과정에서도 자원낭비를 피하기 위해 목표와 수단 간 상대적 효율성이 보장되어야 한다. 이 과정에서 연대성과 지원성 간의 관계에서 자발적 행동과 자기책임을 위한 유인구조를 저해하지 않는 한편, 사회적 의무를 무시하지도, 강요하지도 않는 형태를 가져야 한다.
- 정치적 기회와 경제 제반 조건의 변화로 인해 사회적 시장경제 또한 이에 발맞추어나가게 되었고, 조정 및 안전구조 또한 변화된

요구에 부응해야 한다. 그렇기 때문에 사회적 시장경제는 특정 형태에만 고정되는 것이 아니라, 그 형태를 현재 일어나는 역동적인 발전 상황의 원칙에 맞추어나가야 한다(Hasse, R. H., Schneider H., Weigelt, K., 2005).

3) 독일의 사회적 시장경제의 사회원리

사회적 시장경제는 다음의 기본 원칙을 존중한다. 유연한 시장체제로서 기업의 역동성, 소비자주의, 그리고 정치의 유연성 등과 같은 많은 것을 요구한다. 사회적 시장경제는 내적으로는 사회적 변화, 그리고 외부의 영향에 대해 신속하게 역동적으로 행동할 것을 요구한다. 제도적으로 사회적 시장경제는 법치국가, 민주주의 질서, 목표가 서로 보충 또는 상반됨으로 인해 야기되는 변화에 균형을 이루도록 이해관계자 집단의 역동적 노력을 요구한다. 이와 같은 역동적인 행동과 상호작용들은 다음의 3대 사회원리(Winterberg, J., 2006; Hoeffner, J., 1968)를 존중함으로써 이루어진다.

(1) 자기책임성 원리

첫째, 자기책임성 원리(das Prinzip der Selbstverantwortlichkeit)다. 이 원리는 개인화 맥락의 현대사회에서 사회적 결합을 위해 제기되는 사회원리 중 가장 기본이다. 이는 인간존엄의 인격존중 원리로서 개인의 존엄성과 그 권리의 신성함, 그리고 개인의 자유를 보편적 가치로써 사회관계를 평가하는 가장 중요한 평가 척도가 되어야 한다는 원리다. 이 원리는 다른 나머지 원리, 이를테면 연대성 원리나 보충성 원리보다 우선한다.

또한 자기책임성 원리는 '개인성 원리(das Individual prinzip)', '인격성 원리(das Persönlichkeitsprinzip)'라고도 한다. 개개인이 지니고 있는 인격이란 자기통제능력으로도 볼 수 있고, 인격과 인간존중성에는 자기책임성을 내포하고 있기 때문이다. 그러므로 개인화 맥락의 현대사회에서 자기책임성 원리는 개인성 원리, 인격존중 원리, 자생 원리와 함께 자유와 희망 원리를 제시한다.

개인의 인격과 인간성 존중을 기반으로 한 자유와 자율은 자아실현을 추구한다. 이때 자아실현의 자유는 에리히 프롬(Erich P. Fromm)이 강조했듯이 '소극적 자유'가 아닌 자아의 자발성을 뜻하는 '적극적 자유'를 의미한다. 자유를 억압하는 요소에는 크게 외적인 것과 내적인 것이 있다. 자유는 내적인 자발적 자아를 이룩하고 개성을 형성해나감으로써 세계와 새로운 방식으로 결합하여 무력감과 고독감을 극복하는 토대가 된다. '적극적 자유'는 자유사상 실현의 목표이며, 인간의 근본적 문제를 해결할 수 있는 방법이다. 그것은 희망을 통해 이룩된다. '희망'이란 '더 나은 삶에 대한 꿈'이다. 이 꿈은 머릿속 관념의 문제가 아니라 존재 자체의 본질적 모습이다. 블로흐는 실천을 통해 그 꿈을 구체적으로 창조해낼 때 그 행위 속에서 희망이 존재한다고 말한다. 여기에 블로흐의 '희망철학'의 고유한 특성이 있다. 희망철학은 우리의 목적론과 자기책임을 올바르게 설정하는 데 사유의 길을 마련해준다.

(2) 연대성 원리

둘째, 연대성 원리(das Prinzip der Solidarität)다. 앞에서 언급한 '자기책임성 원리'는 연대성 원리를 동반한다. 즉, 자기책임성 원리에는 고유의 인격을 지닌 타인에 대한 인격존중과 더불어 공동체 형성을 책무로 하는 '연대성 원리'를 내포하고 있다. 개개인의 고유의 인격은 인간 공동체 속의 다양한 모습으로 나타나기 때문에 자기와 동등한 가치를 지닌 타인의 인격과 연대하여 바람직한 공동선을 위한 공동체를 이루어야 할 자기 책무가 있다.

개인화 사회에서 연대성 원리는 도덕적 개인주의에 의한 상호 인격존중과 공동선을 위한 법과 질서를 존중하는 노력에서부터 시작된다. 연대성은 분업화와 더불어 현대사회의 개인화 맥락에서 요청되는 공동선의 공동체적 상호작용 기반구축을 위해 절대적으로 요청된다. 그러므로 이는 직능적 공동체 형성을 위한 사회적 연대의 필요성에서뿐만 아니라, 분배적 공동체 형성을 위한 사회적 연대의 필요성에서도 요청된다. 이를테면 사람은 누구나 처음부터 동일한 능력을 갖고 태어나지 않는다. 그러므로 노력능력 차이로 형성된 불공평함이 아닌, 어쩔 수 없이 자연스럽게 형성되는 불공평함에 대해서는 균형을 이루도록 하는 노력이 사회공동체 형성을 위해 필요하다.

물론, 이 원리는 평등성을 강조하지는 않는다. 그러면 앞의 첫째 원리로 제시한 '자기책임성 원리'에 위배되기 때문이다. 다만 능력이 많거나 부유한 자들은 능력이 적거나 가난한 자들에게 기회를 제공해주고, 또 이들의 삶의 수준을 개선하기 위한 노력, 예컨대 공공복지자금 등을 더 많이 납입함으로써 자유시장경제의 기본을 준수하면서 분배적 연대를 추구토록 한다. 그러나 분배연대가 너무 강하고 커지면 능력을 추구하는 조화로운 사회를 위협할 수 있는 '기생적' 행동이 생겨나게 될 위험이 있고, 반대로 그 연대가 너무 약하면 능력이 적은 사람들은 빈곤해지며, 그것은 또한 사회의 경제적 역동성이나 조화를 위협할 수 있기 때문이다. 연대성을 통한 협력과 공동체 실현은 기본적으로 자기책임성 원리의 자생력을 기반으로 한다. 스스로 자립할 수 없는 자는 사회가 도와야 한다. 따라서 자기책임성 원리와 연대성 원리를 서로 잘 융화시킬 수 있는 정치적 선택과 결정이 요구된다.

(3) 보충성 원리

셋째, 보충성 원리(das Prinzip der Subsidarität)다. 개인화 맥락 속의 사회적 시장경제의 모델에 따르면 개인 원칙과 연대 원칙은 필수다. 그러나 그것만으로 충분하지 않다. 추가로 개인 성과와 연대 원칙으로 문제를 해결할 수 없을 경우 지원해주거나 조정하면서 개입하는 보조 원칙이 필요하다. 국가는 스스로 자립할 수 없는 자에 대해 지원해주어야 한다.

하지만 보충성 원리는 어디까지나 자기책임성 원리나 연대성 원리에서 내포하고 있는 자율과 자기책임을 지주로 한 '자조(Selbsthilfe)'와 '자조지원(Hilfe zur Selbsthilfe)'을 기반으로 이루어진다. 개인의 능력과 능률은 다르기 때문에 개인별 생활 차이가 발생하는 것은 당연하다. 다만 자신과 부모의 재정과 건강상태, 교육 등을 고려하여 능력과 능률에 따라 본인의 최소한의 인간다운 안녕을 위한 사회보장과 교육 등을 국가가 지원토록 한다는 것이다.

보충성 원리는 자기책임성 원리, 연대성 원리와 함께 개인화 자유사회의 사회질서와 공동체 형성을 위한 주요한 사회정책 원리다. 보충성은 구성원의 사회생활에서 자기책임성과 자조성 전개를 위한 선행급부, 즉 출발기회를 부여하는 급부로서 국가를 비롯한 각 주체들이 행하는 지원 원리로 볼 수 있다. 그러므로 보충성 원리는 개별 구성원과 가족의 자유, 그리고 자기책임성을 훼손시키는 작용을 해서는 안 된다는 것을 전제로 한다. 보충성은 어디까지나 구성원의 사회공동체 생활에 자기책임과 자조능력 형성 노력에 촉매가 되도록 해야 한다. 그렇기 때문에 이 원리의 실현은 자기책임성과 연대성 원리의 자율적 행위를 해치지 않는, 공공의 공동선을 위한 지원과 민주성 행위를 원칙으로 한다. 이는 민주주의의 올바른 발전을 위해 국가 권력의 범위와 한계를 설정해주는 원리이기도 하다. 그러므로 자기책임성 원리의 자생력을 존중하는 보충성 원리가 추구될 수 있도록 하는 정책실현의 노력이 요청된다.

이 세 가지 사회원리를 최적으로 통합시키기 위해서는 정치적 결정이 필요하다. 그러나 정치적 결정이 성공하려면 유연한 체제 하에서 경제와 사회질서에 입각하여 고안해야 한다. 자기책임성 원리가 미래를 설계하는 성격을 지니고 있다면, 연대성 원리는 기존의 또는 기대되는 손해를 막으려는 방어적 성격을 지니고 있다. 보충성 원리는 방어적 및 능동적 성격을 모두 지니고 있다. 개인의 자기책임 그리고 연대를 통해 해결할 수 없는 문제에 의한 손해를 막아준다. 국가는 또한 예방조치로서 보충성 원리를 적용할 수 있다. 이것은 개인 또는 사회가 새로운 도전을 인식하지 못하고 있더라도 국가는 행동해야 한다고 판단할 때를 말한다. 전형적 예가 바로 환경보호다. 개별 시민은 환경을 해치는 행동을 해도 중요성을 잘 인식하지 못한다. 그래서 국가는 방어적으로 개입해야 한다. 보충성 원리에 입각한 조치로는 개인이 직접 투입한 자금으로는 얻을 수 없는 재생에너지 생성 또는 연구지원 그리고 기술혁신 등이 있다.

따라서 사회적 시장경제는 원칙에 입각할 뿐만 아니라 유연하게 적용이 가능한 체제로서 이데올로기의 경직성을 거부하고 책임감 있고 미래지향적인 정치인을 요구한다. 또한 정치와 경제의 협력을 중요시한다. 세계화, 환경파괴, 인구통계적 변화 등은 사회적 시장경제체제의 범위를 잘 보여준다. 이러한 새로운 발전상황에 적절하게 대응하기 위해 개인 능력의 강화와 국민의 교육에 대한 열정, 그리고 연대 및 보충성 원리가 적용된 정책의 새로운 패러다임과 노력이 필요하다.

이상의 사회적 시장경제의 3대 사회적 결합원리에 따라 정부 경제정책의 세 가지 기본원칙을 보면 다음과 같다.

첫째, 경제정책의 과제는 경제과정을 위해 장기적으로 유용한 틀, 즉 질서정책(Ordnungspolitik)을 형성하여 시장기능이 사회적으로 최상의 결과에 이르도록 하는 것이다.

둘째, 만약 질서정책이 어떤 성공도 약속하지 못한다면, 경제정책의 과제는 구조적이며 비차별적으로 경제과정에 개입하는 과정정책(Prozesspolitik)이 확립되어야 한다. 이러한 과정정책은 한편으로는 보충적 성격을 가지며, 다른 한편으로는 국가의 행위에 대해 적극적인 구조 정책을 펼친다든가, 개별 기업을 지원한다든가 하는 것을 금지하는 등 그 운신의 폭을 좁히는 역할을 한다.

셋째, 경제정책의 과제는 체제에 맞게 시장에 개입하는 것이다. 사회적 시장경제의 기능 메커니즘은 시장경제질서의 기능 메커니즘이며, 이는 바로 가격이다. 따라서 가격 메커니즘 개입은 근본적으로 금지되어 있다(Winterberg, J., 2006).

2.
질서자유주의와 인본적 자본주의 정책의 시사점

독일의 사회적 시장경제체제에는 질서자유주의 이념과 정책, 그리고 인본적 자본주의 이념과 정책이 토대를 이루고 있다. 한국 자본주의의 진화를 위해 여기서 얻을 수 있는 시사점은 어떠한 것들이 있을까?

1) 독일의 질서자유주의 정책이 주는 시사점

(1) 질서자유주의와 질서경제 사회정책

당면한 아노미 현상을 극복하고, 협력사회 구축을 위한 새로운 질서와 규범에 따른 경제사회정책을 모색하는 과정에서 독일의 질서자유주의와 경제사회정책을 하나의 길잡이로 제시하고자 한다. 독일의 '프라이부르크 학파'는 개인의 자유와 사회적 책임 간의 최적 통합 고리를 질서자유주의에서 찾았다. 경제사회의 자유로운 행동을 위한 '질서'를 찾고자 했기 때문에 그 이론을 '질서자유주의'라고 불렀다.

질서자유주의에서 질서란 '시장의 자유경쟁 질서'를 의미하며, 여기에 경제질서의 사회적 기능과 역할, 이에 따른 경제질서의 상호의존성과 혼연일체성 등 경제질서의 특성에 입각하여 인간존엄에 부합하는 시장경제의 자유경쟁질서 형성과 감독을 위한 국가의 책무와 구성적 원칙, 규제적 원칙에 따른 정부의 정책도 대단히 중시한다. 질서자유주의자들은 사회적으로 수용할 수 있는 질서 안에서 개인이 자유롭게 발전할 수 있도록 보장해주는 것을 중요시했다. 이것은 순수한 경제정책적 발단을 넘어서는 것이다. 역사적으로 봤을 때 '선의의 독재자'는 찾아보기 어렵기 때문에 '사회적으로 수용될 수 있는 질서'는 다수결에 의해서만, 즉 민주주의 체제를 통해서만 조성될 수 있다. 모든 사람의 평등이 아니라 모든 사람의 시작 기회를 개선해주는 것이다. 부의 집중화가 아니라 모든 사람이 복지를 누릴 수 있게 하는 것이다. 독점적 또는 조정된 시장이 아니라 정상적 경쟁이 목표였다(Benecke, W., 2008).

자유시장경제는 가장 강력한 힘을 발휘하는 경제체제이지만, 자유경쟁시장의 원리가 제대로 작동되지 않는 영역이 있다. 현대경제학에서는 이러한 자본주의경제의 구조적 문제를 '시장실패'라 부른다. 즉, 현실 자본주의가 생산 효율성과 분배 공정성 실현에 실패하는 것을 '시장실패'라 한다. 시장실패의 요인으로 자원 집중과 집적에 따른 독과점 형성, 빈부격차, 환경파괴, 불황과 실업 외에 공공재 공급부족 문제가 있다. 공공재란 행정, 국방, 치안, 화폐금융, 노동, 교육, 복지, 사회간접자본 등과 같이 공동이익을 위해 공동으로 생산하여 공동으로 소비하는 재화를 말한다. 공공재를 시장에만 맡기면 공급이 부족하고 독점이 발생하기 때문에 일반적으로 국가에 의한 생산과 관리가 불가피한 재화다. 즉, 공공재는 국가가 공급해야 한다. 공공재는 눈에 '보이는 손(visible hand)'의 투자와 관리가 요청된다. 그러므로 현대사회에서는 공익분야에서 '보이는 손'에 의한 국가를 대변하는 정부의 역할이 강조된다.

그러나 국가의 눈에 '보이는 손'이 효율적인 역할을 하기 위해서는 시장기능의 순기능을 저해하지 않도록 작용해야 한다. 정부의 과도한 개입이나 비효율적 관료제의 관리와 정치집단의 이해 조정으로 인해 시장경제를 왜곡시키고 엄청난 거래비용과 함께 막대한 예산소요를 야기하는 정부 실패(Government Failure)나 정치적 포퓰리즘 등에 빠지기 쉽다. 더욱이 정치적 포퓰리즘에 편승한 시혜적 복지정책이나 보편적 복지정책은 복지 포퓰리즘을 자아내어 생산적 복지가 아닌 소비적 복지로 전락하여 복지망국으로 이어질 가능성이 항상 도사리고 있다. 따라서 국가는 보충성 원리에 입각하여 노동시장, 사회보장, 화폐금융, 치안, 교육 등 질서경제정책에 초점을 맞추어야 하고, 과정 개입은 최소화하여 시장기능을 활성화해야 한다.

요컨대, 질서자유주의에 의한 유기적 사회연대 구축에는 제도적 공동체 프로그램도 함께한다. 제도적 공동체 프로그램은 '보이는 손'이 효과적으로 기능해야 하므로 국가와 정부의 역할과 정책이 중요하다. 법과 질서 확립을 비롯한 실효성 있는 정책 구현을 위해 정부와 국가의 책무와 역할 또한 대단히 중요하다. 하지만 국가와 정부의 역할은 공공선과 공동선에 초점을 맞추어 유기적 사회연대의 '보충성 원리'에 입각하여 사회 구성원들의 '자기책임성 원리'에 의한 자율적 자기책임을 충실히 수행토록 텃밭 조성 중심의 지원과 보충 역할을 하는 데 역점을 둔다. 또한, 독일 질서자유정책에서 눈여겨보아야 할 점은 질서자유 작동에서 정책과 그 정책을 담당하는 주체세력들의 이른바 '가면무도회(Maskenball)'적 행위를 감시 · 감독하는 학계의 역할을 중시하고 강조하고 있다는 점이다. 모든 정책은 법치주의에 의해 국가를 대리하여 정부가 최종 행위자이지만, 우리나라 경제사회 발전을 위해서 집단이익으로부터 독립된 전문가 집단으로서의 학계의 책무가 크다.

이러한 점에서 산업화된 근대경제에 잘 작동되고 인간존엄에 합당한 질서(funktionsfähige und menschenwürdige Ordnung)를 부여할 수 있도록 노력한 독일의 질서자유주의를 바탕으로 한 질서경제정책과 사회적 시장경제는 오늘날 우리 사회의 경제발전을 위한 새 질서 확립에 시사점을 준다(W. Eucken, 1995). 특히 정부 주도적 경제성장과 발전을 이룩한 우리의 DNA로 미루어 보아 질서자유주의에 의한 독일의 사회적 시장경제체제와 인본적 자본주의 체제에서 취한 질서경제정책에서 배울 점이 많다.

(2) 우리에게 주는 시사점

이미 언급한 바 있듯이, 독일은 1920년대의 경제위기 그리고 1939~1945년 전후 경제의 경험들 및 빈학파와 프라이부르크학파의 연구 결과 등을 바탕으로 하여 제2차 세계대전 후 초대 독일 경제부장관이던 루트비히 에르하르트(Ludwig Erhard)를 주축으로 사회적 시장경제를 추구했다. 사회적 시장경제의 학문적 기반은 빈학파(뵘바베르크, 슘페터 등)의 분석과 거기에 기반을 두고 있는 프라이부르크학파(하이에크, 뢰프케, 오이켄 등)에 의해 만들어졌다. 프라이부르크학파는 개인의 자유와 사회적 책임 간의 최적의 통합 고리를 찾았다. 자유로운 행동을 위한 '질서'를 찾고자 했기 때문에 그 이론을 '질서자유주의'라고 불렀다.

따라서 질서자유주의자들은 사회적으로 수용할 수 있는 질서 안에서 개인이 자유롭게 발전할 수 있도록 보장해주는 것을 중요시했다. 이것은 순수한 경제정책적 발단을 넘어서는 것이다.

질서자유주의는 독일의 사회적 시장경제체제의 기본이념이다. 독일 경제는 시장의 기능에 대한 신뢰를 바탕으로 자유의 원칙과 사회적 균형을 결합한 효율적인 질서 틀을 사회적 시장경제를 통해 마련했다. 이 질서 틀은 나치즘과 전쟁으로 인한 파괴를 딛고 '경제 기적'이라는 이름으로 잘 알려진 독일의 빠른 부흥에 기여했다.

질서자유주의는 독일의 사회적 시장경제체제 사상의 중심 지주가 된다. 독일 경제시스템의 특징 중 하나는 경쟁을 통해 경제의 효율성을 높이기 위해서는 정부의 시장 간섭이 필요하다고 보는 질서자유주의에 있다. 독일의 사회적 시장경제에서 요구되는 정부의 역할은 경제질서로서 경쟁질서를 창출하고, 이것을 보장할 뿐만 아니라 항구적으로 감시하여 시장경제의 공정한 성과경쟁이 더 자유롭게 이루어지도록 한다는 데 있다. 따라서 독일의 자유주의는 시장에 방임하는 형태가 아니라 시장의 경쟁질서를 유지하기 위한 정부의 역할이 강조되는 자유주의라는 특성을 가지고 있다. 질서자유주의의 교훈은 '시장실패' 못지않게 '정부실패'를 방지하는 데 있다. 정부의 시장개입이나 규제를 무조건적으로 비판하기보다는 건전한 시장을 만들어가는 데 필요한 정부의 역할과 동시에 도덕적 해이나 부패를 유발하지 않는 건전한 정부를 만드는 제도나 문화를 배우는 데도 있다.

독일의 사회적 시장경제의 사상적 기반인 질서자유주의의 특징은 '제 질서 상호의존 원칙'에 따라 시스템을 운영해왔다는 데 있다. 이 원칙은 경제질서와 법질서, 경제질서와 정치질서 등 인간생활을 구성하는 제 질서 사이에는 불가분의 상호 의존관계가 있음을 의미한다. 제 질서 상호의존 원칙에 의하면 자유로운 경제질서를 유지하기 위해서는 정치적 의사결정이나 사회적 관계에서도 자유가 보장되어야 한다는 것이다. 즉, 정치에서의 민주주의와 경제에서의 시장경제는 분리되어 존재할 수 없다는 것이다.

따라서 경제에서 건전한 시장경제질서를 지속적으로 유지하기 위해서는 정치와 사회 영역에서도 자유와 안정이 보장되어야 한다. 그러므로 한국의 시장경제에서 민주적 시장경제질서를 유지하기 위해서는 정치와 사회 영역에서도 지속적으로 자유와 안정을 유지하려는 노력이 필요하다고 본다.

질서자유주의는 사유재산과 경쟁의 경제자유적 원칙에 기초하고 있지만, 자유주의와 달리 강력한 국가를 요구한다. 즉, 시장의 질서 틀에 대한 정의를 내리고 경쟁을 관철하고 지속적으로 시장의 압력에 맞서는 강력한 국가를 전제로 하고 있다. 질서자유주의의 이념에 따르면 경제질서는 구성적 요소와 규제적 요소로 이루어진다. 구성적 요소가 해당 법질서에 의해 창출될 수 있는 장기적 틀을 형성한다면, 규제적 원칙은 구성된 질서가 사회적으로 최상의 결과를 도출할 수 있도록 하는 데 요구되는 개입의 필요성을 말한다.

독일은 사회적 시장경제와 질서자유주의 이념에 따라 국가적 경제정책을 구사하고 있다. 독일의 국가적 경제정책은 질서정책과 과정정책의 두 부분으로 나눌 수 있다. 질서정책은 경제질서를 구현하기 위해 수립된다. 질서정책적 시장정책은 기본원칙을 기반으로 하고 장기적으로 경제정책의 경쟁력, 혁신, 교육, 경제성장, 사회정의를 고려하여 계획하는 것을 말한다(Benecke, W., 2008).

이를 위해 개인 및 각각의 경제활동을 위한 제도적 기본 조건을 마련하여 경제 전반을 통합하는 절차를 수립해야 하며, 사회의 경제적 목표를 가장 효율적으로 이루어내도록 해야 한다. 추진 정책은 경제활동의 과정과 그에 따른 결과에 영향을 주며, 또한 경제활동의 운영에 관여한다. 그 결과 경제질서의 존재는 전문화되고 분업화된 경제활동을 원활히 지속하기 위한 기본 전제다. 이에 우리가 선택할 수 있는 질서정책의 범위는 엄청나게 넓으며, 이들은 지난 수십 년간 실제로 적용되어왔고, 그 결과 다양한 경제적 결과를 가져왔다.

분권적이고 경쟁적인 시장경제에서는 질서정책이 매우 중요시된다.

경제질서는 사회적으로 만족할 만한 경제적 결과를 얻는 과정에서 가능하면 과정정책적 개입이 적게 이루어지도록 한다. 시장활동에서 과정정책적 개입은 시장의 자체 조정기능이 전혀 또는 충분히 제 기능을 발휘하지 못할 때, 즉 수요와 공급의 경쟁이 사회적으로 요구되는 결과를 가져오지 못할 때로 국한되어야 한다. 반면 사회적 시장경제의 개념에서 과정정책은 시장경제활동의 결과가 사회의 사회복지정책 목적과 결부되지 않을 때 시장경제활동의 결과를 수정하기 위해, 예컨대 소외계층을 배려하기 위한 수입 재분배, 의료보건 분야의 가격 조정 등 사회복지정책에 사용된다.

질서정책의 역할은 대부분 법적으로 고착된 규칙들로 이루어진 지속적인 체계를 구축해내어 이를 적용하고, 경제활동에 통용시켜 궁극적으로 제구실을 할 수 있는 법적 기반을 마련하는 것이다. 질서정책의 범위는 경제과정의 바람직한 계획과 조정의 형태, 재산 제도, 재정 및 기업 제도, 시장 제도와 금융 제도, 화폐 제도, 중요성을 더해가고 있는 대외경제활동법률을 포함한다. 그뿐만 아니라 사회적 시장경제에서는 사회복지제도가 매우 큰 의미를 가지고 있다. 질서정책은 주로 입법기관에서 담당하고 있다. 질서정책활동은 경제시스템의 질을 변화시키므로 개별 정책이 장기적으로 효력을 미쳐 안정된 계획 기반이 되어야 한다. 경제활동의 주체가 중요한 제반 조건들을 자주 바꾸는 것은 계획 수립을 어렵게 하고 투자 불확실성을 증대시킨다.

그에 반해, 과정정책은 이미 확립된 경제질서 내에서 실행되는 경제과정에 개입한다. 과정정책적 제도의 출발점은 광업이나 농업 같은 재화와 요소시장뿐 아니라 각 분야 및 한 국가경제 전반, 예컨대 물가수준, 고용, 소득재분배 등을 아우를 수도 있다. 과정정책은 주로 행정부(정부, 관청, 중앙은행, 기업가연합 등)가 담당하며, 이들은 시장가격정책, 세율 및 이자율 결정이나 자본 이전 등을 통해 절차 및 과정의 결과에 영향을 미친다. 그러나 이런 과정 개입으로 인해 자본이나 재화의 할당 오류나 부정적 결과가 나타나고, 이는 종종 새로운 개입을 요구하는 '개입의 악순환'으로 나타나는 경우가 있다.

질서정책의 구체적 예로는 자주적이고 정치적 결정으로부터 독립적인 중앙은행 설립, 노동보호법 도입, 상점 영업시간제한법의 폐지 또는 환경세 개혁안의 법적 확립 등을 들 수 있다. 이에 반해 투자액의 결손처분 방법, 일요일의 상점영업 허가, 영업세의 세율 변동 또는 공해가 심할 때 자동차 운행 금지 등은 과정정책의 예라고 할 수 있다.

경제정책의 실행에서 질서정책과 과정정책이 항상 명확하게 구분되는 것은 아니다. 왜냐하면 사회경제적인 목표는 기본 조건을 수립하는 것뿐만 아니라 과정에 대한 직접 개입으로도 달성 가능하기 때문이다. 그러나 주의해야 할 것은 국가의 과정행동이 늘어날수록 국가 개입 지수의 상승 및 경제활동상의 결정이나 행위의 관료주의적 통제가 수반된다는 점이다. 그렇게 되면 개별적 경제활동 반경은 제한되고, 개혁능력은 위축되며, 제대로 기능하는 시장경제의 특성인 유연한 적응능력이 감소한다(Hasse, R. H., Schneider H., Weigelt, K., 2005).

이렇게 볼 때 황준성(2006)이 지적한 바와 같이 한국 시장경제의 사상적 패러다임은 신자유주의보다 질서자유주의에 기초하는 것이 바람직하다는 시사점을 제공한다. 신자유주의는 자유로운 시장경제가 저절로 성립하고 자동으로 전개된다고 보는 하이에키안 자유주의(Hayekian Liberalism)인 반면, 질서자유주의는 자유로운 시장경제란 자유의 제 원칙 하에 정부에 의해 조직되고 관리되어야만 형성이 가능하다고 보는 오이케니안 자유주의(Euckenian Liberalism)에 기초하고 있기 때문이다. 그동안 한국 경제는 정부 주도의 시장경제로 운영되어왔으며, 문민정부 이후 시장경제의 확립을 위한 정책을 추진하고 있으나, 그 사상적 배경은 신자유주의에 기초하고 있다. 따라서 한국 경제에서 정부는 질서자유주의에 기초한 시장에서 자유로운 경쟁질서가 계속 유지될 수 있도록 시장을 관리하는 역할을 수행해야 한다고 본다.

정부는 무엇보다 시장에서의 경쟁질서를 확립하기 위해 시장기능을 최대한 회복하는 역할을 수행해야 한다. 시장경제질서는 기본적으로 경쟁을 바탕으로 하고, 이러한 경쟁질서는 스스로 형성될 수 없으며, 경쟁질서의 확립은 정부가 해야 할 중요한 역할이다. 그러나 정부의 시장개입은 시장 대체적이 아니라 시장 일치적이어야 한다는 것이다.

이 경우 경제는 가능한 한 개별 경제주체 간의 경쟁에 맡겨두어야 하며, 정부는 경쟁이 효율적으로 작동할 수 있도록 제반 법적 · 제도적 장치를 마련하는 데 그쳐야 한다. 예를 들면 카르텔이나 독점이 존재할 경우, 정부는 이를 법으로 금지함으로써 경쟁을 촉진시켜야 한다. 우리의 경우 독점규제 및 공정거래질서 유지를 위해 공정거래위원회가 그 역할을 담당하고 있으나, 성격상 정부에 예속되어 있어 업무수행을 좀 더 효율적으로 하기 위해서는 황준성(2006)이 주장한 바와 같이 독일의 카르텔청(Kartelamt)처럼 동 기구를 정부로부터 독립시키는 것도 고려해볼 필요가 있다.

독일의 시장경제는 정부가 경제정책을 추진함에 있어서 원칙에 충실했다는 특징이 있다. 특히 오이켄이 정립한 경쟁질서원칙들은 독일 경제정책의 기본원칙으로 간주되었고, 정권이 바뀌어도 정부의 경제정책은 이 원칙에 따라 일관되게 지속적으로 추진되었다고 평가된다. 그동안 한국의 시장경제는 원칙이 정립되어 있지도 않았을 뿐만 아니라, 정치적 · 경제적 변화에 따라 임기응변식 경제정책이 많았다. 정부의 경제정책은 질서자유주의에 바탕을 두고 시장경제의 경쟁질서를 유지하는 기본원칙 하에 일관성 있게 추진되어야 한다고 본다. 이 경우 독일의 사회적 시장경제의 이론적 · 정책적 틀을 제시한 오이켄의 구성적 원칙과 규제적 원칙을 적용시켜

볼 필요가 있다.

독일의 질서자유주의 이념에 따른 질서경제정책이 한국 자본주의 발전에 주는 시사점은 대단히 많다. 현재 한국 사회의 양극화 문제는 자유방임형 시장경제 논리만으로는 해결할 수 없는 구조적 문제가 있다. 이 경우, 독일의 질서자유주의와 사회적 시장경제의 경험과 정책들, 이를테면 고용 및 교육정책, 직업양성 및 향상정책, 노동시장정책, 소득 및 재산형성정책, 실업 및 사회보장정책, 사회 파트너 참여정책, 중소기업정책 등을 참고하면 한국의 양극화 문제를 해결하고 공동체적 시장경제를 지향하는 데 많은 정책적 시사점을 얻을 수 있을 것이다.

2) 독일의 인본적 자본주의 정책이 주는 시사점

(1) 인본적 자본주의와 인적 자원 개발정책

인본적 자본주의는 독일의 사회적 시장경제체제의 또 하나의 기본이념이다. 독일 경제시스템의 또 하나의 다른 특징으로 사람을 존중하는 인본적 자본주의를 꼽을 수 있고, 이에 따른 인적 자본과 사회적 자본은 독일의 사람중심 시장경제의 원동력이라 할 수 있다.

이미 언급한 바 있듯이 '사회적 시장경제'에서 '사회적'이라는 의미가 중요하다. 여기서 '사회'란 '사람'을 의미하고, 물질에 대응하는 개념을 내포하고 있다. 그러므로 사회적 시장경제는 자본주의 자유시장의 경제원리를 기반으로 하되, 물질보다 사람을 중시하는 인본적 자본주의 경제체제를 의미한다.

독일 민족은 제2차 세계대전이 끝난 후 '신 앞에 자신의 책임을 통감하며' 새로운 국가적 · 정치적 · 사회적 질서의 수립을 헌법에 규정하고, '인간존엄성은 불가침이다'라는 이념을 헌법 제1조를 통해 승화시켰다. 인간 위에 인간이 위치한다는 이데올로기적 자만심으로 나치 치하의 각종 만행을 겪은 독일은 헌법상 어떤 인간도 종족, 종교, 성별, 또는 신체장애로 인한 차별에 의해 자신의 권리를 박탈당해서는 안 된다고 명시하고, 이 기본법을 어길 경우 인간성을 상실하게 되며 인간다운 삶을 영위할 수 없다고 밝혔다. 즉, 개별 국민은 국가질서에 의한 보호를 받게 되는 것이다. 독일 기본법 제79장 3조에 따라 제1조에서 제20조에 이르는 인간의 기본권 항목은 개정이 금지된 소위 인본적 자본주의 체제를 경제질서의 기틀로 삼고 있다(Hasse, R. H., Schneider H., Weigelt, K., 2005).

또한 독일의 인본적 자본주의의 사람중심 경제정책은 인적 자본 형성과 함께 사회적 자본 형성을 위한 정책도 적극적으로 실현시킨다. 독일의 인본적 자본주의는 진정한 시장경제의 확립을 위한 원리로서 질서자유주의와 휴머니즘에 입각한 공동체 원리를 축으로 한다. 독일의 사회적 시장경제가 여타 시장경제와 다른 또 하나의 특징은 경쟁질서를 기본이념으로 하되, 사회적 형평성을 고려한 사회적 자본을 적극적으로 형성시키고 있다는 점이다. 이는 경쟁만으로는 사회적 발전을 달성할 수 없다고 보기 때문이다. 독일의 경제체제를 '사회적 시장경제'로 부르며, 여기서 '사회적'이 의미하는 또 다른 하나는 경쟁과 더불어 안정적 시스템을 유지하기 위해 효율성 못지않게 형평성도 중요하다고 보는 데 있다. 즉 '사회적'이라는 개념은 경쟁을 최대한 허용하면서 효율성을 추구하는 시장경제 외에 독일의 경제시스템이 추구하는 또 하나의 중요한 가치가 있음을 의미한다. 즉, 사회적 시장경제란 민간경제활동 주체에게 가능한 한 최대의 자유경쟁을 보장하는 효율성을 추구하는 시스템이지만, 사회적 형평성을 유지하기 위해 필요한 만큼 정부의 역할을 강조하고 있다는 것이다. 따라서 독일의 사회적 시장경제는 경쟁질서의 확립을 통한 시장경제의 성과를 사회적 목표인 안정, 공정, 발전에 맞추어 배분함으로써 효율과 형평의 균형을 유지한다는 특징을 가지고 있다. 즉, 독일의 사회정책은 사회적 시장경제 원칙에 근거하여 형성되었다고 볼 수 있다. 이러한 사회정책은 사회보험, 사회복지서비스, 주택임대제도, 농산물가격 지지제, 해고보호법, 노동시간 제한, 노동자 경영참여제도 등으로 이루어지고 있다. 이러한 사회정책은 독일의 빈곤 해소, 삶의 질 제고, 노사 간 갈등 해소 등 사회의 안정을 이루며, 신뢰를 기반으로 한 사회적 자본 형성에도 결정적 역할을 했다. 소득분배를 오직 시장기구에만 맡겨놓을 경우 소득분배의 불평등이 심화되어 계층 간 갈등을 가져오기 때문에 정부가 시장에 개입해서 시장의 논리에 따라 발생하는 계층 간 소득격차를 완화해주는 역할을 수행해야 한다고 보고 있다.

이는 오늘날 공생발전의 한국 자본주의 진화정책과 노력에 많은 시사점을 주고 있다. 그러나 여기서 특히 유의할 점은 독일의 사회적 시장경제가 추진한 소득재분배정책은 사민주의적 조세정책과 시혜적 사회보장정책 등 '부의 이전적 소득재분배정책'보다는 능력개발, 고용창출정책과 자기책임적 사회보장정책 등 '부의 형성적 소득재분배정책'에 있다는 점이다. 이는 우리나라 사회보장정책과 사회안전망 구축작업에 주는 시사점이 대단히 크다고 할 수 있다.

(2) 우리에게 주는 시사점

독일의 인본적 자본주의 이념에 입각한 인간성 존중의 인적 자본형성 경제정책은 자원이라고는 사람뿐인 우리에게 경제성장과 발전에 주는 시사점이 이루 말할 수 없이 크다고 할 수 있겠다. 독일은 인간과 기술의 결합을 통한 인적 자본기반 기술력을 바탕으로 하여 국가경쟁력을 강화시켜왔다.

'Made in Germany'는 전 세계적으로 독일 기술과 품질보증의 상징이 되었다. 독일은 기업뿐만 아니라 국가적 차원에서도 신제품 개발과 기존 제품의 품질 향상을 위한 기술형성과 개발에 끊임없이 매진해왔다. 독일 기업들의 기술개발을 통해 생산된 상품이 크게 성공하고 큰 이익을 남긴 경험들은 기술형성을 통한 경쟁력 강화의 집념을 더욱더 강화시켰다. 자원이 부족한 독일은 기업이 세계시장 경쟁에서 살아남고 승리하기 위해서는 기술혁신이 반드시 필요했다. 기술혁신의 노력은 기업뿐만 아니라 국가 전체의 경제를 위해서도 필요불가결한 요소라고 인식했다. 국가의 경쟁력은 결국 기술형성과 개발 노력에 달려 있다고 보았다. 독일은 경쟁력에 있어서 일찍부터 기술의 중요성을 깨닫고 기술 습득의 노력을 국가와 기업발전의 핵심전략으로 삼아왔다.

독일의 기술우위 경쟁전략은 인재육성에서 단초를 찾을 수 있다. 즉, 독일의 기술우위 사상과 전략은 인재육성을 위한 인적 자원 기반 경쟁전략에서부터 시작한다. 왜냐하면 사람과 기술의 만남은 인재육성으로 이루어지기 때문이다. 세계시장에서 살아남아 당당히 겨룰 수 있기 위해서는 새로운 제품, 새로운 시장, 새로운 기술을 갖추지 않으면 안 된다. 그러기 위해서는 기술을 지닌 인재가 필수이며, 또 기술력을 길러내는 인재육성의 목표 실현을 위한 인적 자원 개발노력이 적극적으로 뒷받침되어야 하기 때문이다.

경쟁력의 원동력이 되는 기술은 기계시설에 따라다니는 하드웨어 기술이 있는가 하면, 사람에 따라다니는 소프트웨어 휴먼웨어가 있다. 파워의 원동력으로서 기술형성은 전자의 하드웨어 중심의 기술축적을 의미하지 않는다. 하드웨어 중심의 기술축적 노력만으로는 기술식민지 또는 기술종속화를 결코 못 벗어나게 된다. 사람에 따라다니는 소프트웨어 휴먼웨어 중심의 기술축적이 이루어질 때 비로소 기술형성전략 목표를 달성할 수 있다. 인간에게는 기술 공간이 크게 세 군데나 있다. 첫째, 손끝의 기술을 꼽을 수 있는데, 이를 '기능기술'이라고도 한다. 둘째, 머릿속의 기술을 들 수 있다. 이를 '지식기술' 혹은 '노하우'라고도 한다. 마지막으로 손끝의 기술과 머릿속의 기술을 묶어주는 기초적인 기술형성의 공간이 있고, 이것이 체계적으로 형성되지 않으면 손끝의 기술과 머릿속의 기술은 곧 한계의 벽에 부딪치게 된다. 그 가장 기초적인 기술 형성공간은 바로 마음속에 있다. 이를 '태도기술'이라고도 한다. 손끝의 기술은 손끝의 능력을, 머릿속의 기술은 머릿속의 능력을, 마음속의 기술은 마음속의 능력을 의미한다. 따라서 기술이란 인간에게 체화된 능력이라고 할 수 있고, 기술형성은 곧 능력개발, 인재육성을 의미하게 된다.

요소별 경쟁전략에 비추어볼 때 생산의 3대 요소인 자본, 노동, 토지 중 사람에 대한 경쟁력 제고의 기반이 되지 않으면 결코 경쟁력을 기대할 수 없는 실정이다. 그렇기 때문에 인적 자원의 경쟁력 제고, 인적 자원과 기술의 결합, 노동생산성 향상은 기업과 국가경쟁력의 원동력이 된다. 이를 위해서는 '인적 자원 기반 전략(human resource based strategy)'을 경쟁전략의 이론과 실제의 중심과제로 삼지 않을 수 없다. 경제경영의 운용 시각은 화폐 또는 자본 중심의 시각에서 사람 또는 인적 자원 중심의 시각으로 전환되어야 한다. 따라서 경영 패러다임이 자본 또는 물적 자원 기반 중심에서 사람 또는 인적 자원 기반 중심으로 이동하는 것이 절실히 요망된다. 인적 자원은 기업과 국가 경영에서 가장 중요한 항상자산(恒常資産)이다. 그러므로 오늘날 경쟁력을 갖춘 국가와 기업들은 하나같이 인재육성을 통한 인적 자원 기반 경쟁전략을 경영의 핵심전략으로 삼고 있다. 이러한 점에서 독일의 사회적 시장경제의 인적 자본 형성에 대한 정책이 우리에게 주는 시사점은 대단히 크다.

특히 독일은 중소기업 경쟁력 강화 전략에서도 교육훈련 및 숙련인력 양성 등 인재육성의 인적 자본 형성정책을 통한 기술혁신에 초점을 두고, 국가경쟁력 향상을 도모해왔다. 독일의 중소기업 중 전통적으로 탄탄한 기술력을 바탕으로 핵심 제품에서 세계시장의 70~80%를 점유하는 기업들이 많다. 독일의 중소기업은 국가경제에 중추적 역할을 한다. 전통적으로 기술경쟁력을 바탕으로 기술혁신형 중소기업이 강점인 독일의 중소기업 지원정책은 '자유롭고 공정한 시장경쟁을 통한 경제발전 도모'라고 하는 독일의 질서자유주의 경제사상을 토대로 인적 자본형성에 의한 기술혁신 지원정책을 적극적으로 실현하고 있다(김인숙 외, 1999).

오늘날 우리나라도 최선(2008)이 지적한 바와 같이 국가 공생 동반성장 전략과 관련하여 중소기업 경쟁력 강화가 국가발전전략의 중심과제다. 우리나라의 경우 중소기업은 전체 사업체의 99.8%를 차지하고 있으며, 전체 고용의 87.0%를 차지하고 있다. 21세기 글로벌 경제에서 국가경제의 지속 발전을 위한 성장동력은 무엇보다 기술혁신을 근간으로 한 혁신형 중소기업 육성에 달려 있다. 기술혁신형 중소기업은 인재육성의 기술혁신 활동을 통해 고부가가치형 기술력을 확보하여 높은 생산성과 고수익성을 창출한다. 기술혁신형 중소기업의 높은 경영성과는 고용창출 효과에 반영되어 경제기여도가 매우 높다. 또한 기술혁신형 중소기업의 발전은 중소기업의 글로벌 경쟁력 제고 및 사회 양극화 해소라는 측면에서도 그 의미가 매우 크다(김수미, 2006). 이러한 점에서 독일의 인적 자본 형성정책은 우리나라 중소기업 경쟁력 강화 성장전략에 주는 시사점이 대단히 크다.

독일의 인본적 자본주의 사상에 의한 인적 자본과 사회적 자본 형성정책 또한 우리에게 주는 시사점이 대단히 크다. 부존자원이 부족한 우리나라가 선진 산업국들이 수백 년 이상 걸려서 해낸 일을 불과 40여 년이라는 짧은 기간에 이룩한 원동력은 무엇인가? 물론 한국 경제사회의 급성장은 근로자의 땀, 과학기술자의 고심, 기업 경영인의 선택, 국가 지도자의 결단이 어우러져 만들어낸 작품이라고도 할 수 있다. 그러나 그 이면에는 우리의 인적 자원, 즉 인재강국의 DNA를 빼놓을 수 없다. 오늘날 우리를 둘러싼 경제기술 및 사회의 지각변동은 그 어느 때보다 급속히 진행되어 창의인적 자본시대를 맞이하게 되었다. 우리의 인재강국 DNA를 살려 창의기반사회에 부응하는 인적 자원개발과 인적 자본형성에 대한 노력은 국가생존과 발전의 사활이 걸려 있는 사안으로 대두하고 있다.

자본, 즉 'capital'은 사업 밑천이다. 밑천 없이는 사업을 할 수 없다. 국가도 마찬가지다. 오늘날 국력의 원동력은 인적 자본과 사회적 자본이다. 세계는 화폐자본 시대에서 인적 자본 시대로 이행하고 있다. 또 인적 자본인 'human capital' 형성에는 협력적 노사관계를 기반으로 한 사회적 자본인 'social capital'이 반드시 뒷받침되어야 한다. 사회적 자본 형성 없이는 결코 경쟁력의 원동력인 인적 자본을 형성할 수 없고, '성장-고용-복지'의 선순환도 기대할 수 없다. 이를 위해서는 사회적 대화와 소통을 통한 사회적 상호작용이 절대적으로 필요하고, 공동체적 노사관계가 절실히 요청된다. 노벨상 수상자인 베커(Becker, G. S., 1993)가 지적한 바 있듯이 경쟁력의 원동력인 인적 자본(human capital)은 그 형성과정에서 물적 자본(physical capital)이나 금전자본(financial capital)과는 근본적으로 그 성격을 달리한다. 인적 자본은 반드시 사회적 상호작용(social interaction)이라는 과정을 통해 형성되고, 이는 노사관계에 의해 이루어지게 된다. 그러므로 공동체적 노사관계는 오늘날 국가경쟁력과 삶의 질 향상의 원동력인 인적 자본형성의 매개변수로서 경제사회 발전의 절대적 역할을 하고 있다. 이러한 점에서 독일 사회적 시장경제체제에서 추구하고 있는 인적 자본 형성을 위한 교육훈련 촉진정책과 사회자본 형성을 위한 가치형성적 사회안전망 구축과 노사를 주축으로 한 사회파트너십(social partnerschaft) 정책 등은 우리가 적극적으로 배워야 할 사항들이라 여겨진다.

특히 오늘날 한국 자본주의 진화에 걸림돌이 되고 있는 양극화와 더불어 사회갈등 해소를 위한 사회통합의 과제에 즈음하여 정부 주도적 경제성장과 발전을 이룩한 우리의 DNA로 미루어보아 독일이 사회적 시장경제체제에서 취한 질서자유주의에 입각한 질서경제정책과 인본적 자본주의에 의한 인적 자본형성 정책에서 배울 점이 대단히 많다.

3.
한국 자본주의 진화의 새로운 진로 모색

1) 새로운 사태

우리 사회는 새로운 사태를 맞이하고 있다. 심각한 개인화와 양극화, 그리고 아노미 사태를 맞이하고 있다. 1차적으로 산업화와 도시화로 인한 개인화이고, 2차적으로 디지털화와 세계화로 인한 양극화 현상이다. 이로 인해 전통적 가치관의 와해와 더불어 가치관의 혼란 속에서 새 질서를 확립치 못하고, 공동체적 · 사회적 연대도 구축하지 못하고 있다. 이를테면, 우리 사회는 그릇된 개인주의적 사회구조 맥락 속에서 정치, 경제, 노동, 교육 등 모든 분야에서 개인주의와 집단이기주의에 빠져 있다. 책임과 의무는 도외시하고 권리 · 권한만 주장하며, 공동선과 법과 질서를 무시하여 혼란과 공동체를 와해시키는 현실에 당면하고 있다. 전환기 사회에 나타나는 아노미 현상으로 인해 무규범과 더불어 법과 질서를 무시하는 폭력적 사태가 곳곳에서 일어나고 있다.

새로운 사태의 제1막은 산업화와 도시화로 인한 개인화 사태를 들 수 있다. 산업화, 도시화는 분업화를 가속하며, 전통적 집합주의 사회를 와해시키고 개인주의와 집단이기주의 사회를 가속화하고 있다. 산업화는 임금노동자를 낳고, 인구를 도시로 집중케 한다. 산업이 발달하여 다양한 직업이 생겨나면서 상황은 달라졌다. 직업으로 먹고살기 위해서는 집 밖으로 나와야 했다. 그리고 경쟁자들과 관계를 맺고 투쟁하기 위해 가족 밖의 집단들과 연대할 필요가 있었다. 산업사회의 직업들은 도시의 존재를 전제하는 것이며, 도시는 항상 농촌사회의 이민자들을 매개로 형성되거나 충원되었다. 이때 이민자들이란 자신의 출생지를 떠난 개인들을 일컫는다. 따라서 이전의 가족이라는 낡은 울타리를 넘어서는 새로운 활동형식이 만들어졌다. 산업화로 인한 도시로의 인구집중은 농촌공동체를 와해시키면서 지속적으로 개인주의를 심화시켰다. 즉, 개인주의 사회에 부합될 수 있는 사회적 질서와 연대가 절실히 요청된다. 뒤르켐(Durkheim, E)이나 메이요(Mayo, E.) 등이 지적한 바와 같이, 산업사회 전개는 전통적 집합주의 가치와 문화를 와해시킨다. 산업화와 도시화는 가족 및 기타의 1차 집단을 약화시켰고, 이와 동시에 전통적인 사회적 결속이 와해되어 개인들은 원자화 또는 파편화되는 무규범적 상태에서 무질서와 혼란에 직면하게 된다. 현대사회의 질서가 전통사회의 그것과 크게 다르다는 것을 분명히 의식하고 옛 질서에서 새로운 질서로의 변동이 가져온 위기를 극복하는 데 필요한 자신들 나름의 포괄적 프로그램이 절실하다.

새로운 사태의 제2막은 개인화와 더불어 디지털화, 세계화로 인한 양극화 사태다. 특히, 기술적 측면에서 디지털화는 경제적 측면의 세계화, 개방화를 촉진하여 경제사회의 양극화에 주도적인 역할을 했다.

이를테면, 소위 디지털혁명은 기계식 아날로그 방식에서 전자식 디지털 방식으로 기술사회의 지형을 바꾸어놓았다. 20세기 이후 과학기술의 급격한 발달은 기업의 기술환경에 두 가지 큰 변화를 가져왔는데, 첫 번째 변화는 1950년대부터 1960년대까지의 기계 자동화이고, 두 번째 변화는 극소전자(micro electronics), IT(information technology)와 더불어 인공지능 자동화다.

또한 디지털혁명은 세계화를 촉진시키고, 디지털 디바이드(digital divide) 현상이 일어나면서 경제적 양극화와 더불어 사회적 양극화를 초래하여 급속도로 산업사회의 지각변동을 야기하고 있다. 예컨대, 오늘날 노동시장의 양극화 현상은 규모 면에서는 대기업과 중소기업 간의 노동, 고용 면에서는 정규직과 비정규직 간 노동에 대한 임금과 신분의 차이에서 현저하게 표출되고 있다. 우리나라 고용의 절대 비중을 차지하고 있는 중소기업에 한계기업이 집중되어 있는데, 이는 최저임금을 감당치 못하고 위반하는 기업들이 속출하고 있는 실정이기도 하다. 이에 비해 대기업의 정규직 노동의 임금은 중소기업 노동의 평균 2배 이상으로 노동의 심각한 양극화를 빚어내고 있다. 이러한 노동의 양극화 양상은 기업의 구조조정과 더불어 조직노동의 집단이기주의적 노동운동으로 야기되는 비정규직 노동의 가속화로 인해 더욱 심화되었다.

이러한 양극화 현상은 노동에서뿐만 아니라 자본에서도 급속도로 전개되고 있다. 즉, 대기업과 중소기업 간의 격차는 날로 심화되어가고 있다. 대기업 중에서도 재벌대기업과 개별대기업 간, 중소기업 중에서도 중견 중소기업과 영세 중소기업 간의 양극화 현상이 날로 심화되고 있다. 그렇기 때문에 대기업과 중소기업 간 동반성장이 전략적 경제정책의 주요 과제로 대두한 지 오래다.

이상과 같은 우리 사회의 급속한 산업화, 도시화, 디지털화, 세계화는 전통적 집합주의 사회를 와해시키면서 개인주의와 집단이기주의 사회, 그리고 양극화 사회를 가속화시켜 무규범의 아노미 사태를 낳고 있다. 이로 인해 오늘날 우리 사회는 다양한 사회적 갈등과 분열로 고통 받고 있으며, 갈등과 분열을 넘어 증오와 적대관계로 치닫고 있다. 이념갈등과 분열은 물론이고, 계층, 세대, 지역갈등과 분열 또한 심각하다. 협상과 타협이 절대적으로 부족한 비이성적인 투쟁적 사회관계로 전개되고 있다. 이념화와 집단이기주의에 매몰되어 '아노미 구조사태'에 직면하게 되었다. 낮은 신뢰도와 정치사회적 갈등은 무한경쟁시대에서 우리 각자가 설 자리를 위협하고 있다. 실로 우리 사회는 갈등과 투쟁의 틀을 뛰어넘고, 아노미를 극복할 수 있는 새 질서를 위한 건전한 경제 · 사회 · 정치적 관계 구축을 위한 노력이 절실히 요청되고 있다.

2) 새로운 진로 모색

한국 자본주의는 개인화와 양극화, 그리고 아노미 사태 등을 맞이하여 새로운 진로를 모색해야 할 전환점에 서 있다. 새로운 사태에 즈음하여 사회적 결속을 다지기 위해서는 그에 부합하는 새 질서가 요청된다. 전통사회에서 지녀온 기계적 연대와 질서는 개인화 · 디지털화 맥락의 현대사회에서 그 한계를 면치 못한다. 현대사회의 질서가 전통사회의 그것과 크게 다르다는 것을 분명히 의식하고, 옛 질서에서 새로운 질서로의 변동이 가져온 위기를 극복하는 데 필요한 사회적 결합을 위한 사회원리와 프로그램이 필요하다. 실로 지금까지 한국 경제는 다른 후진 산업국에 비해서는 우등생이 될 수 있었지만, 또 한편 고임금 · 저성장, 실업률 증가, 빈곤층 증대 등으로 인해 심각한 어려움에 직면해 있는 것도 사실이다. 대한민국은 지난 반세기 동안 전 세계가 놀랄 정도로 경이적인 경제발전을 이룩했다. 맨주먹으로 세계 10위 경제대국으로 발돋움했다. 1960년 1인당 국민소득(GNI)이 100달러 수준에 불과했던 한국 경제는 이제 3만 달러를 넘어서게 되었다. 후진국으로서 이와 같이 짧은 기간 동안 우리나라와 같은 경이적 성장을 이룩한 나라는 유례를 찾아볼 수 없을 정도다. 그런데 이 같은 우리의 압축경제성장은 양극화 현상과 더불어 취약계층과 소외계층의 공격에 직면하여 심각한 위기에 직면하고 있다. 오늘날 우리 사회는 교육, 의료, 주택, 교통서비스 등 사회적 인프라와 사회적 가치창출의 부족으로 인해 거래비용을 증폭시켜 노사갈등을 비롯한 다양한 사회갈등을 자아내고 있다. 우리 사회가 심각하게 직면하고 있는 정치갈등, 노사갈등, 계급투쟁적 사고와 행동, 상호불신과 집단이기주의 팽배 등은 무한경쟁시대에 우리 스스로 설 자리를 잃어가고 있는 실정이다.

그러므로 경제적 가치창출뿐 아니라, 적극적인 사회적 가치창출을 통한 갈등해소와 공동체 확립의 노력은 존립과 발전에 선택이 아니라 필수로 다가오고 있다. 그동안 우리 경제는 괄목할 만한 성장을 이룩했지만, 양극화와 일자리 부족, 민생의 어려움이 가중되고 있다. 이대로 주저앉을지도 모른다는 위기의식도 커지고 있다. 불신과 갈등을 없애고 그 자리를 상생과 공영의 기회로 채워나가야 한다. 이러한 당면 난관들을 돌파하고 선진화 문턱을 뛰어넘기 위해서는 효과적이고 적극적인 범국가적 노력이 절대적으로 요청되는 바다.

경제 난국을 타개하고, 공생발전의 한국적 자유민주주의 자본주의 진화를 모색함에 있어서 질서자유주의와 인본적 자본주의에 입각한 독일의 '사회적 시장경제'체제와 그에 따른 정책을 고찰하고 시사점을 찾는 것은 대단히 의미 있는 일이 되겠다.

또 질서자유주의에 의한 사회적 연대와 결속을 위해서는 반드시 협력사회의 기반이 조성되어야 한다. 당사자들이 협력할 수 있는 신념과 상호작용 능력 등 최소한의 협력사회 형성을 위한 기반인 소위 '선협력사회(先協力社會, Pre-Cooperation Society)'가 구축되어 있지 않으면 유기적 사회연대는 이루어질 수 없다. 선협력사회 구축을 위해서는 민주시민 인성교육이 절실히 필요하다. 산업사회에서는 사회적 결속과 유기적 연대에 대한 당사자들의 이해 증진과 동기를 유발할 수 있는 민주시민 인성교육이 절실히 요청된다.

질서자유주의에 의한 자유민주주의 사회적 원리에 적응하기 위해서는 이데올로기의 경직성을 거부하고 책임감 있는 미래지향적 행동이 요구되는 바, 이를 위해 도덕적 능력 강화를 위한 정치적 민주시민 인성교육이 절실히 필요하다. 즉 산업화와 도시화로 인해 전통적인 집합사회의 가치관이 와해되고, 산업사회의 개인화 현상의 맥락 속에서 아노미를 극복하고 새 질서와 사회연대에 부합할 수 있는 민주시민교육이 절대적으로 요청된다. 왜냐하면 전환기 사회에 나타나는 아노미 현상은 무규범 · 무질서와 더불어 폭력적 사회를 유발하기 때문이다. 이른바 산업화 · 도시화로 인한 개인화시대에 부합하는 건전하고 올바른 인성을 갖춘 시민 육성을 위한 민주시민 인성교육이 유기적 사회연대를 위해 요청되는 바다.

민주시민 인성은 개인의 인격과 사회적 연대의 관계에서 구성원의 역할과 그에 따른 권리와 의무에 대한 검토에서 시작된다. 현대산업사회에서 개인들은 어떻게 더 자율적이면서 동시에 사회에 더 의존적이 될 수 있는가? 환언하면 더 개인적이면서 동시에 더 많은 연대감과 행위를 할 수 있도록 구성원의 역할과 권리, 그에 따른 의무와 책임을 갖는 민주시민 역할이 요청되는 바다. 지금 우리 사회는 그릇된 개인주의적 사회구조 맥락 속에서 정치, 경제, 노동, 교육 등 모든 분야에서 개인주의와 집단이기주의에 빠져 있다. 책임과 의무는 도외시하고 권리 · 권한만 주장하며, 공동선과 법과 질서를 무시하여 혼란과 공동체를 와해시키는 현실에 당면하고 있다. 실로 우리 사회는 산업화되고 분업화됨에 따라 산업과 그 기능, 그리고 구성원의 생활이 전통적인 유교적 문화와 도덕에서 해방됨으로써 전통적 도덕이 새로운 상황에 재적응하지 못하고, 이른바 아노미로 특정지어질 수 있는 도덕적 위기상황에 직면하고 있다. 그렇기 때문에 올바른 개인주의적 사회구조 맥락에 따라 우리 민족의 전통적 순기능문화 계승과 함께 사회공동체와 질서를 구축하기 위한 민주시민으로서의 역할을 할 수 있도록 노력함이 절실히 요청되는 바다.

뒤르켐이 제시한 전통사회의 집단지향적이고 권위주의적인 소위 '기계적 연대'와는 구분되는 '유기적 연대', 즉 개인의 존엄성과 그 권리에 대한 믿음을 바탕으로 이루어지는 사회 성원 간의 호혜적 평등관계의 책무와 의무를 다하는 민주시민 역할을 할 수 있는 인성교육이 요청된다. 덧붙여 베버(Weber, M.)가 지적한 바와 같이, 이념적 진영논리가 아닌 합목적적인 합법적 정신과 논리 위에 공동체적 시민도덕을 만들어 사회통합을 이루도록 하는 노력이 필요하다.

뒤르켐이 지적한 바 있듯이, 현대산업사회에서 노동의 기능적 분화와 이질성에 기초한 유기적 연대는 동질성에 기초한 기계적 연대에 통합되었던 전통적 농업사회와 달리 다양한 직종과 직업, 그리고 직업집단이 형성되고, 그에 따른 정상적 규범 틀에 의한 직업윤리와 도덕적 질서가 태어났다. 가족 안에서 도덕과 법이 태어나듯이 직업과 직업집단 역시 그 안에서 도덕과 권리가 태어난다.

현재 우리의 정치, 경제, 사회생활의 법적 · 도덕적 아노미 상태에서는 직업윤리와 직업에 대한 도덕적 가치를 찾아볼 수 없는 직업집단이 허다하다. 설사 있다 하더라도 초보적 상태로만 존재한다. 특히 직업윤리와 근로윤리를 절대적으로 중시해야 할 교사, 교수, 의사, 군인, 판사, 변호사, 국회의원, 공무원, 경영자, 근로자 등의 전문직업군마저 초보적 상태에 머물고 있다. 오늘날 우리 사회는 사회구조적으로 일종의 마피아조직의 지배를 받고 있다. 한국 사회의 법조계, 공직계, 정계, 실업계, 학계는 법(法)피아, 교(教)피아, 군(軍)피아, 관(官)피아, 정(政)피아, 모피아(경제관료 조직), 철피아(철도청 공무원 출신), 정(政)피아 등에 의한 유착관계로 전문 직업집단의 부패와 비리로 유린되고 있다(진교훈, 2015). 산업화와 더불어 직능 분업화시대에 직면하여 직업은 사회적 결속력의 기본적 요인으로 대두되는 바, 개인화사회에 부합할 수 있는 사회적 연대 구축을 위해서는 도덕적 개인주의가 확립되어야 하고, 직업에 대한 도덕적 가치와 그에 따른 역할을 민주시민 인성교육의 주요한 전략적 선택의 대상으로 삼아야 할 줄로 안다. 나아가 독일의 질서자유주의와 인본적 자본주의 경제사회정책과 더불어, 질서와 직업소명 의식을 가진 민주시민 인성교육인 정치교육(poitishe Bildung)과 직업교육(Berufsbildudng)의 이념과 정책에 대한 고찰이 절실히 요구된다.

3) 결언

이미 언급한 바 있듯이, 본고는 라인강의 기적을 이룬 독일의 사회적 시장경제체제를 바탕으로 한 질서자유주의와 인본적 자본주의 정책을 고찰함으로써 한국 자본주의 진화에 대한 시사점을 찾고자 하는 데 있다. 독일은 우리나라의 상황과 비슷한 점이 대단히 많은 나라다. 그러므로 독일의 사회적 시장경제체제에서 취한 질서자유주의와 인본적 자본주의 정책들은 정부 주도적 경제성장과 발전을 이룩한 우리의 DNA로 미루어보아 한국 자본주의 진화에 주는 시사점이 대단히 많다고 여겨진다. 이러한 점에서 지금까지 본고에서 논의한 독일의 사회적 경제 이념과 정책들이 오해 없이 우리나라 경제사회정책의 실천적 규범 설정에 참고가 될 수 있도록 다음 사항들을 다시 강조하는 바다.

첫째, 독일의 사회적 시장경제의 제1 원칙은 자본주의 사회의 시장경제다. 자본주의 이념과 경제정책에 입각하여 전개시킨다. 즉 사유, 시장, 자유, 경쟁 등 자본주의의 자유민주주의 규범과 체제를 준수한다. 그러므로 사회주의국가의 '사회주의적 시장경제(Sozialistische Marktwirtschaft)'체제와는 본질적으로 다르다. 독일의 사회적 시장경제에서 '사회적'은 '사회주의'가 아닌 '사람'이라는 의미를 담고 있다. 사람들은 사회를 형성하고 있기 때문에 사회란 곧 사람이라는 의미다. 또 '사회적'은 독일 헌법 제1조 정신에 따라 사람존중의 독일 경제체제를 의미하는 것이기도 하다.

둘째, 독일의 사회적 시장경제정책은 시장경제의 사회 원리(자기책임성 원리, 연대성 원리, 보충성 원리)에 기초한 질서자유주의와 인본적 자본주의정책을 수행함에 있어서 국가와 정부의 역할을 중시한다.

셋째, 질서자유주의에 입각한 국가와 정부의 역할은 질서정책(Ordnungspolitik)을 통해 경제정책의 시장 실패와 정부 실패를 막고, 시장 기능이 사회적으로 최상의 결과에 이르게 하는 데 있다. 그러므로 국가와 정부의 역할은 구조적 질서정책에 초점이 두어져 있고, 기능적 과정정책(Prozesspolitik)은 어디까지나 보충적 역할로만 수행토록 한다. 이를테면, 정부와 국가가 적극적인 시장 구조정책을 펼친다든가, 개별 기업을 지원한다든가 하는 것들을 금지함으로써 국가와 정부의 시장개입 폭을 좁힌다. 이를테면 정부 경제정책의 과제는 시장질서 확립에 초점을 두고, 이를 위한 지원과 보충적 역할을 수행하는 데 역점을 둔다. 이른바 사회적 시장경제의 기능 메커니즘은 시장경제질서의 기능 메커니즘이며, 이는 바로 가격인 바, 가격 메커니즘에 대한 정부의 개입은 근본적으로 금지되어 있다.

넷째, 인본적 자본주의에 입각한 국가와 정부의 역할은 인간존중의 헌법정신에 따라 인적 자본과 사회적 자본 형성에 초점을 두고 있다. 독일의 인적 자본과 사회적 자본은 국가 경쟁력의 원동력이다. 이를 위한 교육촉진과 인적 자원개발, 그리고 노동과 고용정책에 대한 국가와 정부의 역할을 강조하고 있다.

다섯째, 독일은 사회복지정책을 경제정책과 사회정책(Gesllschaftspolitik)

과의 유기적 연계를 통해 경쟁력 있는 생산적 복지사회를 전개해나간다, 사회복지정책은 자기책임의 사회보험 중심으로 이루어진다. 그리고 고용복지를 중심으로 하여 사회복지가 생산적 복지가 되도록 정책을 구사한다. 즉 복지지출이 소비적 성격의 '사회적 부담(Sozial-Lastung)'으로서가 아닌, 생산적 성격의 '사회적 성과(Sozialleistug)'로 실현될 수 있도록 정책을 구사한다. 환언하면 복지지출이 비용(cost) 개념이 아닌, 투자(investment) 개념으로서 사회적 성과를 이룩하도록 노력한다. 소위 이전성과(移轉成果, Transferleitung)가 아닌, 생성성과(生成成果, Entsensibilisierungsleistung))로서의 사회복지정책이 작동하도록 노력한다. 이른바 사회복지정책이 고용복지를 중심으로 하여 '성장-고용--복지'의 선순환이 되도록 노력한다. 여기에 부합할 수 있는 적극적인 '직업교육'과 노동시장정책을 구사하고 있다. 이러한 독일의 고용복지중심의 노력은 사회보험제도의 고용보험과 재해보험, 그리고 공적부조제도의 교육촉진과 고용촉진정책 등에서도 쉽게 인지할 수 있다(최종태, 1981).

여섯째, 산업화와 더불어 직능 분업화시대에 직면하여 직업은 사회적 결속력의 기본적 요인으로 대두하는 바, 독일은 직능사회에 부합할 수 있는 사회적 연대 구축을 위한 도덕적 개인주의 질서의 가치와 함께 직업에 대한 도덕적 가치를 민주시민 인성교육의 주요한 전략적 선택으로 삼았다. 즉, 민주사회의 질서와 직업소명에 대한 인성교육을 소위 정치교육과 직업교육 등을 통해 적극적으로 실현한다.

참고문헌

국내문헌

김인숙 외(1999). 「독일의 중소기업정책: 독일 중소기업 지원정책 및 제도」. 도서출판 미크로.

롤프 하세, 이규석 외 역(2005). 『사회적 시장경제』. 주한 아데나워재단.

발터 오이켄, 안병직 · 황신준 역(1996). 『경제정책의 원리』. 민음사.

손동현(2007). 「디지털 유목시대를 맞는 대학의 개혁」, 단국대 개교 60주년기념 국제학술대회.

안두순 · 안석교, 피터 마이어 편저(1999). 「사회적 시장경제: 독일의 경험과 한국에 주는 교훈」. 프리드리히 에베르트재단. 세계문화사.

에밀 뒤르켐, 민문홍 역(2012). 『사회분업론』. 아카넷.

조희연(1987). 「분업과 연대성 및 도덕성: 뒤르겜의 사회이론 재조명」. 서울대학교 사회학연구회. 현대자본주의와 공동체이론. 한길사.

진교훈(2015). 「인성교육이란 무엇인가?」. 제1회 서울대 명예교수회 인성교육 집담회, 서울대 관정도서관.

최종태(1981). 『서독의 사회복지와 노사관계』. 서울대학교출판부.

______(2011). 「한국자본주의 진화와 노사관계 발전을 위한 독일 질서자유주의와 인본적 자본주의 정책의 의의」. 『노사관계연구』 제22권: 서울대 노사관계연구소. 183-206.

______(2013). 「노사관계 새로운 축의 시대 모색과 경영의 새로운 패러다임」. 『노사관계연구』 제24권: 서울대학교 노사관계연구소. 1-30.

퇴니스, 황성모 역(1978). 『공동사회와 이익사회』. 삼성.

황신준(1995). 「발터 오이켄의 經濟秩序政策: 自由主義 경제개혁 시대의 사상적 모색」. 『경상논총』(한독경상학회) 제13호.

______(2000). 「사회적 시장경제, 질서자유주의, 사회민주주의: 독일의 경제질서이념과 현실체제를 둘러싼 혼동」. 『국제경제연구』 6권 3호.

황준성(2006). 「독일의 사회적 시장경제의 한국 경제체제에의 시사점」. 독일의 사회적 시장경제와 한국 사회의 대안적 발전방향에 관한 국제 심포지엄. 콘라드 아데나워재단.

국외문헌

Becker, G. S. (1993). *Human Capital: A Theoretical and Empirical Analysis with Special Reference to Education*. Third Edition. Chicago: The University of Chicago Press.

Benecke, W. (2008). *Aktueller Stand der deutschen Szialen Marktwirtschaft*. In Ziemek, Marc (Eds.). *Soziale Marktwirtschaft in Deutschland und die Politik der neuen Regierung in Korea*. Seoul: Konard Adenauer Stiftung.

Bloch. E. (1985). *Das Prinzip Hoffnung* 3 Bünde. Taschenbuch Wissenschaft Frankfurt am Main: Suhrkamp.

Choi, S. (2008). Massnahmen zur Foederung technologischer Innovationen kleiner und mittelstaendischer Unternehmen in Deutschland. In M. Ziemek(Ed.). *Sozial Marktwirtschaft in Deutschland und die Politik der neuen Regierung in Korea*. Seoul: Konard Adenauer Stiftung.

Durkheim, E. (1984). *The Division of Labor in Society*. New York: the Free Press.

Erhard, L. (2009). *Wohlstand für Alle*. Küln: Anaconda.

Euken, W. (1995). *Grundsütze der Wirtschaftspolitik*. Tübingen: Mohr.

Gertenbach, L, Laux, H., Rosa, H, Strecker, D. (2010). *Theorien der Gemeinschaft zur Einführung*. Junius: Hamburg.

Grosser, D., Lange, T., Mueller-Armack, A., & Neuss, B. (1988). *Soziale Marktwirtschaft: Geschichte-Konzept-Leistung*. Stuttgart: Kohlhammer.

Hasse, R. H., Schneider H., & Weigelt, K. (2005). *Lexikon Soziale Marktwirtschaft-Koreanische Uebersetzung*. Seoul: Konrad-Adenauer Stiftung Korea.

Hoeffner, J. (1968). *Christliche Gesellschaftslehre*. Kevelaer Rheinland: Butzon & Bercker.

Pilz, F. (1978). *Das sozialstaatliche System der Bundesrepublik Deutschland*. Müchen: Reinhaut.

Thieme, H. J. (1991). *Soziale Marktwirtschaft: Ordnungskoneption und wirtschaftspolitische Gestaltung*. München: C. H. Beck.

Weber, M. (1972). *Wirtschaft und Gesellschaft*. fuenfte revidierte Aufl. Tübingen: Mohr.

Wintweberg. J. M. (2006). *Soziale Marktwirttschaft in Deutschland: Geschichte, Gegewart und Zukunft, Internationalles Symposium zur Sozialen Marktwirtschaft in Deutchland und Alternativen fürdie koreanische Gesellschaft*. Seoul: Konard Adenauer Stiftung.

2장

민경국

질서사상과 정부의 경제정책: 오이켄과 하이에크의 질서사상이 한국 경제에 주는 교훈

1.
왜 질서경제학인가

전대미문의 실업률, 2%에도 못 미치는 성장률, 분배의 양극화, 비정규직의 급격한 증가, 최저임금도 받지 못하는 저소득층의 급격한 증가 등, 한국 경제가 꾸준히 추락해가고 있다. 경제가 위기에 처해 있다는 말이 적합하다. 우리에게 당면한 문제가 위기의 원인과 해법에 관한 문제인 이유다. 이들 문제는 흔히 정부가 투입하는 정책수단을 인과적으로 분석하여 답하는 것이 일반적이다. 예를 들면 소득주도성장 또는 최저임금제 같은 가격규제, 재정정책 등 정책수단의 효과를 분석하여 문제를 해결하는 것도 중요하다.

그러나 그런 정책을 더욱 심층적이고 근원적인 관점에서 분석하여 답하는 것이 훨씬 더 중요하다. 그런 관점이 질서사상이다. 이 관점이 중요한 이유는 실패하는 경제정책과 성공하는 경제정책을 구분하는 중요한 기준을 제공하기 때문이다. 오늘날 대학교육의 내용을 지배하고 있는 주류 경제학의 치명적 오류도 저자의 1997년 저서 『시장경제의 법과 질서』에서 상세히 설명했듯이 그런 질서사상이 없다는 점이다.

1) 질서경제학이란

우리는 혼자 살 수 없으며, 우리가 사는 세상은 물질적으로 희소하다. 타인들의 협력 없이는 살아가기가 어렵다. 우리는 늘 타인들과 관련을 맺고 살아간다. 우리가 직접적으로나 간접적으로 맺고 있는 관계는 매우 복잡하다. 가족 · 친지 · 친구관계 · 직장관계를 비롯하여 수많은 거래관계, 심지어 국제적으로까지 확장된 관계, 얽히고설킨 매우 복잡한 관계, 즉 복잡한 사회 속에서 살고 있다. 게다가 우리는 좋든 싫든 강제력을 독점하고 있는 국가라는 현상, 또는 정치라는 현상 속에서 국가와 관계를 맺으면서 살고 있다. 국가는 그 누구도 가질 수 없는 총, 칼, 형무소를 독점하고 있다. '국가란 무엇인가?'라는 문제가 생겨난 이유는 강제권을 독점하고 있기 때문이다(민경국, 2018).

인간의 복잡다기한 관계, 개인과 사회의 관계, 국가와 사회, 구체적으로 말해서 "개인, 시장, 그리고 국가의 관계라는 현상을 어떻게 설명하고, 이를 어떻게 정책적으로 설정해야 하는가?" 하는 문제는 질서이론 및 질서정책론을 포괄하는 질서경제학(Economics of Social Order)의 존재이유다.[1] 그런 문제를 해결하기 위해 생겨난 것이 질서경제학이라는 말이다. 이때 질서란 인간의 사회적 행동을 안내하는 예의범절, 직업윤리, 관행, 관습, 도덕규칙 등 비공식규칙과 소유권규칙, 계약규칙 등 사법을 구성하는 규칙들을 말한다. 게임에 비유해서 말한다면 질서란 게임이 이루어지기 위해서 필요한 규칙을 말한다. 질서이론은 행동규칙이 어떻게 형성되는가를, 그리고 질서정책은 어떤 행동규칙이 자유와 번영을 동시에 달성하는 데 적합한 것인가를 다룬다.

---

1) 질서경제학에 관한 것은 민경국(1997) 참조.

질서경제학의 창시자는 독일의 질서자유주의를 개발한 오이켄(W. Eucken, 1891~1950)과 카를 멩거가 개발한 오스트리아학파의 사상을 심화 · 발전시킨 하이에크(F. A. Hayek, 1899~1992)다. 이 두 석학이 질서의 중요성을 인식한 배경은 서구문명의 기초가 되었던 '고전적 자유주의' 이념이 인류의 자유와 번영을 보장하는 데 적합하지 않다는 믿음이 지배하던 1930년대였다. 1940년대까지의 시기는 "실험의 시대"(발터 오이켄), "절망의 시기"(카를 포퍼), "노예로 가는 시기"(프리드리히 하이에크)였다. 이런 시대가 왜 생겨났고, 이런 시대를 어떻게 극복해야 할 것인가 하는 거대담론적 문제가 그들에게는 초미의 관심사였다.

2) 해결할 문제들

이 글의 목적은 하이에크와 오이켄이 각각 어떻게 국가를 이해하고 있는가의 문제를 다루면서 그들의 이해가 한국 사회에 주는 교훈을 찾는 데 있다. 이 목적을 위해 우선 두 석학이 각각 사회를 보는 관점을 설명할 것이다. 하이에크는 지식의 관점에서, 오이켄은 권력의 관점에서 시장경제를 보고 있다. 지식과 권력은 사회적 현실의 중심된 현상이다. 따라서 시장차원과 국가 차원에서 오이켄이 권력의 문제(2절)를, 하이에크가 지식의 문제(3절)를 어떻게 해결하고 있는가를 다룰 것이다. 이어서 4절에서는 경쟁질서정책, 통화정책, 그리고 사회정책의 예를 들어 두 석학이 이해하고 있는 국가관을 설명할 것이다. 마지막 5절에서는 전체 내용을 요약 · 분석하면서 한국 경제에 주는 시사점을 설명할 것이다. 오늘날 한국 경제가 위기에 처한 근본적 이유는 이론적으로나 실천적 차원에서 질서사상의 관점이 없기 때문이라는 것이 이 글의 핵심주제다. 예를 들면 소득주도성장은 질서정책적 개념이 아니다. 그것으로부터는 인간들이 자유로이 자신의 목적을 달성할 법과 제도를 도출할 수 없다. 그것은 시장결과를 수정하는 정책이기 때문에 국가권력이 자의적이다. 질서정책을 규칙 지향적이다. 흔히 말하는 '준칙주의 정책'이 질서정책이다.

2.
오이켄의 질서이론: 경쟁질서

오이켄이 권력 문제의 관점에서 시장이론과 적절한 국가 역할을 다루게 된 배경은 독일 역사를 점철해온 각종 정치적 실험과 명령경제였다. 당시 독일은 시장에서는 물론 정치에서도 자의적인 권력행사로 실업, 저성장, 빈곤 등 심각한 문제로 몸살을 앓고 있었다. 이런 역사적 경험으로부터 그가 얻은 인식은 과거나 현재, 미래든 경제적 현실을 이해하려면 권력을 이해하는 것이 급선무라는 것이었다. 이런 연유에서 그가 관심을 가진 것은 첫째로 권력의 원천에 관한 문제였다. 둘째로 권력을 억제하여 소망스러운 가치를 보장하는 경제질서는 어떤 제도적 장치를 바탕으로 하는가에 관한 문제였다.

1) 권력의 두 가지 차원

권력은 두 가지 차원에서 나온다(Streit, Wohlgemuth, 2000). 하나는 개인과 그룹에서 나오는 사적 권력이고, 다른 하나는 국가로부터 나오는 정치적 권력이다. 후자의 권력은 경제질서를 만드는 국가권력이다. 그런 권력이 어떤 역할을 하느냐에 따라 상이한 경제질서가 형성된다. 이것이 '권력'과 '질서'라는 용어가 질서자유주의의 키워드가 된 이유다. 권력은 타인들에게 미치는 영향이다. 질서는 일련의 법, 규칙, 제도를 의미한다. 이런 법적 · 제도적 틀 안에서 다양한 행동과정이 생겨난다. 질서와 과정의 구분은 게임규칙과 게임규칙의 틀 안에서 벌어지는 게임의 구분과 동일하다.

프라이부르크학파에게 이론 · 정책적 관심분야는 '경쟁질서'라는 기본개념과 관련된 것이다. 그것은 서로 독립적으로 결정하는 개인과 그룹의 행동이 시장의 경쟁을 통해 통제되고 조정되는 사회를 위한 법과 제도를 확립하는 것이었다. 사람들이 자율성을 가지고 제각기 계획을 세우고 이를 자유로이 추구할 수 있게 하는 거래경제질서와 대비되는 것이 중앙에 의해 경제적인 일상적 과정을 조종하고 통제하는 중앙집권적 계획경제다.

법률가들은 거래경제질서에서 개개인들의 자율적인 결정들이 서로 조화되기 위해 필요한 사법(private law)이 무엇인가를 아는 반면에 경제학자는 시장경제란 무엇인가를 잘 알고 있다(Eucken, 1940/1989: 50). 그런데 흥미롭게도 경쟁질서가 무엇인가를, 그리고 그런 질서를 실제로 어떻게 달성할 수 있는가를 알기 위해서는 법률가의 지식과 경제학자의 지식을 융합해야 한다.[2] 두 지식은 권력의 정치 · 경제적 문제에 관한 '오르도(ordo: 질서)'의 관점으로 조합하고 있다. 오르도는 "잘 작동하는, 그리고 존엄성을 보장하는

2) 이에 관해서는 Streit/Wohlgemuth, 2000: 230 참조.

인간다운 질서"를 의미한다. 다시 말하면 경제적으로는 효율성과 번영을 보장하고 개인들에게 자유롭게 활동할 자유 영역과 스스로 책임지는 삶을 허용하는 질서다. 프라이부르크학파는 '법과 경제학의 만남'을 통해 이런 질서를 확립하는 것을 자신들의 의무라고 믿었다. 그 학파에게 자유는 최고의 가치다.

> "자유 없이는, 그리고 자발적으로 행동할 가능성이 없으면, 인간은 인간이 아니다. 자유는 모든 도덕의 전제조건이다. 왜냐하면 자유롭게 행동하는 자만이 의사결정을 할 수 있고, 진정한 의미의 선택을 할 수 있기 때문이다."(Eucken, 1990: 17, 126)[3)]

오이켄은 경쟁의 두 가지 중요한 기능 때문에 경쟁을 옹호했다. 첫째로 경쟁은 경제성장, 효율성 같은 경제적 목표를 달성하기 위한 수단으로 여겨졌다. 그뿐만 아니라 둘째로는 개별 경제주체들과 민간조직들의 권력을 제한 · 통제하는 절차로서 기능한다. 권력이 나쁜 이유는 가격기구를 마비시키고 자원배분의 잠재적 역량을 훼손시킬 뿐만 아니라 더 나아가 타인의 자유를 침해하기 때문이다. 오이켄이 목격한 것은 그런 역사적 현실이었다.

자유사회의 중요한 문제를 권력이라고 본 배경은 그런 역사적 경험이었다. 사적 권력은 시장을 소수가 지배하여 다수의 자유를 줄일 뿐만 아니

3) 즉, 자유 없이는 사회적 문제 해결이 불가능하다고 한다. 중앙집권적 경제체제에서는 경영자의 자유가 없을 뿐만 아니라 노동자의 자유 영역도 대폭 줄어든다. 중앙의 계획당국이 개인의 일상생활을 지배하고 국가의 목표를 위해 '이래라 저래라'는 식으로 그들에게 명령하기 때문에 그들은 목적을 위한 수단이 된다. 오이켄은 칸트를 인용하여 자유를 제약하는 것은 인간을 단순히 수단만이 아니라 목적으로 취급해야 한다는 근본적인 도덕적 원칙을 위반한 것이라고 목소리를 높였다(Eucken, 1990: 126).

라, 이익집단의 지대추구에서 볼 수 있듯이 정치시스템에 침투하여 이를 손상시킨다는 것이 오이켄의 탁월한 메시지다(Kolev, 2017). 경제질서를 구성하는 정치적 권력과 사적 권력은 상호의존적이라는 사실에 주목했다. 어느 한쪽의 권력화는 다른 쪽 질서의 권력화를 초래한다. 정치권력이 무서운 이유는 그것이 시장을 지배하는 소수의 권력화를 초래하기 때문이다.

2) 권력과 시장: 경쟁질서의 콘셉트

프라이부르크학파에게 자유경제가 어떻게 구성되어 있는가의 문제는 적합한 법질서의 문제였다. 자유로운 시장거래를 위해서는 무엇보다 보호된 영역(재산권)을 확립하는 행동규칙과 평등한 사람들끼리의 협력(사적 계약)을 허용하는, 그리고 때로는 갈등을 해결하기 위한 다양한 행동규칙이 필요하다. 행동규칙들은 소유의 안정성, 합의를 통한 재산의 이전원칙, 그리고 약속이행 원칙이라는 데이비드 흄이 제시한 자연법의 3원칙을 구현하는 것이다(민경국, 2018: 274). 뵘은 그런 행동규칙을 기초로 하는 사회를 '사법(私法)사회'라고 불렀다(Böhm, 1966).

그러나 독일의 법제사적 또는 경제사적 경험이 보여주고 있듯이 사법의 기본조항만으로는 사적 권력의 문제를 완전히 해결하지 못했다. 대표적인 예가 담합 문제, 아웃사이더에게 불리한 집단적 차별 등이다. 독일은 19세기 후반 이후, 특히 1878년 불경기 이후 경제가 담합구조로 변화되기 시작했다. 그런 변화는 중공업에서 시작되어 다른 산업에도 확산되었다. 그러나 다른 한편으로 정부는 시장을 차단하려는 사적 노력도 계약의 자유의 정당한 이용이라는 이유로 담합을 허용했다. 아웃사이더에 대한 집단적 차별과 보이콧 등도 법원이 지지했다. 경제적 권력은 사법의 형식을 빌려 허용되었고, 이로써 시장은 폐쇄되고 자유로운 경쟁이 차단되었다. 게다가 정부는 국제경쟁력 강화라는 구실로 국제시장에서 독일 기업들의 담합을 권장했고, 이런 담합은 독일 국내의 경쟁을 차단하는 결과를 초래했다. 이처럼 독일 경제는 전반적으로 담합구조였다(Streit, Wohlgemuth, 2000). 당시 독일을 '담합국가'라고 불렀던 것은 그런 연유에서였다.

시장경쟁은 "경제적 권력을 제한하기 위한 가장 탁월한 수단"이다. 그러나 그런 역할은 항상 제도적으로 무조건적이지 않다. 질서자유주의는 경쟁이 그런 역할을 다하기 위해서는 무엇보다 시장이 열려 있어야 하고, 열린 시장을 보장하기 위해서는 제도적 장치가 필요하다는 점을 강조했다. 질서자유주의자들은 그런 장치를 통해 사법사회를 보완하는 것이 인간의 존엄성을 보장함과 동시에 경제적 번영을 안겨주는 경제질서가 가능하다고 목소리를 높였다. 더욱더 흥미로운 것은 성장과 효율뿐만 아니라 사적 권력을 제한하는 기능을 행사하는 경쟁은 자생적으로 형성되는 것이 아니라 국가의 손이 필요하다는 질서자유주의의 인식이다. 사법사회로서 시장은 사적 권력의 자의적 행사로 인해 보이지 않는 손이 작동할 수 없다는 것이다. 이런 인식이 애덤 스미스의 '자연적 자유의 시스템'과 다른 점이다. 스미스는 사법질서를 시장의 보이지 않는 손이 작동하는 데 충분한 조건으로 여겼다.

그래서 오이켄을 중심으로 한 질서자유주의자들이 경쟁질서의 확립을 국가의 중요한 과제로 여겼던 것은 결코 우연이 아니다. 오이켄은 권력을 제한하고 자유를 보장하는 질서야말로 경쟁질서라고 주장했다. 따라서 자유와 경쟁질서는 자유사회의 쌍둥이 이념이다(Hoppmann, 1995: 41-55). 질서자유주의의 경쟁조건은 신고전파의 한계비용 또는 한계효용을 기초로 하는 의사결정 논리(예를 들면 한계비용과 한계효용의 일치, 한계비용과 한계수입의 일치) 같은 단순한 규칙을 넘어서 시장과정의 기초가 되는 법원칙과 이로부터 도출되는 법규칙을 강조한다. 신고전파에 비해 오이켄의 경쟁조건은 매우 광범위하다. 법원칙은 시장을 구성하는 원칙이다. 이는 가격 시스템이 제대로 기능하기 위한 필수적인 기본원칙인데, 이는 이미 잘 알려져 있듯이 통화시스템의 안정성, 사적 소유, 계약의 자유, 약속과 행동에 대한 개인의 책임원칙, 열린 시장, 그리고 경제정책의 지속성이다.

각 원칙들을 간단히 설명하면, 통화가치의 안정만이 개인의 합리적인 의사결정을 가능케 한다. 사적 소유는 경쟁질서의 전제조건이라는 것은 의문의 여지가 없다(Eucken, 1990: 270).[4] 계약의 자유는 개인들 간의 자유로운 교환, 그리고 이들끼리의 자발적인 협조와 분업을 위한 기본적인 조건이다. 책임원칙은 사적 소유권의 보장과 계약의 자유로부터 도출된다. 자유와 책임은 동전의 양면이다. 오이켄은 책임원칙의 위반이라는 이유로 유한책임회사제도도 반대했다.

열린 시장 원칙은 사적 경제주체들의 독점 형성과 그 남용을 막기 위한, 따라서 시장경제의 자기통제를 위한 조건을 형성한다. 이 원칙에 해당하는 정책이 투매가격 금지, 가격차별화 금지, 수입관세조치의 폐지, 수입금지조치의 폐지 등이다. 대기업의 '횡포'로부터 중소 상공인을 보호한다는 명분으로 한국 경제에 도입된 중소기업적합업종, 골목상권을 보호한다는 명분으로 도입된 대형백화점 영업시간제한 등은 열린 시장 원칙을 위반한 것이다. 인위적인 시장장벽은 자유로운 경쟁을 해친다. 진입장벽에 의해 시장을 부분시장으로 만드는 것은 경쟁의 자유를 해칠 뿐만 아니라, 그 결과 상대가격의 왜곡이 초래된다. 시장을 구성하는 원칙에 속하는 개별원칙들은 서로 보완적이다. 어느 하나의 원칙을 무시하고 다른 원칙만 적용할 경우, 경쟁질서의 법적 조건은 불완전하게 된다. 따라서 이 원칙들을 분리해

---

4) 집단소유와 경쟁질서는 서로 양립하지 않는다. 경쟁사회주의가 그렇다.

서 독립적으로 적용해서는 안 되며 전부를 함께 적용해야 한다(Eucken, 1990: 304-308).[5)]

질서자유주의는 시장을 구성하는 원칙과 나란히 정치적 간섭의 필요성에서 시장을 규제하는 원칙을 열거하고 있다. 독점 통제, 소득정책, 노동공급의 비정상적 행동, 기술적 외부효과의 수정(Eucken, 1952: 291)이다. 이 원칙은 '완전경쟁'에서 도출된 것이다. 주목할 것은 이 개념은 신고전파 미시경제학의 '완전경쟁' 개념과 다르다(Streit, 1995: 82; Hoppmann, 1995: 47-48). 신고전파는 자원 배분에만 초점을 맞추고 있다. 오이켄의 완전경쟁은 권력이 없는 이상적 상태이면서 소비자의 욕구충족이라는 실적경쟁을 의미한다. 실적경쟁은 어떤 권력도 작용하지 않고 순전히 소비자의 욕구를 값싸게 충족하는 경쟁을 말한다. 경쟁과정이 완전경쟁의 모델이 보여주는 결과를 가져오지 못하는 경우에는 독점 때문이라는 이유로 독점 통제를 통한 국가의 간섭이 필요하다고 보았다. 이에 반해 경쟁과정이 완전경쟁 모델이 보여주는 결과를 초래하기는 하되 결함이 생겨나는 경우에는 외부효과 및 노동공급의 비정상적 행동이 발생하여 이를 각각 수정하는 정책, 예를 들면 환경정책과 소득정책이 필요하다는 것이 오이켄의 생각이었다.

3) 권력과 국가: 심판관으로서의 법치국가

앞에서 이미 살펴본 바와 같이 오이켄에게 경쟁은 효율성 또는 경제적 번영이라는 경제적 의미를 넘어서 중요한 역할을 한다. 경쟁은 경제적 권력뿐만 아니라 경제적 권력으로 인해 야기되는 정치적 권력을 제한할 능력

5) 질서의 상호의존성과도 밀접한 관련성을 가지고 있다.

때문에 법으로 보호받을 가치가 있다는 것이 오이켄의 시각이었다. 경쟁정책이 국가가 수행해야 할 중요한 과제인 이유다. 다른 한편 국가도 경쟁을 제한하는 활동을 삼가야 할 의무가 있다. 경쟁질서를 확립하는 과제를 수행하기 위해서는 강력하고도 정부가 권력을 자의적으로 행사하지 못하도록 그 권력을 제한하는 것이 필요하다. 오이켄은 정부의 권력을 멋대로 행사하는 것을 막기 위해 다음과 같은 매우 흥미롭고 바람직한 국가정책 원칙을 제안했다.

① 강력한 국가: 사적인 이익단체들의 요구를 물리칠 수 있을 만큼, 그리고 둘째로 독점을 통제하고 카르텔 형성을 방지하여 시장시스템의 기초가 되는 경쟁을 확립할 수 있을 만큼 강력해야 한다(Eucken, 1990: 334). 하이에크의 말을 빌리면 국가가 사적 권력의 노리갯감이 되어서는 안 된다는 것을 말한다. 심판관으로서 국가가 가져야 할 자세다. 심판관이 플레이어의 역할을 할 때 이는 불공정하다.

② 정부권력의 억제: 정부가 강력해야 한다고 해서 정부의 권력이 무제한적임을 의미하는 것은 아니다. 정부권력은 자유로운 경쟁질서를 확립하는 과제를 수행하기 위해서만 이용되어야 하고, 자유와 시장에 양립하는 수단만 사용해야 한다(Eucken, 1990: 336). 이를 위해 정부의 활동은 시장의 기능과 양립해야 한다. 경쟁제한과 경제적 권력으로 인해 침해받지 않도록 개인의 자율성을 보호하는 것이 국가의 제1 과제다. 이런 과제를 통해 사적 권력이 정치적 의사결정을 손상시키는 것을 막을 수 있다.

여기에서 두 가지 사실을 염두에 둘 필요가 있다. 첫째로 사적 개인과 사적 조직에 자율성을 부여하되 그런 자율성의 남용을 막고 경쟁질서를 보호하는 역할을 하는 것이 '경제헌법'이다. 경제헌법이란 시장의 기초가 되는 사법과 함께 반(反)경쟁제한법을 말한다. 정치적 헌법의 역할은 첫째로 국가가 강제적 권력을 자의적으로 행사하지 못하도록 국가권력을 제한하여 개인의 자유와 경쟁질서를 보호하고, 둘째로 경제적 권력을 가진 개인이나 그룹에 대항하여 중립적이고 강력한 심판관의 역할을 국가에 보장하는 데 있다.

③ 경제정책의 지속성: 경제정책은 조변석개 식으로 변동되어서는 안 된다. 정부는 정책 쇼크를 발생시켜서도 안 된다. 경제정책은 예측 가능해야 하고, 따라서 사전에 충분히 예고되어야 한다. 그렇지 않으면 가계와 기업들이 합리적인 계획과 행동을 할 수 없다. 자주 정책을 변동하면 정부 정책에 대한 신뢰성 및 정부의 권위가 상실될 뿐만 아니라 경제주체들의 장래에 대한 기대와 계획을 좌절시켜 경제활동을 불안하게 함으로써 장기투자는 감소하고 단기투자에 몰입한다.

④ 질서정책의 우위성: 국가의 경제정책은 우선적으로 게임 과정에 간섭하는 것이 아니라 게임 규칙을 제정하는 데 초점을 맞추어야 한다. 이것은 규칙 지향적 경제정책을 말한다. 경제정책이 제아무리 '훌륭한' 목적 또는 수단이라고 하더라도 시장의 기능에 양립하지 않으면 '추구될 수 없다. 그런 정책은 개인이나 사적 조직을 국가의 목적을 위한 수단으로 만드는 정책이다. 이런 정책은 개인의 자율성과 존엄성을 파괴한다.

오늘날 국제적으로도 인정받고 있는 이 네 가지는 정치적 헌법을 구성하는 요소이면서 동시에 질서자유주의의 두드러진 법치국가 콘셉트다. 법치국가는 "선의의 독재자 이미지"와는 거리가 멀다(Streit/Wohlgemuth, 2000: 233). 오이켄과 뵘 등의 질서자유주의자들은 권력이 제한되지 않은 정부를 반대했다. 강한 정부이면서 권력이 제한된 정부는 모순된 것이 아니라는 것, 그리고 헌법을 통한 권력의 제한이 오히려 서로를 보완한다는 것이 질서자유주의의 핵심요체다. 하이에크가 주장하듯이(Hayek, 1983/2018: 626), 무제한적 정부는 힘 있는 이익단체들 및 기업들의 손에서 놀아나는 노리개

공이나 다름이 없다. 그런 정부는 경제적 권력을 가진 조직들에 의해 허약해지고 부패될 뿐이라는 것은 독일 역사가 충분히 보여준다. 정치가들은 정치질서가 부패되고 경제제도가 믿을 수 없게 되면 경제적 권력에 좌우된다. 이런 현상은 법질서, 정치질서 그리고 경제질서가 서로 영향을 주고받는다는 의미에서 질서들은 서로 의존하고 있다는 것을 잘 보여주는 대표적 예다. 경제적 권력과 정치적 권력이 서로 공모한 결과는 조합주의적 국가다. 국가는 윤리적 규범에 구속되지 않고 정실주의가 사회를 지배하여 결국 중세사회처럼 특권계급을 위한 사회가 형성된다.

20세기 독일의 역사적 현실을 체험한 오이켄에 의하면 국가의 생성과정을 설명하는 것도 중요하지만, 이 과정에서 제기되는 문제를 해결하는 방책을 규명하는 것이 더욱더 중요하다고 한다(Eucken, 1990: 331). 따라서 그는 잃어버린 국가의 권위를 회복하고 시장시스템과 항상 상호의존관계에 있는 법치국가의 행동준칙을 제시했다.

3.
하이에크의 질서이론: 자생적 질서

오이켄, 뵘 등의 질서자유주의자들은 독일 역사에서 등장했던 간섭주의적 경제정책의 다양한 실험을 목격하면서 경제적 권력과 정치적 권력의 관점에서 경제체제이론을 개발했다. 하이에크가 개발하고 심화했던 시장이론과 국가의 역할도 사회주의의 실험, 그리고 이론적 도전의 결과였다. 그러나 그 도전은 질서자유주의와는 달랐다. 사회주의가 가능하냐의 문제를 둘러싼 뜨거운 논쟁이 1930년대 유럽대륙을 달구고 있었다. '사회주의 경제계산 논쟁'이 그것이다.

이 논쟁에 불을 붙인 인물은 미제스였다. 그는 생산수단의 사적 소유를 금지하는 사회주의 사회에서는 가격이 존재하지 않기 때문에 어디에 얼마만큼 투자하는 것이 합당한지를 계산하기가 불가능하고, 그래서 사회주의는 불가능하다는 논리를 폈다. 그러나 사회주의자들은 생산수단의 사적 소유가 허용되지 않는다고 해도 사람들은 효율적인 자원배분을 보장하는 가격을 만들 수 있다고 믿었다. 그러나 하이에크는 지식의 문제 때문에 그것이 불가능하다는 논리를 제시하면서 시장이야말로 지식의 문제를 해결할 거대한 소통체계라는 것을, 그리고 시장이론과 국가의 역할을 정립했다.

1) 지식 문제의 두 가지 측면

시장에 참여하는 사람들이 가진 지식은 주관적이고 지역적이며 암묵적이다. 지식에 관한 하이에크의 인식은 그가 스물한 살 때 쓴 인지심리학을 기초로 한 것이다(Hayek, 1952; 2002). 그는 개인의 감각경험을 분류하는 정신과정을 분석했다. 지식이 주관적인 이유는 개인의 고유한 인지 틀을 통해 외부환경을 능동적 · 창조적으로 해석한 결과가 환경에 관한 그의 지식이기 때문이다. 사물을 있는 그대로 보는 것이 아니라 그것을 정신적인 것으로 해석하여 인지한다. 그와 같이 얻은 지식은 시간 · 장소와 관련된 지식이라는 의미에서 지역적이다. 그런 지식도 늘 부족하다. 이 부족을 극복하기 위해 새로운 지식을 개발하고 습득하지만, 그래도 부족한 것이 지식이다. "인간이성의 구조적 무지"라는 표현이 정곡을 찌른다. 우리는 무엇을 모르는지조차 모른다.[6]

각 개인이 가진 주관적 지식은 분산되어 있다. 하이에크는 지식의 분산(division of knowledge)을 경제학의 중심된 문제라고 생각했다.[7] 그런 지식은 어느 누구도 전부 한 장소에 긁어모을 수 없다. 지식분산의 문제와 그 바탕에 깔려 있는 지식의 구조적 부족이라는 사실은 하이에크가 제시한 사회주의 계획경제의 불가능성론의 인식론적 근거가 될 뿐만 아니라 그가 제시한

6) 흥미로운 것은 사람들은 자신이 알고 있는 것을 말로 분명하게 표현할 수 없다는 의미에서 암묵적 또는 초의식적이라는 점이다. 말로 분명하게 표현할 수 없지만 행동으로 표출할 수는 있는 지식이다.

7) 지식의 분산이야말로 분업(division of labour)의 원인이고 또한 결과다.

사회철학의 출발점이 되었다. 하이에크는 이 무지는 치료할 수 없고, 그래서 구조적이라고 목소리를 높인다(Hayek, 1967: 71). "무지에 대한 인식이야말로 지혜의 출발점"이라는 소크라테스의 격언에 해당하는 하이에크의 인식론적 관점은 사회를 이해하는 데 각별한 의미가 있다(Hayek, 1960; 1996: I: 50).

하이에크에게 지식의 문제는 여기서 그치지 않는다. 뒤에서 다시 설명하겠지만, 자생적 질서의 기초가 되는 정의로운 행동규칙과 이를 구현하는 '법의 지배'에도 적용되고 있다. 국가는 지식의 문제 때문에 집단적 목적을 위해 사회를 조직할 수 없고 개인의 자유를 보호하는 법에 의해 지배해야 한다. 지식의 문제라는 관점에서 국가권력의 한계에 관해 논의하는 것은 이기심이라는 행동동기에서 국가권력의 한계를 논의하는 뷰캐넌 전통의 공공선택론과 차이가 있다.

2) 지식과 시장: 자생적 질서

지식에 관한 하이에크의 관점은 그의 고유한 접근법으로서 자생적 질서의 원리에 바탕을 두고 있다.[8] 자생적 질서는 인간행동에 의한 결과이지만, 인간이 계획한 결과가 아닌 질서다. 이와 대비되는 것이 조직이다. 조직은 구성원들이 사회주의 계획경제처럼 특수한 목적을 공동으로 달성하기 위해 인위적으로 만든 계획된 질서다. 이는 목적이 지배하는 사회다. 자생적 질서는 그런 공동의 목적이 없다. 개인들이나 기업들이 제각기 달성할 개별목표만 있을 뿐이다. 그들이 스스로 정한 목표를 자신들의 주관적 지식을 이용하여 추구한다고 해도 어느 누구도 의도하지 않은 보편적 번영을

8) 하이에크의 사상에 관한 연구는 민경국(2007; 2019) 참조.

구성원들에게 안겨준다. 이런 질서의 대표적인 것이 카탈락시로서의 시장 질서다. 시장에는 그 누구도 전체로서 계획을 세워 질서를 만드는 사람이 없다. 그럼에도 혼란 없이 의미 있는 생산적 인간관계, 즉 사회적 분업이 형성된다. 문제는 어떻게 자생적 질서가 가능한가의 문제다. 이는 다음과 같은 개별문제와 관련되어 있는 지식분산의 문제다(Streit, 1995: 55).

- "경제주체들이 자신들의 목적에 유익하다고 판명되는 지식을 습득하도록 어떻게 유인되는가?" 이 문제는 새로운 지식의 창출을 위한 유인과정으로서 경쟁과 관련된 문제다.
- "다른 사람들도 자신들을 위해 이용할 수 있도록 경제적 상황에 관한 주관적 지식이 어떻게 확산되는가?" 이 문제는 분산된 지식의 이용을 가능하게 하는 가격의 역할과 관련되어 있다. 분산된 지식의 이용에 관한 문제는 행동조정과 관련되어 있다.
- "가능한 오류가 밝혀지도록 주관적인 지식 사용이 어떻게 통제되는가?" 이 문제는 경쟁이 지식 사용의 통제와 관련된 것이다. 낡은 지식, 틀린 지식을 사용하는 경우, 가격을 거쳐 손실의 형태로, 또는 극단적인 경우 파산의 형태, 시장퇴출의 형태로 통제된다.
- "지식의 통제과정에서 오류가 어떻게 포착되고 저지하며 오류가 체제의 역량에 미치는 영향을 제한할 수 있는가?" 이 문제는 오류의 발견과 제거과정으로서의 경쟁과 관련되어 있다.

지금까지 열거한 문제들은 어떤 시스템이든 그 시스템이 존립하기 위해 해결되어야 할 것들이다. 사회주의 계획경제에서는 정부가 그런 문제들을 해결하려고 했다. 그러나 지식의 문제 때문에 실패하고야 말았다. 분산된 지식을 통합할 수도 없었으며, 새로운 지식을 발견할 인센티브도 없었다. 사전적으로 투입된 지식의 옳고 그름을 파악하는 것도 불가능했다. 그러나 사회주의가 해결하지 못한 지식의 문제를 해결하는 것이 하이에크의 자생적 질서 원리다. 그 원리의 핵심은 발견의 절차로서, 그리고 유인과 통제로서의 경쟁이다.

시장의 기반은 경쟁이다. 기업들은 한편으로는 소비자가 자신들의 돈지갑을 열도록, 다른 한편으로는 소비자의 마음에 드는 재화나 서비스를 저렴한 값으로 개발하기 위해 서로 경쟁한다. 이것이 하이에크가 말하는 발견의 과정으로서 경쟁이다. 경쟁은 생존을 위한 수단으로서 지식을 습득할 미지로의 탐험을 유발한다. 시장의 유인은 소비자의 욕구충족을 위해 해야 할 행동과 관련되어 있을 뿐 얼마나 노력하고 성실해야 하는가의 문제와는 관련이 없다. 유인으로서 경쟁은 경제주체들로 하여금 역동적으로 지식을 습득하게 한다. 그 지식은 소비자를 위한 가치창출과 관련된 것이다. 발견의 절차는 지식습득 절차다. 습득된 지식은 분산되어 있다.

어느 누구든 한 장소에서 수집 · 이용하기가 불가능한 그런 분산된 지식을 필요한 모든 사람들에게 전달하는 메커니즘이 필요하다. 이 메커니즘이 가격기구다. 가격기구를 통해 개인들이 각자 가진 생각, 의견, 지식이 전달된다. 그래서 하이에크가 지적하듯이 시장의 자생적 질서는 '거대한 소통체계'다. 가격을 통한 소통은 시장경제만이 가질 수 있는 비언어적 소통이다.[9] 흥미로운 것은 가격을 통한 비언어적 소통은 우리의 귀나 눈으로는 물론 인지능력으로도 전혀 볼 수도 들을 수도 알 수도 없는 범세계적인 거

---

9) 이것은 언어적 소통에 비해 여러 가지 장점이 있다. 언어적 방법은 글로 쓰거나 목소리를 들을 수 있는 범위 내에 있는 사람들끼리 가능하다. 그런 소통이 불가능한 경우가 있다. 글이나 말로 표현할 수 없는 지식의 소통이다. 우리가 가진 지식의 대부분은 말로 표현할 수 없는 암묵적 · 초의식적이다. 재주, 아이디어, 특정한 재화에 대한 호 · 불호, 기업가정신 등에 내장된 지식이 그런 성격이다. 상황과 관련된 현장지식의 대부분은 암묵적 성격의 지식에 속한다. 그런 지식은 말과 글로 전달할 수 없지만 행동으로는 표현할 수 있다. 그런 지식들은 경제인들의 구매 · 판매행위를 거쳐 가격구조에 반영된다(민경국, 2016: 131-132).

시우주로까지 분업을 확대 가능하게 한다는 점이다. 그래서 가격은 인간정신의 미시우주(microcosmos)를 거시우주(macrocosmos)와 연결하는 역할을 한다. 가격은 개인의 감각기구(소우주)를 가지고는 도저히 접근하기가 불가능한 자연적 · 사회적 세계의 거시우주에 대한 적응을 가능하게 한다.

사유재산이 보장된 사회는 개인들이 가질 수 있는 지식보다 훨씬 더 많은 지식의 사용을 가능하게 한다. 가격이 전달하는 지식을 사용할 수 있기 때문이다. 이것이야말로 문명화된 사회의 장점이다. 시장에서 자생적으로 질서가 형성되는 근본적인 이유는 가격구조가 거대한 소통체계의 역할을 수행하기 때문이다.

가격은 경제적 상황에 비추어 해석한다. 올바르게 해석하여 성공했으면 그 성공은 이윤의 형태로, 실패한 경우에는 손실의 형태로 표현된다. 실패의 요인이라고 여기는 지식은 제거한다. 경쟁은 잘못된 혹은 낡은 지식을 이용하는 사람들을 찾아내어 손실의 형태로 그들을 처벌하고, 성공적인 대안을 가진 행동은 찾아내어 이윤의 형태로 보상한다. 경쟁이 지식습득과 학습을 촉진하는 것은 그래서다. "경쟁은 경쟁이 없으면 알려지지 않거나 또한 적어도 이용되지 못하게 될 사실들을 발견하기 위한 절차다"라는 말은 정곡을 찌른다. 경쟁을 통해 어떤 지식이 소비자의 욕구충족에 적합한 재화나 서비스 또는 저렴한 생산방식에 관한 것인지가 밝혀진다. 옳지 않은 지식은 도태되고 옳은 지식은 성공적인 것으로 확산된다. 이런 식으로 경쟁은 사람들의 지식 사용을 통제하기 때문에 잘못된 지식 사용이 시스템의 가능역량에 미치는 영향을 제한한다. 이런 식으로 시장은 어느 누구도 접근이 불가능한 분산된 지식의 발견과 이용을 가능하게 한다. 각별히 주목할 것은 시장은 오류를 발견하고 이 오류가 축적되는 것을 막아내는 데 탁월하다는 점이다. 그래서 시장은 오류의 축적으로 야기되는 불안정을 억제한다. 이것이 시장이 자생적 질서인 이유다.

어느 누구도 상황이나 사건 전체를 아는 사람이 없음에도 가격기구처럼 그들에게 적응을 가능하게 하는 메커니즘이 또 있다. 이것이 사람들의 행동을 안내하는 정의로운 행동규칙이다. 사람들은 타인들과 분업이나 협력이 가능하려면 그들의 행동에서 믿을 만한 규칙성을 인지할 수 있어야 한다. 그 규칙성이 존재할 때 비로소 사람들은 타인들에 대한 믿음직한 기대를 형성할 수 있다. 그 기대는 가격을 통해 형성되는 '인지적' 기대와 달리 '규범적'이다. '~을 하라' 또는 '~을 하지 말라'는 식으로 표현된다. 인지적 기대가 좌절되면 사람들은 당장 행동을 바꾼다. 이에 반해 규범적 기대는 좌절해도 기대를 바꾸지 않는다(민경국, 1995: 202). 행동규칙들은 수세대를 거쳐 수많은 사람들이 각처에서 겪은 분산된 경험을 반영한 것이다.

행동규칙들이 사람들 상호 간에 기대의 안정화에 기여하고, 치유 불가능한 무지에 대한 성공적인 적응을 가능하게 하려면 특정한 원칙들, 특히 보편성 원칙에 충실해야 한다. 이런 성격의 규칙은 누구든 차별 없이, 그리고 특정한 행동을 금지하는 내용이다. 이런 성격의 행동규칙을 공동으로 지키기 때문에 자생적 질서가 가능하다. 보편성 원칙은 하이에크의 법의 지배 개념의 핵심이다.

3) 지식과 국가: 정원사로서 법의 지배

경쟁이 발견의 절차로서 그리고 행동유인과 행동통제로서 기능하기 위해, 다시 말하면 시장의 자생적 질서가 생성되기 위해 "게임규칙은 무엇인가?"라는 문제가 제기된다. 흥미롭게도 하이에크는 자생적 질서의 기반이 되는 규칙들을 정의의 보편적 규칙과 동일시하고 있다. 이런 규칙을 공식적인 사법(private law)체계뿐만 아니라 관습, 종교규칙, 도덕, 직업윤리 등 일상생활에서 훨씬 중요한 비공식적 행동규칙에서 발견할 수 있다. 그런 비공식적 규칙들 가운데는 위반하면 양심의 가책을 느껴 사람들이 스스로 지키는 규칙들이 있다. 또 위반하면 불특정다수의 비판과 나쁜 평판 때문에 지키는 행동규칙들이 있다. 법 감정, 정의감 등과 같이 말로 표현할 수는 없지만 행동으로는 표현될 수 있는 암묵적 · 초의식적 행동규칙들도 있다. 그런 행동규칙의 존재는 인간이 목적의식적으로만 행동하는 것이 아니라 '규칙을 따르는 동물'이라는 것을 의미한다.

행동규칙들은 임마누엘 칸트나 데이비드 흄의 전통에서 말하는 보편성 원칙을 지켜야 한다(민경국, 2016: 301~305). 보편성 원칙이란 첫째로 행동규칙은 특정한 인간그룹에게 특권과 특혜를 허용하는 내용이어서는 안 된다. 이것은 법 앞의 평등을 말한다. 법 적용에서뿐만 아니라 법 내용에서 사람들을 차별해서는 안 된다. 국가가 차별금지 원칙을 위반하여 소유권을 차별적으로 허용할 경우, "누가 이 권리를 최선으로 사용할 수 있는가?"라는 문제를 해결해야 할 것이다. 그러나 어떤 인간이든 그런 문제를 해결할 어떤 지식도 가질 수 없다.

둘째로 행동규칙은 개인들에게 금지된 행동만을 기술하고 새로운 행동방식을 발견하여 실험할 여지를 허용해야 한다. 그렇지 않으면 새로운 기회를 찾거나 미지로의 탐험이 가능하지 않고, "알려지지 않거나 또한 적어도 이용하지 못하게 될 사실들을 발견하기 위한 절차로서의 경쟁"(Hayek, 1978: 179)도 왜곡된다. 셋째로 장소, 시간, 행동동기 등 구체적 상황과 독립적이어야 한다는 의미에서 추상적이어야 한다. 우리는 어느 누구도 상황이나 사건 전체를 아는 것은 불가능하다. 그럼에도 장소, 시간, 행동동기 등을 고려하는 행동규칙이라면 불가피하게 부분적일 수밖에 없고, 그런 규칙은 시간과 장소에 제한적인 적용이거나 행동규칙이 행동동기, 즉 특수목적을 위한 차별적이고 폐쇄적이고 획일적일 수밖에 없다. 이는 목적이 지배하는 사회의 행동규칙일 뿐이다. 마지막 네 번째로 행동규칙은 '확실'해야 한다. 그럴 경우에만 개인들은 타인들의 기대를 형성할 수 있다. 행동규칙에 의해 금지되는 행동은 당사자들이 알 수 있고 확인할 수 있는 상황에만 좌우되어야 한다.

행동규칙이 그 같은 특성을 갖추고 있을 때 비로소 개인들은 스스로 정한 목적을 위해 자신의 주관적인 지식을 마음 놓고 최대한 이용할 수 있을 뿐만 아니라 누구나 이전에 생각하지 못했던 활동들을 발견하고 이를 실현할 수 있다. 이로써 사람들의 서로 다른 행동들을 조정하고 그들의 상호작용을 통제하여 자생적으로 질서가 형성된다.

하이에크에게 정의의 보편적 규칙들 중에서도 대부분 인위적으로 만든 것이 아니라 언어나 문법규칙처럼 자생적으로, 다시 말하면 진화적으로 개발된 것이다. 정의의 규칙들은 내용에서나 그 생성 면에서 특수한 상황 · 목적에 독립적이다. 정의의 규칙이 대부분 추상적이고 금지적 성격을 가진 이유다. 중요한 것은 왜 하필이면 추상적 규칙들이 자생적으로 생성될 수 있었는가의 문제다. 목적들과 상황 전체를 알 수 없었기 때문에 미리 알려진 구체적인 결과를 얻기 위해 규칙을 계획하여 만들 수 없었다. 그래서 어느 누구도 전부 알 수 없는 목적들과 상황들에 적절한 정의의 규칙이 진화할 수밖에 없었다. 사람들이 삶의 어려움을 해결하는 방법을 학습하는 과정에서 예측할 수 없는 사정들에도 가치 있다고 판명되는 행동 가이드로서 정의의 규칙들이 발견되었다.

하이에크의 법의 지배 개념은 정치적 원칙으로서 노모스(nomos)의 의미를 재구성한 것이다. 특정한 정치적 목적을 위해 시민을 조종 · 통제하는 '목적의 지배', 즉 테시스(thesis)와는 반대로 자유주의의 유서 깊은 정치적 이상으로서 '법의 지배'는 정의의 보편적 행동규칙의 성격을 가진 법에 의한 통치다. 자유주의에는 공공선이 없는가? 이는 정의의 보편적 규칙을 지킴으로써 확립되는 탈목적적인 자생적 질서의 보존이다. 이것이 국가의 과제다. 국가권력은 정의의 보편적 행동규칙을 정하거나 발견하여 이를 집행하는 데 국한되어야 한다. 이런 과제를 담당하는 것이 입법의회다. 국가는 정의로울 수는 있어도 이타적일 수는 없다.

그 밖에도 국가는 홍수, 전염병, 사회정책, 도로(물론 사적으로 실현 가능한 경우에는 예외로 한다), 도시문화의 촉진, 통계 형태의 정보공급 등 서비스 기능을 행사할 수 있다. 오이켄이나 하이에크에게는 국가 활동의 규모가 아니라 질이 중요하다. 국가의 역할은 정원사로서다. 그가 말하는 정원사는 프랑스적이라기보다는 영국적이다(Kolev, 2017: 56). 프랑스 정원사는 정원의 모든 요소들의 계획에 따라 세부적으로 배치한다. 영국 정원사는 정원의 하부체계와 그 요소들이 자생적으로 자라고 성장하도록 허용한다.

4.
하이에크와 오이켄 질서사상의 공공정책적 의미

앞에서 오이켄과 하이에크의 질서사상을 설명했다. 하이에크에게는 지식의 문제가, 오이켄에게는 권력의 문제가 경제질서와 국가질서 등 사회적 현실의 중심된 현상이다. 그들은 각각 이 문제를 해결하기 위한 시장이론과 국가의 문제를 다루었다. 하이에크는 자생적 질서와 이를 보호할 정원사로서 법의 지배를, 오이켄은 경쟁질서와 이를 실현하기 위한 강한 국가로서 법치국가를 제안했다. 오이켄에게 자유와 경쟁질서, 하이에크에게 자유와 자생적 질서는 각각 동전의 양면이다. 흥미롭게도 그들은 최소국가를 옹호하는 것이 아니다. 그렇다고 해서 무제한의 국가권력을 옹호하는 것은 더더욱 아니다. 국가권력을 엄격히 제한하되 국가 활동의 양(量)이 아니라 질(質)을 중시한다.

1) 오이켄과 하이에크의 경쟁정책

오이켄은 사법시스템에 의한 경쟁질서의 확립은 불충분하다고 주장한다(Eucken, 1989: 305). 또한 그는 다른 정책들(특허법, 회사법, 조세 및 통상정책) 때문에 중요한 반(反)트러스트법이 유명무실하게 되었다고 주장한다. 오이켄이 경쟁질서로서 중시하는 완전경쟁 개념은 그 자신이 스스로 말했듯이 일종의 '아킬레스건'이다.[10] 그럼에도 그의 질서사상에서 그 개념은 여러 가지 의미가 있지만,[11] 중요한 것은 권력이 없는 자유로운 상태다. 그러나 그는 권력 자체에 초점을 맞추는 오류를 범했다. 오이켄은 하이에크가 구분한 경쟁제한적 권력과 경쟁적 권력의 구분을 알지 못했다. 전자는 경쟁을 제한하여 획득한 권력 또는 경쟁을 억압하는 권력이다. 후자는 예를 들면 새로운 재화를 발견하거나, 비용을 절감할 수 있는 기술을 개발할 힘을 말한다. 오이켄은 기업의 규모에 대해 지나치게 민감한 태도를 보여주고 있다. 하이에크가 주장하고 있듯이 기업 규모 자체가 위험한 것은 아니다. 어떻게 기업 규모가 커졌는가의 문제가 중요하다. 기업 규모가 크다고 해서 반드시 경쟁을 제한하는 행동을 한다고 볼 수도 없다.

경쟁을 '경쟁제한이 없는 상태'라는 의미에서 '소극적으로' 정의하는

---

10) 여기에 대해서는 호프만 교수가 밝히고 있다. 오이켄은 1940년대 히틀러의 지배로 자유로이 문헌을 접할 수 없었기 때문에 완전경쟁 개념에 의존할 수밖에 없었다고 한다(Hoppmann, 1995). 오이켄은 완전경쟁 상태를 가격이 수요자들과 공급자들에게 '여건'으로 작용하는 상태로 규정하고 있다(Eucken, 1959: 94). 그들은 가격을 설정하거나 영향을 미칠 수 있는 힘을 가지고 있지 않다. 다른 한편 오이켄은 재화들의 동질성 가정을 도입할 필요도 없고, 합목적적이지도 않다고 주장하고 있다(Eucken, 1990: 24). 따라서 오이켄의 완전경쟁 개념은 신고전파의 그것과 다르다. 이에 관해서는 민경국(2005: 113) 참조.

11) 그 밖에도 첫째로 완전경쟁 개념은 분배적 정의의 실현이다(Eucken, 1990: 316). 둘째로 그 개념은 미시경제학의 고전물리학적 세계다. "고전적 및 더 정확히 말해 현대 경제이론이 보여주고 있듯이 완전경쟁은 경제과정을 엄격하게 통제하고 소비자가 이 과정을 통제한다." 그는 윌러스, 제본스 등을 인용한다(Eucken, 1990: 245).

하이에크와 달리 오이켄은 경쟁을 특정한 상황이라는 의미로, 즉 '적극적으로' 정의하고 있다. 자유의 제한을 초래하는 것은 필연적이다. 오이켄은 생산기술적인 문제 때문에 독점형성이 불가피함을 인정하고 있다. 이런 경우 그는 경제력의 남용 여부를 감시하기 위한 '남용감시제도'를 도입할 것을 제안한다. 그는 경제력의 남용 여부를 판단하기 위한 기준으로서 완전경쟁에서 형성될 '가격=평균비용' 기준을 제안하고 있다(Eucken, 1990: 297). 이 기준에서 벗어난 가격은 독점적 요소이고, 경제력의 남용으로 간주된다. '가상경쟁 콘셉트'로 알려진 이 정책을 실현하는 것은 하이에크의 지식 문제 때문에 가능하지 않다. 그럼에도 이 제도를 실제로 적용한다면 그것은 관료의 자의에 경제주체들을 예속시킬 뿐이다. 이 제도를 집행하는 카르텔청은 '가격경찰' 역할을 담당하게 된다.

하이에크는 경쟁정책 측면에서 오이켄과 매우 다른 견해를 갖고 있다. 오이켄의 완전경쟁 개념 자체가 경쟁을 발견의 절차로 이해하는 하이에크의 마음에는 들지 않을 것이다.[12] 재화시장의 독점적 지위와 독점가격은 노동시장의 독점과 달리 탁월한 업적을 통해 생성된 것이라는 그의 주장도 오이켄의 생각과 다르다. 그런 지위와 가격은 신규진입과 모방으로 일시적일 뿐이다. 위험한 것은 독점 자체가 아니라 경쟁 방해다(Hayek, 1983/2018: 608-609). 즉, 독점적 지위의 원인이던 탁월성이 사라진 후에도 계속 그 지위를 보호 · 유지할 수 있는 능력이다. 이것이 경쟁의 제한적 권력이다. 경쟁적인 권력은 경쟁에 대해 매우 건설적인 것으로 간주한다. 이러한 권력을 제거하면 새로운 것을 발견하는 시장의 자생적 힘이 약화된다.

하이에크의 경쟁질서정책의 실마리는 바로 경쟁을 제한하는 권력을

---

12) 완전경쟁 개념은 오르도(ordo)의 의미로 사용한다. 기어쉬(Giersch, 1988)가 해석하고 있듯이 균형과 조화가 이루어지는 상태다. 코슬로프스키(Koslowski, 1984)는 고대 및 중세의 실체 사상에서 나온 우주론이자 형이상학으로 해석한다.

제거하는 데 있다. 이 권력이 경쟁자유를 침해하는 행동이다. 그는 두 가지 구체적인 조치를 제안하고 있다. 첫째, 경쟁을 제한하는 모든 합의, 예를 들면 담합이다. 둘째, 기존의 혹은 잠재적인 경쟁자들의 경쟁을 막기 위한 차별적 혹은 기타 의도적인 행동들을 불법 무효화한다. 이 조치를 실시할 경우, 시장과정의 구체적인 결과에 관한 예측이 필요 없다. 보통법 전통에 애정을 갖고 있는 하이에크는 국가가 시장경제를 정치적 도구로 간주하지 않는 한, 그리고 기존 법질서의 독점유지와 경제력 집중에 우호적인, 따라서 차별적인 처분적 법률을 개선한다면, 이 두 가지 원칙만을 가지고 독점정책을 취한다고 해도 현재와 같지는 않을 것이라고 말하고 있다.

2) 오이켄과 하이에크의 사회정책

사회적 문제(서민층에 대한 문제), 그리고 이와 결부된 사회정책에 대한 오이켄의 입장은 "자유주의는 사회적인 문제에 냉담하다"는 오늘날의 비판과 전혀 다르다. 그는 『경제정책의 기본원칙』 첫 장에서 사회적 문제를 다룰 정도로(Eucken, 1990: 11-13) 빈곤 문제에 대한 관심이 대단히 컸다. 사회정책은 다른 경제정책의 부수적인 것이 아니라 제1의 '경제질서정책'이어야 한다고 목소리를 높였다(위의 책, 313).

사회적 문제에 대한 오이켄의 역사인식도 흥미롭다. 19세기의 사회적 문제는 물질적인 것에 대한 정의롭지 못한 분배였다. 이에 대한 비판의 최고 절정은 마르크스였다. 노동시장의 공급이 수요독점에 좌우되었다는 것이다. 20세기에는 그 같은 사회적 문제 대신에 장기적인 실업에서 생겨난 불안이 사회적 문제로 등장했다. 이것이 케인스의 완전고용정책을 불러들였다. 그러나 20세기 후반에는 경제정책의 실험과정에서 노동자, 농민, 수공업자, 상인 그리고 자영업자가 노동시장의 수요독점에 예속되기보다 국가에 예속되었다. 그 같은 새로운 사회적 문제는 국가의 자의적인 행사 때문에 야기된 것이다.

오이켄은 사적 권력과 공적 권력이 배제된 경쟁질서를 사회적 문제를 해결하기 위한 열쇠라고 믿었다. 정의로운 분배는 앞에서 이미 논의한 사적소유 · 계약자유 · 열린 시장 · 책임원칙 등 시장질서, 즉 경쟁질서를 구성하는 원칙, 그리고 이로부터 도출된 규칙과 결부되어 있고, 그 규칙의 테두리 내에서 형성되는 분배는 정의롭다는 것이 오이켄의 정의관이다. 마르크스와 달리, 사회적 문제의 원인이 너무 많은 경쟁 때문이 아니라 경쟁이 너무 적기 때문이라는 것이 오이켄의 시각이다(Eucken, 1990: 302). 그러나 오이켄은 한 발자국 더 나아가 규제적 원칙을 이용하여 사회정책을 보완하고 있다. 경쟁질서에서 소득격차가 매우 커서 부유층은 상대적으로 중요하지 않은 욕구(사치품)도 충족시킬 수 있는 데 반해 다른 계층은 긴급한 욕구마저 충족시킬 수 없는 경우가 생겨날 수도 있다는 것이다(위의 책, 300). 오이켄은 지나친 불평등을 시정하는 방법으로서 누진세 자체를 반대하지는 않는다. 그러나 과도한 누진세로 인해 저축 그리고 투자의욕을 훼손할 위험성을 경고한다. 오이켄은 노임이 낮을수록 노동공급이 증가하는 비정상적인 상황에서 빈곤문제의 해결책으로 최저노임을 제안하고 있다. 그러나 오늘날과 같이 발전한 현대사회에서는 비정상적인 노동공급을 찾기 어렵다.

경쟁질서에서 노동자의 이해관계가 충분히 고려된다면 노동자경영참여제도를 도입할 이유가 없다는 것이 오이켄의 입장이다. 도입한다고 해도 그 제도에는 한계가 있다는 입장이다. 기업소유자의 소유권 · 자율성의 침해 가능성 때문이다. 권력문제와 밀접한 관련성이 있는 것이 노동조합이다. 오늘날 노조의 힘은 대항력 이상으로 크기 때문에 경쟁질서를 위태롭게 하는 요인으로 작동하고 있다는 것이다. 오이켄은 비스마르크 이후에 추구한 사회보장정책을 날카롭게 비판하고 있다. 국가권력의 비대화와 개인 삶의 국가예속을 초래했다는 것이 그의 인식이다. 국가의 사회보장정책은 인간의 존엄성과 책임감을 존중하는 경쟁질서에 저촉된다. 실업 같은 특수한 위험과 질병 같은 보편적 위험에 대한 보험은 보험회사들의 경쟁질서에 맡길 것을 제안했다. 자구책이나 사적 보험으로 충분하지 않으면 국가복지시설에 의존한다는 의미에서 국가개입을 옹호했다(Eucken, 1990: 318-319).

시장을 약육강식을 뜻하는 사회다윈주의에 대한 비판자들과 달리(Kolev, 2017: 117), 하이에크도 법의 지배 사상과 양립하는 사회정책을 제안한다. 국가가 개인들의 상대적인 지위를 정하는 것이 아니라 노인, 환자, 실업자 등 누구에게나 최소의 생활수준을 보호하는 일은 자유로운 사회와 양립한다는 것이 하이에크의 입장이다(Hayek, 1960; 1996, II: 148). 하이에크는 『법, 입법 그리고 자유』에서 시장에서 적절한 생존수단을 벌 수 없는 모든 사람들에 대한 최저생활수준 보장이라는 국가과제를 두 가지로 정당화하고 있다. 첫째로 최소생활수준 보장은 각 개인이 소규모의 1차 집단과 더 이상 긴밀한 관계를 맺지 않고 있는 상황에서 '거대한 사회'가 담당해야 할 정당하고도 필요한 일이다(Hayek, 1983; 2018: 575).[13] 시장 밖에서 일률적인 최소 소득을 보장하는 것은 자유의 제한이나 법의 지배원칙과 갈등을 야기하지 않는다. 공급되는 서비스에 대한 보수가 국가권위에 의해 결정되는 경우가 아니기 때문이다(위의 책, 389). 그러나 구체적인 명령을 통해 국가가 특혜를 부여하는 것은 정의의 보편적 규칙에 따라 시장소득이 형성되는 카탈락시 게임과 양립할 수 없다. 이는 시장 메커니즘을 파괴할 뿐이다.

하이에크는 연금, 실업, 질병 등의 분야에서 사적 보험을 강조한다. 지식분산과 지식발견의 역동성을 염두에 둔다면 그런 보험은 발견의 절차로

---

13) "지금까지 1차 집단에 의존해 살아온 사람들이 어느 순간에 자기들의 뜻과는 상관없이 새로운 사회 환경 속에서 불안한 삶을 살아가야 한다면 당연히 불안을 느끼면서 격렬히 저항할 것이다."

서, 그리고 유인과 통제로서 시장의 경쟁이 맡기는 것이 옳다. 하이에크가 사회보험의 국가독점에 반대하는 이유는 재분배를 불러오기 때문이다. 이는 보험 성격을 해친다. 예를 들면 연금보험에서 국가에 의한 부과방식은 직접적으로 심각한 세대갈등을 부른다. 현재의 세대를 젊은 세대가 부양해야 하기 때문이다. 그것은 간접적으로도 사회적 갈등 또는 세대갈등을 초래한다. 왜냐하면 복지국가는 사적인 자본형성을 파괴하는 인플레이션을 불러오기 때문이다.

하이에크는 사적 보험에 대한 강제가입에서 국가의 공권력 행사가 필요하다고 한다(위의 책, 149).[14] 어느 한 개인이 보험을 수요하지 않음으로써 노출될 위험부담을 다른 사회구성원들에게 짊어지게 한다는 이유에서다. 위험부담을 그런 식으로 전가하게 되면 그로부터 야기되는 더 큰 강제를 막기 위해 행사하는 강제는 정당화된다는 것이다. 이런 강제를 하이에크는 자동차보험에 비유하는데, 그런 비유는 옳지 않다. 강제적인 자동차보험 가입은 사고를 냄으로써 타인의 재산과 생명을 침해한다는 사실에 의해 정당성을 가질 수 있다. 그러나 그런 사실은 사회보험을 강요하는 이유와 전적으로 다르다. 내가 사회보험에 가입하지 않은 것이 타인들의 재산을 직접 침해하는 것이 아니기 때문이다. 그럼에도 사적 보험 불가입이 타인의 재산침해를 야기한다고 말할 수 있기 위해서는 이미 타인들이 빈곤자들을 보호해야 할, 따라서 그들을 위해 타인들의 소득 일부를 할당해야 할 의무가 전제되어야 한다. 이 의무가 도대체 어디에서 나오는가? 이는 공동체라는 가치에서 나올 수밖에 없다.

---

14) 하이에크는 보험시장 형성에 국가의 행동이 필요하다고 말하고 있다. 사적 보험의 제도적 발전과 제도의 확산을 위해 초기 단계에 일시적으로 국가가 개발 · 실험비용을 부담한다. 처음부터 개인들에게 맡길 경우 개발과 확산속도가 늦어질 것이라는 이유에서다. 다른 분야 지식의 확산비용과 연구비용처럼 공공의 책임으로 돌릴 수 있다고 한다. 개인들에게 맡길 경우 개발과 확산속도가 늦는다는 논리의 국가개입 옹호는 궁색하다.

노동조합을 자본에 대한 대항력으로 보았던 오이켄과 달리 하이에크는 『노예의 길』에서 노동조합을 매우 비판적으로 보았다. 두 가지 이유에서다. 노동조합은 첫째로 조직화된 자본처럼 산업에서 권력화에 기여했고, 둘째로 환경변화에 적합한 자원조종과 경기변동에 대한 신속한 대응을 가로막는 노임의 경직성을 불러왔다는 이유에서다. 흥미로운 것은 『자유의 헌법』에서 기술된 그의 노동조합관이다. 노조는 시간이 경과함에 따라 특권계급으로 발전하여 법치국가의 보편적 규칙과 정면으로 충돌하는 구조물이 되었다는 것이 하이에크의 인식이다. 노조는 국가만이 가질 수 있는 무시무시한 강제권도 가지고 있다. 예를 들면 노조가 파업에 참여하지 않은 노동자의 고용을 막는 것, 노조가입을 강제하는 것도 그런 권력에서 비롯된 것이다. 노조의 극단적인 권력은 급진적인 노임인상을 불러와 특정한 노동자그룹이 혜택을 보고 다른 그룹들은 일자리를 잃는다. 노동조합은 자신들이 만든 실업을 보호한다는 명분으로 복지국가를 요구한다.

하이에크는 오이켄과 달리 노동자의 경영참여에는 단호히 반대한다. 경영참여제도는 노동자의 활동과 경영활동이 서로 충돌하고, 소비자를 위한 기업 활동을 방해한다는 이유에서다(Hayek, 1960; 1996, II: 277). 재분배 역할을 하는 누진세를 옹호하는 오이켄과 달리 하이에크는 소득의 비례 세제에 찬성하고 있다(Hayek, 1960: 307). 누진세는 자유사회를 유지하는 데 불가분한 보편적 규칙과 양립할 수 없다. 비례세 원칙에서 벗어난 예를 들면 누진세의 경우 민주주의에서 그룹들이 다른 그룹들을 일방적으로 부담시켜 편익을 차지할 수 있는 권력을 갖는다. 지대추구를 촉진하는 역할을 하는 것이 누진세 제도라는 것이다.

하이에크는 오이켄과 달리 사회정의도 비판한다. 진화적인 시장경제에서 이루어지는 발견적 절차가 개인들의 소득격차를 야기하는 것은 당연하고, 동시에 이 격차는 시장경제의 건설적인 요소라는 것이 하이에크의 인식이다. 그런데 분배의 결과를 정의 또는 불의라는 식으로 평가하는 것은 잘못이다. 정의는 인간행동을 염두에 둘 경우에만 의미가 있기 때문이다. 그럼에도 도덕적으로 평가하는 잣대로서 사회정의는 "시장은 분배하는 주체"라는 의인화의 오류를 범한다. 의인화는 자유를 위해 매우 위험스러운 사고다. 왜냐하면 그것은 구체적인 인간행위를 지칭하는 것이 아니기 때문이다. 둘째로 그것은 목적이 지배하는 소규모 사회의 사고를 탈목적적인 거대한 사회에 적용하는 것이기 때문이다. 그런 적용은 허용할 수 없다. 거대한 사회의 도덕적 가치는 소유의 존중, 피해에 대한 책임, 계약의 충실성, 자신에 대한 책임의식의 존중 등과 같은 '소극적' 성격인 데 반해 소규모 사회의 기초는 원시사회에 기원을 둔 집단에 대한 결속과 유대의 도덕이기 때문이다.

확장된 거대사회에서의 정의는 특정한 구체적 상황과 관련이 없다. 그것은 절차적 정의다. 그런 정의는 시장과 사회에서 정의의 규칙을 지킴으로써 실현될 수 있다. 시장의 자생적 질서, 즉 카탈락시 게임이 보장하는 것은 아리스토텔레스가 말한 교환적 · 호혜적 정의다. 이것은 우리의 업적이 동료들에게 주는, 그리고 이들이 그 업적에 대해 지급할 각오가 되어 있는 가격으로 표현되는 가치에 따른 보수를 말한다. 그 가치는 노력, 성실 등 도덕적 공로와 아무런 관련이 없다. 그런 정의에서 고려되는 것은 재화나 서비스 공급자의 욕구나 노력이 아니라 오로지 거래 상대방의 평가일 뿐이다(Hayek, 1969: 6). 쌍무적 혹은 교환적 정의는 타인을 수단으로서만이 아니라 목적으로서 대우해야 한다는 칸트의 정언명령과 같다. 교환적 정의에서 분배적 정의로의 전환은 사법이 공법으로 전환되는 것과 같다. 공법은 사적 시민의 행동규칙이 아니라 공공관리들의 명령 같은 조직규칙으로 구성되어 있기 때문이다. 공법은 시민을 국가에 예속시키는 법이다(Hayek, 1983; 2018: 389). 그런 전환은 법의 지배에서 목적의 지배로, 자생적 질서에서 조직으로의 전환이다.

3) 오이켄과 하이에크의 통화정책

오이켄에게 통화가치의 안정은 시장을 구성하는 제1 원칙이다. 이 원칙은 통화가치를 될 수 있는 대로 안정적으로 유지할 뿐만 아니라 자동적으로 기능하는 통화질서를 확립하는 데 그 목적이 있다. 오이켄은 『경제정책의 기본원칙』에서 이렇게 말하고 있다(Eucken, 1990: 257).

> "오늘날 자동적으로 기능하지 못하는 통화헌법은 인플레이션을 위해 남용될 큰 위험성이 존재한다. 생산과정에서 어떤 희생을 각오해서라도 달성하려는 완전고용정책의 결과로서, 경제적 집단의 권력투쟁에서 혹은 그 밖의 다른 이유에서 생겨나는 불비례성, 예를 들면 대출확장, 통화가치절하, 낮은 이자율정책 등 인플레이션을 야기하는 정책을 통해 극복하려는 시도가 너무나 크다. 그런 통화정책은 튼튼한 기반 위에 건물을 짓는 대신에 우선적으로 지붕에 주목하는 건축가와 똑같은 방식이다."

콜레프에게 의존하여 통화질서에 관한 그의 생각을 재구성한다면(Kolev, 2017), 그의 통화질서관은 두 가지 단계로 구성되어 있다. 첫 번째 단계는 통화기초를 마련하는 발권은행으로서 중앙은행과 두 번째 단계로서 대출업무를 담당하는 시중은행이다. 우선 두 번째 단계를 보자. 그는 시카고 플랜으로 잘 알려진 100% 지급준비금제도를 제안했다. 예를 들면 요구불예금의 형태로 은행에 들어온 저축은 더 이상 대출할 수 없고 은행에 보관하거나 중앙은행에 예치해야 한다. 이는 미제스나 로스바드와 같이 100% 지급준비금제도나 마찬가지다. 사적 은행은 이런 제도를 통해 사통화를 창출할 가능성을 배제한다. 이것이 은행 부문의 근본적인 개혁이다. 이런 개혁을 통해 사적 은행들의 통화창출에 의해 야기되는 불안정을 제거할 수 있다(위의 책, 260). 그러나 국가권력을 제한하고 안정적인 통화가치의 실현을 위해 그런 개혁만으로 충분한 것은 아니다. 주지하다시피, 시카고 플랜 아래에서는 시중은행은 대출기능만 억제하는 반면 중앙은행에는 통화량에 대한 완전하고 직접적인 통제권, 즉 통화발행의 무제한적 독점권을 허용한다.

오이켄은 그런 통화질서를 인정할 수 없었다. 통화량의 통제에 관한 국가권력은 무제한이기 때문이다. 중앙은행은 국가의 강력한 영향을 받아서 재량으로 통화를 확대하거나 감소할 수 있다. 정부, 특히 재정부로부터 중앙은행의 독립성은 이익집단과 다수의 지배라는 민주주의 앞에서는 무력하다. 그래서 그가 주장한 것은 통화정책의 자동 메커니즘이다. 이런 메커니즘이 없는 것이 시카고 플랜의 취약점이었다. 그가 두려워한 것은 중앙은행이 국채를 지나칠 정도로 많이 구매할 때 야기되는 인플레이션 문제였다. 국가는 가격시스템의 역할을 전혀 생각하지 않는다. 디플레이션도 회피할 수 없다. 중앙은행이 국채를 사들여 통화를 증대한다고 해도 별로 효과가 없다. 왜냐하면 대출의 충분한 수요가 없기 때문이다(위의 책, 260). 따라서 오이켄은 시카고 플랜도 중앙은행의 통화정책으로부터 야기되는 불안정을 막을 수 없다고 믿었다. 이것이 그가 통화질서의 첫 번째 단계를 생각하게 된 이유다. 그는 1923년 저서 『독일 통화문제의 비판적 고찰』에서 국가권력을 억제하여 안정적인 통화질서의 해법으로 자동적인 금본위제도를 선호했다. 그러나 이를 포기하고 그 대안으로 하이에크가 한때 주목한 상품준비통화를 제안했다. 오이켄이 금본위제를 포기한 이유는 이론적인 것이 아니라 실천적인 문제 때문이었다. 많은 나라들이 금화로 전환하는 데 따르는 정치적 문제를 비롯하여 금 채굴의 경직성, 현재의 금보유가 미국에 집중되어 있다는 이유 등이었다.

1952년 오이켄은 미국의 경제학자 그레이엄이 1930년대에 제안한 상품준비화폐를 통화질서의 자동화 해법으로 제안했다. 밀, 옥수수, 목화, 커피, 차(茶), 설탕, 석탄, 구리 등 상품바구니에 들어갈 품목을 정하고 이들의 값을 안정화하는 과제를 안은 국가와 독립적인 중앙은행 소속의 기관을 설립한다. 상품값이 올라가면 고정된 값으로 이를 판매하여 경제순환에서 돈을 수거하고, 반대로 값이 하락하면 상품을 사들여 돈을 푼다. 상품준비화폐도 기본적으로 금본위와 유사하다. 중앙은행이 금을 사면 돈이 늘고, 금을 팔면 돈이 줄어든다. 상품준비화폐제도에서는 화폐가치가 한 가지 상품, 즉 금과 연결된 것이 아니라 여러 가지 상품과 연결되어 있다. 화폐 한 단위의 가치가 금 생산의 우연(偶然)이 아닌 상품다발의 평균적인 희소성에 좌우된다(Eucken, 1990: 262). 중앙은행이 통화공급의 독점자이지만, 중앙은행은 상업은행의 대출과 연결되지 않고 상품바구니의 평균적 희소성에 따른 상품판매 · 구매와 연결되어 있다. 오이켄이 찬미하는 것은 이런 시스템의 자동적인 안정화 효과 때문이었다.

하이에크의 통화정책도 금본위제도에서 출발하여 화폐의 탈국유화에 이르기까지 변동한다. 1925년에 썼다가 12년 뒤인 1937년에 발표한 주목할 가치가 있는 논문 「통화민족주의와 국제안정」에서 100% 지급준비금제도, 그리고 이 제도와 연계된 금본위제를 옹호했다. 모든 은행권과 저축은 100% 금으로 뒷받침된다. 그는 이 제도가 가장 이상적인 통화제도라고 목소리를 높였다. 정부의 화폐조작과 '통화민족주의'를 막는 건전한 통화시스템이라는 이유에서다(de Soto, 2009: 724).[15] 그는 이런 식으로 금본위제를 칭찬하다가 1940년대에 들어와서는 통화발행의 중앙은행 독점과 함께 오이켄이 칭송했던 상품준비통화제도를 통화가치의 안정 그리고 자동으로 기능하는 통화질서라고 생각을 바꾸었다. 금본위제를 현실에서 실현하기 어렵다는 이유에서였다, 1960년 『자유의 헌법』에서 그 이유를 여러 가지로 설명했다. 몇 가지 중요한 것만 요약한다면, 첫째로 어떤 국가도 독자적인 조치를 통해 금본위제로 복원하려고 하지 않고, 둘째로 그 제도에 대한 국제적인 믿음이 없다는 이유에서다. 그 대신에 상품준비화폐를 제안했다. 이 제도가 "어떤 결함도 없이 금본위제가 갖고 있는 모든 장점을 가지고 있다"는 이유에서다(Hayek, 1960/1996, II: 228).

주목할 것은 오이켄과 하이에크의 제안은 모두 규칙지향적인 통화정책이라는 것이다. 이는 엄격한 규칙을 통해 통화당국의 재량권을 제한하는데 목적이 있다. 그러나 『자유의 헌법』에서 규칙지향적인 통화정책에 대한 하이에크의 입장은 비관적이다. 그런 정책 실현의 가능성에 문제가 있다는 이유에서다. 하이에크는 중앙은행이 규칙에 구속되어 행동할 것인가에 대해 비관적이다. 상품준비화폐가 장차 통화가치 안정을 위한 대안이 될 수 없다는 이유도 무엇보다 그런 규칙에 중앙은행이 예속되지 않으려 하기 때문이라고 한다(위의 책, 229).[16] 중앙은행의 역할은 "대출부문에서 발생하는 일들을 막는 데 있다. 그러나 단순한 규칙으로는 이런 일을 해내기에는 충

---

15) 1928년 하이에크는 통화량을 경제발전과 일정한 비율로 증가시켜야 한다는 제도를 제안하기도 했다. 이는 헨리 사이먼, 그리고 나중에는 프리드먼을 중심으로 하는 시카고학파 통화정책의 핵심이 되었고, 1970년대 이후 케인스의 재량적 통화정책과 논쟁의 중심이 되었다.

16) 하이에크는 규칙지향성의 장점이 정부의 자의적인 강제력 사용을 제한하는 데 있는 것이 아니라 통화정책과 그 효과가 가능하면 예측 가능해야 한다는 점에 있다고 목소리를 높인다. 중요한 것은 우리가 원하는 바대로 정확하게 통화공급 전체를 스스로 적응시킬 자동 메커니즘은 알려져 있지 않다는 것이 그의 입장이다(Hayek, 1960; 1996, II: 227). 자유재량을 특정 영역 내로 한정시킬 수는 있다고 해도 완전히 제거할 수는 없다는 것이다(위의 책, 228).

분하지 않다"는 것(위의 책, 230). 이것이 하이에크의 시각이다. 자유재량을 특정 영역 내로 한정시킬 수는 있다고 해도 완전히 제거할 수는 없고, 따라서 중요한 것은 제한된 범위 내에서 중앙은행이 무슨 일을 하는가의 문제라는 것이다(위의 책, 231).

이와 같이 하이에크는 1960년대에 들어와 규칙지향적 통화정책에 반대하고 있는데,[17] 이는 정원사로서 수행할 탈목적적인 법의 지배원칙과도 양립하지 않는다. 그가 통화가치 안정을 제1 과제로 일관되게 생각했던 것은 확실하다. 금본위제이든, 상품준비통화든 통화질서의 급진적인 개혁에 대해 비관적이었다. 그러나 1970년대에 들어서면서 비관적 입장에서 벗어나 통화질서의 개혁, 심지어 급진적 개혁까지도 적극적으로 제안했다. 이것이 유명한, 그리고 지극히 현실에 적합한 1976년 『화폐의 탈국유화』다.

하이에크는 이 저서에서 국가의 통화독점에 강력히 반대한다. 통화발행의 정부 독점과 이에 따른 재량적인 통화관리 때문에 통화가치의 불안뿐만 아니라 재량적인 통화정책이 심지어 경기변동을 일으켜 실업과 불황을 야기하기 때문이라는 것이다. 그는 오늘날 지배적인 부분지급준비금제도에 대해서도 혹렬히 비판한다. 개별은행이 창출한 통화에 대해 어떠한 책임도 지지 않는 유해한 제도로 판명되었기 때문이다(Hayek, 1976: 95). 그는 규칙지향적 통화정책도 내쳤다. 그 모든 통화제도를 거부한 대신, 중앙은행의 화폐독점을 해체하고 상업은행들에게도 통화공급을 허용하는 제도를 제안했다. 이런 제도 아래에서는 중앙은행의 화폐가 유일한 지급수단이 될 수 없다. 누구나 어떤 통화든 제공되는 통화를 지급수단 또는 가치저장수단으로 사용할 자유가 있다. 통화들 간의 교환도 가능하다.

하이에크는 발견의 절차로서 '경쟁'이라는 아이디어를 통화질서에도

---

17) 심지어 하이에크는 특정수준의 고용을 유지하는 목표가 물가안정과 무조건 모순되는 것이 아니라고도 말한다. 그래서 발링은 하이에크를 '케인스주의자'라고도 말한다(Balling, 2013: 25).

전용하고 있다. 시중은행들이 발행하는 여러 가지 화폐와 국가가 발행하는 화폐가 서로 경쟁한다(위의 책, 42). 이로써 다수가 정한 정부의 재량적인 정책을 소비자주권의 자동적인 메커니즘으로 대체하려는 것이 하이에크의 의도였다. 경쟁을 지배하는 것은 소비자이기 때문이다. 경쟁을 통해 소비자가 가장 많이 수요하는 통화가 무엇인지가 발견된다. 그리고 그때 선택되는 통화가 가장 안정적인 것이다. 화폐공급자들도 될 수 있는 대로 안정적인 통화를 발행하려고 한다. 불안정한 통화는 시장 밖으로 밀려난다. 왜냐하면 소비자가 사용하기를 기피하기 때문이다. 이런 식으로 소수의 통화가 살아남는다. 그들이 지역을 나누어 유통될 것이다. 자생적으로 통화 존(monetary zone)도 형성된다. 많은 사람들이 염원하는 중립적 화폐, '좋은 화폐'는 금본위제도, 상품준비통화, 통화공급 k% 룰, 또는 그 밖에 통화발행의 다양한 인위적 제한 등을 통해서가 아니라 발견의 절차로서 경쟁을 통해 달성하려는 것이다. 통화질서를 하이에크의 핵심사상으로, 통화경쟁은 자생적 질서와 융합하는 매개물이라고 볼 수 있다.

5.
질서경제학이 한국 사회에 주는 세 가지 교훈

앞에서 오이켄과 하이에크의 질서사상을 설명했다. 이어서 간단한 비교와 함께 그들의 질서사상이 한국 경제에 주는 시사점을 설명할 것이다. 하이에크에게는 지식의 문제가, 오이켄에게는 권력의 문제가 경제질서와 국가질서 등 사회적 현실의 중심된 문제라고 보고 있다. 그들은 각각 이 문제를 해결하기 위한 시장이론과 국가의 문제를 다루었다. 하이에크는 '지식'이라는 경험적 개념에서 '강제가 없는 상태'라는 자유개념을 도출하고, 이로부터 '지식의 효율적 이용과 창출'이라는 규범적 개념을, 그리고 자생적 질서와 이를 보호할 '정원사'로서 국가의 역할, 즉 법의 지배를 도출한다. 오이켄은 권력이라는 경험적 개념으로부터 '탈권력'이라는 규범적 개념 또는 '자유'라는 가치를 개발하고 시장을 구성하는 원칙을 도출한다. 이를 토대로 하여 경쟁질서를 확립하는 '심판관'으로서 국가의 역할을 강조한다.

오이켄에게 자유와 경쟁질서, 하이에크에게 자유와 자생적 질서는 각각 동전의 양면이다. 흥미롭게도 그들은 최소국가를 옹호하는 것이 아니다. 무제한의 국가권력을 옹호하는 것은 더더욱 아니다. 국가권력을 엄격히 제한하되 국가 활동의 질을 중시한다.

오이켄과 하이에크는 모두 '자유'에서 출발하고 있다. 하이에크는 '강제가 없는 상태'를, 오이켄은 '권력이 없는 상태'를 자유로 이해하고 있다. 이런 이해의 차이는 경쟁정책에서 확연히 드러난다. 오이켄은 경쟁적 권력(사물을 지배하는 힘)과 경쟁을 제한하는 권력(사람을 지배하는 힘)을 구분하지 못했다. 경쟁적 권력은 경쟁에 매우 건설적이고 생산적인 권력이다. 이 권력이야말로 업적경쟁이다. 이런 권력은 발견의 절차로서 경쟁의 본질이다. 그러나 오이켄은 가격이 주어져 있다고 전제되는 완전경쟁을 경쟁질서를 위한 이념적 가이드로 여기기 때문에 미지로의 탐험에서 생기는 결과를 경쟁을 제한하는 권력으로 오해할 우려가 있다.

하이에크는 오이켄이 말하는 사회적 정의는 정원사로서의 법의 지배에 어긋날 뿐만 아니라 자유를 침해하는 요인이라고 주장한다. 그들은 개인의 사적 보험을 중시하고, 케인스의 통화재정정책, 그리고 중앙은행의 통화독점을 반대하는 데는 차이가 없다. 금본위제, 상품준비통화 그리고 100% 지급준비 등에 대한 우호적 입장도 하이에크와 오이켄 사이에 큰 차이가 없다. 오이켄에게 볼 수 없는 것은 이상적인 헌법 모델이다. 하이에크는 제한적 민주주의와 이를 실현하기 위한 법의 지배, 그리고 입법의회의 역할을 핵심내용으로 하는 이상적인 헌법 모델을 제시하고 있다(Hayek, 1983/2018: 633). 하이에크의 국가로서의 정원사는 자생적 질서를 중시한다는 점에서 영국적인 데 반해 오이켄의 정원사는 계획된 질서를 중시한다는 점에서 프랑스적 정원사에게 약간 기울어져 있다. 그런 차이가 있음에도 이 두 석학이 한국 경제에 주는 시사점은 매우 크다. 특히 중요한 것은 질서사상이다.

1) 질서의 상호의존성

질서사상의 핵심은 경제질서와 법질서의 상호의존성이다. 시장경제는 이에 적합한 법질서를 필요로 한다는 점이다. 법질서는 오이켄이 말하는 사적소유, 계약의 자유 그리고 책임 원칙을 구현한 사법질서다. 하이에크가 말하는 정의의 법을 구현하는 법의 지배 없이는 시장경제는 애덤 스미스가 『국부론』과 『도덕감정론』에서 말하는 '보이지 않는 손'이 작동할 수 없고, 하이에크가 말하는 시장의 자생적 질서도 형성될 수 없다. 시장은 이기심으로 무장된 제도가 결코 아니다. 그럼에도 불구하고 시카고학파는 시장이 이기심이라는 화강암을 통해 작동하는 것처럼 이해하고 있다. 시카고학파의 관점에서 쓴 두 권의 책이 있다. 하나는 『SMART 시장경제』,[18] 그리고 다른 하나는 『경제학: 시장경제의 원리』[19]다.

시장경제의 기능원리에 관한 분석적 내용이 옳으냐 그르냐의 문제를 다루기 위해서는 별도의 지면이 필요하다. 설사 옳다고 해도 그런 기능을 발휘하기 위해 어떤 법적 · 제도적 장치가 필요한가에 대한 논의가 없다. 논의가 없는 이유는 시장경제는 법이 필요없다는 명시적 혹은 암묵적 전제 때문이다. "대한민국의 경제질서는 개인과 기업의 경제상의 자유와 창의를 존중함을 기본으로 한다"는 대한민국 헌법 제119조제1항에도 그런 전제가 깔려 있다.

그런 논의가 없기 때문에 시장경제의 장점을 사람들에게 설득할 수 없다. 어떤 윤리나 도덕적 가치를 전혀 논의하지 않기 때문에 이기심이 도대

---

18) 이 책은 전국경제인연합회 부설 자유와창의교육원에서 발간한 것이다. 집필에 참여한 사람은 김경준, 김승욱, 배상근, 송병락, 손정식, 안재욱, 조장옥, 조준모 등 자칭 · 타칭 소위 자유주의자라는 사람들이다.

19) 이 책은 안재욱, 김영신, 정회상의 공동저서다.

체 어떻게 경제적 효율성 또는 경제적 번영을 부르는가를 설명하지 못하고 있다. 그래서 어떤 사람은 "이기심은 아름답다"는 말을 함부로 사용하고 있다. "이기심은 아름답다"는 말은 전적으로 틀렸다. 시장을 '법이 죽은 영역' 혹은 '도덕적 공백지대'로 여기고 있다. 『SMART 시장경제』와 『경제학: 시장경제의 원리』라는 두 권의 책은 사람들을 시장 친화적으로 만드는 것이 아니라 오히려 시장을 비판하는 사람으로 만들기 십상이다. 그 두 권의 책을 믿는 사람은 시장을 맹목적으로 신봉하는 사람에 지나지 않는다. 시장은 이기심으로 지어진 저택이 아니라 정의의 법으로 지어진 저택이라는 사실을 직시할 필요가 있다. 그런 사실을 가르쳐주는 것이 오이켄과 하이에크의 질서경제학이다.

2) 과정정책 대신에 질서정책

질서사상의 두 번째 핵심은 질서정책과 과정정책을 구분하면서 전자의 우위성을 강조한다는 점이다. 전자는 게임과정을 간섭하는 것이 아니라 게임규칙을 제정하는 데 초점을 맞추는 정책이다. 그것은 규칙지향적 경제정책을 말한다. 이런 정책은 개인들이나 인간그룹들이 제각각 자신의 지식을 동원하여 스스로 정한 목적을 자유로이 추구할 수 있는 법적 · 제도적 틀을 정하는 정책이다. 이런 틀을 정할 때, 특히 주목할 점은 법은 추상적 · 보편적 성격을 가지고 있어야 한다. 국가는 개인이나 인간그룹 또는 특정한 계층이나 산업을 우대하거나 차별해서는 안 된다. 그들에 대해 국가는 중립적이어야 한다. 이것이 법치다.

과정정책은 게임 결과를 바꾸거나 개선하기 위해 심판관이 개입하는 것과 같다. 그런 개입은 필연적으로 특정한 산업이나 계층을 차별하거나 편애하는 정책이다. 과정정책은 분배목적 또는 자원배분목적 등 특수한 목적을 달성하기 위해 국가가 경제에 개입하는 간섭주의 정책이다. 경제정책이 제아무리 '훌륭한' 목적 또는 수단이라고 하더라도 시장의 기능에 양립하지 않으면 추구될 수 없다. 그런 정책은 개인이나 사적 조직을 국가의 목적을 위한 수단으로 만든다. 또한 개인의 자율성과 존엄성을 파괴한다. 한국 경제에 알려진 정책은 과정정책이다. 이런 정책은 단기적으로 성과를 거두겠다는 야심에서 나온 포퓰리즘 정책이다. 소득주도성장, 가격 · 노임 · 임대료 규제, 경제민주화의 명분으로 투입된 대기업 규제, 대형백화점 영업시간 규제 등이 그런 목적지향적 정책이다. 오이켄과 하이에크의 질서경제학이 우리에게 주는 교훈은 경제정책은 장기적 안목에서 취하는, 보편적 이익을 가져다주는 질서정책, 즉 규칙지향적 정책의 중요성이다.

3) 헌법주의: 국가권력의 제한

질서사상의 마지막 세 번째 핵심은 국가권력을 제한하는 것이 중요하다는 헌정주의 사상이다. 이를 제한하는 방법은 오이켄에게 경쟁질서의 확립이다. 경쟁은 경제적 권력뿐만 아니라 경제적 권력의 행사로 인해 야기되는 정치적 권력을 제한할 능력 때문에 법으로 보호받을 가치가 있다. 간단히 말해서 시장에서의 경쟁은 국가권력을 제한하는 역할을 한다는 것이다. 경쟁은 정치에 영향을 미치는 경제적 권력을 제한하기 때문이다. 그 밖에도 오이켄은 정치적 권력의 남용을 제한하기 위한 방법으로서 규칙지향적 정책을 제안하고 있다. 그 정책의 대표적인 것이 상품준비화폐제도다.

그러나 하이에크는 오이켄보다 한 발 앞서간다. 즉, 그는 입법의회와 정부의회로 구성된 이상적인 헌법 모델을 제안했다. 입법의회는 법의 지배

원칙에 합당한 법만 제정하는 역할을 담당한다. 정부의회는 공공재의 생산을 전문적으로 다루는 의회다. 정부의회의 활동은 입법의회가 정한 법의 테두리 내에서 의회의 권한을 행사할 수 있다. 양원제가 어떻게 구성되든 헌법을 통해 국가권력을 제한하려는 하이에크의 발상은 탁월하다. 대한민국 헌법은 국가권력을 어떻게 조직해야 하는가의 문제에 초점을 맞춘 나머지 국가권력을 제한하는 문제를 소홀히 했다. 이를 감안한다면 국가권력을 제한하는 헌법에 대한 하이에크의 제안을 받아들이기에 적합하다고 볼 수 있다.

『SMART 시장경제』와 『경제학: 시장경제의 원리』는 질서의 상호의존성뿐만 아니라 질서정책과 과정정책을 구분할 수도 없다. 그렇기 때문에 어떤 정책이 시장을 보호하는 정책이 될 수 있는지 말할 수도 없다. 마치 로마사람들이 자유를 원했지만 어떻게 제도적 · 법적으로 자유를 보호할 수 있는가를 알지 못했던 것이나 다름이 없다. 오늘날 한국 경제가 매우 어려운 상황에 처한 근본적 이유는 법질서와 경제질서의 상호의존성, 과정정책 대신에 질서정책의 중요성, 그리고 국가권력의 효과적인 제한 등과 같은 질서사상이 결핍되어 있기 때문이다. 이 세 가지 점을 충분히 고려한 정책이 성공할 수 있다.

참고문헌

국내문헌

민경국(2018). 『국가란 무엇인가』. 북앤피플.

______(2016). 『자유주의의 도덕관과 법사상』. 북코리아.

______(2007/2019). 『자유의 길: 하이에크의 자유주의사상연구』 제3판. 한울.

______(1997). 『시장경제의 법과 질서: 질서경제학과 주류경제학의 비교』. 자유기업원.

______(2007). 『자유주의와 시장경제』. 위즈비즈.

안재욱 · 김영신 · 정회상(2019). 『경제학: 시장경제의 원리』. 박영사.

자유와창의교육원(2016). 『SMART 시장경제』. 박영사.

국외문헌

Balling, v. S. (2013). Sozialphilosophy und Geldpolitik. Stuttgart.

De Soto, J. H. (2009). Money, Bank Credit, and Economic Cycles, Auburn.

Eucken, W. (1990). Grundsätze der Wirtschaftspolitik, 6. Aufl. Tubingen.

Hayek, F. (1976). Denationalization of Money. London.

______. (1983). Law, Legislation and liberty/한글판: 민경국 · 서병훈 외 공역(2018). 『법 입법 그리고 자유(1, 2, 3권 합본)』. 자유기업원.

______. (1960). Constitution of Liberty/한글판: 김균 역(2016). 『자유헌정론』. 자유기업원.

Hoppmann, E. (1995). Walter Euckens Ordnungsökonomik-heute. in: Ordo Bd. 46.

______. (1988). Wirtschaftsordnung und Wettbewerb. Baden-Baden.

Hume, D. (1740). Treatise of Human Nature/이준호 역(1998). 『인간 본성에 관한 논고』 제3권 「도덕에 관하여」. 서광사.

Kolev, S. (2017). Neoliberale Staatsverstäntnisse im Vergleich. Berlin.

Streit, M. (1995). Hayeksche Paradigmen aus wirtschaftspolitischer Sicht. in H-H. Francke(Hg.) Ökonomischer Individualismus und Freiheitliche Verfassung. Freiburg.

Streit, M., Wohlgemuth, M. (2000). Market Economy and State; Hayekian and Ordoliberal Conception in Koslowski. P.(ed) The Theory of Capitalism in German Economic Tradition. Berlin.

3장

김강식

발터 오이켄과 애덤 스미스, 질서자유주의

1.
요약

질서자유주의와 사회적 시장경제를 대표하는 발터 오이켄은 애덤 스미스와 사상적으로 어떠한 관계에 있는가? 오이켄은 자신의 저서 『경제정책 원칙』에서 스미스를 '보이지 않는 손'이라는 원리의 주창자, 즉 자유방임주의와 고자유주의의 창시자로 기술하고 있다. 오이켄은 스미스에 대해 "그의 자유방임주의는 독점 및 카르텔로 진행하려고 하는 사회 권력구조와 그러한 고유의 경향을 고려하지 않고 있다"고 주장하며, 보이지 않는 손은 사익과 공익의 양립을 불가능하게 하는 바, 이는 오직 '경쟁질서'를 통해서만 가능하다며 비판하고 있다. 스미스의 자유와 정의는 적극적 자유와 소극적 자유, 또 교환정의와 분배정의를 결합하는 자신의 도덕철학과 경제이론의 과도기적 특성을 나타내고 있다. 이는 국가의 과업과 의무에도 똑같이 적용된다. 스미스는 여기에서 개인윤리 요소들과 제도윤리 요소들을 통합하고 있다. 스미스의 정치철학은 아리스토텔레스의 경제, 윤리, 정치의 삼위일체론에 기반을 둔 것으로 다층적이고 복합적이다. 반면 오이켄은 이원 개념을 들고 자신의 질서정책에 스미스의 통제 메커니즘을 더하고 있다. 스미스의 경쟁질서정책은 오이켄처럼 체계적이거나 의도적이지 않고,

또 고전적 자유주의와 질서자유주의는 분명한 차이가 있다. 그럼에도 불구하고 스미스와 오이켄은 다음과 같이 공통점도 가지고 있다. 독점과 카르텔에 대한 강한 거부, 시장과 가격 메커니즘, 경쟁과 자유에 대한 선호, 권력화 및 독점적 특권, 지대추구집단과 특별이익집단에 대한 반대, 과정정책이 아니라 질서정책 선호, 특권 없는 경쟁질서 선호. 오이켄과 스미스의 공통점은 이뿐만 아니라 자유와 정의의 개념에도 있다. 특히 오이켄과 스미스 둘 다 교환정의와 소극적 자유(국가의 개입으로부터의 자유, 강압의 부재)를 중시했다. 그렇다고 해서 분배적 정의와 적극적(칸트주의) 정의(발전, 자아실현, 자기결정, 극기, 자율)를 무시하지는 않는다. 그런데 오이켄은 스미스를 넘어서서 제대로 기능하고 인본적인 사회경제질서라는 질서자유주의의 목표 달성을 위해 특히 헌법수준에서 견제와 균형을 요구하고 있다. 오이켄과 스미스 사이에는 차이점이 있지만. 공통점도 매우 크다.

2. 서론

질서자유주의와 사회적 시장경제를 대표하는 발터 오이켄(Walter Eucken: 이하 오이켄)과 애덤 스미스(Adam Smith: 이하 스미스)는 사상적으로 어떠한 관계에 있는가? 이는 간단하게 답하기 어려운 질문이다. 결론적으로 이 두 위대한 학자의 관계는 다소 복잡하고도 이중적인 측면이 있다. 오이켄은 스미스에 대해 부정적으로 평가하기도 했다. 그렇지만 사실 이 두 학자의 사상에는 공통점도 분명히 존재하고 있다. 이 두 학자에 칸트를 포함해서 세 사람 사이의 관계를 보면 이 역시 복잡하다. 오이켄의 스미스 평가와 칸트 평가는 서로 모순적이기 때문이다. 칸트와 스미스의 사상에는 공통점이 많으며, 칸트는 특히 스미스의 『도덕감정론』에 대해 매우 높게 평가하고 있다. 그런데 오이켄은 이 두 사상가, 즉 칸트와 스미스에 대해 상반된 평가를 하고 있다. 오이켄은 칸트에 대해서는 매우 높게 평가하며, 특히 그의 자유, 자율, 정언명령 개념 등을 매우 중요하게 받아들이고 있다(Eucken, 1948). 이로 인해 오이켄은 심지어 '칸트주의자'라고 불리기도 할 정도다(Foucault, 2006; Schumann/Nutzinger, 2009). 하지만 오이켄은 스미스에 대해서는 자유방임주의의 제창자로 보고 거기에 대해 비판적 입장을 나타내고 있다. 스미스에 대한 이러한 부성적 평가는 스미스에 대한 독일 역사학파의 부정적 평가(임일섭, 2016: 24)를 그대로 수용한 데 따른 것일 수도 있고, 또 스미스를 자생적 질서, 진화적 질서를 대표하는 학자로 본 하이에크의 영향에 의한 것일 수도 있다(Eucken, 1952: 53).

오이켄이 자신의 문헌에서 스미스를 처음 언급한 것은 『자본이론연구(*Kapitaltheoretische Untersuchungen*)』(1934)다. 여기에서 오이켄은 스미스의 관점을 천부의 자연적 질서에 근거한 것으로 보고 있다. 오이켄은 『국민경제 기초(*Grundlagen der Nationalökonomie*)』에서 역사학파가 스미스를 "역사를 고려하지 않는 이론가"라고 비판하는 데 대해 스미스를 옹호하고 있다. 또 오이켄은 지대추구집단이 상업경제정책에 미치는 영향에 대한 스미스의 견해에 대해서도 긍정적으로 언급하고 있다. 그런데 여기에서 오이켄은 스미스의 저작 중 『국부론』만 인용하고 있고, 그의 또 다른 주요 저서인 『도덕감정론』은 언급하지 않고 있다. 오이켄은 자신의 『경제정책의 원칙(*Grundsätze der Wirtschaftspolitik*)』에서 스미스를 보이지 않는 손의 원리의 주창자, 즉 자유방임주의와 고자유주의(Paleoliberalism)의 창시자로 기술하고 있다.[1] 오이켄은 이 저서에서 스미스의 '자연적 질서'를 시장과정의 틀을 제도적으로 형성하는 질서자유적 경쟁정책인 경제질서정책(Wirtschaftsordnungspolitik)의 필요성을 고려하지 않는 신성한, 자발적 · 진화적 질서로 기술하고 있다. 오이켄은 "자유방임주의는 독점 및 카르텔로 진행하려고 하는 사회 권력구조와 그러한 고유의 경향을 고려하지 않고 있다"고 비판한다. 오이켄은 자기지배의 보

1) 그런데 '보이지 않는 손'이라는 표현을 스미스가 최초로 사용한 것은 아니었다. 고전 문헌 속에서 드물게 등장했던 이 표현이 좀 더 빈번하게 나타나기 시작한 것은 17세기 이후였고, 이는 주로 인간의 역사에 대한 신의 관리, 자연의 운행에 관한 신적 지배 같은 관념을 의미했다. 스미스가 '보이지 않는 손'의 개념을 특히 중요하게 여긴 흔적은 없다. 스미스의 전체 저작에서 '보이지 않는 손'이라는 표현은 단지 세 번 확인되는데, 『천문학사』, 『도덕감정론』, 『국부론』에서 각 1회 나타난다.

이지 않는 손은 사익과 공익의 양립을 불가능하게 하는데, 이는 오직 경쟁질서(Wettbewerbsordnung)를 통해서만 가능하다고 주장하고 있다. 오이켄은 스미스와 관련한 자신의 글의 제목을 '자유방임정책 비판(Criticism of the Policy of Laissez faire)'으로 달고 있을 정도로 스미스의 보이지 않는 손에 비판적인 입장을 가지고 있다. 오이켄은 자유방임, 자유지상주의, 전체주의적 집단주의, 중앙계획경제 등에 대해 반대하는 입장을 가지고 있으며, 질서자유주의, 자유방임주의, 중앙계획경제를 명확하게 구분 짓고 있다.

스미스에 대한 오이켄의 이러한 부정적 평가는 정작 세계적 철학자이며 노벨상 수상자이기도 한 자신의 아버지 루돌프 오이켄(Rudolf Eucken)이 스미스를 영국 계몽주의의 최고봉으로 평가하고, 또 로크(Locke), 흄(Hume), 허치슨(Hutchinson), 샤프트베리(Shaftsbury)와 기타 17, 18세기 영국 철학계의 모든 위대한 사상가들보다 스미스를 더 높이 평가한 것과는 대조적이다(R. Eucken, 1950).

여기에서는 오이켄의 스미스 평가와 이 두 사상가 간의 공통점과 차이점을 검토하고자 한다. 이에는 고전자유주의와 질서자유주의의 관계에 대한 검토도 포함된다. 울리히(Ulrich, 1997), 렉튼왈드(Recktenwald, 1974), 발레스트렘(Ballestrem, 2001) 등은 스미스가 질서자유주의와 사회적 시장경제의 선구자 가운데 한 명이라고 주장했다. 이러한 견해도 고려해서 스미스와 오이켄의 사회정치 철학에 대해 공통점과 차이점을 검토하고자 한다. 이를 위해 오이켄의 적극적 자유와 소극적 자유, 그리고 스미스의 자연적 자유 사이의 관계를 검토하고, 이어서 스미스와 오이켄의 국가 철학을 검토한다.

3.
자유

1) 오이켄의 자유

1930~1940년대 프라이부르크대학의 학제적 연구공동체인 질서자유주의학파는 발터 오이켄, 프란츠 뵘(Franz Böhm), 한스 그로스만-데르트(Hans Grossmann-Doerth) 등으로 대표되는데, 이들은 "시장경제체제는 자연적으로는 발전하지도 않고 유지될 수도 없다"는 입장을 가지고 있다. 이들 질서자유주의자는 새로운 사회문제들을 해결할 수 있는 사회경제질서(Ordo)를 확립하고 유지하기 위해 구성원칙과 규제원칙의 제도화가 필수라고 주장했다(Eucken, 1948). 질서자유주의는 독일의 사회적 시장경제(Soziale Marktwirtschaft)의 핵심 이념으로, 다음과 같은 주요 특성을 가지고 있다. 질서정책(Ordnungspolitik)과 과정정책(Prozeßpolitik)[질서 규칙과 게임 규칙]의 차별화, 제 질서 간의 상호의존관계, 제한경쟁(Behinderungswettbewerb)이 아닌 성과경쟁(Leistungswettbewerb) 추구(강점과 더 나은 고객 서비스에 기반을 둔 경쟁), 임의적 · 배제적 · 사안별 개입의 지양 및 시장순응(marktkonformität) 경제정책 지향, 특권의 배제, 비차별, 법 앞의 평등 등 자유주의 가치 추구.

오이켄에게 개인의 자유는 전체적으로 칸트 철학, 특히 '도덕형이상학'에서의 자유가 중시되며, 특히 칸트의 정언명령에서 강조되는 자율, 자기입법, 자기결정의 개념으로 구성되어 있다. 오이켄에게 자유는 인간의 본질을 구성하는 요소이고(Eucken, 1948), 인간 존엄성의 필수조건이 된다. 개인은 특정 목적을 위한 도구가 아니라 존재 자체가 목적이다(정언명령 2). 자유는 나아가 개인의 미성숙과 의존성을 극복하기 위해서도 반드시 필요하다. 오이켄은 당시의 사회적 위기(Gesellschaftskrise)에서 발생한 대중화(Vermassung), 정신적 획일성, 허무주의적 무영혼, 무의식, 정신적 공동(空洞)을 혐오하고 있다(Eucken, 1926; 1932).

오이켄에게 자유는 무정부적인 무제한적 자유를 의미하는 것은 아니다. 개인의 자유 행사가 타인의 사적 영역에 부정적 영향을 미치게 될 때는 제한되어야 한다. 즉, 개인의 자유는 타인의 자유에 의해 제한된다. 이는 칸트의 도덕형이상학에서 자유의 정의와 일치한다(Kant, 1977). 따라서 자유는 국가에 의해 보호되어야 한다. 국가는 질서자유적 질서정책, 경쟁정책, 국가 업무의 명확한 정의와 더불어 자유를 위협하는 세 가지, 즉 생산자의 사적 권력, 사회집단의 준공공권력, 조합주의 권력의 위협을 방지해야 할 책임을 가져야 한다(Eucken, 1952). 오이켄은 자유에 대한 위협으로 산업화 시대의 전체주의적 개입주의와 경제권력의 정치권력화를 들고 이를 비판하고 있다. 오이켄 등 질서자유주의자들은 개인의 자유, 그리고 외부 강제로부터의 자유를 최대화하고, 동시에 프라이버시를 보호하고 사회경제적 권력의 남용을 최소화하는 적절한 제한 및 제재를 가진 법의 제정을 지향하고 있다.

2) 스미스의 자유

스미스는 자유에 대해 다음과 같이 기술하고 있다. "누구나 법을 어기지 않는 한도 내에서 자신의 방식으로 자신의 이익을 추구할 완전한 자유를 가진다. …"(국부론, 687) "… 자신을 자유롭게 사용할 수 있는 권리, 다른 누구에게도 해가 되지 않는 한 자기 마음대로 행할 수 있는 권리."[법학 강의(A), 8] "그렇지만 전체 사회의 안전에 해가 될 수 있는 소수 개인의 자연적 자유의 행사는 법률에 의해 제한되어야 한다. …"(국부론, 324) 이상의 기술이 나타내듯이 스미스의 자유는 주로 소극적 자유, 자연적 권리에 대한 방어로서의 자유(Abwehrrechte)를 의미한다. 스미스에게 국가에 의해 보호되고 보장되는 자유는 개인의 발전을 위해 최대한의 자유를 제공하고, 그와 동시에 타인의 독단과 강제로부터 보호장치를 제공하는 데 있다. 이는 누구나 법을 위반하지 않고 타인의 권리를 침해하지 않는 범위 내에서 각자 자유롭게 자신의 이익을 추구할 수 있어야 하며, 단 자신의 자유에 의해 타인의 자유가 영향을 받게 될 때 자신의 권리가 제약되는 방식으로 자유의 한계에 도달하게 된다는 것을 의미한다. 따라서 법에서 정하는 자유는 헌법 및 인권을 보장하는 법치국가를 요구한다. 이에 따라 모든 사람에게 외부로부터의 자유는 법에 의해 동등하게 보장되어야 한다.

스미스의 자유 개념은 다소 복잡하고 다면적이다. 스미스의 자유는 단순히 자유의 부정적 측면을 감소시키는 것만은 아니다. 스미스의 자유 개념은 자유와 인권의 보증자로서 정치적 · 법적 제도와 강하게 연계되어 있고, 그의 소유, 정의, 규범적 평등주의와 연계되어 있다. 또 칸트 철학에서의 자율, 독립, 계몽과 해방 과정, 도덕교육 및 지적교육과 관련되어 있다. 스미스의 자유는 부정적 자유에 초점을 두고 있기는 하지만, 소극적 자유와 적극적 자유를 결합하는 점에서 이중적이기도 하다. 스미스와 칸트는 둘 다 자유주의적 공화주의(liberal republicanism)를 대표하고, 계몽주의의 핵심 인물이라는 점에서 공통점이 명확하다. 자유와 자율이 이 두 사상가가 주장하는 핵심요소이고, 또 이들은 자유, 질서, 권력 간의 긴장관계를 강조하고 있다. 이 점은 오이켄도 다르지 않다. 즉, 개인의 자유의지와 국가의 강제권력 사이에 균형이 있어야 한다. 그렇지 않으면 인권 보장과 자유의 실현이 어렵게 된다.

스미스는 개인의 자유나 안전과 더불어 개인의 생활, 발언, 사고에서 자기지배, 자기명령, 독립을 강조하고 있다. 이러한 점은 칸트와 오이켄도 동일하다. 자율로서의 자유(liberty as autonomy)는 법치국가, 최소 수준의 생활을 보장하는 시장경제, 도덕 및 지적 교육의 세 가지 전제조건을 요구한다. 자유는 정신적 조건과 더불어 물질적 조건도 요구한다. 자유는 강제와 임의가 없는 것만으로 충분하지 않다. 스미스는 개인의 독립과 성숙, 사유능력과 언어능력의 개발을 위한 보편적 의무교육제도로서의 공공교육시스템을 주장하고 있다. 국가는 이를 위한 제도적 인프라를 제공해야 하고(국부론, 785-786), 사회적 계급과 무관하게 모두에게 평등한 교육기회를 보장해야 한다는 것이다. 스미스의 규범적 평등주의는 모든 사람은 동등한 자연적 · 인지적 자질을 가지고 있다는 것을 기본적으로 전제하고 있다(국부론, 28). 이는 자연적 평등을 의미하며, 따라서 모든 사회계층에서 누구나 사회적 사다리를 오를 수 있는 평등한 기회를 가져야 한다는 것이다. 스미스의 교육시스템은 성과주의 보상방식을 가지고 있다. 즉 교육은 개인의 의욕, 노력, 수월성을 자극해야 하며, 이를 위해 교육에서 경쟁시스템이 필요하다는 것이다. 즉, 교육에서 더 나은 성과를 위해 평가와 성과 인센티브 같은 성과관리시스템의 운영이 요청된다(국부론, 759). 교육은 개인의 미성숙과 종속을 극복하게 하며 분업, 단조로움, 소외 같은 노동의 부정적 측면과 불편을 해소하는 데 기여하게 된다(법학강의, 539-540; 국부론, 782). 교육을 통해 노동자의 비인간화가 중지되어야 한다(Griswold, 1999: 292). 교육의 주목적은 "… 마음을 인간화하고, 정서를 순화하고, 공적 · 사적으로 사회적 책무와 도덕적 의무를 수행하게 하는 것이다."(국부론, 774) 나아가 교육을 통해 도덕이 퇴보하고 타락하는 것을 예방할 수 있다(국부론, 781). 교육은 사회적 이동성을 제고할 수 있고 숙고, 토론, 비판, 이성의 공적 사용을 촉진하며 공포, 테러, 편견, 비이성적 독단과 광신의 해악으로부터 해방에 기여할 수 있다. 교육은 미신, 열광, 독단, 광신주의의 해독에서 벗어나게 할 수 있다. 스미스에게 자유는 개인 생활의 모든 측면에서 타인과 모든 외부세력(교회, 교구 감독, 협회, 세관, 정부, 상사, 소유주 등)으로부터 간섭받지 않는 상태다. 스미스에게 개입과 억압은 매우 넓은 개념으로, 스미스는 당시 억압과 불공정으로 인한 저임금도 불평등의 한 형태로 보았다(Rotschild, 2001: 71).

스미스는 자유의 전제조건 중 하나로 '자유거래'를 들었다. 이는 시장경제가 빈곤층의 빈곤감소와 부의 극대화 목적에 가장 적합한 경제체제이기 때문이다. 스미스는 "자유거래는 장인과 소작농의 욕구도 충족시킨다"고 보고 있다. 또한 "자유거래는 빈곤의 심화를 막고, 기근과 결핍을 예방하고, 최소 생활수준과 최저생활을 보장하고, 지식과 개선의 교류를 가능하게 한다"고 확신하고 있다. 이에 대해서는 오이켄도 같은 입장이다. 빈곤 해소는 개인의 사회경제적 독립을 위해 반드시 필요하다. 거래자유는 인적 · 정치적 · 물리적 억압으로부터의 해방을 위한 도구가 된다. 상업경제사회는 근로자들 사이의 압박과 의존을 감소시키게 되는데, 이에 법치와 좋은 통치(good governance)가 전제조건이 된다. 또 시장교환과정에의 참여 및 거래 증대는 성숙, 독립, 자율, 자유 및 정직, 자기신뢰, 자기지배, 자기명령 같은 덕을 고무하고 고양하게 된다(법학강의, 487).

이러한 맥락에서 스미스는 길드, 보조금, 수공업자 단체, 동업조합의 독점 및 배타적 특권, 그들의 횡포와 권력남용에 대해 강하게 비판하고 있다(법학강의, 527; 국부론, 135). 이는 스미스의 모든 저작을 관통하는 중심 사상 가운데 하나다. 스미스에 따르면 모든 특권은 "자연적 자유에 대한 실질적 침해"(국부론, 470)로서 경쟁을 방해하고 억제한다(국부론, 733-734). 이것은 상품 가격의 상승, 이윤의 상승, 품질의 저하, 풍요의 저하, 부의 감소를 야기한다. 즉, 공공의 이익을 손상시킨다. 나아가 자연적 자유와 정의를 억압하고 제한하고 침해한다. 개인들을 배제한 채 부유하고 권력과 정보를 가진 인사이더에게만 도움이 되는 법을 제정하는 것은 정의롭지 않다. 반면에 노동자들은 아웃사이더 커뮤니티에 속한다. 이러한 경제적 특권은 질서자유적 이유에서뿐만 아니라 윤리적 이유에서도 배척되어야 한다. 특권은 비차별 원칙과 공정대우 원칙을 위반하기 때문이다.

정치적 영역과 윤리적 영역 그리고 경제적 영역 간에는 뚜렷한 상호 연관성이 존재한다. 오이켄(1952: 183)은 이와 관련하여 질서들의 상호의존성(Interdependenz der Ordnungen)을 말하고 있다. 스미스와 오이켄은 자유를 거론하면서 경제적 자유만 다루지는 않았다. 이들에게는 윤리적 자유와 정치적 자유 역시 경제적 자유와 마찬가지로 필수다. 스미스는 오이켄과 유사하게 2단계 논증을 추구하고 있으며, 여기에는 능률 논리와 분배 논리가 자유, 정의 및 억압, 불의를 다루는 윤리 논리와 조화를 이루고 있다. 자유무역은 경제적 성과뿐 아니라 정의와 칸트의 자율 의미의 긍정적 자유도 향상시킨다. 질서자유주의의 목적은 이와 같아서 잘 작동하고 효율적인 경제질서와 동시에 인간적이고 정의로운 사회질서를 형성하고 이를 촉진시키는 것이다. 한편으로는 자유를 획득하기 위한 노력과 다른 한편으로는 권력, 법, 질서 간의 긴장관계에서 자유가 구현되어야 한다. 이에 따라 스미스와 오이켄의 국가 개념에 대한 검토가 필요하다.

4. 국가

1) 스미스의 국가

스미스의 국가 개념에는 그 중심에 법의 우위, 즉 법의 지배가 위치하고 있다. 모든 사람은 생명권, 자유권, 재산권 같은 기본적이며 천부적인 양도할 수 없는 인권을 가지고 있고, 정부와 모든 법제도는 이러한 개인의 자연권을 보증 · 보호 · 존중해야 할 의무가 있다. 스미스는 국가는 이러한 완전한 권리를 보호하는 법적 질서를 유지 · 관리해야 하며, 개인의 사적 영역에 대한 사회정치적 개입은 합법적이어야 하고, 개입은 합의와 일반적 동의에 의해서만 가능하다고 기술하고 있다. 스미스에 따르면 국가의 개입은 자연적 정의 및 공정한 관찰자 역할에 부합해야 한다.

스미스는 법적 보호의 제도화를 위해 공화정 체제를 선호하고 있다(법학강의, 404). 공화국은 민주주의 또는 귀족정 체제를 가진다. 스미스는 민주주의와 군주제에 다소 회의적이었고, 이와 다른 제3의 정부 형태로 귀족정을 다소 선호하는 입장을 가지고 있다. 그렇지만 정부 형태보다 오히려 지배방식이나 정치가 행해지는 방식이 더 중요하다고 할 수 있다. 즉 정의,

자유, 평등의 완전한 권리를 보호할 수 있는 자유 법치국가를 수립하는 것이 중요하다. 이러한 이유로 스미스의 이상적 헌법과 법치국가는 권력집중과 권력남용을 제한 · 금지하는 메커니즘으로 구성되어 있으며, 그 내용으로 권력의 분산, 정기적 선거, 내각 탄핵 가능, 이성의 공적 사용, 표현의 자유를 촉진하는 교육체계 등이 있다(법학강의, 271). 왕(통치자)과 내각은 국가를 위해 봉사해야 한다(도덕감정론, 53). 국민이 이들의 주인이고, 왕과 내각은 일반 국민의 의견에 반대할 수 없으며, 정의와 (자연)법에 반하는 행동을 해서는 안 된다(법학강의, 272-273; 도덕감정론, 64). 억압을 방지하고, 의사결정과정이 자의적으로 이루어지지 않도록 질서자유적 통제 메커니즘을 확립하며, 국가 권력을 제한하는 투명하고 엄격한 보편적 법률의 시행이 필요하다(법학강의, 434). 국가가 권력의 한계를 넘어서 이에 불복종하는 경우, 특히 국가가 개인의 절대적 권리와 존엄을 침해해서 원시계약(原始契約)을 위반하는 경우 개인은 국가에 대해 저항권을 가진다. 스미스는 질서자유적 주제인 권력한계와 권력남용에 다음과 같이 기술하고 있다. "… 군주의 권력에는 분명한 한계가 있으며, 이 한계를 초과하면 국민은 정의로서 이에 저항할 수 있다. … 군주의 권력의 원천은 자신에 대한 국민의 신뢰에 있다. … 그런데 군주가 폭력적 방법으로 국민이 자신에게 부여한 권력을 남용하면 군주는 자신에 대한 국민의 신뢰를 위반한 책임을 져야 하고, 국민의 저항을 받게 될 것이다. 군주가 권력을 남용하고 권력을 국민의 이익을 위해 행사하지 않고 자신의 권력과 권위를 높이기 위해 사용하면 그는 직무에서 해임되어야 할 것이다. …"[법학강의(A), 315-316] 스미스는 정부가 합법적인 경우에 한해 정부에 대한 국민의 복종의무를 선언하고 있으며, 또 정의의 법과 자연 법이 지켜지지 않고 공공복지가 훼손되는 경우 정부에 대한 국민의 저항권이 유효하다고 선언하고 있다.

스미스는 『법학강의』에서 국가의 책무로 정의 유지(administration of justice),

사회 안전(police), 국부 증대(revenues), 국방(national defence)의 네 가지를 들고 있다. 국가의 주된 책임은 정의를 지키고 법질서를 유지하는 것이다. 그다음으로 사회 안전, 국부 증대, 국방이 국가의 과업이다. 사회 안전은 사회질서, 공공안전, 청결, 위생, 공중보건, 제품과 서비스의 저렴하고 충분한 공급, 국가의 부와 번영에 대한 책임을 지는 내용이다. 국부 증대는 재정정책과 재무정책을 내용으로 하고 국방은 국방, 군사조직, 법을 내용으로 한다(법학강의, 5). 스미스는 『국부론』 5판에서 국가의 책임과 의무에 대해 구체적으로 기술하고 있다. 그는 여기에서 개인 자유의 사적 영역에 대한 국가 개입의 합법성이 무엇보다 중요하다고 보았다. 스미스는 『법학강의』에서의 국가의 네 가지 책무와 다르게 『국부론』에서 국가의 개입이 합법적이고 필수적인 대상 세 가지를 들었다. 여기에서 스미스는 『법학강의』에서 언급한 국방 및 정의 유지 과업 외에 교육시스템, 외부효과 관리, 공공재 공급과 공공제도를 다루고 있다(국부론, 688).

2) 독점과 특권, 질서정책

스미스의 국가의 과업 중 '암시적(implicit)' 과업의 하나는 규범적 평등주의의 실현을 막는 독점, 배타적 특권, 특별이익집단, 로비집단에 반대해서 싸우는 것이다. 스미스가 '좋은 통치'라고 하는 이상적 경제시스템은 고임금, 저가격, 이익, 높은 성과경쟁이 지배하는 자유시장체제를 가진 경제시스템이다(국부론, 471). 이를 위해 부분적 이익집단이 정치적 의사결정에 영향을 미치지 못하도록 제도가 설계되어야 한다. 정부의 주 임무는 사회 전체의 공동 복지를 위해 일하는 것이지 사회의 나머지 다수를 배제한 채 일부 사회정치적 엘리트들의 복지를 위해 일하는 것이 아니기 때문이다(국부론, 471-472). 앞의 '암시적'이라는 표현은 스미스가 정부의 질서자유적 책무를 명시적으로는 거의 지적하지 않고 있기 때문에 사용한 것이다. 그렇지만 『법학강의』, 『국부론』, 서신에서 스미스의 주장은 자신의 주장이 추후 다른 학자들의 보완을 통해 완성되는 것을 암시하고 있다고도 볼 수 있다. 결국 오이켄과 질서자유자들이 스미스의 자유와 정의 개념에 통제 메커니즘(예: 질서정책의 규제원칙)을 추가해서 그의 주장의 완성을 이루었다고 볼 수도 있다(Krump/Woersdoerfer, 2010).

시장을 지배 · 독식하고, 경쟁자의 진입을 막는 독점과 카르텔[오이켄은 시장권력(Marktmacht), 시장지배(marktbeherrschung), 시장집중(Marktkonzentration), 권력화(Vermachtung)로 표현하고 있는데, 이는 스미스가 사용한 용어의 독일어 번역이라고 할 수 있다]은 상품과 서비스 질의 하락과 가격의 상승을 야기한다. 독점은 또 분업을 약화시키고, 빈곤을 증대시키고 국부를 감소시키며, 기술혁신을 저해하여 산업 발전을 약화시키는 경향이 있다. 스미스는 자신의 '서신(Correspondence)'에서 독점과 상업 규제에 대해 이것이 부패 및 특권과 강하게 연계되어 있고, 결국 빈곤층에게 독이 되고 이들을 기만한다고 비판하고 있다. 스미스는 헨리 던대스(Henry Dundas)에게 보낸 1779년 11월 1일자 서신에서 독점과 이와 유사한 것들의 불의, 부당함, 비합리성을 다음과 같이 기술하고 있다. "독점업자가 좋은 일을 하는 경우는 거의 없다. [...] 그들이 공공에게 어떠한 해를 끼쳤는가? [...] 그들은 빈곤층에게 독이 될 뿐이다. [...] 나쁜 일과 높은 가격이 독점의 결과다. [...] 돌팔이 진료, 사기 행위, 과도한 요금…." 스미스는 다음과 같이 결론짓고 있다. "공공 이익을 위해 모든 직업에서 각 개인의 운은 최대한 자신의 능력에 달려 있어야 하며, 자신의 특권에는 최소한으로 달려 있어야 한다."[1774년 9월 20일자 윌리엄 쿨렌(William Cullen)에게 보낸 서신]

스미스의 회의 및 불신과 당시 사회(정치인, 기업가, 관료 및 행정가, 봉건체제, 상업사회 등)에 대한 비판은 정확히 사적 권력도 공적 권력도 아닌, 부분적으로 드러나지 않은 준공공기관(hidden semi-public)의 부패 · 남용과 관련이 있다(국부론, 617). 스미스는 주로 특별이익집단에 해당하는 임의적(arbitrary), 특별(ad hoc), 사안별(case by case) 법과 정책에 대해 비판하고 있다(Böhm, 1937; Eucken, 1952). 정부는 부분적 이해관계를 초월해야 한다. 정부는 모든 시민의 보편적 의지를 대표해야 하고, 일부의 권력남용에 대항해서 보편적 이익을 보호해야 하며, 억압적 독점에 대항해서 공통의 자유를 보호해야 한다. 그런데 특정 지대추구집단과 로비집단들은 입법과정에 영향을 미치고 압력을 행사하려 한다. 따라서 정부는 정의를 공정하게 관리해야 하고, 자유재량권을 최소로 행사해야 한다. 스미스는 소비자주권과 개인의 자유를 확고하게 하기 위해 정부가 특정 개인과 이해관계집단에 가능한 한 적게 종속되도록 법제도가 운영되어야 한다고 기술하고 있다. 그 내용에는 견제와 균형의 제도화와 더불어 명확하고, 구체적이며, 보편적인 법의 지배가 필수적으로 포함된다. 독점적 특권 등 모든 유형의 경제적 압박과 횡포를 최소화하도록 권력과 경쟁을 분리하는 것이 절대적으로 중요하다(Eucken, 1999). 따라서 질서자유주의는 사회경제적 이익집단의 소멸과 해체, 그리고 과정정책보다 질서정책을 더 중시할 것을 요구한다(Eucken, 1952). 국가는 질서를 형성하고 규제를 실행하는 권력(ordnende Potenz)으로서 의식적 · 지속적으로 게임의 규칙을 만들고, 법제도[즉, 시장헌법(Marktverfassung)]를 실행할 책임이 있다. 이를 위해 국가의 과업과 국가 정책의 한계를 분명하게 정의하는 것이 요구된다. 그리고 정부의 개입은 질서정책의 테두리 내에서 시장과 조화(conformity with market principle)를 이루어야 한다. 질서정책이 질서자유주의의 핵심인 반면 과정정책은 회피해야 할 정책이다. 과정정책과 고도의 특별, 임의적, 사안별 개입주의는 시장 거래에 대한 특별 이익집단의 재량을 증가시키고 시장원칙에 순응하는 것을 훼손하게 된다. 사회정치적 수준과 윤리적 수준에서 스미스와 오이켄의 주된 윤리 기준은 공정성, 보편성, 일반성이다. 스미스의 '공정한 관찰자(impartial spectator)'[2]는 양 수준에서 필수적 기준이 되며, 특별이익집단의 이기주의를 교정하는 기능을 할 수 있다. 문제가 되는 것은 사적 이익의 추구가 아니라 개별주의와 불공정이다.

스미스와 오이켄은 특히 자유무역을 옹호하고 있는데, 이는 자유무역이 이익효과를 내기 때문이며, 특히 빈곤층과 극빈층에 이익이 되기 때문이다(국부론, 494). 자유무역은 상호적 · 교호적이어서 참여자에게 제로섬게임이 아니라 모두에게 윈윈이 된다. 자유시장은 대중에게 상품과 서비스를 더 잘 제공하게 된다(법학강의, 307). 개인의 자율적 판단에 개입하고 자유무역을 방해하는 모든 정책과 제도는 시장가격을 자연가격보다 높이게 된다. 이들은 결국 자연적 균형을 파괴하고 공공의 부를 감소시키며, 특히 사회경제적 피라미드의 밑바닥에 있는 사람들에게 매우 큰 해를 끼친다. 이에 따라 스미스는 오이켄과 마찬가지로 관세, 세관, 소비세, 금주, 일반적 금지 및 경제적 제한, 모든 독점과 특권의 철폐를 주장한다(법학강의, 86). 그 대신 스미스는 오이켄과 마찬가지로 합의의 자유, 거래의 자유, 무역의 자유, 지속적 통상을 주장하고 있다(법학강의, 363). 이와 관련하여 스미스는 다음과 같이 기술하고 있다. "그런데 유럽의 정책은 완전한 자유를 부여하지 않음으로 해서 또 다른 매우 중요한 불평등을 야기하고 있다. 이에는 주로 다음의 방법이 행해지고 있다. 첫째, 경쟁을 제한함으로써(즉, 시장과 산업에 대한 접근의 제한)[…], 둘째, 노동과 자본의 자유이동을 제한함으로써…."(국부론, 135-136). 재화의 가격을 자연 가격보다 영속적으로 높게 유지하는 모든 것은 국가의

---

2) '공정한 관찰자'는 스미스의 고유한 개념이다. '공정한 관찰자'는 공감과 함께 스미스의 도덕철학의 근간을 구성하는 개념이다. 스미스에 따르면 사람들은 자신의 이기심만 따르는 것이 아니라 자기 내면에 '공정한 관찰자'를 설정하고, 공정한 관찰자의 눈치를 보면서 살아간다. 행동하기 전에 그에게 묻고, 조언을 구하며, 그가 시인할 수 있는 행동을 하려고 한다. 공정한 관찰자의 어머니는 이기심이 아니라 공감이다. 우리는 항상 타인의 눈을 의식하면서 동시에 우리 내면에 있는 공정한 관찰자의 인정을 받으려고 노력한다. 우리는 우리 감정과 행위의 주체인 동시에 그것을 판단하는 공정한 관찰자다.

부를 감소시킨다. 예를 들어 첫째, 산업에 대한 모든 세금 [...], 둘째, 독점 역시 국가의 부(공공의 부, 공익)를 파괴한다. [...] 허드슨만(灣)회사(Hudson's Bay)나 동인도회사 같은 독점기업은 자신이 원하는 가격을 설정하게 된다. 셋째, 가격을 설정, 규제, 고정하고 경쟁을 제한하는 협회나 동업자조합들의 배타적 특권도 독점과 같이 부정적 영향을 미친다(법학강의, 497). 보조금도 이와 방향은 반대이지만 그 결과는 마찬가지로, 시장가격을 자연가격보다 낮추어 그 결과 역기능적 인센티브를 제공함으로써 사회경제적 왜곡과 편향을 야기하여 공공의 부를 감소시킨다. 이러한 불균형은 부의 손실과 공공 이익의 손상을 야기한다(법학강의, 498).

그런데 스미스는 다음과 같이 결론을 내려서 불필요한 오해를 야기하는 점이 있다. "따라서 자연 상태 그대로 두고, 보조금을 지급하지 않고, 상품에 세금을 부과하지 않는 것이 최선의 정책이다."(법학강의, 499; 국부론, 116) 이 주장은 자유방임적 자유주의 개념과 연결된다. 이는 스미스가 국가의 질서기능을 인정하지 않고, 또 경쟁시장은 게임의 규칙[오이켄의 '질서정책(Ordnungspolitik)']에 초점을 둔 행정제도와 강한 정부를 요구한다는 사실을 무시하는 것으로 여겨지게 한다. 질서자유주의에서 정의롭고 평화로운 사회를 유지하는 데는 경쟁, 자기통제의 자유, 시장 메커니즘만으로는 충분하지 않다. 시장에는 독점으로 나아가려고 하는 고유의 경향이 있다(Hang zur Monopolisierung)[Eucken, 1952]. 따라서 시장에서 성과경쟁(Leistungswettbewerb)이 이루어지게 하기 위해서는 정부가 시장과정에 영향을 미치고 개입하고 스스로 활동하는 과정정책(Prozesspolitik) 대신 시장이 효율적으로 기능할 수 있는 일반 조건을 규정하는 제도적 틀을 만드는 경제정책이 필수적으로 요청된다. 이러한 질서정책(Ordnungspolitik)과 과정정책의 차이, 즉 게임의 규칙(rules of the game, Spielregeln)과 게임의 규칙 내에서 활동(the moves/transactions within the rules of the game, Spielzüge)의 차이는 프라이부르크 질서자유주의학파의 핵심 사상

가운데 하나다. 이와 관련하여 오이켄(2001: 77)은 다음과 같이 기술하고 있다. "국가는 경제 구조(프레임워크)의 설계에 영향을 미쳐야 하며, 경제과정을 직접 지도해서는 안 된다. [...] 국가가 경제유형을 계획하는 것은 필요하지만, 경제과정을 계획하고 통제하는 것은 적절하지 않다."(Eucken, 2001: 48)

한편 스미스는 개인윤리 또는 덕윤리를 더 중시하고('공감' 및 '공정한 관찰자'), 제도적 윤리에 대해서는 부분적으로 저평가하거나 무시하고 있는 것으로 보인다. 스미스에게 체계적이고 의도적으로 설계된 질서정책은 결여되어 있다. 반면 오이켄은 스미스와 달리 미시적(micro) 개인수준보다는 거시(macro) 수준과 중시(meso) 수준에 더 초점을 두고 있다. 오이켄은 법제화된 시장 게임을 보호하고 경제적 · 효율적으로 인간적인 생활조건을 함께 보장하는 사회경제질서를 만드는 데 있어 강한 국가가 필요하다고 주장하고 있다. 그럼에도 불구하고 스미스는 집단 영향의 제한, 불공평과 이기심의 조정과 같이 나중에 프라이부르크학파가 핵심요소로 하는 것들을 지적하면서 질서자유주의와 사회적 시장경제를 위한 길을 먼저 닦아두었다고 볼 수도 있다. 이러한 점에서 스미스의 고전적 자유주의는 오이켄의 질서자유주의의 규범적 기초 가운데 하나라 할 수 있다(Klump/Woersdoerfer, 2010).

렉튼왈드(Recktenwald, 1985: 112), 파첸(Patzen, 1990), 하우어(Hauer, 1991)에 따르면 스미스는 인간의 자연적 이기심(natural selfishness)과 자기애(self-love)를 관리하고 제한하는 인간 행동의 네 가지 공식적 · 비공식적 제재를 다음과 같이 구분했다. 첫째, 공감[3](동료의식, 동정, 상상, 자기성찰, 개인 양심), 의무론적 사명감

3) 스미스는 인간이 다른 사람의 감정을 느낄 수 있는 능력을 '공감(sympathy)'이라고 했다. 모든 인간은 공감 능력을 타고나며, 이러한 공감 능력이 도덕의 출발점이라는 것이 스미스의 주장이다. 스미스의 공감은 타인의 기쁨, 슬픔, 분노 등의 감정을 자신의 마음속으로 옮겨 상상력을 이용해 그것과 같은 감정을 끌어내려 하는 또는 끌어낼 수 있는지 아닌지를 검토하는 인간 감정의 역동적인 능력이라 할 수 있다. 우리는 이런 공감 능력을 사용해 타인의 감정과 행위를 관찰하고, 그것에 대해 시인 또는 부인의 판단을 내린다는 것이다.

으로서의 공정한 관찰자(도덕감정론, 161), 죄책감, 자연적 정의. 둘째, 일반대중, 여론, 비공식적 도덕률, 예절. 셋째, 정치제도의 공식적 입법화, 자연 정의에 기반을 둔 도덕적 승인 및 도덕의식을 반영하는 긍정적 법률(즉, 법규범 제정자로서, 또 비인격화된 고도의 도덕질서로서의 국가). 넷째, 사회경제적 경쟁, 의견 일치 및 경쟁자 관계. 이러한 개인윤리적 통제 메커니즘과 제도윤리적 통제 메커니즘은 사회적으로 수용 가능한 자기통제를 가능하게 하고, 통제되지 않은 이기주의와 탐욕을 예방한다. 시장권력의 공식적 제도화, 그리고 시장권력의 메타경제적 또는 윤리적 착근은 사익과 공익의 보완을 위한 핵심 전제조건의 하나다. 로젠베르크(Rosenberg, 1960: 558)는 여기에 다음과 같이 덧붙이고 있다. "… 외적 제약의 부재와 사익추구의 자유만으로는 … 사회적 조화를 이루고, 또는 자기이익을 위한 당당한 거짓으로부터 사회를 보호하는 데 충분하지 않다." 무엇보다 필요한 것은 사람들을 자신의 "자연적 오만"에서 강제하는 제도적 메커니즘이다. "사익 추구가 사회적으로 유익한 방식으로만 가능하게끔 … (반사회적) 남용 기회를 최소화할 수 있도록 인센티브와 개인 소득의 증대 기회를 제공할 섬세한 균형"이 요구된다. 사익과 사회 복리 간의 연계, 사적 영역에서의 이익과 공공 영역에서의 이익의 조화를 실현하기 위해 제도적 질서가 요구된다(Eucken, 1952: 355). 스미스는 이해관계가 자연적으로 조정되리라고 보지도 않았고, 사회 갈등에 대해 눈감지도 않았다. 그는 사적 이해관계는 적절한 제도의 운영을 통해 관리되어야 한다고 보았다. 스미스는 질서자유주의자들이 '질서정책'이라고 부르는, 의도적으로 설계된 규제 틀에 대해서는 체계적으로 설명하지 않고 있기는 하지만, 그럼에도 불구하고 이를 달리 보면 스미스를 신제도경제학과 법경제학의 시조 가운데 한 명으로 평가할 수 있다.

한편으로는 이기심(egoism)과 탐욕(avarice), 그리고 다른 한편으로는(계몽된, 사회적 · 법적 규칙에 종속된) 자기애(self-love) 또는 자기이익(self-interest)이라 한 스미스의 구분은 대단히 의미가 있다. 오이켄은 이기주의(selfishness)와 (사익추구) 경제원칙 간에 이러한 구분을 들고 있다.[4] 스미스와 마찬가지로 오이켄도 이기심에 대해서는 매우 비판적이었다(Eucken, 1952: 350). 오이켄과 스미스는 자기애와 공익, 즉 개인 · 집단 이익과 공공선과의 양립 가능성을 끌어내고 있다.

오이켄은 스미스의 일부 통제 메커니즘, 특히 제3 수준과 제4 수준의 통제 메커니즘, 즉 공식 입법화와 경쟁 메커니즘을 확인하고 이를 확장했지만, 그럼에도 불구하고 스미스가 자유방임원리와 보이지 않는 손을 옹호했다고 비판하고 있다. 그런데 이는 역사학파의 합리성이 결여된 스미스 비판을 오이켄이 그대로 받아들여 결과적으로 스미스에 대한 잘못된 이해로 인한 것으로 보인다. 오이켄은 사익과 공익의 양립을 가능하게 하기 위해 제5 수준의 통제 메커니즘, 즉 제재와 제한을 추가하고 있다. 오이켄 입장에서 자유방임정책은 사익과 공익의 양립 목표를 이루는 데 불충분하다. 오이켄은 이를 위한 제도적 · 질서자유적 수준을 '경제질서정책(Wirtschaftsordnung)'이라고 불렀다. 질서정책과 규제정책에 기반을 둔 체계적이고 계획적인 시장이 경제거래의 제도적 틀을 확립하는 데 필수라는 것이다. 정치적 · 법적 제도는 경제과정의 틀을 만들고, 이는 경제 주체들에게 인센티브 메커니즘 기능을 하게 된다. 여기에서 좋은 통치의 핵심은 독점위원회와 반독점기관을 포함하는 경쟁정책 또는 경제정책이다(Eucken, 2001). 시장기반 경제질서를 위해서는 지속 가능하고 계속적인 관여와 경쟁에 의한 모니터링이 필요하다. 국가는 개인 이익과 집단 이익을 함께 향상시키는 방식으로 내부에서 경제적 프로세스가 가능하도록 정치적 규제와 제도

4) 임일섭(2017)은 스미스가 '이기심'과 '자기사랑'을 구분하지 않고 두 단어를 동의어처럼 긍정적 · 부정적 의미 모두에 사용했다고 주장하고 있다. 따라서 '이기심'과 '자기사랑'을 구분해야 하며, 스미스가 해석하는 시도는 자의적이며 자신의 의도를 살리지 못했다고 지적한다.

적 장치의 틀을 형성해야 할 책임이 있다. "… 스미스와 오이켄이 옹호한 경쟁질서는 소극적으로는 모든 특권과 특별히 시장에 영향을 미치는 원천의 부재 상태, 적극적으로는 시장에 만연한, 아무런 제약이 없는 압력으로 특징지어지는 제도다. […] 적절한 제도가 존재할 때 사익과 공공복리는 조화롭고 역동적으로 추구될 수 있다."(Rosenberg, 1960: 560) 사익을 더 좋은 길이나 더 나쁜 길로 이끄는 것은 제도다. 따라서 비판의 대상이 되어야 하는 것은 제도이지 사익추구가 아니다.

오이켄과 스미스는 국가 권력의 한계를 설정해서 구성 · 규제 · 질서 정책은 찬성하고 과정정책은 반대하는 데 있어서 전적으로 일치하고 있다(Eucken, 2001: 37-38). 헌법수준에서 시장 게임을 보호하고 특별 이익집단과 싸우기 위해서는 강한 국가가 요구된다. "… 국가는 경제질서를 수립하고 보장해야 한다. 그렇지만 국가는 경제과정을 통제하거나 이에 개입해서는 안 된다. 경제질서를 보장함으로써 국가는 자유롭고 공정한 거래를 가능하게 한다."(Goldschmidt/Wohlgemuth, 2008: 268) 경제활동과 경쟁시장은 국가에 의해 실행되고 유지되는 영역이다. 그렇지만 경쟁은 그 자체가 목적이 아니며 수단이다(Lenel/Meyer, 1948). 즉, 경쟁은 제대로 기능하고(효율적이고 생산성이 높은) 인간적인(정의롭고 자유로운) 사회경제질서의 전체 목적에 도달하는 수단이다(Eucken, 1952: 365).

스미스의 국가에 대한 글 일부가 오해를 야기하는 점이 있기는 하지만, 스미스가 지향하는 국가는 자유방임국가나 야경국가가 아니다(Eucken, 1877: 209; Bonar, 2000: 175). 특히 『자본론』에 제시된 제3의 정부 과업(즉, 공공재 및 공공서비스 제공, 공적제도 운영)은 자유주의적 최소국가 개념을 부정하고 있다. 시장기반 경제는 제대로 된, 제대로 기능하는 국가 없이는 가능하지 않다. 프리드먼(Friedman, 1985: 214)은 스미스의 국가 개념을 매우 큰 다양성, 커버리지, 확장성을 가지고 있는 것으로 평가하고 있는데, 이는 전적으로 타당한 견해다. 이러한 개방적 개념은 현대에도 유연성, 적응 가능성, 전파성의 장점을 가진다. 또 스미스는 사회 갈등, 부조화, 이익 갈등 등에 대해서도 인식하고 있다. 스미스의 전작에서 맹목적이고 순진한 조화주의나 유토피아주의는 찾아볼 수 없다. 그러나 스미스는 자신의 현실적이고 실용적인 사회상에서 그 결과로 나오게 될 결론을 스스로 끌어내지는 않았다. 그 결론은 질서자유주의에 의해 처음으로 도출되었다. 국가는 개인 자유에 대한 최소한의 제한으로 시장기반 경제의 번영을 위한 전제조건을 설정하고 유지해야 한다(과정정책이 아닌 질서정책). 그렇지만 질서자유주의의 본질적 부분인 시장경제의 윤리적 · 규범적 기반은 스미스에 의해 발견되었다고 볼 수 있다. 이러한 점에서 스미스의 고전적 자유주의가 질서자유주의의 기초의 하나라 할 수 있다.

5.
결론

스미스의 자유와 정의는 자유의 적극적 요소와 소극적 요소, 또 교환정의와 분배정의를 결합하는 자신의 도덕철학과 경제이론의 과도기적 특성을 나타내고 있다. 이는 그의 국가 과업과 의무 개념에도 똑같이 적용된다. 스미스는 여기에서 개인윤리 요소들과 제도윤리 요소들을 통합하고 있다. 스미스의 정치철학은 아리스토텔레스의 경제, 윤리, 정치 삼위일체론에 기반을 둔 것으로, 다층적이고 복합적이다. 반면 오이켄은 이원 개념을 들어 자신의 질서정책에 스미스의 통제 메커니즘을 더하고 있다. 스미스의 경쟁질서정책은 오이켄처럼 체계적 · 의도적이 아니라 고전적 자유주의와 질서자유주의의 차이를 보이지만, 스미스와 오이켄의 유사점은 현저하다. 독점 구조와 카르텔 지배에 대한 강한 거부, 시장 및 가격 메커니즘, 그리고 경쟁과 자유에 대한 선호, 권력화 및 독점적 특권, 지대추구집단과 특별이익집단에 대한 불인정, 과정정책 대신 질서정책 선호, 특권 없는 경쟁질서 선호. 나아가 오이켄과 스미스의 공통점은 자유와 정의의 개념에도 있다. 오이켄과 스미스 둘 다 주로 교환정의와 소극적 자유(국가의 개입으로부터의 자유, 강압의 부재)를 중시했으며, 분배적 정의와 적극적(칸트주의) 정의(발전, 자아실현, 자기결정, 극기, 자율) 역시 고려하고 있다. 오이켄은 스미스가 설정한 일부 통제변수들을 끄집어냈다. 그렇지만 오이켄은 스미스를 넘어서 제대로 기능하고 인본적인 사회경제질서라는 질서자유주의의 목표 달성을 위해, 특히 헌법수준에서 견제와 균형을 요청했다. 이와 관련하여 골드슈미트/볼게무트(Goldschmidt/Wohlgemuth, 2008: 268)는 다음과 같이 언급하고 있다. "… 제대로 기능하는 시장질서를 위한 법적 · 제도적 틀을 형성함으로써 18세기와 19세기의 자유주의 프로젝트를 실행하는 것이 가능하다." 오이켄과 스미스 사이에는 일부 차이점이 있지만(예: 스미스의 경제과정을 구성하는 체계적 · 제도적 · 사회경제 정책의 결여, 오이켄의 능력중시 교육의 결여), 두 사상가 사이에는 매우 큰 공통점이 존재한다.

참고문헌

국내문헌

발터 오이켄, 안병직 · 황신준 역(1996). 『경제정책의 원리』. 민음사.

애덤 스미스, 김수행 역(2007). 『국부론』 상 · 하. 비봉.

애덤 스미스, 박세일 · 민경국 역(2009). 『도덕감정론』. 비봉.

애덤 스미스, 서진수 역(2002). 『애덤 스미스의 법학강의』 상 · 하. 자유기업원.

임일섭(2016). “개인이익과 국가개입에 대한 애덤 스미스의 인식: 오이켄의 애덤 스미스 해석 비판”. 『질서경제저널』 19(4): 23-42.

______(2017). “애덤 스미스 구하기: 좋은 목적, 나쁜 방법”. 『경상논총』 35(1): 17-36.

국외문헌

Ballestrem, K. G. (2001). *Adam Smith*: München.

Böhm, F. (1937). *Ordnung der Wirtschaft als geschichtliche Aufgabe und rechtsschöpferische Leistung*: Stuttgart.

Bonar, J. (1922/2000). *Philosophy and Political Economy in some of their Historical Relations; Early Histories of Economic Thought 1824-1914*: London.

Eucken, R. (1950). *Die Lebensanschauungen der Großen Denker*: Berlin.

Eucken, W. (1926). *Die geistige Krise und der Kapitalismus: Tatwelt II*, 1/3; pp. 13-16.

______. (1934). *Kapitaltheoretische Untersuchungen*: Jena.

______. (1948a). *Das ordnungspolitische Problem*: ORDO 1; pp. 56-90.

______. (1948b). Die soziale Frage; in: Ludwig-Erhard-Stiftung(ed.): *Grundtexte zur Sozialen Marktwirtschaft*: Stuttgart; pp. 329-339.

______. (1949). Die Wettbewerbsordnung und ihre Verwirklichung: *ORDO 2*; pp. 1-99.

______. (1952/2004). *Grundsätze der Wirtschaftspolitik*: Tübingen.

______. (1999). *Ordnungspolitik*: Münster.

______. (2001). *Wirtschaftsmacht und Wirtschaftsordnung*: Münster.

Foucault, M. (2006). *Die Geburt der Biopolitik. Geschichte der Gouvernementalität II*: Frankfurt.

Friedman, M. (1985). Adam Smiths Bedeutung für 1976; in: Recktenwald(ed.): *Ethik, Wirtschaft und Staat; Darmstadt*: pp. 208-221.

Goldschmidt, N., Wohlgemuth, M. (2008). Social Market Economy: origins, meanings and interpretations: *Constitutional Political Economy*, 19, 3; pp. 261-276.

Griswold, C. L. (1999). *Adam Smith and the Virtues of Enlightenment*: Cambridge.

Hauer, P. (1991). *Leitbilder der Gerechtigkeit in den marktwirtschaftlichen Konzeptionen von Adam Smith, John Stuart Mill und Alfred Müller-Armack*: Frankfurt.

Kant, I. (1977a). *Die Metaphysik der Sitten*: Frankfurt.

______. (1977b). *Schriften zur Anthropologie, Geschichtsphilosophie, Politik und Pädagogik 1*: Frankfurt.

Lenel, H. O., Meyer, F. W. (1948). Vorwort: *ORDO 1*; pp. VII-XI.

Oncken, A. (1877). *Adam Smith und Immanuel Kant. Der Einklang und das Wechselverhältniss ihrer Lehren über Sitte, Staat und Wirthschaft*: Leipzig.

Patzen, M. (1990). *Zur Diskussion des Adam-Smith-Problems – ein Überblick*: St. Gallen, Berichte des IWE-UNISG 36.

Recktenwald, H. C. (1974/2005). *Würdigung des Werkes; in: Smith: Der Wohlstand der Nationen; München*: pp. XV-LXXIX.

______. (1985). *Ethik, Wirtschaft und Staat. Adam Smiths Politische Ökonomie heute*: Darmstadt.

Rosenberg, N. (1960). Some Institutional Aspects of the Wealth of Nations; *Journal of Political Economy*, 68/6; pp. 557-570.

Rothschild, E. (2001/2002). *Economic Sentiments. Adam Smith, Condorcet and the Enlightenment*: Cambridge.

Schumann, O. J., Nutzinger, H. G. (2009). Ordoliberalismus und Gerechtigkeit: Zum Verhältnis von Eucken und Kant; in: Breuer/Mastronardie/Waxenberger (ed.): *Markt, Mensch und Freiheit*: Bern; pp. 55-78.

Smith, A. (1976a). *An Inquiry into the Nature and Causes of the Wealth of Nations*: Oxford.

______. (1976b). *The Theory of Moral Sentiments*: Oxford.

______. (1977). *The Correspondence of Adam Smith*: Oxford.

______. (1978). *Lectures on Jurisprudence* (including: Early Draft of Part of the Wealth of Nations): Oxford.

Ulrich, P. (1997/2008). *Integrative Wirtschaftsethik*: Bern.

4장

김이석

소득주도성장론, 시장을 이기겠다는 치명적 자만

1. 서론

문재인 정부 들어와 가장 먼저 '과감하게' 시도한 정책이 소위 '소득주도성장론'에 의거한 급격한 최저임금 인상이었다. 한마디로 최저임금 인상이 유효수요를 창출하고, 유효수요에 따라 생산이 늘어날 것이라는 기대에 따른 정책이었다. 그렇지만 시장에서 결정되는 임금보다 더 높은 임금을 주도록 (임금이라는) 가격을 통제하는 정책 — 즉, 최저가격제도 — 이 노동에 대한 수요를 억제시켜 비자발적 실업을 초래한다는 것이 경제학원론과 미시경제학의 기본적 이론이다. 이 이론에 따르면, 최저임금의 급격한 인상은 경제성장은커녕 비자발적 실업을 초래한다. 그런 점에서 소득주도성장론에 따른 급격한 최저임금 인상은 경제원론의 가르침과도 배치되는 위험한 정책실험이었다.

이런 정책실험이 행해진 후 현실에서 벌어진 일은 '소득주도성장론'에 근거한 경제성장이 아니라 경제학원론의 설명처럼 인위적 임금 인상으로 인해 한계적 사업장들의 폐쇄와 고용의 감소였다. 편의점을 경영하는 수많은 영세자영업자들이 최저임금 인상을 감당할 수 없어서 직원을 해고하고 직원 대신 가족이 근로하는 상황이 빚어졌다. 중소기업들도 국내 공장의 문을 닫고 베트남 등 임금이 저렴한 곳으로 공장을 이전하는 사태가 빚어졌다.

그럼에도 정부는 공식적으로는 이 정책이 실패했다는 것을 인정하지 않고 계속 기존의 정책 기조를 유지하겠다고 밝히고 있는 게 사실이다. 그렇지만 간접적으로는 이 정책이 실패했음을 '부정하지는 못하고' 있다. 최저임금 인상의 속도를 조절해야 한다는 속도조절론이 정부와 여당 내부에서 나오고 있다는 사실이 이런 간접적 시인이 아니면 무엇이겠는가?

물론 문재인 정부의 경제정책을 최저임금의 급격한 인상이라는 하나의 정책으로 축약하기는 어렵다. 경제성장률을 크게 상회하는 재정지출을 계속해온 것도 문재인 정부의 중요한 정책 기조 가운데 하나다. 이러한 적자재정정책은 흔히 '세금주도성장'이라고 불리는데, 미래의 재원을 현재 가져다 쓴다는 점에서 아랫돌을 빼내 윗돌을 괴는 것과 다름없는 정책이지만 경제성장을 가져오는 것처럼 선전되고 있는 게 사실이다. 이 글의 3절에서 저축의 역설을 다룰 때 이러한 세금주도성장의 허구성도 다룬다.

이 글의 구성은 다음과 같다. 다음의 2절에서는 소득주도성장론이 무엇인지 그 본질을 살핀다. 이 글은 그 본질이 재분배를 성장의 수단으로까지 격상시킨 역설이라고 설명한다. 그리고 이 절에서 단도직입적으로 이렇게 질문을 던진다. "경제성장의 결과 임금이 오르는 것인가, 아니면 임금이 오른 결과 경제성장을 하는 것인가?" 경제성장 혹은 다시 말해 자본이 더 투자됨에 따라 노동의 한계생산성이 상승하고 더 많은 생산을 할 수 있게 된 결과 임금이 오른다는 것이 미시경제학에 바탕을 둔 경제학적 추론이다. 이것이 옳다면, 임금-주도 혹은 소득-주도 성장론은 원인과 결과를 뒤바꾸는 오류를 범하고 있다. 말이 마차를 끄는 것이 진실인데도, 마차가 말을 끈다고 억지를 부리는 격이다.

3절에서는 재분배를 통해 유효수요를 증대시킬 수 있는지 그 가능성을 다룬다. 우선 유효수요를 증대시킬 가능성을 다룬 다음, 과소(寡少)소비설이 지닌 오래된 불안감, 즉 저축을 늘릴 때 오히려 유효수요가 줄어들어 경제가 침체할지 모른다는 '저축의 역설'에 대한 믿음이 실은 근거가 없다는 것을 설명한다.

4절에서는 이런 과소소비설과 대조적으로 어떻게 저축이 성장으로 귀결되는지 그 과정을 오스트리아학파의 이론을 중심으로 간략하게 소개한다. 이어서 5절에서는 소득-주도 성장론과 유사한 이론에 근거해서 정책실험을 했던 미국 대공황기에 후버 대통령의 정책들이 실패했던 경험에 대해 설명한다. 마지막으로 6절은 이 글의 결론부다.

2.
'소득주도성장론'의 본질

1) 재분배를 성장의 수단으로 보는 '역설'

'소득주도성장론'이란 무엇인가? 이 질문에 대해 누가 주장했던 이론이고, 어떤 요소들로 구성되어 있다는 식으로 대답해서는 본질을 꿰뚫는 대답을 할 수 없다. 그래서 과감하게 그런 설명은 모두 생략할 것이다. 소득주도성장론의 본질을 꿰뚫는 대답을 내놓기 위해서는 이를 시도하는 사람 자신이 분명한 이론적 무장을 하고 그런 관점에서 논의의 대상을 평가할 필요가 있다. 그래야 비로소 알맹이 있는 대답이 가능하기 때문이다.

필자는 오스트리아학파의 기업가정신이론(불확실성에 대한 감당, 이윤기회의 발견), 성장과 진보의 이론, 주관적 가치론(시장에서 재화의 가치는 기본적으로 투입원가가 아니라 소비자의 주관적 평가에 따라 결정된다는 이론), 화폐와 금융이론 및 경기변동의 이론에 입각해서 경제를 바라보고 있다. 이런 관점에서 지금까지 매우 기초적인 사실에서부터 매우 추상적인 문제까지 관찰하고 있지만, 아직까지 이론과 관찰 사이의 모순을 발견하지는 못했다.

그래서 오스트리아학파의 관점에서 소득주도성장론이 '무엇'인지 대답을 시도하자면, 이렇게 정리할 수 있다. 지금까지 대부분의 경제학자들은 (재)분배가 비록 성장을 저해하지만 정치적 필요에 의해 시도되는 정책으로 보아왔다. 그런데 소득주도성장론 주창자들은 이런 종전의 생각을 완전히 뒤집는다. 소득주도성장론에 따르면, "재분배가 성장을 저해하기는커녕 오히려 성장에 기여할 수 있다"고 보기 때문인데, 이는 매우 과감한(bold) 주장이지만 위험할 뿐만 아니라 틀릴 가능성이 매우 높다.

경제학원론의 '행동 유인의 동기'에 관한 이론을 따르자면, 특별한 이유 없이 그저 소득이 많은 사람으로부터 적은 사람들에게로 소득을 재분배하는 것은 경제주체들의 경제적 의욕을 꺾는다. 분배와 생산은 별개가 아니라, 생산 과정 속에서 분배가 이루어진다. 그런데 이런 시장의 분배 결과를 수정하려는 재분배 개입이 있게 되면 생산도 영향을 받지 않을 수 없다. 그런 개입의 정도가 커질수록 애써 노력하거나 위험을 감수하려는 의욕, 즉 기업가적 도전정신은 꺾일 수밖에 없다.

그 결과 소비자에게 필요하지만 아직 충족되지 않은 필요가 무엇인지 애써 발견하거나 이미 알려진 필요에 대해 더 나은 충족의 방법을 찾으려는 기업가정신은 저해될 수밖에 없다. 따라서 종전보다 더 부가가치가 높은 방식으로 자원의 용도를 이전시키는 기업가적 활동이 저해되면 그 경제는 예전보다 더 높은 경제성장률로 귀결되기는커녕 성장률이 뒷걸음치는 결과가 빚어진다.

좀 더 부연설명을 하자면, 경제성장이란 자원을 기존의 용도로부터 소비자가 더 가치 있게 여기는 용도로 바꾸거나 더 적은 자원으로 더 많은 생산을 해내거나 종전에 없던 새로운 재화와 서비스, 예를 들어 휴대전화 같은 것들이 제공되면서[1] 이루어지는 것이다. 그런 시도들은 기업가정신이

---

1) 어떤 경제학자들은 경제성장(economic growth)과 경제적 진보(economic progress)를 구분한다. 경제성장은 새로운 재화와 서비스의 등장이 없는 기존 재화와 서비스 생산의 증대를 의미

왕성할 때 비로소 활발해지는데, 기업가정신을 저해시키면서 어떻게 경제성장을 기대한다는 것인가? 애써 노력하려는 의욕을 꺾는 그 어떤 정책도 경제성장을 이끌어낼 수 없다. 이런 결론을 다른 방식으로 설명할 수도 있다. 소득을 얻는 방법은 두 가지인데 그중 하나가 생산을 통한 방법, 즉 경제적 방법이고 다른 하나는 정치적 힘을 이용해 남이 생산해놓은 것을 자기의 것으로 만드는 정치적 방법이다. 만약 어떤 사회에서 정치적 방법이 경제적 방법을 대체하거나 지배적이 되면(혹은 정치논리가 경제논리를 압도하게 되면) 그 사회는 경제적 번영을 이루기는커녕 쇠퇴할 수밖에 없다.

기업가는 불확실성 속에서도 임금 등 각종 비용을 지급하고 남는 것을 가져가는 잔여청구권자로서 최종적 책임을 진다. 그런 기업가정신은 그 과실을 온전히 향유할 수 있을 때 잘 발휘될 수 있음은 물론이다. '이윤'이란 바로 소비자로부터 평판을 얻는 경쟁에서 성공함으로써 이런 기업가정신의 발휘에 대한 보상이다. 삼성 폴더블폰 가격은 200만 원 가까운 고가이지만, 없어서 못 살 정도로 인기를 누리고 있다. 그것을 만드는 데 200만 원 가까이 원가가 들기 때문이 아니라 개별 소비자가 주관적으로 200만 원을 주고도 아깝지 않다고 여기면 그런 시장가격이 형성된다.[2] 그런 폴더블폰을 생산하기 위해 쓰이는 자원들은 종전의 용도에 비해 더 큰 부가가치를 생산하게 된다. 그 귀결이 경제성장(혹은 경제적 진보)이다.

'소득주도성장론'이란 무엇인지 정리해보자. 예전에 대다수의 경제학

하고, 경제적 진보는 새로운 재화와 서비스가 등장하는 상태를 말하는데, 자본주의 시장경제의 진정한 현실은 경제성장이 아니라 경제적 진보라고 본다. 이런 견해를 가진 대표적 경제학자로는 홀콤(Holcomb)이 있는데, 다음 저서를 참조하기 바란다. 홀콤, 황수연 역(2016), 『기업가정신과 경제적 진보』.

2) 흔히 가격은 비용에 일정한 이윤을 더해 정해지는 것처럼 설명하기도 하고, 자본만 있으면 이윤이 저절로 얻어지는 것으로 가정하지만, 현실은 그렇지 않다는 것을 이 같은 사례를 통해 확인할 수 있다. 이처럼 원가보다 얼마든지 더 높은 가격으로 팔기도 하고, 사업을 하다가 가진 돈마저 날리기도 하는 사례는 우리 주변에서 흔한 일이다.

자들은 재분배정책들이 성장을 저해하지만 정치적 필요에 따라 정치권이 행하던 것으로 보았다. 그러나 소득주도성장론 주창자들은 이런 경제학자들의 일반적 인식과는 정반대로 재분배가 성장을 도모하는 중요한 수단이라고 강변한다. 그런 주장의 대표적 사례가 근로자들의 임금을 올려주면 임금 인상이 성장을 견인한다는 '임금-주도 성장'이다. 그런 주장에 따라 실천한 것이 최저임금의 급격한 인상이었다.

2) 성장의 결과 임금이 오르는가, 임금이 오른 결과 성장하는가

소득주도성장론 주창자들에게 당장 던지게 되는 질문은 다음과 같다. "경제성장의 결과 임금이 오르는 것인가, 아니면 임금을 올리면 경제성장이 되는 것인가?" 전통적인 경제학이 지금까지 내놓은 대답은 경제성장의 결과 임금이 오르는 것이다. 전통 경제학은 후자(後者)를 "말이 마차를 끄는데도 마차가 말을 끈다고 억지 주장을 하는 것과 다름없다"고 생각한다.

경제학원론에 따르면, 누군가를 고용할지 말지 결정해야 할 때 기준이 되는 것은 그의 한계생산성이다. 즉, 그를 고용함으로써 더 얻게 되는 한계적 수익이 그에게 지급되는 임금보다 더 큰지 여부에 따라 한계적 수익이 한계적 지출(임금)보다 크면 고용하고 반대이면 고용하지 않는다. 균형 상태에서는 이 둘이 같아지지만, 사용자는 한계생산성을 넘는 임금을 주려고 하지 않는다는 것을 알 수 있다.

그렇다면 한계생산성은 어떤 요인들에 의해 영향을 받는 것일까. 경제학에서 가장 주목하는 것은 (설비)'투자'다. 이랑을 간다면 당연히 맨손으로 일할 때보다 곡괭이라도 가지고 일하는 것이 더 생산적이고, 그것보다는 소

같은 가축을 이용하는 것이 더 생산적일 것이다. 인류가 곡괭이를 만들 줄 알고 야생동물을 가축화한 역사는 바로 한계생산성을 획기적으로 확대한 시기였다. 물론 최근에는 소 같은 가축보다 훌륭한 기계장비들도 나오고 있고, 심지어 AI 기능을 탑재해서 농약을 치는 드론도 이용하고 있다고 한다.

더 많은 자본이 투하되어 더 훌륭한 자본재(만들어진 생산수단)를 많이 사용할 수 있는 조건 아래에 있을수록 당연히 노동의 한계생산성은 더 높아진다. 선진국의 공장에서 일하는 근로자가 똑같이 땀 흘리는 후진국의 근로자보다 더 많은 돈을 받는 근본적인 이유는 무엇일까? 선진국 근로자가 임금 차이에 비례해서 한눈을 팔지 않고 더 열심히 일하기 때문일까? 후진국 근로자가 근무시간에 딴짓을 하는 경우도 없지 않겠지만, 똑같이 성실하게 일한다고 하더라도 선진국에서만큼 임금을 받을 수 있는 것은 아니다. 선진국 노동자는 자본투자가 엄청나게 더 많이 이루어진 환경에서 일하고 있다. 이에 따라 그는 후진국 노동자들에 비해 같은 시간을 똑같이 일해도 더 많이 혹은 더 높은 품질의 제품을 생산할 수 있기 때문에 후진국 노동자들보다 더 높은 임금을 받는다.

따라서 축적된 자본이 많이 투자되어 있는 환경에서 일하는 덕분에, 다시 말해 노동의 한계생산성이 높은 환경에서 일하는 덕분에 그 높아진 노동의 한계생산성만큼 임금도 올라가는 것이다. 많은 자본주의 비판가들이 자본주의가 '부익부 빈익빈'을 가져오는 체제라거나 그런 결과를 가져왔다고 주장하지만, 실제 역사는 그런 주장과 배치된다. 자본주의의 발전과 함께 근로자들의 임금도 동반해서 꾸준히 상승해왔다. 과거 귀족들이나 왕들도 항생제의 혜택을 보지 못했지만, 지금은 다르다.[3] 바로 자본의 축적에

3) 지금 사람들이 과거 황제에 부럽지 않게 여름철 얼음, 냉난방, 의료, 다초점렌즈 등을 누리고 살고 있다는 것에 대해서는 다음을 참고하기 바란다. 보아즈, 강위석 외 역(2009), 『자유주의로의 초대』, 북코리아, 228-229쪽.

따른 한계생산성의 증가 때문이다.

3) 노동 분야에서만 무시되고 있는 자기결정권

만약 당신이 현재 시세로 2억 원에 팔 수 있는 집을 한 채 소유하고 있는데, 정부가 최소한 2억 5천만 원 이상 받는 거래만 허용한다면, 다시 말해 2억 5천만 원 이하로는 팔 수 없도록 한다고 해보자. 당신은 정부의 규제를 환영할까? 얼핏 환영하는 마음이 든다면, 다시 생각해보기 바란다. 당신이 집을 팔아야 할 상황에 직면했고 마침 2억 원에 구매하려는 구매자가 있는데, 그가 2억 5천만 원에는 살 생각이 없을 수 있기 때문이다. 이런 점을 감안하면, 정부의 이런 집값 규제는 집을 팔려는 사람의 자기결정권을 침해하므로 집을 소유한 사람들이 환영할 수 없다는 것을 알 수 있다.

최저임금제도 얼핏 보면 노동자를 위하는 것 같지만, 그 본질에서는 자신의 재산에 대한 자기결정권을 침해한다는 점에서는 다를 바 없다.[4] 사실 최근 우리 사회에서 한편에서는 개인의 선택이나 감정에 대해 그것이 비록 나의 생각과 다르더라도 최대한 존중되어야 한다는 흐름이 강력하게 등장하고 있는 반면, 다른 한편에서는 개인적 선택이 아닌 '사회적' 결정에 개인들이 따르도록 강제하려는 흐름도 강하게 등장하는 묘한 모순을 보이고 있다.

과거와 확연하게 다르게 공동체의 목적보다 개인의 선택을 존중하려는 태도가 등장한 최근의 사례는 바로 양심적 병역거부를 수용하고 대체복무를 수용하려는 사법부의 태도 변화다. 공동체의 안보라는 공동 목적을

4) 아래 내용은 다음의 글에서 일부 가져왔다. 졸고 "병역, 성, 그리고 노동에 대한 자기결정권", 『아시아투데이』, 2018. 07. 02.

위한 대한민국 남성의 병역 의무는 기본적으로 예외가 인정되지 않는 분위기였는데, 이제 종교나 신념상의 이유로 총기를 드는 것을 거부하는 데 대해 예전과 달리 대체복무를 허용하는 방향으로 사회 분위기가 바뀌고 있는 듯하다.

'미투' 운동의 경우에도 개인의 성적 자기결정권을 보호하고 존중하려는 생각이 표출된 것으로 해석할 수 있다. 우리 사회는 성적 스캔들이 벌어졌더라도 그것이 자기결정에 따른 것이라면 문제 삼으려 하지 않지만, 우월한 지위를 악용했을 가능성이 조금이라도 있는 경우에는 강력하게 단죄하려는 분위기가 형성되고 있다. 가해자로 지목되어 해명할 처지에 놓인 사람들이 대개 그 관계가 자발적이었음을 강조하는 것은 그래서일 것이다.

이런 개인들의 자기결정권을 존중하려는 분위기와는 달리 노동과 관련한 결정에서는 개인들로 하여금 일률적인 사회적 결정에 따르게 하려는 분위기가 강화되고 있다. 소득주도성장론을 정책화한 최저임금 인상이나 '저녁이 있는 삶'을 가능하게 하겠다는 취지로 실행하는 법정근로시간의 단축이 여기에 해당한다. 법으로 최저임금이나 근로시간을 강제규정으로 만들면, 어떤 임금에 얼마 동안 일할 것인지 자기 스스로 결정하지 못하게 된다. 따라서 노동에 대한 자기결정권이 침해될 수밖에 없다.

최저임금을 받더라도 일할 필요가 있는 계층은 그럴 필요가 없는 근로자들에 비해 처지가 더 열악할 것이다. 그런 점에서 최저임금의 급격한 인상은 처지가 어려운 이들의 자기결정권을 침해하고 그들의 처지를 악화시킨다. 법정근로시간의 의무화도 마찬가지다. '저녁이 있는 삶'을 위해 법정근로시간을 줄였는데 그들의 소득이 줄어든다면, 그리고 줄어든 법정근로시간에 휴식을 취하기보다는 그 시간 동안 더 일해서 더 많은 급여를 받는 것을 더 선호했을 근로자들의 처지와 자기결정의 권리는 침해당하게 된다.

4) 간섭의 악순환[5)]

문재인 정부가 최저임금을 한꺼번에 크게 올리겠다는 발표를 듣고, 이것이 편의점 등을 운영하는 영세자영업자들을 어렵게 할 뿐만 아니라 미취업 · 미숙련 구직자들의 취업난도 가중시킨다는 점을 지적하고, 이 문제를 풀겠다고 또 다른 간섭을 하는 간섭의 악순환에 빠지지 말아야 한다는 글을 썼다.[6)] 그 글을 읽고 새 정부가 또 다른 간섭을 자제할 것을 기대해서가 아니라 오히려 새 정부가 소위 '임금(소득)주도성장론'을 내세운 만큼 그런 간섭의 악순환에 빠져 우리 경제가 더 나빠질 것을 우려했기 때문이다.

최저임금 인상의 고용파괴 효과를 감안했는지 정부는 최저임금을 2018년부터 2017년의 시간당 6,470원에서 7,530원으로 16.4% 인상하지만 그와 동시에 재정투입 계획을 내놨다. 즉, 최근 5년간의 최저임금 평균 인상률 7.4%를 넘어서는 부분에 대해 정부가 재정으로 지원하겠다고 했다. 이런 재정지원 자체가 사실 또 다른 간섭의 시작이다. 정부는 생산주체가 아닌 만큼 결국 재정은 민간의 생산물 일부를 세금으로 가져와서 충당한다. 생산의 주체인 시민에게 더 많은 세금은 가장 감당하기 힘든 정부의 '간섭' 중 하나일 것이다.

이런 재정 지원이 궁극적인 해결책이 아님은 물론이다. 예컨대 높아진 최저임금을 주고도 편의점을 운영하는 영세자영업자들이 종업원들을 계속 고용할 수 있을 만큼 정부가 지원할 수 있다면, 즉 그 정도로 정부의 재정이 풍부하다면 사실 정부는 처음부터 최저임금을 법으로 강제할 필요도 없을 것이다. 그럴 재정이 없어 법으로 규제하는 것이다. 정부의 재정지원을 받

5) 이 부분은 다음의 졸고를 주로 인용했다. "더 큰 파국 만들 '간섭의 악순환' 어디까지 계속하나", 『자유경제에세이』, 한국하이에크소사이어티, 2018. 04. 09.

6) 김이석, "최저임금 대폭인상 '간섭의 악순환' 출발점 되지 말아야", 『아시아투데이』, 2017. 07. 17.

기 위한 각종 자격조건들을 붙이다 보니 실제로 영세자영업자들을 비롯한 중소기업들이 정부 지원을 신청한 비율은 매우 저조했다.

2018년에 들어서자마자 최저임금이 오르자 농촌에서 농장을 경영하는 농민들과 영세중소기업인들이 경제적 어려움을 강력하게 호소하기 시작했다. 그것이 실업의 위험을 초래한다는 것을 몰라서 그 조치를 환영했던 편의점에 근무하는 청년들도 그런 호소를 하는 집단 속에 포함된 것은 아이러니다. 그러자 정치권과 정부는 임대료 통제, 카드수수료 통제, 최저임금 인상의 납품단가 반영 등 또 다른 규제와 간섭 정책들의 도입을 이야기하기 시작했다.

그래서 다시 이것이 바로 미제스(Mises)가 말한 '간섭의 악순환'이 아닌지, 그래서 문제를 풀기는커녕 오히려 더 큰 파국을 준비하는 게 아닌지 묻는 글을 썼다.[7)]

다행히 임대료 통제 이야기는 수면 아래로 가라앉았다. 정부가 제출한 헌법 개정안에 소위 '토지 공개념'이 들어가 있어 그 의도가 무엇인지 분분하지만, 일단 임대료 통제 이야기는 잠잠해진 반면 최저임금에 연동한 납품단가 자동 인상 조치와 함께 소위 청년실업이라는 '비상사태'에 대응한 일자리안정자금을 마련하는 추경편성이 추진되었다. 이에 따라 해마다 정부가 일자리안정자금을 수조 원씩 투입하고 있지만, 이로 인해 청년실업 문제가 완화되고 있다는 경험적 증거를 찾기는 어려운 상황이다.

정부는 최저임금의 급격한 인상에 따른 중소기업의 비용증가를 그 중소기업으로부터 납품을 받는 업체가 일부 혹은 전부를 부담하도록 '강제'하는 방안을 마련했다. 이에 따르면 공공조달시장에서는 조달청이 임금 조사를 통해 납품단가의 상승을 신속하게 반영하게 하고, 또 민간하도급시장

7) 김이석, "최저임금 이어 임대료 통제… '간섭의 악순환' 아닌가", 『아시아투데이』, 2018. 01. 15.

에서도 중소납품업체가 납품단가 인상협의를 요청하면 대기업이나 중견기업이 '자발적'으로 협력하며, 단가인상 협의를 이유로 '보복'을 하지 못하도록 하겠다는 것이다.

공공조달시장에서 납품단가를 신속하게 반영하겠다는 것은 이 시장에서 납품하는 중소기업으로서는 반길 내용이지만, 결국 정부가 국민의 세금으로 최저임금 인상에 따른 문제를 완화시킨 것이어서 이것도 간섭이 간섭을 부른 것으로 볼 수 있다. 아무튼 공공조달시장에 비해 민간하도급시장에서의 간섭은 훨씬 심각한 문제를 초래할 것이다.

만약 납품을 받는 대기업이나 중견기업의 '보복'이 납품수량의 감소나 구매의 중단을 의미한다면, 보복의 금지란 기업으로 하여금 원자재나 중간재 가격의 변화에 대응해서 그 수요를 조절하지 못하게 하는 것이다. 만약 최종제품을 파는 대기업도 어쩔 수 없이 가격을 올리면 결국 소비자가 그 대기업 제품에 대한 수요를 줄이게 될 것이다. (소비를 줄여야 할 소비자 속에는 최저임금 인상의 혜택을 본 근로자들도 있을 것이다.) 그것이 다시 중소기업 제품에 대한 납품수요와 고용수요를 줄일 것이다.

일부 중소기업들은 납품단가 인상의 '자율적 협의'가 실효성이 없다며 강제규정화를 바라는 것 같다. 가격과 구매의 결정은 그 기업의 흥망성쇠에 영향을 주는 핵심적 기업 활동이다. 어떤 중소기업 경영자가 자기 기업에 이런 강제를 바라겠는가. '자율적 협의'조차 정부가 최저임금의 급격한 인상이라는 간섭에 따라 발생한 문제를 풀고자 다시 간섭한 것으로, 결과적으로 '기업하기 어려운 환경'을 만들 것이다. 원래 문제를 만든 원인이 최저임금의 급격한 인상이라면 최저임금 산입범위의 확대 등과 같은 조치를 강력하게 요구해야 하는 게 아닐까.

미제스는 간섭의 악순환이 궁극적으로는 사회주의에 도달하게 될 것이라고 했다. 원래 감행했던 잘못된 조치를 유지하면서 그 조치로부터 파생된 문제들을 계속 또 다른 간섭으로 풀려고 할 때 그런 지경에까지 도달할 수 있다는 의미다. 물론 정부가 중간에 정책방향을 되돌리는 선택을 할 수 있고, 또 사회주의에 이르기 전에 쌓여가는 규제로 인해 더 꼬이게 된 문제들이 한꺼번에 터져서 경제적 파국이 발생하고, 이에 따라 '크게 망가진' 시장경제 아래에서 새로 시작하게 될 수도 있다. 아마 이것이 더 현실적 전망일 것이다.

첫 단추를 잘못 꿰었으면 최초의 규제라는 잘못된 단추를 풀어서 다시 옷을 입는 것이 최선의 선택이다. 이를 무시하고 또 다른 규제의 단추를 계속 꿰게 되면 경제만 더 망가지게 될 뿐이다.[8]

8) 이에 관해서는 다음의 졸고 참조. "연암 박지원, 로베스피에르, 그리고 조지 워싱턴", 『아시아투데이』, 2018. 12. 31.

3.
재분배를 통한 유효수요 증대의 가능성

1) 재분배를 통해 사회의 총효용을 증대할 수 있을까

'재분배를 통해 사회적으로 종전보다 더 나은 상태를 만들어볼 수 있지 않을까?' 하고 생각한 것은 소득주도성장론이 처음은 아니다. 멩거와 제본스 그리고 왈라스는 한계효용이 체감한다는 사실을 최초로 발견하고 이를 이론화한 최초의 경제학자들이다. 그들은 그 이론을 가지고 소위 '물과 다이아몬드의 역설'을 설명할 수 있었다. 그 역설은 다음과 같다. 물은 생명유지에 필수라는 내재적 성격에 따른 효용이 있는데, 다이아몬드는 물에 비하면 그런 중요한 내재적 성격이 없다. 그런데 생명유지에 필수인 물보다 왜 다이아몬드의 시장가격이 더 비싼가?

이 역설을 멩거를 비롯한 세 명의 경제학자가 풀어냈는데, 그 내용은 이렇다. 사람들이 물 전체와 다이아몬드 전체 가운데 선택하는 게 아니라 물 1리터, 다이아몬드 1캐럿 가운데 선택한다. 따라서 물은 한계효용이 가장 높은 사용처부터 시작해서 순차적으로 한계효용이 그다음으로 높은 사용처에 이용될 것이다. 그런데 물이 너무나 풍부해서 물 쓰듯 할 정도라면 마지막 물 1리터의 최종 사용처의 한계효용은 매우 낮을 수밖에 없다. 다이아몬드가 많이 공급되지 않는 상황이라면 당연히 물 1리터의 가치가 다이아몬드 1캐럿보다 훨씬 작을 수 있다.

그리고 당시 일부 경제학자들은 '효용'을 구체적 단위로 개인마다 측정할 수 있고, 또 개인들 사이에 비교할 수 있다고 여겼다. 이런 생각에 더해 부자들은 돈이 많지만, 바로 그렇기 때문에 마지막 돈이 주는 효용은 매우 작다. 이에 비해 빈자들은 돈이 별로 없기 때문에 부자들에 비해 마지막 페니가 주는 효용이 매우 크다고 생각했다. 그래서 부자들의 돈을 빈자에게 재분배해주면 사회 전체의 효용이 더 커진다고 생각했다.

그러나 경제학자들은 "효용은 오로지 서수(序數)적으로만 의미를 가지고 있으며, 개인의 기수(基數)적 효용의 크기를 측정하는 것 자체가 불가능할 뿐만 아니라 개인 간 크기를 비교하거나 이를 더하여 총량을 계산한다는 것은 더더욱 의미가 없다"고 결론을 내렸다. 제대로 경제학 공부를 한 경제학자들 가운데 이런 식의 논리로 재분배를 정당화하려는 경제학자들은 이제 더 이상 찾아보기 어렵다.[9]

2) 재분배를 통해 사회의 유효수요를 증대할 수 있을까

그런데 이제 특정한 방식으로 재분배가 이루어진다면 종전에 비해 총유효수요가 더 늘어날 가능성이 있다는 데 주목하는 이들이 등장했다. 그들은 재분배를 통해 총수요를 증가시킴으로써 경제성장을 이룰 수도 있지 않겠느냐는 데 착안해 모형을 만들었다. 예를 들어 사회구성원을 자본가와

9) 졸저 『시장경제원론』(2014) 참조.

노동자의 두 계급으로 나누고 노동자들은 전혀 저축을 하지 않고 오로지 소비만 하고 자본가들은 생산을 한다는 식으로 단순화된 모형을 만든다.

물론 이것은 현실과 다르다. 왜냐하면 소위 자본가들이 이용하는 자본의 대부분은 그들이 소비만 한다고 가정한 근로자 대중의 저축으로부터 나오기 때문이다. 사실 일반 근로자들이 내는 돈으로 마련된 국민연금은 많은 기업들이 최대주주라는 사실만 봐도 근로자들이 소비만 한다는 모형은 현실과 다르다고 할 수 있다. 한마디로 그들의 모형에서는 금융기관이 저축과 투자를 중개하는 기능이 아예 삭제되어 있다. 더구나 근로자 대중의 소비와 저축은 고정된 것이 아니라 이자율에 따라 변화하지만, 그런 모든 가능성이 차단된 모형을 만든다.

아무튼 그들은 이런 특별한 가정 아래 실제로 근로자들의 임금과 소비가 늘어나면 경제가 성장하는 단순화한 모형을 만들고, 그 이름을 '임금주도성장' 혹은 '소득주도성장'이라고 붙였다. 그리고 그런 아이디어를 실제 정책으로 실험했다. 말하자면 최저임금의 급격한 인상도 그런 임금주도성장 혹은 소득주도성장의 아이디어를 '과감하지만' 매우 '위험하게' 우리 경제를 대상으로 실험한 것이라고 할 수 있다.

이 글의 4절에서 설명하겠지만, 1930년대 미국의 대공황기에 후버 대통령이 시도했다가 실패로 끝난 임금지지정책의 기본 아이디어도 이런 소득주도성장의 주장과 궤를 같이한다.

3) '유효수요'의 증대?

소득주도성장론이 단순히 재분배가 성장을 가져올 수 있다는 주장에는 물론 중간단계의 논리가 개재되어 있다. 바로 재분배를 통해 소비재에 대한 유효수요를 확대할 수 있고, 그것이 생산을 자극해서 더 많은 생산과 고용으로 이어질 수 있다는 것이다.[10] 어떤 이들은 이를 자본의 축적으로부터 노동의 소득이 올라간다는 '낙수효과'에 대비해서 '분수효과'라고 불렀다. 근로자의 소비가 늘어난 효과가 아래로부터 위로 올라가는 분수처럼 성장을 이끈다는 이야기일 것이다.

이처럼 '최종소비'의 크기를 유지하거나 확대함으로써 경기를 유지하려고 하거나 성장으로 이끌겠다는 소위 '케인지언' 경제학에 대한 비판의 핵심을 소개하는 것은 다음 절로 미루고, 여기에서는 더 단순하게 과연 유효수요를 더 늘릴 수 있는지부터 검토해보자.

사실 최저임금 인상 등을 통해 기업들에 임금을 더 주도록 강제함으로써 경제 내의 소비와 투자를 합친 총지출액, 즉 유효수요가 증가할 것인지는 매우 불투명하다. 우선 어떤 기업이 임금을 더 많이 지급하면 주어진 지급능력 하에서 그 기업은 자본재에 대한 구매 지출 등을 줄일 수밖에 없다는 점을 고려할 필요가 있다. 그렇다면 근로자들이 더 커진 임금을 더 많이 지출해서 총소비를 늘릴지는 모르겠지만, 기업들의 투자 지출은 줄어들 것이다.

더구나 최저임금 인상은 한계생산성이 이 수준에 미치지 못하는 근로자들을 더 이상 고용할 수 없도록 하고, 종전 수준의 임금에서는 고용되었을 신규 노동시장 참여자들의 일부가 고용되지 못하도록 한다. 이들은 소

10) 케인스는 고전학파의 세이의 법칙을 "공급은 스스로 수요를 창출한다"는 식으로 정형화한 후 유효수요 부족에 따른 불황의 가능성을 주장했다. 그러나 이런 케인스의 해석이 세이의 본래 의미를 왜곡했다고 주장하는 학자들이 있다. 그들은 원래 세이가 말한 의미는 "재화의 생산을 통해 다른 재화에 대한 수요를 할 수 있게 된다"는 의미임을 밝히는 한편, 어떤 재화는 수요자들이 수요할 수준을 넘어서 너무 많이 생산되고 다른 재화는 너무 적게 생산됨으로써 특정 재화는 잘 팔리는(호황을 누리는) 반면 다른 재화는 잘 팔리지 않는(불황을 겪는) '생산구조와 소비구조의 불일치' 문제가 있을 뿐 모든 재화들이 불황을 겪지는 않는다고 보았다. 이들에 대한 논의는 다음 논문 참조. 이승모(2016).

위 '비자발적 실업'을 겪게 될 것이므로 당연히 '소비할 임금' 자체를 얻지 못할 것이다. 이들의 줄어든 소비가 다른 근로자들의 늘어난 소비보다 더 적을 것이라고도 할 수 없다.

최근 최저임금의 급격한 인상에 따라 100년 역사의 상장 1호 기업 경방이 국내 공장 두 곳을 폐쇄하기에 이르렀다. 소위 소득주도성장의 '분수효과'에 따르면 이런 일은 없어야 한다. 최저임금 인상이 최종소비재에 대한 수요를 더 만들어내고 이것이 연쇄적으로 수요를 창출하기 때문에 경방 제품에 대한 수요도 확대되어 경제성장까지 귀결되어야 한다.

그러나 현실에서는 제품에 대한 수요를 만들어내기도 전에 경방은 국내 공장 두 곳의 문을 닫아야 했다. 상당수 중소기업들이 우리나라보다 임금이 저렴한 곳으로 떠나는 선택을 서두르게 만들었을 뿐이다. 임금인상이 '분수'처럼 수요를 만들어내기는커녕 국내에서 활동하던 기업들조차 우리나라에서의 사업을 포기하게 만들었는데, 어떻게 분수효과가 있다고 할 수 있겠는가?

4) 저축의 역설: 저축을 하면 정말 경제가 더 나빠지는가[11)]

앞에서 시장에서의 수요와 공급에 의해서가 아니라 정부의 개입에 의한 임금의 '인위적' 인상이 과연 유효수요를 늘릴 수 있는지 다루었는데, 그 결론은 매우 회의적이었다. 물론 정부가 재정적자를 걱정하지 않은 채 대규모 재정지출을 한다면 정부 부문의 수요가 들어올 것이므로 그렇게 할 수 있다. 그렇다면 이 절에서는 이처럼 정부가 지출을 늘려 '최종소비'의 크

11) 이 부분은 다음 졸고를 일부 수정한 것이다. "저축의 역설과 선심성 예산", 『아시아투데이』, 2019. 5. 6.

기를 유지하거나 확대함으로써 경기를 유지하려고 하거나 성장으로 이끌겠다는 소위 '케인지언' 정책에 대해 다룰 차례다.

자칭 경제전문가들 가운데 상당수는 "소비는 국민소득에서 매우 큰 부분을 차지하고 있어서 소비자가 소비를 줄이고 저축을 늘리게 되면 경제에 엄청난 문제가 발생한다"고 말한다. 아마도 그렇게 말하는 것은 바로 그들이 '케인지언'의 생각에 동의하고 있기 때문일 것이다. 그들은 "민간의 소비가 줄어들 기미가 있으면 정부가 거두어들일 세금보다 더 많이 쓰는 적자재정을 감행해서라도 재정지출을 늘려 줄어든 소비를 벌충해주어야 한다"고 말한다.

이런 생각의 바탕에는 소위 '저축의 역설'에 대한 확고한 믿음이 있다. 예컨대 최종생산물에 대한 소비가 100에서 80으로 줄어들고 20만큼의 저축이 더 늘어난다면 어떤 일이 벌어질까? '저축의 역설'을 주장하는 사람들은 최종소비를 위해 지출할 여력이 줄어들었기 때문에 비록 20만큼 더 투자해서 생산을 늘릴 수 있겠지만, 늘어난 상품을 모두 팔 수 없게 되어 경제가 파탄에 이르는 역설이 발생한다고 봤다.

사람들이 저축을 20만큼 늘리고 소비가 그만큼 줄어들면, 자신의 상품에 대한 수요의 감소에 직면한 기업가는 투자와 고용을 줄이지 않겠는가? 만성적인 과소소비가 경제를 파탄으로 이끈다는 이런 두려움은 케인스 이전에도 '과소(寡少)소비설(underconsumption theory)'로 불리던 오래된 것이다. 과소소비설은 이렇게 묻는다. "소비가 줄어들었는데 어떻게 생산재에 대한 투자 증대가 이윤이 남는 일이 될 수 있는가?"

다른 한편에서는 정부가 선거철 표를 얻기 위해 선심성 '퍼주기' 재정지출을 하면 베네수엘라처럼 경제가 '폭망'한다는 우려도 비등한다. 만약 베네수엘라처럼 정부가 선심성 복지정책을 써서 적자재정정책을 과감하게 펼쳐 사람들에게 더 많이 나눠줄 경우, '저축의 역설'론은 그 결과를 어떻게 전망하는가? 과소소비설에 따르면, 최종소비재에 대한 수요가 늘어나고 그런 수요 증가에 대응해서 기업가들이 투자와 고용을 늘릴 것으로 전망할 것이다. 그런데 현실은 어떤가? 그런 전망과는 정반대로 베네수엘라 국민은 식료품을 구하지 못해 굶주리고 있다고 하지 않는가?[12)]

'저축의 역설'을 주장하는 적자재정론자들은 베네수엘라에서 일어난 현상을 설명하기 어렵겠지만, '저축의 역설'을 믿지 않는 경제학자들은 자본을 축적하기는커녕 자본을 소비할 때 베네수엘라와 같은 현상이 일어나는 것을 쉽게 설명한다. 베네수엘라 정부의 선심성 지출은 결국 세금을 통해 조달할 수밖에 없다. 인플레이션을 통해 국민의 실질적인 구매력을 낮춘 '인플레이션 조세'도 일종의 조세라고 볼 수 있다. 그런 세금은 민간이 저축할 여력을 없앤다. 결국 정부의 '비생산적' 적자재정지출이 민간투자를 이끌어내는 마중물이기는커녕 그나마 존재하던 민간 투자재원의 저수지를 세금을 통해 말려버렸기 때문에 경제성장은 고사하고 경제적 고난이 닥쳤다고 설명할 수 있다.

'저축의 역설'과 관련된 우려 자체는 훌륭한 질문으로 볼 수 있다. 그러나 이미 이 질문에 훌륭하게 대답하고 있는 훌륭한 저서들이 있다. 대표적으로 개리슨(Garrison)과 같은 오스트리아학파 경제학자가 현재의 거시경제학의 그래프들에 익숙한 경제학도들도 쉽게 이해할 수 있게 저술한 책 『시간과 화폐(Time and Money)』가 있다. 그러나 안타깝게도 제법 이름이 알려진 국내 경제학자들조차 그런 책의 존재나 책의 내용을 잘 파악하지 못하고 있다.[13)]

12) 현재 베네수엘라의 상황에 대한 비판적 검토는 다음 글 참조. Tho Bishop (2019), "사회주의 베네수엘라, 아사(餓死) 지경의 빈자들과 성찬 즐기는 권력자들", 『미제스와이어』.

13) Garrison (2001), *Time and Money*, Routledge.

4.
저축이 경제성장으로 이어지는 과정

1) 거시경제학의 질문: 조정의 문제

사실 거시경제학은 어떻게 보면 소비자의 계획, 기업가의 계획 등이 시간의 경과 속에서 서로 양립할 수 있는 방향으로 조정될 수 있는가에 대한 연구라고 볼 수 있다. 하이에크는 이를 '조정의 문제(coordination problem)'라고 불렀다. 오스트리아학파는 시장경제에서 늘어난 저축이 발생할 경우 우려에도 불구하고 이런 '조정의 문제'가 어떻게 풀리는지 설명하고 있다.[14)]

오스트리아학파가 설명한 핵심은 늘어난 저축 20이 그 경제에서 사라지는 게 아니라는 데 있다. 늘어난 저축이 자본시장에 들어오면 이자율이 낮아져 기존 투자뿐만 아니라 투자의 최종 결실까지 시간이 더 걸리는 기술이 시도되거나 더 모험적인 투자도 해볼 만해진다. 조금 더 복잡하지만 약간 단순화시켜 말하자면, 저축의 증가가 투자재원이 되어 투자가 늘어난

14) 앞에서 인용한 개리슨(Garrison)의 책을 바탕으로 오스트리아학파의 경기변동론을 소개한 논문으로는 다음을 참조. 김이석(2012),「오스트리아학파의 경기변동론과 통화정책적 시사점」,『제도와 경제』.

다. 이런 투자로 인해 최종소비재가 더 많이 생산된다. 저축으로 소득이 늘어난 소비자는 더 많이 생산된 소비재들을 소비한다. 그것이 경제성장의 과정이다.

2) 오스트리아학파의 설명[15)]

이 점을 편의상 '휘발유 소비자'에 국한해서 그래프를 동원하지 않은 채 설명하면 다음과 같다. 우선 확립되어야 할 사실은 사람들이 '시간선호(time preference)'를 가지고 있다는 것이다. 사과와 배 중에서도 더 좋아하는 것이 있듯이 사람들은 서로 다른 시점에 대해서도 선호를 가지고 있다. 목적-수단이라는 틀에서 볼 때, 수단의 채택과 목적의 달성 사이에는 항상 시간의 경과라는 요소가 놓여 있다. 사람들은 다른 조건들이 동일하다면 그렇지 않은 수단에 비해 더 빨리 목적을 달성해주는 수단을 선호한다.

생산도 시간이 걸린다. 그래서 100개의 빵 생산에 12시간과 24시간 걸리는 방법이 있다면, 더 빠른 시간 안에 100개의 빵을 얻는 12시간의 방법이 선호된다. 더 오래 시간이 걸리는 생산방법은 더 많은 생산으로 보상될 때만 시도된다. 이를 소비자에게 적용하면, 사람들은 지금 1천만 원을 3년 후 1천만 원보다 선호한다. 그래서 사람들은 3년 후 1천만 원에 이자까지 얹어주어야 비로소 현재의 1천만 원을 포기하고 저축을 한다. 이자율은 현재소비를 줄이고 저축(즉, 미래소비)을 유인하는 가격이다.

이제 과소소비설을 믿는 사람들이 가장 우려할 상황을 가정해보자. 즉, 사람들의 시간선호, 즉 미래소비에 비해 현재소비를 중시하는 정도가

---

15) 이 부분은 김이석의 앞의 논문 중 II절의 "1. 생산의 시간(자본)구조와 하이에키언 삼각형" 부분을 매우 축약적으로 인용 · 설명한 것이다. 더 자세한 내용은 앞의 논문, 87-94쪽 참조.

낮아졌다고 해보자. 이들의 현재에 대한 시간선호가 하락했으므로 예를 들어 예전에는 하루 2리터의 휘발유를 소비하다가 현재소비를 하루 1.5리터로 줄인다. 사람들이 저축한 하루 0.5리터에 해당하는 만큼의 자금이 대부시장으로 공급된다. 사람들의 시간선호의 변화로 인해 대부자금의 공급이 증가한다. 대부자금에 대한 수요곡선이 변하지 않은 상태에서 사람들의 시간선호가 변화했으므로 대부시장의 균형이자율은 낮아진다.

더 낮아진 새로운 균형이자율에서 더 많아진 투자자금이 최종소비재 생산단계보다 더 이전 단계들로 투입된다. 대부시장의 새로운 균형이자율에서 투자자들의 자금은 소비자/저축자의 시간선호에 따른 저축으로 충당된다.

이제 원유를 정제한 휘발유가 주유소에서 소비자에게 공급된다고 해보자. 원유를 채취하여 휘발유가 주유소에서 소비자를 맞는 것은 원유에서 휘발유를 생산하는 과정으로 볼 수 있고, 당연히 많은 시간이 걸린다. 그런데 대부시장의 이자율이 하락하면, 유전개발 등 주유소의 휘발유에서 더 멀리 떨어진 생산과정에 자원을 투입하는 것을 상대적으로 더 유리하게 만든다. 그 결과 종전에 비해 그 사회의 휘발유 생산능력이 종전보다 더 커지는데, 예컨대 1인당 하루 2.5리터 소비를 충당할 수 있을 정도가 된다.

종합하자면, 사람들의 시간선호의 변화로 저축이 늘어나고 이것이 투자된 결과 휘발유 생산능력과 휘발유의 미래소비는 2.5리터로 높아진다. 이런 변화는 실제 저축이 투자를 뒷받침해주었기 때문에 지속 가능하다. 소비의 감소를 통해 확보한 자원들을 더 큰 휘발유 생산능력을 위해 투자할 수 있었기 때문이다. 이것이 개리슨이 그래프로 표현한, 뵘바베르크에서 시작된 오스트리아학파의 시간개념이 포함된 생산이론이며 경제성장이론이다.

3) 현재소비를 늘리고도 미래소비를 줄이지 않을 수 있을까

오스트리아학파의 이런 관점에서 현재의 소비를 늘려 성장을 도모하려고 하는 것은 마치 케이크를 먹으면서 동시에 남아 있기를 바라는 것과 다를 바 없다. 현재의 저축은 최종적으로 미래의 소비를 위한 것이다. 현재의 소비를 늘리면 그 대가로 미래의 소비는 감소시키지 않을 수 없다. 그런데 '저축의 역설' 주창자들은 그 점을 무시하고 소비가 미덕이라고 치켜세운다. 심지어 정부가 빚을 내서라도 돈을 뿌려 민간의 최종소비를 늘리는 게 '오묘한' 경제처방이라고 생각한다. 그렇지 않다는 게 오스트리아학파의 생각이다.

그래서 오스트리아학파는 실제로 투자재원을 늘려나가는 것이 경제성장에 필수라고 본다. 그런 자본의 축적을 방해하는 모든 정책은 경제성장을 도모하기는커녕 오히려 저해하는 주범이라고 본다. 그래서 오스트리아학파는 실제로 저축이 늘어나지 않았음에도 정부가 인위적인 불환지폐를 더 발행해서 이 자금이 대부시장으로 흘러들어가 화폐이자율을 낮추는 정책에도 반대한다.

그렇게 할 때 대부시장의 이자율 하락으로 일시적으로는 붐을 일으킬지 모르지만, 이런 붐은 저축에 기반을 두는 것이 아니기 때문에 마침내는 터질 운명을 지닌 '거품'을 만들어낸다고 보기 때문이다. 이렇게 거품을 발생시켜 겉보기의 붐을 일으키고 마침내 그 거품이 터져서 경기침체가 발생하는 과정을 설명하는 것이 오스트리아학파의 경기변동이론이다.

두 가지 이론 중 어느 것이 논리적이며 현실에 부합하는가에 대해 올바르게 판단해야 한다. 그렇지 못하면 민간의 자본축적이 가능한 정책들을 버리고 심지어 세금을 풀어서라도 소비를 부추기는 정책들이 선택될 것이다. 그 결과 우리나라도 베네수엘라행 열차를 타게 될 것이다.

5.
후버 대통령의 유사 '소득주도성장론' 실험과 실패[16)]

소득주도성장론과 유사한 생각이 실제로 정책실험으로 채택된 적이 있다. 바로 후버 미국 대통령이 재직하던 대공황기다. 많은 사람들은 후버 대통령이 당시의 경제위기에 대응하지 않고 자유방임정책을 펼치다가 그의 뒤를 이어 1933년 취임한 프랭클린 D. 루스벨트 대통령이 소위 '뉴딜정책'을 통해 대공황을 극복했다고 배웠을 것이다. 혹은 좀 더 들은 사람들은 결국 제2차 세계대전으로 인해 대공황이 끝났다고 배웠을 것이다.

사실은 이와 달랐다. 후버 대통령은 크게 4단계 정책을 펼쳤는데, 모두 자유방임정책과는 거리가 먼 정부의 적극적인 개입정책들이었다. 그중 1단계가 임금인상, 2단계가 국제교역의 마비, 3단계가 세금으로 소비하기, 마지막 4단계가 '작은 뉴딜정책'이었다. 그런데 이 4단계 정책들은 하나같이 종전에는 2년 안에 끝났던 공황을 악화시켜 대공황으로 장기화하여 악

16) 이 부분은 로버트 머피가 쓴 책, 『대공황과 뉴딜정책 바로 알기』(비봉출판사, 2016)를 참고해서 쓴 다음의 두 졸고를 주로 인용했다. "새 정부 정책과 닮은 후버 대통령의 경제정책"(아시아투데이, 2017) 그리고 "반면교사로 삼아야 할 후버 대통령"(아시아투데이, 2014)

화시킨 주범이라는 평가를 받는다.[17]

1) 임금인상

1단계의 임금인상 혹은 '임금지지정책'이 바로 소득주도성장론과 매우 흡사하다. 후버는 "기업은 통상적으로 불경기가 오면 제품가격을 인하하여 대처하는데, 이런 제품가격의 인하에 맞추어 임금을 삭감하거나 종업원을 해고하는 방식으로 생산원가를 줄이려고 한다"고 보았다.

그렇지만 이렇게 근로자의 허리띠를 졸라매도록 하는 것은 자멸행위라는 게 그의 생각이었다. 그는 이렇게 말했다. 그것이 자멸적인 이유는 "기업이 판매하려고 하는 제품을 구매하기 위해 돈을 쓰는 것은 결국 근로자들이기 때문이다. … 기업은 임금을 삭감함으로써 … 고객 기반을 줄이고 기업의 제품과 노동의 수요를 삭감시키는 것이다."[18]

후버는 1929년의 증시폭락 이후 그해 11월부터 백악관으로 기업가들을 초청하여 자주 회합을 열어 기업가들로부터 임금과 고용 그리고 투자지출을 유지하겠다는 약속을 받아냈다. 그는 불황이 기본적으로 과소소비 때문이며, 노동자들에게 재화를 되살 수 있도록 월급봉투에 돈을 두둑이 넣어주어야 한다고 생각했다. 기업가들이 불황이어서 물건이 잘 팔리지 않는다고 임금을 낮춘다면, 이는 자신의 물건을 사줄 구매력을 낮추는 '나무만 보고 숲을 보지 못하는' 어리석은 행위라는 게 그의 생각이었다.

혹시 후버의 과소소비설이 그럴듯하게 여겨진다면, 이렇게 반문해보

---

17) 이에 대한 자세한 설명은 머피의 앞의 책 가운데 2장 "큰 정부 — 후버 대통령이 대공황을 더욱 악화시켰다"를 참고하기 바란다.

18) 머피, 앞의 책, 46-48쪽.

기 바란다. 내가 기업가라면 임금을 어디까지 줄 수 있는가? 그 사람을 고용해서 내가 얻게 되는 수입보다 더 많은 임금을 그에게 줄 수 있는가? 높은 생산성이 높은 임금을 가능하게 하는 것인가, 아니면 반대로 높은 임금이 높은 생산성을 가능하게 하는 것인가?

후버의 '회고록'에 따르면, 1929년 뉴욕증시가 붕괴하자 연방정부 안에는 재무장관 멜론을 중심으로 한 '자연치유파'와 자신을 중심으로 한 '개입파'로 갈렸지만, 개입파가 정책을 주도하게 되었다고 한다. 앞에서 말했듯이 그는 기업가들과 은행가들을 모아놓고 과소소비가 경기침체의 원인이므로 임금을 유지하도록 요구했고, 기업가들은 그렇게 하겠다고 약속했으며, 심지어 헨리 포드는 임금을 올리겠다고 약속했다.

노동조합의 기관지인 「아메리칸 페더럴리스트」는 1930년 1월 1일자 기사에서 "후버 대통령의 회합이 산업지도자들에게 새로운 책임감을 불어넣었다"면서 이를 크게 환영했다. 후버 대통령은 기업가들과 은행가들을 설득하는 데 성공했다. 그렇지만 과연 그가 노동자들에게 좋은 선물을 한 것일까? 경제학자 베더(Vedder)와 갤러웨이(Gallaway)는 '아니오!'라고 대답한다.

> 1920~1922년의 불황기에 1년 동안 임금이 20% 하락했지만, 실업률도 빠르게 감소해 정상화됐다. 1921년 11.7%였던 실업률이 다음 해 6.7%로 하락하고 1923년에는 2.3%로 정상화되었다. 이에 비해 후버 집권기인 1931년 물가가 8.8% 하락했지만 화폐임금은 3% 증가했다. 노동자 1인당 생산성은 줄었는데 실질임금은 높아졌다. 실업률은 1931년 15%를 넘어섰으며, 1933년 3월에는 4명 중 적어도 1명이 실업 상태가 되었다.[19]

19) Vedder & Gallaway (1993), *Out of Work* (Independent Institute), p. 81.

이들의 분석에 따르면, 후버의 임금지지정책이야말로 경기침체를 장기화시켜 대공황으로 가게 만든 주범이었다.

앞에서 설명했듯이 후버는 공황 중에 기업과 고용주들에게 임금을 유지하라고 주문한 것이 노동자들에게 도움이 될 것이라고 생각했다. 그렇지만 인위적인 고임금은 1929년 공황을 버텨내지 못한 기업에서 해고된 근로자들이 생산적인 분야로 다시 진입할 수 없도록 만들었을 뿐이다. 경기침체는 통상 1~2년, 길어도 5년 후에는 회복되었지만 후버의 임금인상정책은 1929년의 주식시장 폭락으로 드러난 경기침체가 '대공황'으로 장기화하게 만든 중요한 요인이었다.

한마디로 고임금은 경제가 번영하고 있다는 징표일 수 있지만, 고임금을 줘서 경제를 번영하게 할 수는 없다. 후버는 이 점을 명확하게 깨닫지 못했다. 만약 정말 고임금을 줘서 경제를 성장(번영)하게 할 수만 있다면, 왜 성장하지 못하는 나라가 있는지 의아할 수밖에 없을 것이다. 그리고 왜 시간당 1만 원까지만 인상하는가? 시간당 10만 원으로 인상하지 않을 이유가 있는가? 결국 한계생산성을 넘는 임금의 지급은 그 기업(특히 한계기업)이 시장에서 생존하지 못하게 할 것이기 때문에 그런 게 아닌가?

2) 후버의 여타 정책들

후버는 1930년 악명 높은 '스무트 홀리' 관세법에 서명함으로써 2단계 정책, 즉 국제교역을 마비시키는 실책을 범했다. 사실 이 관세법도 기본적으로는 농산물의 수입관세를 높여 미국 농가를 외국의 수입농산물로부터 보호함으로써 농민들의 소득을 유지시켜주려는 의도에서 비롯되었다. 농가소득이 유지되어야 재화에 대한 수요가 창출될 것이라고 봤기 때문이다.

이것이 여타 국가들의 보복관세를 낳았고, 결국 미국의 수출을 3분의 1로 감축시켰다는 것은 잘 알려진 사실이다[70억 달러(1929) → 25억 달러(1932)].

후버는 또한 1932년까지 전례가 없는 과감한 적자재정정책을 실시했으며, '리틀 뉴딜'로 불리는 후버댐 공사 등 여러 공공사업들을 펼쳤다. 이런 정책에도 불구하고 실업률이 20%를 넘어서자 후버는 적자재정정책을 중지했을 뿐이다. 그런데도 마치 후버가 균형재정을 유지했기 때문에 경제 상황이 나빠진 것처럼 호도해서는 안 될 것이다. 지금 우리 정부도 성장률을 상회하는 과감한 (적자)재정지출을 하겠다고 하고 있고, 후버댐 같은 공공사업은 아니지만 그 대신 과감한 복지지출로 소득주도성장을 하겠다고 공언하고 있다.

후버 대통령 임기 초 뉴욕증시의 주가가 폭락하는 사태를 맞이했지만, 그의 임기 말인 1933년에는 실업률이 무려 25%에 달할 정도로 경제는 더 망가졌다. 일자리를 구하려는 4명 가운데 1명이 실업 상태였기 때문이다. 결론적으로 후버의 정책은 처참하게 실패했다. 정책의 발상과 내용 측면에서 현 정부의 정책은 후버의 정책과 유사한 점들이 너무나 많다. 후버의 실패를 답습하지 않기 위해서라도 우리 정부가 후버 당시의 정책들을 면밀하게 검토해서 반면교사로 삼아야 할 것이다.

6.
결론: 치명적 자만

임금을 한계생산성보다 더 많이 주도록 강제할 경우, 한계기업들은 시장에서 존속할 수 없게 된다. 당연히 이런 한계기업에 고용됐던 인력들도 일자리를 잃는다. 이것이 경제학원론에서 '비자발적 실업'이라고 부르는 현상이다.[20)]

우리는 벌써 급격한 최저임금 인상 이후 청년들의 신규취업이 절벽 상태가 되었다는 소식을 듣고 있다. 앞의 경제학원론의 설명이 타당하다는 경험적 증거다. 그런데 이에 대한 시비를 가리는 논의들은 생략된 채 소득주도성장론을 바탕으로 한 정책들이 추진되었다. 이처럼 인위적인 임금상승이 성장을 주도하기는커녕 일자리를 파괴한다는 경험적 증거들이 나오고 있지만, 정부는 종전의 정책기조를 버리지 않겠다고 하고 있다.

"소득주도성장론은 무엇인가?" 결론적으로 소득주도성장론이란 "재

20) 한때 최저임금을 올리더라도 실업을 야기하지 않는다는 주장이 나오기도 했지만, 통계적 처리 과정에서의 실수로 밝혀지고 있다. 최저임금을 올린 후 문을 닫은 곳도 있고, 따라서 이런 문을 닫은 곳에서 고용하던 인력들이 실업 상태가 됐지만, 살아남은 곳들의 고용상황만 비교해서 잘못된 결론을 내린 것이다.

분배를 성장의 수단으로까지 등극시킨 재분배 중시 경제학자들의 비현실적 주장"이다.

(포스트) 케인지언들은 보통 소비와 저축을 나누어 소비와 저축을 대비시키고 '저축의 역설'을 말하지만, 사실 저축은 당장 소비하기보다는 미래에 소비하겠다는 의미를 담고 있다. 그래서 저축은 미래의 생산을 늘리는 재원이다. 또한 저축은 더 많아진 소득으로 미래에 더 많은 소비를 하기 위한 재원이다. 그런데 미래의 소비를 상징하는 현재(와 미래)의 저축을 앞당겨써서 현재의 소비를 늘리는 것이 어떻게 성장으로 귀결될 수 있는지 이해하기 어렵다.

최근에는 경제성장과 경기부양을 혼동하거나 아예 구별하려고 하지 않는 경향도 있다. 그래서 일시적인 경기부양이 장기적인 경제성장으로 이어지기라도 하는 것처럼 주장하기도 한다.

경제학의 전통적 사고방식에 따르면, 저축이 투자의 재원이 되기 때문에 어떤 경제가 성장하기 위해서는 저축을 통한 재원 마련이 필수다. 비유적으로 말해서 물고기를 잡는데 잡은 물고기를 모두 소비하지 않고 일부 물고기를 저축해두고 소비하면서 그 시간 동안 그물을 짜면 더 많은 물고기를 잡을 수 있게 된다. 소득주도성장론은 이런 전통적 사고방식에 정면으로 도전하고 있다. 그러나 논리적으로, 또 경험적으로 잘못된 이론이라는 것이 이 글의 결론이다.

사실 시장에서의 결과에 만족하지 못하는 사람들이 흔히 빠져드는 오류 가운데 하나가 지시나 명령으로 이를 쉽게 더 좋은 방향으로 수정할 수 있다는 생각이다.[21)] 시장의 결과에 불만이지만 시장의 작동원리에는 눈뜨지 못한 정치인들과 지식인들에게서 그런 생각이 흔히 발견된다. 하이에크

---

21) 이 부분은 다음의 졸고에서 인용했다. 김이석, "'치명적 자만'의 질긴 생명력", 『자유경제에세이』, 한국하이에크소사이어티, 2018. 10. 28.

는 이런 생각을 '치명적 자만(fatal conceit)'이라고 부르고 자신의 책 제목으로 삼기도 했다. 한국에서도 이런 '치명적 자만' 현상이 가끔씩 목격되지만, 현 정부가 출범하면서 부쩍 심해지고 있는 것 같다.

최저임금을 시장에서 주는 수준보다 더 많이 주도록 '규제'하는 최저임금의 급격한 인상을 통해 경제성장을 이룰 수 있다고 생각하는 것도 일종의 치명적 자만이다. 경제정책을 맡은 고위공직자들이 스스로 자신은 그런 치명적 자만에 빠져 있지 않았는지 성찰해볼 수 있는 '비정규직 제로' 규제를 하나의 사례로 제시하면서 이 글을 마치고자 한다.

치명적 자만의 사례는 여러 분야에서 찾아볼 수 있지만, "비정규직을 제로로 만들라"는 지시는 과거 구소련에서 병원들에 목표 회생률 달성을 지시한 사례를 연상시킨다. 이런 지시를 내린 것은 물론 정규직보다 못한 대우를 받는 '비정규직이 존재하는 시장의 현실'을 바꾸겠다는 생각에서다. 비정규직이 존재하는 이유가 주로 고용자들의 '탐욕' 때문이므로 이런 '탐욕'을 '강제'로 억제하면 비정규직도 없어질 것이라는 생각이 깔려 있다.

그러나 이런 생각은 구체적 사례를 성찰해보지 않은 결과다. 예를 들어 구소련에서 중앙계획 당국이 병원들에 대해 회생률 목표 달성을 지시하고, 그렇지 못하면 처벌한 적이 있었다. 만약 그때 무슨 일이 벌어졌는지를 알고 있었더라면 '치명적 자만'에 빠져 그런 지시를 내리지는 않았을 것이다.

구소련에서 사회주의 중앙계획 당국이 각 병원들에 환자 회생률 목표를 종전보다 높여서 하달했다. 실제로 각 병원의 '통계'상 회생률이 제고됐다. 그렇지만 그렇게 된 이유는 너무나 불합리했다. 병원에서 종전보다 성공적인 치료를 더 많이 해서가 아니었다. 병원들이 회생 가능성이 낮지만 의사의 손길이 더 필요한 중환자들을 거부하고 회생 가능성이 높은 건강한 사람들만 받아들여 진료했기 때문이다. 즉 과거 사회주의 체제 아래의 구소련에서 환자의 회생률 제고 명령이 공식적 회생률을 높였다고 알려졌지만, 실제로는 중환자들을 병원 밖으로 내몬 결과였다.

죽을병에 걸린 노인들은 통증 완화제조차 쉽게 얻지 못했다. 오죽했으면 구소련에서 이를 체험한 말체프는 "병원 밖에서 통증을 이기지 못한 채 죽고 싶다면 사회주의 계획경제 아래에 있던 구소련 같은 의료제도를 지지하라"고 했겠는가. 구소련 사회주의 중앙계획 당국이 치료가 시급한 중환자일수록 병원 밖으로 추방될 것을 예상하면서 회생률 목표를 병원에 하달하지는 않았을 것이다. 명령을 하고 잘 지키지 않으면 엄중한 처벌로 다스리면 만사가 다 잘될 것이라고 여기는 '치명적 자만'이 문제였다.

물론 이 일은 구소련이 몰락하기 전에 있었던 이야기다. 그러나 비슷한 이야기가 한국에서 재현되는 것 같다. 서울시 산하 서울연구원이 '비정규직 제로' 지시에 따라 비정규직을 정규직으로 전환하는 과정에서 정규직이 되지 못한 연구원 50여 명이 일자리를 잃은 사례도 고용을 안정시키려는 목적으로 시행한 정책이 오히려 일자리를 잃게 만드는 결과를 보여준다. 회생 목표율 하달만큼 극적이지는 않지만, 하이에크가 말한 '치명적 자만'이 의도와는 다른 엉뚱한 결과를 빚어냈다는 점은 마찬가지다.

익명을 원한 서울시 관계자는 이렇게 말했다고 한다. "서울시 산하 기관의 비정규직이 100% 정규직으로 전환된 것으로 알려져 있지만, 실상은 비정규직 '0'이라는 수치를 맞추기 위해 정규직이 안 된 이들을 밖으로 내몰고 있다." 즉, 정규직보다 일자리가 더 절실했을 이들이 정부가 명령한 비정규직 '0' 달성을 위해 연구원 밖으로 쫓겨난 것이다. 구소련 정치인과 지식인의 '치명적 자만'이 다시 지금의 한국으로 시간과 장소를 옮겨 나타난 것은 아닌지 잘 성찰해봤으면 좋겠다.

참고문헌

국내문헌

김이석(2012). "오스트리아학파의 경기변동론과 통화정책적 시사점". 『제도와 경제』 제6권 제1호: 83-123.

______(2014). 『시장경제원론』. 프리이코노미스쿨.

김이석. "저축의 역설과 선심성 예산". 『아시아투데이』. 2019. 5. 6, 31면.

______. "새 정부 정책과 닮은 후버 대통령의 경제정책". 『아시아투데이』. 2017. 7. 31, 31면.

______. "반면교사로 삼아야 할 후버 대통령". 『아시아투데이』. 2014. 8. 4, 31면.

______. "'치명적 자만'의 질긴 생명력", 『자유경제에세이』, 한국하이에크소사이어티, 2018. 10. 28.

랜들 G. 홀콤, 황수연 역(2016). 『기업가정신과 경제적 진보』. 자유경제원.

머피, 로버트 P., 류광현 옮김(2016). 『대공황과 뉴딜정책 바로 알기』. 비봉출판사.

이승모(2016). "불황이론의 토대로서 세이법칙의 재조명". 『제도와 경제』 제10권 제2호: 131-160.

국외문헌

Garrison Roger (2001). *Time and Money: The Macroeconomics of Capital Structure*. Routledge.

Tho Bishop, 김이석 역. "사회주의 베네수엘라, 아사(餓死) 지경의 빈자들과 성찬 즐기는 권력자들". 『한국미제스와이어』. 2018. 9. 24. 〈https://mises.org/ko/wire/사회주의_베네수엘라_아사餓死_지경의_빈자들과_성찬_즐기는_권력자들〉

Vedder, Richard K. & Lowell E. Gallaway (1993). *Out of Work: Unemployment and Government in Twentieth-Century America*. Oakland, Calf.: The Independent Institute.

5장

김상철

경제민주화는 어떻게 한국 사회를 포획하였는가?: 독일과 비교한 한국의 경제민주화, 알박기에서 리바이어던으로*

* 이 글은 『질서경제저널』 제22권 1호(2019년 3월)에 게재되었던 「경제민주주의 사상과 제도화에 관한 한국과 독일의 비교연구: 새로운 경제질서의 모색을 위하여」에서 일부 발췌하여 수정 보완한 것임을 밝힘.

1.
서론

1987년 개정된 제6공화국 헌법 제119조 2항에 '경제민주화' 조항이 도입된 이후 '경제민주화'는 한국 사회에서 시민권을 획득했고, 그 후 정치 · 경제적 영향력을 지속적으로 확대했다. '경제민주화'는 주로 좌파진영에서 논의되었으나, 지난 2012년 대선을 계기로 일부 우파진영에서 이를 수용하여 한국 사회의 핵심 쟁점으로 등장했다. 또한, 조기 대선으로 등장한 문재인 정부는 '경제민주화'를 넘어서는 '경제민주주의'라는 화두를 국정과제로 제시했고, 재벌개혁을 넘어 초과이익공유제를 포함한 광범위한 규제정책이 경제민주화 관련 정책으로 추진되고 있다.

이러한 변화를 문재인 정부의 초대 공정거래위원장인 김상조는 "한국 사회의 시대정신"으로 표현했고(김상조, 2012), 정일준은 "학계의 위기 담론, 시민사회의 비판 담론에 머물던 경제민주화가 대선국면에서 권력 담론으로 부상"했다고 평가했다(정일준, 2013: 270).

하지만 이렇게 권력으로까지 부상한 '경제민주화' 혹은 '경제민주주의'가 한국에서 전개된 과정은 개념의 오류와 왜곡으로 점철되어 있다. 1987년 '경제민주화' 조항이 개념 정립도 없이 헌법에 '알박기'로 삽입된 후 30년이 지났지만, 체계적인 경제민주주의의 개념은 여전히 정립하지 못했다. 이러한 상태에서 경제민주화는 좌파진영에 의해 자의적으로 해석되었고, 기업의 경쟁력을 훼손하고 성장동력을 저해하는 많은 반시장적 규제 정책들이 '경제민주화'라는 이름으로 경쟁적으로 입법화되었다. 이와 더불어 경제민주화로 경제 불황과 사회 양극화를 비롯한 각종 사회문제가 해결되고 사회정의가 실현될 수 있다는 환상이 대한민국 사회에 유포되었다.

이 글의 목적은 한국에서의 경제민주화 개념의 비체계성과 경제민주화에 관한 논의의 오류와 왜곡, 그 결과 경제민주화가 '리바이어던'이 되어 한국 사회를 포획하는 과정을 규명하는 것이다.

이를 위해 우선, 독일의 경제민주주의 개념의 발전과 제도화 과정을 살펴보았다. 그리고 독일의 경험과 비교하여 한국에서 경제민주화 개념이 어떻게 이해되고 발전되었는가를 추적했다. 이를 통해 우리나라에서 독일과 서구의 경제민주주의 개념, 역사적 경험 및 최근의 논의가 제대로 정리되어 소개되지 못했음을 확인했다. 이와 함께 독일의 경제민주주의 개념은 왜곡되어 소개되기도 했다. 특히 독일에서 혁명적 사민주의 전통에서 출발한 경제민주주의와 질서자유주의의 철학적 기반 위에 설계된 사회적 시장경제가 밀접한 관계가 있다고 주장한 김종인은 경제민주화 논의가 왜곡되는 결정적 역할을 했다. 이러한 결과로 한국에서 경제민주화 논의는 학문의 장을 벗어나 정치적 동원의 보조 수단으로 기능하게 되었다.

다음으로는 헌법학계의 경제질서 규정에도 문제가 있고, 헌법학계에서 경제질서와 경제민주화와의 관계도 잘못 해석되고 있음을 규명했다. 이를 통해 경제민주화는 시대정신이 아닌 시대착오의 산물임을 분명히 했다. 헌법재판소와 다수의 헌법학자들이 사회적 시장경제를 우리나라 현행 헌법의 경제질서로 규정하고 있는바, 이는 '사회적 시장경제'라는 독일의 개념을 이론적 · 역사적 맥락의 고려 없이 해석한 오류다. 또한, 경제민주주의가 사회적 시장경제를 구체화한 것이라는 주장은 정반대의 이념이 헌법적 가치로 공존하게 되는 모순임을 지적했다. 이는 사회적 시장경제와 경제민주주의가 상반된 개념이라는 기초적 사실도 파악하지 못한, 김종인이 범한 것과 유사한 오류다.

이와 함께 한국 경제의 질서를 훼손하는 장본인이 누구인가를 따져보았다. 경제민주화를 추구하는 진영은 한국 경제 만악(萬惡)의 근원이 '재벌'이라는 전제를 공유하고 있다. 하지만 한국의 경제생태계를 교란하는 지대추구세력, 약탈세력은 거대한 공기업과 국가의 독점행정, 조직된 노조, 국제투기자본이다. 한편으로는 한국의 경제민주화론자들의 집요한 재벌개혁 주장은 사회주의 이행을 위한 경제영역의 '진지전' 개념으로 파악할 수 있음도 밝혔다.

이 연구는 결론으로 반시장적 규제정책을 남발하는 기반이 되었고, 정치적 동원과 편 가르기를 위한 이데올로기로 작용하여 자유시장경제를 훼손하고 대한민국을 혼란에 빠뜨린 헌법의 경제민주화 조항은 철폐되어야 함을 주장했다. 또한, 현행 헌법의 제119조에서 제127조 사이의 제9장 '경제' 조항도 삭제하는 것이 올바른 방향임을 밝혔다. 독일의 연방헌법재판소 소장인 파피어(Hans-Jürgen Papier) 박사가 밝힌 바와 같이, 독일의 기본법에서는 특정한 경제질서를 확정하지 않는다. 독일과 마찬가지로 대부분의 선진국은 특정한 경제질서를 헌법에 적시하지 않는다. 이는 특정 이념을 전 국민에게 강요하는 것이 불가능함과 동시에 자유 이념에도 위배되기 때문이다. 따라서 우리나라의 헌법에 사회주의적 이념인 경제민주화를 경제질서로 규정한 실수는 바로잡아야 할 것이다.

마지막에는 한국 사회의 올바른 경제질서를 정립하기 위한 시사점을 제시했다. 특히 식어버린 경제성장의 동력을 회복하기 위해 규제를 통한 정의 구현이 아니라 기업가정신의 고양이 필요함을 강조했다. 국가를 통한,

또는 국가 능력의 범위를 넘어서는 공공책임의 지속적인 확대는 효율성과 동태성을 해치는 것이므로 국가는 기업가와 소비자의 경제행위를 위한 제도적이고 법적인 원칙 조건을 형성하는 질서정책(Ordnungspolitik)에 개입의 범위를 한정해야 하며, 직접 시장에 개입하는 과정정책(Prozesspolitik)은 원칙적으로 삼가야 한다는 질서자유주의의 원칙에 주목해야 한다.

2. 독일 경제민주주의의 개념과 전개

1) 독일과 서구의 경제민주주의 개념

경제민주주의 개념은 독일을 중심으로 발전되어왔다. 독일에서 경제민주주의 개념은 힐퍼딩(Hilferding)의 '조직화된 자본주의'를 이론적 배경으로 나프탈리(Naphtali)가 주도한 공동작업에 의해 정립되었고, 1928년 함부르크의 일반독일노동조합총연맹(ADGB)대회에서 통과된 개념으로 사회주의 이행 프로그램으로 제안된 것이다(ADGB, 1928). 관리된 자본주의가 이미 사회주의적 요소를 가지고 있으므로 경제민주주의를 통해 사회주의로의 진화적이고 지속적인 이행이 가능하다는 것이다.

독일의 사회학 사전에서는 경제민주주의에 대해 "자본주의적 생산관계 내에서 민주적 의사결정 구조와 사회주의적 경제형태의 관철을 위한 용어[특히, 이미 국가소유인 경제영역의 확대, 공적인 이해와 직결되는 특정 기업 및 산업의 국가 인수, 초기업적 차원에서 경제계획의 확립, 광범위한 공동결정제(Mitbestimmung)를 통해]"라고 개념을 규정하면서, "1920년대의 사회민주주의와 노동조합의 이론적 논의에서 기원한 개념으로, 오늘날 전 사회정책적(gesellschaftspolitisch) 논의에서 공동결정제와 동의의로 사용된다"라고 했다(Fuchs-Heinritz u. a., 1994: 747). 한편, 위키피디아 독일어판은 경제민주주의를 "공동결정제와 경제질서정책과 과정정책에 대한 근로자의 참여와 그 조직, 혹은 민주적으로 정당화된 경제의 구성 및 조정을 프로그램화하는 사회 설계"로 규정하고 있다.[1)]

현재 독일에서 경제민주주의는 한스뵈클러재단(Hans-Böckler-Stiftung)의 경제와사회연구소(WSI) 슐텐(Thorsten Schulten) 교수가 주장하는 바와 같이 기업을 넘는 경제행위의 모든 차원에 대한 민주적 참여와 통제를 그 핵심으로 하는, 사회주의에 의존하지 않으며 사회적 시장경제의 이념을 뛰어넘는 개혁적 자본주의 비판 개념으로 인식되고 있다(Schulten, 2013).

하지만 2008년 국제적 금융위기를 계기로 "민주화는 노동과 노동의 생산물과 소유형태의 상품적 성격을 제한할 것을 요구한다. 경제민주주의는 전 사회적으로 결정되는 시장개입(Einbettung der Märkte)과 사회적 생활의 탈 상품화(Dekommodifizierung)와 함께 시작한다"(Negt, 2011: 9)라는 급진적인 주장도 다시 등장했다. 이와 유사하게 나프탈리의 전통을 고수하여 사회주의 이행과 관련하여 경제민주주의를 바라보는 베를린공과대학(TU Berlin) 교수인 데미로비치(Demirovich, 2012, 2018)와 좌파당의 플레네르(Plener, 2012, 2014) 같은 입장도 존재한다.

독일 외의 국가에서 경제민주주의 논의는 독일과 같은 역사적 맥락은 없지만 개별적인 차원에서 진행되었고, 이해관계자 자본주의 혹은 신자유주의의 대안 및 자본주의 비판이론으로 이해되고 있다.

위키피디아 영어판에서 "경제민주주의(economic democracy)는 기업경영자(corporate managers) 혹은 기업의 주주(corporate shareholders)에서 근로자, 소비자, 공급 업체, 이웃과 광범위한 공공을 포함한 더 많은 이해관계자 그룹으로

---

1) https://de.wikipedia.org/wiki/Wirtschaftsdemokratie#cite_note-1 (2018년 5월 5일 접속)

의사결정권(decision-making power)을 이동시킬 것을 제안하는 사회경제적 철학이다"라고 정의하고 있다.

비그포르스를 계승한 마이트너(Meidner)가 1976년 스웨덴 노총(LO) 총회에서 제안하여 통과된 '임노동자기금(wage-earner funds)'은 스웨덴식 경제민주주의로 노동자자주관리를 추구한 정책이었다(신정완, 2001; 이상훈, 2011). 체코의 경제학자인 오타 식(Ota Šik)은 '인본적 경제민주주의(Humanen Wirtschaftsdemokratie)'를 자본주의 시장경제와 사회주의 계획경제 사이의 제3의 길로 제시했다(Šik, 1979). 미국의 정치학자 달(Robert Dahl, 1985)은 정치적 민주주의를 달성하기 위한 조건으로 경제민주주의를 주장했다.

최근 2008~2009년의 세계적 금융위기와 함께 자본주의 혹은 신자유주의에 대한 대안으로 경제민주주의에 대한 논의가 활성화되고 있다. 미국 로욜라대학의 슈바이카르트(David Schweickart)는 『자본주의 이후』(2011)에서 '노동자 자치-경영', '투자의 사회적 통제', '상품과 서비스가 잘 규제된 시장' 같은 '시장사회주의(Market Socialism)'를 경제민주주의로 명명했다. 말레손(Tom Malleson, 2013)은 신자유주의에 대한 대안을 위한 21세기 좌파의 거대담론으로 경제민주주의를 설정했으며, 영국 LSE대학 하이먼(Richard Hyman, 2011, 2016) 교수는 경제민주주의의 새로운 등장과 그 핵심으로 작업장 민주주의의 가능성에 대해 검토했다. 스위스 사회민주당(SP)은 최근 사회적 기업과 기업경영 참여를 핵심으로 하는 경제민주주의를 당의 중심강령으로 채택했고(SP, 2013; 2016; 2017), 사민당의 이론가인 츠비키(Pascal Zwicky, 2013)는 사회적 유럽(Social Europe)을 위한 유럽 차원의 사회민주주의 전략으로서 경제민주주의를 추진했다.[2)]

이러한 서구의 경제민주주의 개념을 정리하면, 경제민주주의는 사민

---

2) 유럽 차원의 경제민주주의는 브레멘(Bremen)대학의 허프슈미트(Huffschmid) 교수

주의 혹은 혁명적 사회주의의 전통에서 출발한 것으로, 입장의 상이함이 존재함에도 동등한 권리원칙 혹은 공동결정을 주된 과제로 설정하는 노선과 소유권 원칙 혹은 자본주의 소유관계의 철폐를 주장하는 노선으로 구분할 수 있다(Sjöberg, 2006: 311; Bierbaum, 2018). 첫 번째 노선은 기업 의사결정에 노동자의 공동참여에서 출발하여 전 사회, 경제영역의 의사결정에 이해당사자가 참여하는 것이 경제민주주의의 핵심이라는 입장으로, 사회민주주의 혹은 전통적인 개량주의가 이에 해당한다. 이들은 기본적인 자본주의적 소유관계의 변화 없이도 제도와 법률을 통한 규제보다 인간적인 자본주의를 달성할 수 있다는 관점을 취한다. 두 번째로 좀 더 좌파적이고 사회주의적 노동운동의 노선은 경제의 민주적 통제, 노동자의 진정한 권력과 실질적 영향력 및 생산된 이익의 동등한 분배라는 경제민주주의에 도달하기 위해서는 생산수단과 자본의 사적 소유를 철폐하지 않고는 불가능하다는 입장이다.

이에 따라 사회주의로의 이행에 대한 전망도 차이를 보인다. 경제민주주의를 신자유주의의 대안으로 간주하는 것은 독일과 서구의 경제민주주의를 지지하는 그룹이 대부분 동의하는 사항이다. 다만 그 안에서 이행에 대한 전망은 상이하다고 할 수 있다. 일찍이 1959년 고데스베르크강령으로 마르크스주의 계급투쟁을 포기한 사회민주당(SPD)은 현재 경제민주주의 논의에 소극적인 상태다. 독일노동조합총연맹(DGB)은 경제민주주의의 확충을 주장하지만, 기본적으로 공동결정제가 전 사회적 영역으로 확대하는 것에 주력하고 사회주의의 이행에 대한 전망은 없다. 하지만 좌파당(Die Linke)과 좌파진영의 연구자들인 플레네르, 데미로비치 등은 1920년대 경제민주주의의 원조인 힐퍼딩이나 나프탈리와 같이 경제민주주의를 사회주의 이행 혹은 자본주의적 사적 소유의 철폐와 관련하여 이해하는 전통을 견지하고 있다. 특히 데미로비치(Alex Demirovich, 2012: 7-8)는 19세기 말의 전통적 사민주의의 실패, 20세기 현실 사회주의의 몰락이라는 두 차례 실패한 사회주의의 대안으로 경제민주주의가 민주적인 사회주의(demokratischen Sozialismus)를 가능하게 할 것이라 주장했다.

2) 독일 경제민주주의의 제도화 과정

독일의 경제민주주의는 베른슈타인과 힐퍼딩류의 수정주의 전통에 기반을 두고 설계되었으나, 제2차 세계대전 후 '공동결정제'라는 타협을 통해 제도화되어 오늘에 이르고 있다. 이러한 독일의 경제민주주의 역사는 대개 세 시기로 구분할 수 있다. 첫 번째 시기는 19세기 말부터 1920년대 말 나프탈리의 경제민주주의가 등장할 때까지다. 나프탈리는 경제민주화를 최초로 이론화하는 작업을 시도했고, 경제민주화를 사회주의로 이행하는 징검다리 역할로 개념 규정을 했으나, 실제로 그의 구상은 대부분 실현되지 못했다. 두 번째는 제2차 세계대전 후 독일에서 경제민주주의가 기독교민주당(CDU)의 1947년 아렌강령(Ahlener Programm) 및 1949년 뒤셀도르프 기본원칙(Düsseldorfer Leitsätze)과 독일노동조합총연맹(DGB)의 뮌헨 프로그램을 계기로 일부 수용되어 1951년 몬탄공동결정제(Montan-Mitbestimmungsgesetz)와 1976년 공동결정제의 법제화(Mitbestimmungsgesetz)로 정착하는 시기다. 세 번째는 1980~1990년대의 침체를 벗어나 최근 2008년 세계적인 금융위기를 계기로 독일노총(DGB), 금속노조(IG Metall), 좌파당(Die Linke)과 메모란덤-그룹[3]을 중심으로 경제민주주의에 관한 새로운 논의가 이루어지고 있는 시

3) 메모란덤-그룹(Memorandum-Gruppe)은 '대안적 경제정책을 위한 작업그룹(Arbeitsgruppe Alternative Wirtschaftspolitik)'이라고도 하며, 브레멘대학의 허프슈미트(Jörg Huffschmid)와 히켈(Rudolf Hickel)이 주도하여 1975년 창립했고, 경제학자와 노조 관계자들이 참여하여 재

기다.

여기에서는 나프탈리의 경제민주주의 개념에 대해서는 구체적으로 다루지 않는다. 하지만 나프탈리가 경제민주주의와 사회민주주의와의 관계를 명확하게 규정한 것에 주목할 필요가 있다. 그는 독일의 노동조합이 경제민주주의를 요구하는 것은 사회주의적 목표의 철폐 혹은 사회주의를 위한 대체(Ersatz)를 의미하는 것이 아니라 사회주의를 실현하는 사회주의 이념의 보완(Ergänzung)일 따름이라는 것을 명백하게 밝히고 있다. 사회주의와 경제민주주의는 최종목표로, 분리될 수 없이 상호 연결되어 있다는 것이다. "사회주의적 경제시스템이 없으면 완성된 경제민주주의는 없고, 사회주의 이념은 경제운영의 민주주의적 구축 없이는 실현될 수 없다(Naphtali, 1928: 10)." 나프탈리는 경제민주주의의 마지막 페이지에서 "경제민주주의의 개별적인 작은 진보는 동시에 미래의 거대한 이상세계를 실현하기 위한 주춧돌이다"라고 개별정책의 중요성을 강조했다(Naphtali, 1928: 182). 이러한 주장은 그람시(Antonio Gramsci)의 사회주의 이행전략인 '진지전(War of Position)' 개념과 맥락을 같이하는 것으로 평가할 수 있다.

나프탈리의 경제민주주의는 실현되지 못했고, 실현을 위한 노력은 1929~1932년의 경제 대공황과 그 후 등장한 나치에 의해 좌절되었다(Zehetmair, 2014: 138). 하지만 제2차 세계대전 후 등장한 독일노동조합총연맹(DGB)에 경제의 민주주의를 위해 계속 싸울 수 있는 유산을 남겼다고 평가되었다(Plener, 2014: 14-15). 한편, 나프탈리의 경제민주주의에 관한 프로그램은 최근의 경제 · 금융위기를 계기로 경제민주주의에 관한 논의가 활성

정정책, 노동과 복지 및 환경 등의 사회정책에 관한 대안의 경제정책을 제시하는 작업그룹이다. 히켈은 포스트 케인지언으로 볼 수 있으며, 허프슈미트는 정통 마르크시즘을 고수한 좌파 경제학자다. 2018년 현재 히켈(의장), 아드리안(Andrea Adrian, 제2 부대표), 트루스트(Axel Troost, 제1 부대표), 본트럽(Heinz-J. Bontrup), 슈루텐(Mechthild Schrooten) 등이 주축이 되어 활동하고 있다.

화되면서 자본주의 비판과 대안의 이론적 원천으로 작용하고 있다(Frühbauer, 2013).

제2차 세계대전 후 독일에서 경제민주주의는 노동자가 경영에 참여하는 공동결정제(Mitbestimmung)를 중심으로 전개되었다.[4)5)] 독일의 공동결정제는 노동이사제(Arbeitsdirektor)와 사업장평의회(Betriebsrat)를 핵심 축으로 한다. 노동이사는 기업의 최고의결기구인 감독이사회(Aufsichtsrat)에 노동자 대표로 경영자 대표와 동등한 권한으로 참여하는 것이고, 사업장평의회는 전체 노동자의 권익을 대표하는 기구로 사내복지 등의 근로조건에 관한 노사협의를 한다.

제2차 세계대전의 패망 후 좌파정당뿐만 아니라 우파정당까지 기존의 자본주의에 대해 비판적인 시대적 분위기가 조성되었다. 당시 기독교민주당(CDU)은 진보적 분위기와 중앙당 시절부터 당내의 주도권을 잡았던 가톨릭의 좌파적 성향이 결합되어 노조의 요구를 적극적으로 수용했다. 먼저 기독교민주당은 1947년 2월 3일 노르트라인베스트팔렌(NRW)주 CDU의 경제사회 프로그램으로 발표된 아렌강령을 채택했다. 이 강령에서는 "기독교민주당은 자본주의와 마르크시즘을 극복한다(CDU überwindet Kapitalismus und Marxismus)"라는 슬로건으로 전후 독일 경제사회의 신질서를 추구했는데, 이는 기독교의 사회교리를 바탕으로 한 기독교사회주의(christlicher Sozialismus)의

4) 독일 역사에서 노동자의 경영참여는 1920년 사업장평의회법(Betriebsrätegesetz) 제정에 기초하고 있다. 이 법에 따라 사업 또는 사업장에서 사업장평의회의 설치가 의무화되었다. 그러나 노동자의 경영참가는 1848년 설치된 국민회의에서 제정한 '경영조례법' 법안에서 시작했다. 그 후 1891년 경영조례법 개정, 1905년 프로이센 광산법 개정, 1916년 조국구조봉사에 관한 법(das Gesetz über den vaterländischen Hilfsdienst von 1916)을 거쳐 1920년 사업장평의회법이 제정되었다. 그런데 나치 정권에서 국민노동질서법(Das_Gesetz zur Ordnung der nationalen Arbeit)이 제정됨과 동시에 사업장평의회법은 효력이 중지되었다. 제2차 세계대전 후 노동자의 경영참여는 경영조직법의 제정으로 다시 살아났다(전삼현, 2004: 43-49; 김호균, 2006: 100-102).

5) 독일 공동결정제의 전개과정에 대해서는 이광택(2018)에 상세하게 정리되어 있다.

지대한 영향을 받은 것이었다(CDU, 1947; Reichel, 1976). 1949년 7월 15일 기민당(CDU)과 기사연(CSU)의 공동작업 하에 첫 번째 연방하원의 선거 공약으로 뒤셀도르프 기본원칙이 채택되었는데, 이는 아렌강령을 수정 · 계승한 것으로 공동결정제 도입을 지지했다(CDU, 1949). 뒤셀도르프 기본원칙은 사회적 시장경제(soziale Marktwirtschaft)에 대한 기독교민주당(CDU)의 프로그램을 재정립한 것으로, 1970년대까지 기독교민주당의 기본원칙으로 기능했다(Husmann-Driessen, 2006: 180).

이에 대해 사회민주당(SPD)은 '민주적 사회주의(demokratischer Sozialismus)'를 모토로 사회화(Sozialisierung)와 경제의 전 사회화(Vergesellschaftung)를 해결책으로 주장했다(Zeller, 2010: 13). 독일노동조합총연맹(DGB)은 1949년 뮌헨의 창립총회에서 아가르츠(Viktor Agartz) 주도로 경제의 신질서(Neuordnung der Wirtschaft)와 신경제민주주의(Neue Wirtschaftsdemokratie)를 핵심으로 하는 기본강령을 채택했다. 뮌헨 기본강령은 공동결정, 핵심산업의 사회화 및 국가적인 경제계획의 세 가지를 핵심으로 했다(Hensche, 1976: 689; Potthoff, 1985: 149).

제2차 세계대전 후 독일의 경제질서 주도권을 쟁취하기 위한 정치적 논쟁이 치열한 상황에서 사회민주당과 독일노동조합총연맹이 강령에서 제기한 '민주적 사회주의(demokratischer Sozialismus)' 혹은 '경제의 민주적 신질서(demokratische Neuordnung der Wirtschaft)' 개념은 사회적 시장경제(soziale Marktwirtschaft)와 반대되는 개념이었다(Müller-Jentsch, 2008). 그런데 사회적 시장경제가 독일의 경제질서로 관철되면서 중앙집권적 계획과 사회화는 실현 가능성이 사라지게 되었고, 노조는 공동결정제를 요구의 중심에 둘 수밖에 없는 상황에 처했다.

이러한 상황에서 자본은 자신의 권력을 본질적으로 침해당하기를 원하지 않았으나, 일정 부분을 양보해야 했다. 그 결과 기업을 넘어 전 경제영역에서 동등한 공동결정권(paritätische Mitbestimmung)을 기대한 노조의 요구에는 전혀 미치지 못했으나, 1952년 '경영조직법(Betriebsverfassungsgesetz)'이 통과되었고, 그 후 독일에서는 노동자의 경영참여를 제도화하는 입법작업들이 지속적으로 이루어지게 되었다.

전후 노동자의 공동결정제를 중심으로 하는 법안은 1951년 광산철강업 공동결정법 혹은 몬탄공동결정법에서 출발한다(Thum, 1991: 75). 이 법안은 최고의사결정기구인 감독이사회(Aufsichtsrat)에 노동자 대표와 경영자 대표가 동수로 참여하는 것, 중립 의장을 두는 것, 감독이사회에서 노동이사(Arbeitsdirektor)를 선임해 경영이사회(Vorstand)에 파견하는 것을 핵심으로 했다(최종태, 1981). 이어 1952년 경영조직법(Das Betriebsverfassungsgesetz)[6]이 제정되었다. 1976년 노사공동결정법(Mitbestimmungsgesetz)에서는 2천 명 이상의 민간 대기업에서 감독이사회에 노동자 대표가 1/2 참여하도록 규정했다.

전후 독일의 민주주의 혹은 경제민주주의에서 공동결정제는 오랫동안 계급타협의 중심적 제도의 역할을 담당했다(Demirovich, 2007: 8). 하지만 독일에서도 공동결정제도가 순탄하게 전개된 것은 아니었다. 1976년의 공동결정법 제정 시 사용자 측은 공동결정이 기업의 자율권을 침해한다며 헌법소원을 제기했다. 이에 대해 1979년 3월 1일 독일 헌법재판소는 공동결정제도가 소유권 등과 같은 권리와 자유의 핵심영역을 침해하지 않기 때문에 공동결정법에 의한 제한은 비례원칙에 적합하다고 판시했다(이상희, 2016: 9).[7]

---

6) 이 법은 종업원 500명에서 2천 명 사이의 기업은 감독이사회의 1/3을 근로자 대표로 구성하도록 규정했다. 이 법은 2004년 통과된 '1/3 참여법(Das Drittelbeteiligungsgesetz)'에 의해 대체되었다.

7) 1979년 독일연방헌법재판소의 핵심 판결은 다음과 같다. 공동결정제는 "대기업에서 타인의 지배권력 및 조직권력 아래에 있는 노동자의 종속(Unterordnung)과 결부된 타율성(Fremdbestimmung)을 기업의 결정에 대한 제도적 참여를 통해 완화하고 사회적 결정에 의한 기업경영의 경제적 합법성을 보완한다"라는 과제를 가진다(BVerfGE, 50, 290).

3) 독일 경제민주주의의 최근 논의

1990년대 들어 현실 사회주의가 몰락한 후 공동결정제를 확대하라는 요구가 나타날 때까지 경제민주주의는 거의 제 역할을 하지 못했다(Potthoff, 1985: 139; Plener, 2014: 15). 독일노동조합총연맹(DGB)의 경제민주주의에 대한 요구는 비록 제한적이고 공동결정제로 완화된 형태였지만 1949년, 1963년, 1981년, 1996년 DGB의 강령에 포함되었다. 하지만 1960년대 이후 독일노동조합총연맹은 경제민주주의를 공세적으로 추진하지 못했다(Plener, 2014: 15).

그런데 최근 2002년 이후 특히 2008년의 경제위기 이후 좌파진영과 독일노동조합총연맹(DGB), 금속노조(IG Metall), 사무금융서비스 산별노조(ver.di)를 중심으로 하는 노조에서 다시 경제민주주의에 대한 논의가 본격화되었다. 독일노동조합총연맹(DGB)은 2010년 5월의 총회에서 금융시장 자본주의에 대한 대안으로 경제민주주의의 확충을 촉구했다. "더 많은 경제민주주의는 작업장과 작업장을 넘는 차원에서 더 많은 공동결정, 경제의 민주적 자치행정, 다원적 소유형태와 향상된 규제 및 거시경제적 조정을 의미한다."(DGB, 2010: 17) 이때의 '경제민주주의' 개념에 직접적인 영향을 끼친 것은 1928년 나프탈리의 주도로 ADGB에서 정립한 경제민주주의 개념, 그리고 오타 식(Ota Šik, 1979)이 중앙집권적 계획을 극복하기 위한 모델로 주장한 '인본적 경제민주주의' 개념이었다(Meine & Stoffregen, 2011: 18).

마이네와 스토프레겐(Meine & Stoffregen)은 DGB의 개념을 발전시켜 경제민주주의 개념의 도식화를 시도했다(Meine & Stoffregen, 2010; 2011).[8] 이에 따르

8) 마이네(Hartmut Meine)는 니더작센(Niedersachsen)주와 작센-안할트(Sachsen-Anhalt)주의 금속노조 지역책임자이며, 스토프레겐(Uwe Stoffregen)은 니더작센주와 작센-안할트주의 금속노조 지역사무국장이다.

면 '경제민주주의'는 네 가지 목표와 세 가지 핵심방안, 세 가지 전제조건으로 구성되었다. 경제민주주의가 추구하는 네 가지 목표(Ziele)는 '모두를 위한 좋은 일자리', '생태적으로 지속 가능한 경제', '분배의 정의', '모두를 위한 좋은 교육'이 설정되었다. 이를 달성하기 위한 경제민주주의의 핵심방안(Eckpunkte)으로 정치와 경제에서 금융시장 통제를 위한 국가 역할의 강화, 사업장과 기업에서의 공동결정제 확대, 기업과 은행의 민간과 공공(혹은 국가) 소유형태 혼합의 세 가지가 제시되었다. 이와 함께 경제민주주의의 전체 개념 틀 내에서 정치적 민주주의, 복지국가, 단체교섭 자율주의의 세 가지 전제조건(Voraussetzung)이 요구되었다.

독일 금속노조(IG Metall)는 2010년에 경제민주주의와 관련하여 '노동의 민주화(Demokratiseirung der Arbeit)' 개념을 정립했다. 노동의 민주화의 핵심은 '좋은 노동'과 '기업과 경제의 조정'이다. 특히 '좋은 노동'과 관련하여 노동자의 참여와 노동조건의 공동결정이 강조되었다. 이와 함께 기업의 공동결정제에서 의사결정 참여에 대해 기존의 간접참여와 직접참여를 혼용하는 방식을 제안했다(Fricle & Wagner, 2012: 1-3). 2011년 칼스루에(Karlsruhe)에서 거행된 독일 금속노조(IG Metall) 총회에서도 경제민주주의가 중심 의제로 등장하여 '좋은 삶을 위한 방향전환(Kurswechsel für ein gutes Leben)'을 쟁취하기 위한 안전하고 공평한 일자리의 중요성이 강조되었다(Bierbaum, 2018: 12). 독일노동조합총연맹(DGB)은 2014년 총회에서 '공세적 공동결정제(Offensive Mitbestimmung)'를 제안했다(DGB, 2016). DGB 회장인 호프만(Reiner Hoffmann)은 민주적 사회의 초석인 공동결정제를 사업장과 기업 차원을 넘어 공세적으로 확대해나갈 것을 주장했다. 그 내용은 공동결정제를 파견노동자까지 확대하고, 노동의 디지털화를 고려함과 아울러 노사 동등의 공동결정제를 기존의 2천 명에서 1천 명으로 완화할 것 등이다.

4) 독일의 정당별 경제민주주의 입장

독일 정당에서 경제민주주의는 좌파당(Die Linke)[9]이 논의를 주도하고 있다. 독일에서 근본적인 자본주의 비판 입장을 가진 좌파당은 가장 적극적으로 경제민주주의의 강화를 주장하고 있다. 2017년 독일 연방하원선거에서 좌파당은 선거공약집에서 경제민주주의가 사무실 문이나 공장 문 앞에서 멈춘다고 비판하면서, 기업의 공동결정제를 확대할 것과 이를 위한 근본적인 소유권 문제를 제기했다. 좌파당은 이를 위해 우선 전기회사의 국유화를 주장했다(Die Linke, 2017).

녹색당은 가장 최근의 강령인 2002년 기본강령에서 경제민주주의 대신 '경제와 민주주의'라는 표현을 사용했다. '경제와 민주주의'는 사업장평의회와 공동결정제의 강화, 단체교섭 자율주의, 경제적 의사결정에서의 소비자 주권의 강화, 공공복리를 추구하는 협동조합과 자치행정 분야의 지지, 남녀 노동자들의 기업 실적 및 생산자본에 대한 분배 강화를 그 내용으로 했다(BÜNDNIS 90/DIE GRÜNEN, 2002: 47-48). 녹색당은 2007년의 "녹색 경제민주주의"라는 별도의 문건에서 생태적 · 사회적 경제민주화를 추구했는데, '시장의 보이지 않은 손'이 아닌 '예견되는 녹색 경제민주주의 형성'을 주장했다. 녹색당이 주장하는 녹색 경제민주주의는 모든 경제적 과정을 생태적 지속성의 관점에서 관철시키는 것이다. 녹색당은 이를 위해 참여의 정의, 기회의 정의, 진입의 정의, 젠더 정의, 분배 정의를 원칙으로 제시했다(Hager

9) 독일의 좌파당은 구동독의 독일 통일사회당(Sozialistische Einheitspartei Deutschlands, 약칭 SED)의 후신인 민주사회당(Partei des Demokratischen Sozialismus, 약칭 PDS)과 1989년 총선에서 사민당의 수상 후보였고, 사민당의 당수를 지낸 라퐁텐(Oskar Lafontaine) 전 재무부장관을 중심으로 하는 독일 사회민주당 탈당파와 노조를 중심으로 2005년 7월에 형성된, 강력한 급진 좌파성향인 노동과 사회정의를 위한 선거대안(WASG)이 2005년 연방하원선거에서 선거연합을 시작으로, 2007년 합당하여 탄생한 반자본주의 성향의 극좌 정당이다.

et al., 2007).

최근 사회민주당(SPD)의 경제민주주의에 관한 입장은 초창기의 입장과 상당한 차이를 보였다.[10] 사회민주당은 1989년 베를린강령에서 경제민주주의를 별도의 항목(43-47쪽까지)에서 상세하게 언급했다. 이에 따르면 경제민주주의는 정치적 민주주의를 보장하고 완성하기 때문에 그 자체가 목적이다. 또한, 경제민주주의는 공공복리의 관철과 모든 형태의 경제적 권력 규제와 경제발전 구성에 기여하고, 사적 소유권과 공동소유권과 결합한다(SPD, 1989: 43-44). 사민당은 기업 차원을 넘는 노동자의 공동결정제 확대, 단체협약 자율주의 및 노동자의 생산수단 참여를 경제민주주의의 핵심으로 언급했다.

그런데 사민당의 최근 강령인 2007년 함부르크강령에서 경제민주주의는 '21세기의 사회적 시장경제' 항목에서 1회 언급되면서 선언적 의미만 가지게 되었다(배진영, 2012).

> 독일 기본법(제14조 제2항)의 요구를 충족하기 위해 경제민주주의는 폐지할 수 없다. "재산권은 의무를 수반한다. 동시에 그 행사는 공공의 이익에 기여해야 한다." 작업장과 기업에서의 공동결정제, 단체교섭 자율주의 및 파업권이 사회적 시장경제의 기본이다. 사업장 내의 민주주의는 소유와 결정의 참여를 의미한다. 그것은 기업의 성공을 지원한다. 우리는 대기업의 감사이사회에서 동등한 공동결정제를 위해 노력한다. 증대된 유럽경제에서 우리의 목표는 유럽의 차원에서 노동자의 권리와 공동결정제를 건설하는 것이다(SPD, 2007: 43).

---

10) 제2차 세계대전 후 독일 사회민주당(SPD)의 강령은 1959년 고데스베르크강령, 1989년 베를린강령, 2007년 함부르크강령으로 세 차례 발표되었다.

좌파당으로 옮긴 라퐁텐의 주도로 작성된 1989년의 베를린강령에는 '사회적 시장경제'라는 단어가 등장하지 않았다. 이에 반해 2007년 함부르크강령은 공동결정제를 중심으로 하는 경제민주주의를 사회적 시장경제와 결부시키려 했다. 그 후 2011년 베를린에서 개최된 사회민주당 전당대회에서도 경제민주주의에 대한 언급이 있었으나 사업장과 기업 차원의 공동결정제로 제한되었다(Plener, 2012: 171). 최근 사민당은 2017년 독일 연방하원 선거에서 '더 많은 정의를 위한 시간(Zeit für mehr Gerechtigkeit)'을 선거의 슬로건으로 내세웠는데, 공약집에서 '경제민주주의'에 관한 언급은 '작업장에서 더 많은 민주주의'라는 소항목에서 1회 찾아볼 수 있다.

> 공동결정제가 사회적 시장경제 성공의 핵심이다. 이것이 우리 당(SPD)의 경제민주주의에 관한 관념(Vorstellung)의 표현이다. 오로지 눈높이(Augenhöhe)에 맞는 공동결정제와 함께 노동세계에서 변동(Wandel)이 성공적으로 형성될 수 있다. 우리는 이를 법적으로 강화할 것이다(SPD, 2017: 23).

사민당은 이를 위해 노사 동등의 공동결정제 기준을 1천 명으로 완화할 것, 비정규직 노동자의 공동결정제 참여를 고려할 것을 제안했다. 이것이 사민당이 경제민주주의에 관해 언급한 전부였다. 한편, 선거 공약에서 '강한 복지국가'를 주장했지만, 이를 위해 성장 친화적이고 혁신적인 경제정책 및 재정정책의 중요성을 강조했다(SPD, 2017: 45).

사회민주당이 나프탈리의 경제민주주의를 1929년 마그데부르크(Magdeburg) 전당대회에서 공식적으로 채택한 배경은 당시 바이마르공화국에 대한 노동자의 실망과 노조원의 감축에 따른 노조의 위기였다. 이러한 상황에서 사민당은 정치경제적으로 새로운 해결책을 제시해야 했고,

경제민주주의는 그 당시의 문제에 대한 사회민주주의적 해답이었다(Lange, 2004). 하지만 세계화의 물결 속에 금융자본이 세계 경제를 지배하고 기업의 국제적 경쟁이 더욱 심해지는 4차 산업혁명 시대에 100년 전의 자본주의 문제에 기초한 경제민주주의가 현재 상황에 해법을 제시하기에는 한계가 있고, 이것이 계급정당에서 국민정당으로 변모한 사민당의 고민이기도 할 것이다.

3.
한국 경제민주주의의 개념과 전개

1) 한국의 경제민주주의(화) 개념 정의

우리나라의 경우 경제민주화 논의는 재벌개혁을 핵심으로 하여 경제의 전반적 규제 강화라는 형식으로 전개되었다. 위키피디아에서 '경제민주주의' 혹은 '경제민주화'에 관한 항목을 영어판과 독일어판을 비교할 경우, 우리나라의 경제민주화는 미묘하지만 중대한 차이가 나타난다. 한국판 위키피디아에서는 경제민주주의를 다음과 같이 정의하고 있다.[11)]

> 경제민주주의(economic democracy) 또는 경제민주화는 '노동자 · 소비자 · 공급자 · 하청 업체 등 민중이 폭넓게 포함된 공공의 이해관계자'와 '기업의 이해관계자' 사이에서 합리적인 의사결정 능력을 실행할 목적으로 제안된 '경제 · 정치 형태'이다. … '경제민주주의가 추구하는 이상'은 완전한 고용, 그에 상응한 사회보장이 제대로 이루어지는 복지사회다.

---

11) https://ko.wikipedia.org/wiki/%EA%B2%BD%EC%A0%9C%EB%AF%BC%EC%A3%BC%EC%A3%BC%EC%9D%98(2018년 6월 10일 접속)

> 경제민주주의는 자본주의 체제 자체를 바꾸려 하지 않지만, '경제민주주의'의 가치를 실현하려면 정부가 시장에 개입할 필요가 있고, 경제조항을 제정할 필요가 있다고 주장한다. '경제민주주의'의 이상에 다가가려는 경제정책 이행을 이른바 '경제민주화'라고 한다.

한국판 위키피디아의 경제민주화 조항의 설명은 앞에서 살펴본 위키피디아 영어판을 번역한 것으로 보이는데, 영어 원문과는 상당한 차이를 보인다. 무엇보다 이해관계자 자본주의인지 주주자본주의인지가 모호하게 기술되어 있다.

이는 헌법에 경제민주화 조항이 삽입될 때부터 개념의 규정이 존재하지 않았던 것과도 무관하지 않다. 헌법 개정 후 발간된 자료에서 경제민주화 관련 설명을 담은 문건은 없다. 김종인은 헌법에 경제민주화 조항을 삽입했다고 알려진 소위 '경제민주화의 대부'다. 하지만 그는 경제민주화의 개념에 관해 제대로 된 이론적 토대를 제시하지 못했다. 아울러 한국 경제민주화 논의가 왜곡되어 전개된 것에 큰 책임이 있다. 그는 "지나친 탐욕을 억제해 특정 거대경제세력(=대기업 혹은 재벌)이 시장을 지배하는 구조를 차단함으로써 시장경제의 효율을 높이자는 것이 경제민주화"라고 밝혔다(김종인, 2013: 41; 2017: 82-83). 그는 미국의 반독점법과 독일의 사회적 시장경제를 경제민주화의 예로 제시했다. 또한, 경제민주화를 "한국형 사회적 시장경제"라고 주장했다(김종인, 2017: 39). 이러한 김종인의 경제민주화에 대한 설명은 많은 오류가 있다. 본인이 독일에서 유학했음에도 독일의 경제민주화 논의의 맥락을 제대로 파악하지 못했거나, 의도적으로 사실을 왜곡한 것으로 보인다. 앞에서 살펴본 바와 같이 최근에 독일 사민당에서 경제민주주의와 사회적 시장경제의 연결을 시도하고 있다. 이와 함께 사회적 시장경제도 시간이 지남에 따라 원래의 모습이 변형된 것이 사실이다. 그럼에도 사회적 시장경제는 질서자유주의의 철학적 기초 위에 기독교민주당(CDU)에서 토대를 세운 것이고, 그 후에 사민당이 극좌 노선을 포기하고 시장경제를 수용하면서 함께 받아들여 발전되어온 것이다. 이러한 역사적 사실을 무시하고 마치 처음부터 사회적 시장경제와 경제민주화가 밀접한 관계에 있었던 것처럼 묘사하는 것은 명백한 왜곡이다. 기본적으로 사회적 시장경제에서는 정부의 과다한 시장개입, 혹은 경제의 일반적 흐름에 대한 간섭인 '과정정책'을 용인하지 않는다. 반면에 경제민주주의는 적극적 '과정정책' 혹은 이를 넘어 사회주의 이행까지 추구하는 상반된 경제모델이다.

한국에서 경제민주주의 혹은 경제민주화는 두 갈래의 경향성으로 구분할 수 있다. 하나는 재벌개혁을 중심으로 한 다양한 규제정책 및 소비자주권에 반하는 반시장적 정책을 추진하는 다수파다. 이들 진영은 대개 경제민주화의 기원이나 개념 정의, 이론적 정합성을 추구하지 않는다. 경제민주화는 나라마다 다르고 정의하기 어렵다는 명분을 내세우면서 경제민주화라는 이름으로 다양한 경제규제를 내세운다. 이들의 이념적 스펙트럼은 카를 포퍼(Karl Popper)를 원용하며 동반성장론을 주장하는 정운찬 같은 자유주의자, 소액주주운동으로 대표되는 장하성 같은 주주자본주의자에서 소수의 근본주의자를 제외한 마르크스주의자까지 다채롭다. 하지만 이들은 대한민국은 재벌공화국으로 '악한 지배자'(정운찬, 2015)인 재벌에 의해 대한민국의 모든 문제가 발생하므로 대기업에 쏠린 부의 편중 현상을 법으로 완화시켜야 하며, 이를 위해 재벌개혁이 경제민주화의 핵심이라는 입장을 공유하고 있다.

다른 쪽은 경제민주주의를 사회민주주의 전략의 일환으로 추구하는 그룹이다. 이들은 독일 혹은 스웨덴에서 전개된 경제민주화 전통에 입각해 있으며, 기업뿐만 아니라 전 사회적 차원에서, 노동자뿐만 아니라 이해당사자의 의사결정 참여의 확대를 주장하고 있다. 이들은 대기업 혹은 재벌이 한국 사회에 미친 영향에 대해서도 상대적으로 긍정적 평가를 보이고, 재벌해체 같은 방식에 동의하지 않는다.

앞의 그룹은 장하성, 김상조, 김기식, 김진방 같은 참여연대로 대표되는 다수파다. 장하성은 소액주주운동과 함께 주장해온 기업지배구조의 변화를 중심으로 최근에 ILO 등에서 주장하고 있는 임금(소득)주도형 성장 모델을 결합하여 경제민주화를 넘는 정의로운 자본주의의 모델을 제시했다(장하성, 2015). 후자는 대안연대회의, 투기자본감시센터, 약탈경제반대행동 같은 단체로 대표되는 정승일, 이찬근, 장하준, 조원희, 이병천 같은 사회민주주의를 추구하는 소수파가 해당한다. 다만, 이병천은 강력한 재벌규제를 주장하여 재벌개혁에 관해서는 그룹 안에서 다소의 차이가 있다.

사민주의적 경제민주화를 추구하는 정승일은 참여연대를 대표로 하는 경제민주화를 주장하는 진영을 "경제민주화를 공정한 경쟁적 시장질서 확립의 프리즘"으로 이해하는 패러다임으로, 자신은 경제민주화를 노사관계의 민주화, 즉 '직장민주화'로 이해하는 패러다임으로 구분했다(정승일, 2017c). 그는 "재벌그룹 축소/해체, 토건족 해체, 대 · 중소기업 동반성장, 중소벤처기업지원 등"의 경제민주주의 담론을 '완전 경쟁시장' 혹은 '공정한 시장질서'의 형성을 추구하는 자유주의 경제사상이라고 비판한다. 정승일은 경제민주주의의 핵심은 '노동해방'과 '복지국가' 정신이라고 주장하며, 기업을 넘어 산업과 국민경제 차원에서 노동자와 시민 대표자들이 의사결정에 참여하는 경제민주화 전략을 제시했다(정승일, 2017b).

경제민주화를 주장하는 논자들의 개별적인 강조점은 약간의 차이가 있고, 입장도 혼재된 경우가 많다. 대표적인 재벌개혁가인 김진방은 경제민주화의 개념 정의 없이 재벌개혁, 대기업과 중소기업의 동반성장, 노동개혁을 경제민주화의 세 가지 과제로 설정했다(김진방, 2013). 유종일은 "개인의 경제적 자유에 기초한 시장경제의 효율성과 역동성을 저해하지 않으면서 경제적 평등을 최대한 달성하고자 하는 것"으로 경제민주화를 정의하면서 재벌개혁, 중소기업보호, 노동시장 민주화(차별 철폐, 노동조합 교섭력, 유연한 고용조정), 금융민주화(금산분리 강화), 참여경제(노동자 경영참가, 협동조합), 분배 정의(동일노동 동일임금) 등을 경제민주화를 위한 조치로 거론했다(유종일, 2011). 이정우는 경제조직에서 경제적 약자인 "지배주주 대비 소액주주, 대기업 대비 중소기업, 사용자 대비 노동자 등"의 참여(participation)가 증진되는 현상을 경제민주화라 정의했다(이정우, 2013). 이정우는 경제민주화의 3대 과제를 소유지배구조의 개혁과 대기업과 중소기업의 관계를 개선하는 재벌개혁, 노사민정 대타협을 목표로 하는 노사관계 개혁, 협동조합을 중심으로 하는 사회적 경제(민주적 기업)로 설정했다.

김형기는 "소수의 수중에 있는 경제력 집중이 해소되고, 경제적 의사결정에 다수가 참가하는 것을 말한다"라고 경제민주화를 규정했다(김형기, 2012). 김동춘(2012)은 "우선 경제활동에 참여할 기회를 갖는 것이 첫째요, 경제적 부를 가진 집단이나 개인이 그 지배력을 행사하여 국가와 사회의 운명을 좌우하지 않도록 하는 것, 그리고 기업의 영향권 하에 있는 노동자, 소비자의 권리를 억압하지 않도록 하는 것이다. 마지막으로는 모든 경제주체가 경제활동을 통해 자신의 잠재력을 실현하는 것이다"라고 경제민주화를 정의했다(김동춘, 2012).

2) 경제민주화의 헌법 삽입과 1990년대 논의

1987년 개정된 현행 헌법에서 경제민주화 조항은 제119조 제2항이다. 제119조 조항은 다음과 같다.

제119조 ① 대한민국의 경제질서는 개인과 기업의 경제상의 자유와 창의를 존중함을 기본으로 한다.

② 국가는 균형 있는 국민경제의 성장 및 안정과 적정한 소득의 분배를 유지하고, 시장의 지배와 경제력의 남용을 방지하며, 경제주체 간의 조화를 통한 경제의 민주화를 위하여 경제에 관한 규제와 조정을 할 수 있다.

그런데 소위 '경제민주화 조항'이 입법 당시에는 그 의미가 헌법개정안기초소위원회 참여자 간에 합의된 것이 아니었다. 한국에서 경제민주화 개념의 불명확함은 애당초 한국에서 1987년 '경제민주화'를 도입했을 때의 주역들 간에도 일치된 견해가 없었다는 점에서부터 출발한다. 헌법 제119조 제2항에 대해 당시 국회 헌법개정안기초소위원회 위원장이었던 현경대와 당시 헌법개정안기초소위원회 위원으로 참여했던 김종인의 경제민주화에 대한 이해가 극명하게 대조된다. 현경대는 "경제민주화는 관치에서 민간으로의 경제 운용"이라고 주장했다.[12] 이와 함께 경제민주화 조항의 주도자가 누구였는가에 대해서도 불확실한 상황이다. 이를 통해 헌법 개정 당시 경제민주화 조항이 헌법개정안기초소위원회 참여자 간의 충분한 토론과 개념규정에 대한 합의 없이 '알박기'로 삽입되었다는 사실을 알 수 있고, 이와 함께 당시에는 경제민주화가 그다지 중요한 쟁점이 아니었음을

12) 1987년 헌법을 개정할 때 민주정의당 의원으로서 국회 헌법개정안기초소위원회 위원장을 맡았던 현경대 전 의원은 헌법 개정 당시 경제민주화의 의미는 정부가 기업의 투자 업종과 규모까지 정해주던 관치경제로부터의 민주화로, 경제운영을 관주도에서 민간주도 경제로 전환하자는 취지였다고 주장했다. 그는 '경제주체 간 조화를 통한'이라는 부분도 "정부 · 기업 · 가계라는 경제주체 가운데 종전에는 정부주도 경제운용에 치우쳤으나 민간주도로 전환하여 효율성을 극대화시킴과 아울러 사용자와 근로자라는 노동경제상의 양대 주체 간의 협조를 통한 산업평화와 노사공영의 이룩을 도모하고자 하는 것이다. 이(②항 전체)는 동시에 경제에 대한 규제 · 조정의 방식 및 한계를 규정한 것이기도 하다"라고 주장했다(현경대, 1988: 94-95).

추측할 수 있다.

헌법에 경제민주화 조항이 도입된 1987년 이후부터 1990년대 초반까지 일부 학자에 의해 경제민주화에 관한 개념적 정의가 시도되었다. 전철환(1987)은 경제민주화의 과제를 민간기업에 대한 정부의 간섭 축소, 노동 3권의 보장을 통한 노동운동의 자율성 확대, 노사 간 대등한 지위의 확보로 제시했다. 이는 현경대의 입장과 유사한 것이다. 1988년 「한겨레」 창간호에 실린 '경제민주화 방향과 과제'에서 당시 한국의 대표적인 마르크스주의 이론가였던 정운영은 "자유가 숨 쉬고 정의가 흐르는 사회, 그것이 바로 우리가 찾고 바라고 세워야 할 사회다. 그 과정을 당분간 '경제의 민주화'라고 불러도 좋다"라고 하면서, "경제의 민주화는 밀알을 키우는 노력을 중지하지 않으면서, 그 수확이 모두의 능력과 필요에 따라 분배되도록 규제하는 힘을 확보하는 방향으로 이루어져야 한다"라고 주장했다. 이는 진보가 꿈꾸는 세상(?)으로 나아가는 과정으로 '경제의 민주화'를 이해한 것이다. 정운찬은 카를 포퍼를 원용하여 경제적 약자를 지배하는 경제적 강자를 배제할 수 있기 위한 경제사회의 조직이라는 개념을 제시했다(정운찬, 1990: 38). 변형윤은 제2차 세계대전 후 일본에서 행해진 재벌해체 · 집중배제, 노동민주화, 농지개혁의 예를 들면서, 우리나라에는 민주적인 노조 · 농민조직 · 소비자조직의 결성, 실질적인 기업공개 · 주식분산, 독과점 및 경제력 집중의 규제, 금융자율화, 경제계획의 실질적인 신축화 · 유연화 등의 다섯 가지를 경제민주화의 내용으로 밝혔다(변형윤, 1992).[13] 그는 경제민주화가 경제효율

13) 제2차 세계대전 때 일본의 재벌기업은 군산복합체로 일본 군국주의의 경제적 기반이 되었기 때문에 전후 일본의 재벌기업 해체는 미군정의 중요한 과제였다. 재벌해체가 경제적 이유가 아닌 일본의 군사력을 파괴하기 위한 군사적 목적에 기인한 것이다(양준호, 2012). 군국주의 일본의 부활을 막기 위한 경제적 조치가 경제민주화의 본질이었고, 또한 기존의 에도시대와 메이지시대에 걸쳐 형성된 낡은 경제시스템을 자본주의에 적합한 질서로 바꾼 것이 일본의 경제민주화였다. 이렇게 한국과 일본의 경제민주화 논의의 역사적 배경은 상이하고, 일본의 경험을 통한 한국의 재벌개혁은 많은 무리가 있다. 또한, 일본에서는 경제민주화 논의가 사라졌다.

이나 경제성장을 저해하는 요인이 아니라 시장경제의 창달을 촉진하는 것이며, 경제정의의 실현을 의미한다고 주장했다.

이렇게 우리나라에서 경제민주화에 관한 초창기 논의는 유럽의 이론과 경험을 제대로 파악하지 못한 상황에서, 일본의 전후 미군정에서 행해진 경제민주화의 영향을 받아 재벌개혁을 중시한 것으로 파악된다. 또한, 초창기에는 민간주도 경제운영, 노동권 강화, 경제력 집중해소를 핵심으로 하는 경제민주화의 내용에서 경제자유화와 독과점 규제 및 재벌 규제가 혼용되어 사용되었음을 볼 수 있다. 그러다가 경제민주화에서 경제자유화는 사라지고 재벌개혁, 중소기업 보호, 복지국가의 확대 등으로 논의의 중점이 옮겨갔다.

3) 경제민주화의 권력 담론화와 최근의 논의

한국 사회에서 경제민주화가 '권력 담론'의 지위를 획득한 계기는 2012년 대선이었다. 2012년 대선을 전후로 경제민주화에 대한 담론은 좌파진영의 학자들을 중심으로 꾸준하게 영역이 확대되었다. 특히 「프레시안」을 중심으로 많은 진보적 지식인들이 경제민주화에 대한 백가쟁명의 주장을 펼쳤다. 정승일, 정태인, 최병천, 한창호, 이병천, 전성인 등이 참여하여 '경제민주화의 핵심, 재벌개혁, 경제민주화의 본질이 사회민주주의냐 진보적 자유주의냐?'라는 성격 논쟁을 포함한 다양한 논의를 전개했다.

이에 대응하여 2012년 자유주의 성향의 경제학자들이 경제민주화에 대한 비판을 본격화했다. 2012년 오정근, 이승훈, 양준모, 장용근, 박동운, 현진권, 신석훈, 신중섭, 황수연, 김행범, 민경국, 배진영, 조성봉 등이 한국경제연구원의 KERI Column 시리즈를 통해 다양한 측면에서 경제민주화를 비판했다.[14] "경제민주화, 어떻게 볼 것인가: 2012 대한민국에의 시사점"이라는 주제로 개최된 2012년 한국경제연구원 정책토론회에서는 신석훈, 김이석, 신중섭 등의 비판이 있었고, 2012년 한국제도 · 경제학회 가을 심포지엄이 "경제민주화, 무엇이 문제인가?"라는 주제로 개최되어 김정호, 민경국, 신석훈, 서경란의 발표가 있었다.

이와 함께 경제민주화는 정치권에서 여야를 막론하고 적극적으로 추진되었다. 특히 2012년에는 새누리당 내에 남경필, 이혜훈 등이 주도하는 '경제민주화 실천모임'이라는 연구모임에 전 · 현직 의원 48명이 참여하여 당내에 최대 세력화하여 경제민주화를 주도하는 현상까지 발생했다(조선일보, 2012. 08. 02). 2012년 대선 당시 이한구를 중심으로 한 집권당 내의 반발과 자유주의 진영의 강한 비판에도 불구하고 당시 국민행복추진위원장이던 김종인의 주도로 '경제민주화'가 박근혜 후보의 핵심 공약으로 등장하면서 대선의 주요 쟁점으로 떠올랐다. 대선에서 승리한 후 박근혜 정부는 신규 순환출자 금지 및 은행에 대한 산업자본의 지분한도 축소 같은 경제민주화 관련 정책을 시행했으나, 참여연대를 비롯한 시민단체들은 '경제 살리기'를 명분으로 친재벌과 규제 완화로 경제민주화에 역행한다고 비판했다(한겨레, 2015. 12. 23).

한편, 2011년을 전후하여 동반성장론 혹은 초과이익공유제가 경제민주화의 일환으로 등장했다. 정운찬은 일찍이 변형윤과 유사한 경제민주화론을 주장했으나(정운찬, 1990; 1997), 이명박 정부에서 국무총리를 지내던 2010년 말경에 동반성장위원회를 조직하여 동반성장론 혹은 초과이익공유제를 제기했다.[15] 정운찬은 "동반성장론은 경제민주화의 상위개념으

14) 한국경제연구원의 KERI Column 시리즈를 통한 경제민주화 비판은 『경제민주화의 함정』이라는 제목으로 출판되었다(KERI, 2012).

15) 초과이익공유제와 유사한 형태가 1948년 제헌헌법 제18조에 노동3권과 함께 기본권으로 선

로 동반성장을 통해 경제민주화를 이룩할 수 있으며, 동반성장은 대한민국 시장경제의 치료약이며, 새로운 성장의 동력"이라고 주장했다(정운찬, 2014; 2015). 이러한 동반성장론은 재벌개혁의 강력한 명분을 제공하면서 경제민주화론의 중요한 위치를 차지하게 된다.

최근 노동자의 경영참여제가 경제민주화의 하나로 등장하게 되면서 경제민주화의 범위는 더욱 확대되었다. 노동이사제를 중심으로 하는 노동자의 경영참여는 기존에는 경제민주화와 별개로 추진되어왔으나, 2016년 박원순 서울시장 주도로 서울시 산하 공공기관에 노동이사제를 도입하면서 경제민주화의 한 부분을 차지하게 되었다. 이와 같이 경제민주화는 재벌개혁, 동반성장, 노동자의 권익 강화에 노동자의 경영참가가 추가되어 경제의 전 방향에서 진행되고 있다.[16]

한편, 2017년 조기 선거로 등장한 문재인 정부는 '경제민주화'를 넘어서는 '경제민주주의'라는 화두를 국정과제로 제시했다. 문재인 대통령은 '경제민주주의'를 소득 불평등 해소와 일자리 문제 해결이 노사정 대타협을 통해 구현되는 새로운 패러다임으로 정의했다(연합뉴스, 2017. 6. 12). 이와 함께 '경제민주주의'의 핵심 개념으로 '소득주도형 성장'과 '좋은 일자리 창출'을 제시했다. 또한, 2018년에는 불발로 그쳤으나 집권 여당에서 경제민

언된 '이익분배균점권'이다(성낙인, 2013: 33). 세계 헌법사에서 유래를 찾기 어려운 기업 이익의 분배를 헌법의 기본권으로 규정한 이익분배균점권은 실제의 법률 제정으로 실현되지 않았고, 1962년 헌법 개정으로 삭제되었다(황승흠, 2017: 158-159).

제18조 근로자의 단결, 단체교섭과 단체행동의 자유는 법률의 범위 내에서 보장된다. 영리를 목적으로 하는 사기업에서는 근로자는 법률의 정하는 바에 의하여 이익의 분배에 균점할 권리가 있다.

16) 예를 들어 위평량은 경제민주화 10대 분야 공약을 다음과 같이 제시하고 평가했다. ① 경제적 강자의 갑질 방지와 처벌 강화, ② 재벌 경제력 집중 억제와 지배구조 개혁, ③ 총수일가 전횡 방지, ④ 금산분리 강화, ⑤ 소비자보호 강화, ⑥ 공정거래위원회 역할 강화 및 효율화, ⑦ 근로자 보호 강화, ⑧ 소상공 자영업자 보호, ⑨ 자본시장 관행 개선, ⑩ 국민연금 역할 강화(위평량, 2017; 2018)

주화와 함께 중국식 토지국유화로의 헌법 개정까지 추진했다. 이렇게 경제민주주의 혹은 경제민주화는 2012년과 2017년 두 번의 대선을 겪으며 '권력 담론'의 지위를 획득함과 동시에 우리 사회와 경제의 모든 분야를 규제하고 모든 문제를 해결할 수 있는 절대권력자인 '리바이어던'이 되어 대한민국을 포획했다.

1987년 헌법에 경제민주화 조항을 도입한 이후 '경제민주화'는 학술적 차원과 정치적 공간에서 많은 논의가 이루어졌음에도 여전히 개념의 모호함을 벗어나지 못하고, 수많은 反(대)기업적 규제정책과 노동 친화적인 정책들이 '경제민주화'로 포장되어 정치시장에 상품으로 등장했다. 그런데 이들 진영에서 주장하는 경제민주화의 내용이 서로 간에 논리적 모순을 초래하기도 한다.

먼저, 한국에서 경제민주주의를 주장하는 논자들이 주주자본주의를 추구하는지, 이해관계자 자본주의를 추구하는지도 불분명하다. 장하성은 재벌의 문어발을 비판하지만, 구글의 문어발 정책과 한국 재벌의 차이점을 구별하지 못했고, 주주자본주의와 경제민주화가 상반되는 개념이라는 것을 깨닫지 못했다. 경제민주화에 1원 1표라는 사상은 없다. 독일에서 발전한 개념인 경제민주화의 핵심은 참여 혹은 동등한 의사결정권이며, 이는 이해당사자주의(Stakeholder Capitalism)와 맥락을 같이하는 것이다. 그런데 이는 현재 정권과 맥을 같이하는 참여연대가 주장해온 소액주주운동 혹은 주주자본주의(Shareholder Capitalism)와는 정반대 개념이다.

또한, 현 정권이 추진하는 소득주도성장론의 오리지널 버전인 임금주도성장론도 2008년 글로벌 금융위기의 주요 원인이 주주자본주의라고 비판하는데(정승일, 2017a), 주주자본주의 전도사가 소득주도성장론을 전도하는 모순된 광경도 발생하고 있다. 이렇게 경제민주화를 주장하는 진영 내에서도 상반된 주장과 입장이 혼동되어 있다.

이와 함께 기존의 '경제민주화'와 마찬가지로 문재인 대통령의 '경제민주주의'도 여전히 개념이 명료하지 못하다. 소득 불평등 해소와 일자리 문제를 해결하는 것이 '경제민주주의'라는 설명도 논리적으로 설득력이 없다. 노사정 대타협을 강조한 것은 이정우(2013)의 주장과 맥락을 같이하는 것으로 보인다.

4.
대한민국 헌법의 경제질서: 사회적 시장경제와 경제민주화

1) 독일 헌법의 '경제정책의 중립성'

우리나라 헌법은 제헌헌법 이후 경제조항이 포함되었고, 헌법 개정 때마다 경제조항이 증가했다. 다수의 헌법학자들은 우리 헌법이 경제생활 영역 혹은 경제질서에서 수정자본주의 원리인 사회적 시장경제질서를 확립했다고 주장한다(허영, 2018: 178; 권영성, 2008: 161; 성낙인, 2009: 254). 그런데 우리나라 헌법에서 '사회적 시장경제'에 관한 명시적 표현이 없음에도 다수의 헌법학자들은 이를 헌법의 기본이념으로 받아들이고 최근에는 적극적으로 확대해석하는 경향이 있다. 헌법재판소의 판례에도 우리나라의 경제체제는 사회적 시장경제를 추구한다는 입장이 점점 강화되고 있다.[17] 또 경제민주화 조항을 사회적 시장경제와 같은 맥락으로 파악하여 경제민주화를 헌법의 경제질서인 사회적 시장경제를 구체화한 것으로 해석하기도 한다(성낙

17) 우리 헌법상의 경제질서를 사회적 시장경제로 평가하는 헌법재판소의 판례는 헌재결 1996.4.25. 92 헌바47 이후 점점 늘어나고 있다.

인, 2013: 13; 송기춘, 2013: 56; 노진석, 2015: 287).

그런데 이 경우 몇 가지 질문이 제기될 수 있다. 하나는 헌법에 경제질서를 규정하는 것이 타당한지에 대한 질문이고, 또 하나는 사회적 시장경제를 우리나라의 경제질서로 규정할 수 있는가에 대한 질문이다. 그리고 사회적 시장경제와 경제민주주의가 조응할 수 있는 개념인가에 대한 질문이 제기될 수 있다. 마지막으로는 헌법의 경제민주화 조항을 어떻게 할 것인가에 관한 질문이다.

우선, 독일을 비롯한 미국, 프랑스 등의 선진국에서는 헌법에 경제질서를 규정하지 않는다. 대부분의 선진국은 특정한 경제질서를 헌법에 적시하지 않고, 헌법의 여러 조문에 간접적인 명시를 통해 특정 경제질서를 유추할 수 있게 한다. 이는 특정 이념을 전 국민에게 강요하는 것이 불가능함과 동시에 자유 이념에도 위배되기 때문이다(배진영, 2010: 4).

독일의 경우 바이마르 헌법에서는 제5장 제151조에서 제165조까지 15개의 광범위한 경제조항을 두고 있었다.[18] 그러나 제2차 세계대전 후 1949년에 제정된 기본법(Grundgesetz)은 특정한 경제질서를 규정하지 않았다(김상겸, 2009: 20). 독일에서 사회적 시장경제가 자국의 헌법에서 규정하는 경제질서라는 주장도 있었으나(Nipperdey, 1954; 김형성, 2010: 203-204; 민경식 · 송태수, 2012: 57), 독일 연방헌법재판소는 1954년 투자지원법(Investitionshilfegesetz)과 1979년 노동자 경영참가에 관한 판결(Mitbestimmungs-Urteil)에서 독일의 기본법에 특정한 경제질서의 규정은 없다고 적시했다(Papier, 2007: 4). "기본

18) 바이마르 헌법 가운데 당대에 강한 영향을 미친 것이 '노동자평의회'와 '경제평의회'의 조직과 역할에 관한 제165조의 평의회(Rätewesen) 조항이다. "제165조는 노동자의 경제에 대한 영향력 강화를 위한 조항과 함께 경제력의 광범위한 자치적 자기통제(autonome Selbstregulierung)와 정치대표조직(das politische Parlament)의 보완을 위한 경제대표조직(Wirtschaftsparlament)을 통한 제도적 틀로 간주되었다."(Ritter, 1994: 73-74). 이 조항을 기반으로 1920년 '사업장평의회법(Betriebsrätegesetz)'이 제정되었고, 이로 인해 제1차 세계대전의 전시경제에서 실시된 노동자의 공동결정권이 제도화되었다(송석윤, 2013: 52).

법은 하나의 특정한 경제질서의 어떠한 직접적인 확정(Festlegung)이나 보장(Gewährleistung)을 포함하지 않는다." "오히려 그것은 입법자에게 경제의 질서를 위임한다. 입법자는 자신의 일반적인 민주적 정당성 이상을 필요로 하지 않고 기본법에 정한 한계 내에서 자유로이 이를 결정해야 한다." 이러한 1979년의 판결은 기존 독일 기본법의 기본전제인 '경제정책의 중립성(wirtschaftspolitische Neutralität)'을 반복하여 확인한 것이다(Papier, 1999: 95). 독일 연방헌법재판소 소장인 파피어 박사는 '경제정책의 중립성'이 모든 경우에 통치와 입법이 경제적으로 중립적이어야 한다는 의미가 아니고, 경제의 중립성은 단지 헌법의 입법자가 명시적으로 특정 경제시스템을 위해 결정하지 않았다는 것을 의미한다고 설명했다(Papier, 2009: 16).[19] 이는 개별 입법자가 기본법을 존중하는 범위 내에서 상황에 따라 적절한 것으로 보이는 경제정책을 자유로이 추진하면 된다는 것이다(홍준형, 2018: 157).[20]

2) 사회적 시장경제를 한국 헌법의 경제질서로 규정하는 것이 타당한가

다음으로는 사회적 시장경제를 우리나라 헌법의 경제질서로 인정할 수 있느냐의 문제다. 독일에서 사회적 시장경제는 제2차 세계대전 직후인 1946년 쾰른대학 교수였던 뮐러아르막(Alfred Müller-Armack)이 창안한 것으로, 경쟁을 핵심으로 하는 질서자유주의의 철학을 기초로 사회정책을 결

19) 이와 유사한 논리로 독일 기본법의 '사회국가원칙(Sozialstaatsprinzip)'도 불확정성(Unbestimmtheit)과 개방성(Offenheit)을 내용으로 하고 있다(Papier, 2009: 17).

20) 한편, 동서독 통일과정에서 실질적인 통합을 의미했던 1990년의 「통화 · 경제 · 사회통합조약(Vertrag über die Schaffung einer Währungs-, Wirtschafts- und Sozialunion)」에서는 경제정책과 재정정책의 기본을 사회적 시장경제로 한다고 명시되어 있다.

합한 것이다. 뮐러아르막은 사회적 시장경제를 "시장에 기초한 자유의 원칙(Prinzip der Freiheit)을 사회적 형평(sozialen Ausgleich)과 결합하는 것이다"라고 정의했다(Müller-Armack, 1956: 243). 인본주의와 기독교 정신에 기초한 사회적 시장경제의 기본원칙은 보충성의 원칙, 연대의 원칙, 개인의 원칙으로 구성된다(Winterberg, 2006: 33). 사회적 시장경제에서 정부는 건전하고 효율적인 시장 기능을 위해 시장에 개입할 수 있으나, 경쟁시장의 틀을 유지하거나 그 보완에 국한될 뿐 경제의 일반적 흐름에 관한 간섭(과정정책)을 해서는 안 된다는 것, "경제질서를 경쟁적 시장경제원리에 바탕을 두되 사회적 목표 간의 조화로운 균형을 위해서는 정부의 시장개입이 필요하다"는 것으로 정부 개입의 역할과 범위를 특징지을 수 있다(황준성, 2011: 33-34).

독일에서 사회적 시장경제의 원년은 화폐개혁이 실시된 1948년이었다(Müller-Armack, 1956: 243). 또 한 명의 사회적 시장경제의 창시자인 에르하르트(Erhard)는 1948년 가격통제를 철폐하고 가격자유화를 실시했고, 1949년 무역자유화를 단행했다. 이어 1956년 강력한 '경쟁제한 제한법'이 도입되었다. 이러한 일련의 경제질서정책은 질서자유주의를 실현한 것이었다(황신준, 2013: 143). 이렇게 1948~1966년 사이에 독일은 사회적 시장경제 원칙의 실현으로 경제적 기적을 이룩했다. 그런데 처음에 사회적 시장경제는 1949년 연방하원선거에서 기독교민주당의 선거 공약인 뒤셀도르프 기본원칙(Düsseldorfer Leitsätze)으로 본격적으로 대중에게 알려지게 되었다(Streit, 1997: 240).

사민당은 1949년 총선에서 '민주적 사회주의(demokratischer Sozialismus)'를 사회적 시장경제의 경쟁개념으로 선전했다. 이후 1959년 고데스베르크강령(Godesberger Programm)에서 사민당은 기존의 마르크스주의 계급투쟁노선을 폐기하고 시장경제질서와 화해했다. 사민당은 처음에는 사회적 시장경제에 근본적인 거부감을 보였으나, 실러(Karl Schiller)가 주도한 '계몽된 시장주의(aufgeklärte Marktwirtschaft)' 노선의 케인스주의적 개입주의로 사회적 시장경제를 받아들였다. 그 결과 1967~1978년의 사민당 정부 기간에 시장에 대한 개입은 증가했고, 자유의 질서정책적 기초와 시장정합적 경제정책의 원칙은 훼손되었다. 이와 같이 독일에서도 사회적 시장경제의 구체적 형태는 시대적 상황에 따라, 혹은 사민당(SPD)이 집권할 때와 기민당(CDU)이 집권할 때 방점이 달라진다. 따라서 사회적 시장경제를 헌법적 가치로 부여하더라도 그 실체는 없다. 그리고 독일의 사회적 시장경제는 정태적인 개념이 아니라 50년 동안 사회의 변화에 적응해온 개념이다(Engelkamp & Sell, 2017: 498). 이러한 이유로 독일에서는 사회적 시장경제를 헌법적 가치로 명시하지 않는 것이 타당하다.

사회적 시장경제는 유럽연합(EU)에서 유럽 경제정책의 모델로도 명문화되었다. 사회적 시장경제는 유럽의회에서 처음에는 논란의 개념이었다. 비록 경쟁과 연대의 개념이 1957년 로마조약 체결 때부터 유럽 차원에서 존재했으나, 사회적 시장경제는 독일의 특수한 상황에서 제작된 모델이고, 다른 언어로 번역할 수 없는 것으로 취급되었다(Wogau). 그 후 2002년 유로화가 도입되면서 공동의 경제정책이 필요하게 되었고, 독일은 중앙집권화된 프랑스 시스템과 자유시장을 추구하는 영국 모델과 경쟁하여 사회적 시장경제를 유럽 경제정책의 모델로 명문화할 수 있게 되었다. 그 결과로 2009년 유럽연합 회원국들은 리스본조약(Treaty of Lisbon) 제3조에 "치열하게 경쟁이 이뤄질 수 있는 사회적 시장경제"를 확립하는 데 노력할 것을 합의했다(Konrad-Adenauer-Stiftung, 2009). 이러한 사회적 시장경제의 원칙은 자유, 민주주의, 경쟁, 통화가치의 안정, 보충성, 사적 소유, 연대로 규정되었다(Wogau). 독일은 유럽연합 내의 압도적인 경제력을 바탕으로 사회적 시장경제를 유럽 차원의 모델로 만들 수 있었다. 앞으로 사회적 시장경제는 글로벌 차원에서 경쟁할 수 있고 약자에게 유효한 사회적 보호를 제공할 수 있기 위해 유럽화되어야 한다. 하지만 사회적 시장경제로의 합의는 목표에 해당하는 것으로, 실질적인 입법을 통한 제도화는 자유시장체제의 경제질서를 가진 회원국의 비토로 쉽게 부결될 수 있는 상황이다(Scharpf, 2009: 419).

서구의 사회적 시장경제는 독일 밖의 국가에서 경제질서로 채택하는 나라는 오스트리아 정도로 유럽 차원에서도 일반적이지 않다. 그런데 우리나라의 헌법재판소는 사회적 시장경제를 "자유시장경제질서를 기본으로 하면서도 국가적 규제와 조정을 용인하는 것"으로 파악하고 있는데, 이는 자유방임 자본주의와 사회주의 사이에 존재하는 일반적인 혼합경제질서 혹은 수정자본주의적 경제질서를 의미하는 것으로 독일의 특정 경제정책적 개념과는 큰 차이를 가진다(권건보, 2012: 71). 권오승은 우리나라의 경제질서가 사회정책적 규제에서는 독일보다 훨씬 약하고, 경제정책적 고려를 위한 규제에서는 독일보다 훨씬 강한 것으로 독일과의 차이를 설명했다(권오승, 2006: 16). 따라서 사회적 시장경제를 고전적 자본주의와 사회주의 사이의 제3의 길이라는 개념으로 일반화하여 우리나라의 경제질서로 규정하는 것은 역사적 경험과 제도적 차이를 무시한 지나친 비약이다. 사회적 시장경제를 수많은 계획적 · 조정적 요소를 포함하여 사회주의적 경제질서에 가까운 요소까지 포함하고 있는 대한민국의 헌법이 추구하는 경제질서로 인정하는 것은 합당하지 않다. 더구나 독일에서도 개념에 논쟁거리가 있는 사회적 시장경제를 굳이 우리나라 헌법에서 규정하는 경제질서로 해석해야 할 이유가 있는지도 의문이다. 한편, 독일에서 사회적 시장경제의 개념이 등장한 시기가 1946~1947년경인데, 사회적 시장경제를 헌법에 도입한 시초를 바이마르 헌법으로 주장하는 오류도 있다(권영성, 2008: 164). 이와 마찬가지로 대한민국 제헌헌법의 경제사상이 사회적 시장경제론 위에 서 있다는 주장은 시기적으로 불가능한 오류다(이병천, 2011: 147).

3) 사회적 시장경제와 경제민주주의는 모순되는 개념

다음으로는 우리나라에서 사회적 시장경제를 헌법적 가치로 인정한다면 헌법적 가치끼리 충돌하는 모순적 상황이 발생한다. 우리나라에서 사회적 시장경제와 경제민주주의를 같은 맥락으로 주장하는 이유는 이 두 가지 개념을 사회민주주의적 성격을 가진 중도좌파의 개념으로 설정하여 파악하기 때문일 것이다. 하지만 앞에서 살펴본 바와 같이 독일의 경우 바이마르 시대에 등장한 고전적 경제민주주의는 혁명적 노동운동에서 유래하는 것으로 자유시장경제 헌법의 경제질서가 될 수 없음은 너무나 분명하다. 그리고 제2차 세계대전 후의 경제민주주의도 질서자유주의 철학에 기초하는 사회적 시장경제에 반대되는 독일노동조합총연맹(DGB)과 사민당의 개념임을 보았다. 이렇게 독일에서 사회적 시장경제는 원론적으로 경제민주화와 상반되는 경제질서이며, 따라서 사회적 시장경제와 경제민주화를 같은 맥락으로 파악하는 것은 사실의 왜곡이다.[21] 이러한 이유로 사회적 시장경제와 경제민주주의가 조응하는 헌법적 경제질서로 규정된다면 정반대의 이념이 헌법적 가치로 공존하게 된다. 그리고 "정부는 경쟁시장의 틀을 유지하거나 그 보완에 국한될 뿐 경제의 일반적 흐름에 대한 간섭(과정정책)을 해서는 안 된다"는 사회적 시장경제의 원칙은 끝없이 직접규제를 통해 경제질서를 바꾸려는 한국의 경제민주화에 적용하기 어렵다.

---

21) 독일의 경우 법적으로 제도화된 공동결정제를 경제민주주의로 간주하고, 공동결정제를 최저임금제 등과 함께 사회적 시장경제의 구성적 요소로 파악할 경우, 경제민주주의와 사회적 시장경제의 결합은 가능할 수 있다. 독일노동조합총연맹(DGB)은 1996년 드레스덴강령 이후, 경제민주화와 사회적 시장경제를 공동의 목표를 추구하는 경제질서로 결합하려고 시도하고 있다. 사회민주당(SPD)의 2007년 함부르크강령과 2017년 연방하원선거 공약에서도 이와 유사한 주장이 등장했다. 하지만 이 경우는 더 이상 에르하르트(Ludwig Erhard)가 설계한 사회적 시장경제가 아니라, 독일에 현실적으로 존재하는 경제질서를 의미한다(W. Müller-Jentsch, 2010).

그러면 헌법의 경제민주화 조항을 어떻게 할 것인가의 문제가 제기된다. 경제민주화는 "진정으로 '경제영역에서 정의로운 사회질서를 형성하기 위해 추구할 수 있는 국가목표로서' 모든 '경제민주화 법안'이 정당화되고 정치적 정파를 초월하여 수용되어야 하는가?"의 문제다. "'사회적 시장경제'가 우리나라 헌법의 경제질서인가?"라는 질문보다 더 본질적인 문제는 궁극적으로 사적 소유의 자본주의 형태를 지양하고 사회주의로의 이행을 추구하는 이념인 경제민주화가 자유시장경제를 기본으로 하는 우리나라 헌법에 버젓이 자리 잡고 이를 완장 삼아 무소불위의 권력을 휘두르고 있다는 사실이다.

1987년 헌법 개정 시 도입된 헌법 제119조 제2항의 경제민주화 조항은 "자유시장경제질서를 추구하면서도 단순한 사회정의의 실현을 넘어서는 경제에 대한 국가의 기본적인 조정기능을 헌법이 규범적으로 허용한 것"(장용근, 2012)이라고 소박하게 해석할 수 있으나, 그 본질을 파악한다면 대한민국 헌법 전문의 '자유민주적 기본질서'에서는 수용할 수 없는 개념이다.

현재 경제민주주의는 한국 사회를 혼란에 빠뜨리는 미혹의 언어다. 처음부터 개념의 정립도 없이 끼워 넣은 '알박기' 단어가 '마법의 언어'를 넘어 리바이어던이 되어버린 것이다. 더구나 1987년 입법에 참여했던 입법자의 증언도 경제의 자유 확대를 위한 조항인지 규제를 위한 조항인지 엇갈리는 가운데, 이 조항을 자의적으로 확대해석하여 규제를 남발하는 것은 견강부회(牽强附會)에 불과하다. 신중섭이 주장하는 바와 같이 "'경제민주화'의 목적이 '재벌개혁'과 '양극화 해소'라면, '경제민주화'라는 이름을 버리고 '재벌개혁'과 '양극화 해소'라는 이름으로 이것들의 정당성을 합리적으로 논의해야 한다"(신중섭, 2012). 한국에서 재벌규제 혹은 재벌해체를 경제민주화라 명명하는 것은 개념의 오염이며, 반기업 정서 확산을 위한 포퓰리즘에 불과하다. 재벌 혹은 대기업의 경제질서 교란행위는 공정거래법을 통해 시정이 가능하다. 그런데도 소위 '경제민주화 법안' 혹은 '경제민주화 관련 법'이라는 형태로 추진되는 입법 행태는 마치 상법이나 민법과 같이 경제민주화법이 있다는 착각을 유도하는 속임수다. 마치 1인 1표의 정치적 민주주의가 당연한 것처럼 경제민주주의를 좌우를 초월하여 한국 사회가 받아들여야 하는 당연한 것, 혹은 시대정신이라는 주장은 과다한 이념적 공세다.

따라서 지난 30년간 자유시장경제를 훼손하고 정치적 동원과 반대진영에 대한 낙인찍기의 이데올로기로 기능해온 헌법 제119조 제2항의 경제민주화 조항은 철폐하는 것이 마땅하다. 이와 함께 현행 헌법의 제119조에서 제127조 사이의 '제9장 경제' 조항도 삭제하는 것이 올바른 방향이다(신도철, 2018: 10).[22] 대부분의 선진국은 헌법에 특정한 경제질서를 규정하지 않는다. 독일의 연방헌법재판소 소장인 파피어 박사가 밝힌 바와 같이, 독일의 기본법에서도 특정한 경제질서를 확정하지 않는다. 따라서 우리나라의 헌법에 사회주의적 이념인 경제민주화를 경제질서로 규정한 실수는 반드시 바로잡아야 한다.

독일은 1949년의 헌법 개정 시 기존 바이마르공화국의 경제조항을 완전히 철폐했다. 반면에 우리나라는 제헌헌법부터 바이마르 헌법의 지대한 영향을 받았고, 여전히 상당한 수의 학자들이 제헌헌법과 바이마르 헌법의 강력한 국가주의에 향수를 나타내고 있다. 시대착오적 퇴행이 아닐 수 없다.

---

22) 신도철 교수는 현행 헌법의 '제9장 경제' 부분을 통째로 삭제하고, 현행 헌법 제23조에 1개 항을 추가하여 현행 헌법 제119조 제1항을 반영할 것을 제안했다. 추가되는 조항은 "국가는 개인의 재산권을 보호하고 경제상의 자유와 창의를 존중하여야 한다"이다(신도철, 2018: 10-11).

5.
결론

1) 경제민주주의(화) 논의의 종합

우리나라에서 경제민주화는 서구의 역사적 배경이나 경험과 달리 재벌개혁 혹은 대기업 규제를 중심으로 재벌에 대한 순환출자 금지, 은산 분리, 출자총액 제한 등의 기업지배구조와 소액주주 권한 강화 및 공정거래 강화, 대기업과 중소기업의 상생, 골목상권 보호 등과 같은 경제적 약자 보호 등이 중심 이슈로 논의되었다. 경제민주화는 국민경제의 발전이라는 관점보다 반기업 정서를 부추기고 지지세력의 동원 및 반대세력 낙인찍기 수단으로 사용되었다. 문재인 정부는 경제민주주의라는 이름으로 재벌개혁과 함께 초과이익공유제를 추진하고 있으며, 토지공유제 등의 반자본주의적이고 사회주의적인 주장까지 등장하고 있다. 국민연금이 스튜어드십 코드로 경영권에 참여하여 연금사회주의의 길을 추구하는 것도 경제민주화의 하나로 진행되고 있다.

이러한 우리나라의 경제민주화에 관한 논의를 정리하면 몇 가지 문제로 요약될 수 있다.

먼저, 한국의 경제민주화 논의는 서구의 논의와 상당한 차이를 가지며 진행되었다. 경제민주주의는 서구의 좌파, 특히 독일의 사회(민주)주의 노동운동의 전통에서 발전 · 변용되어왔다는 점과 사회주의로의 이행을 위한 징검다리로 그 역할이 부여되었다는 것은 역사적 사실이다. 다만, 독일의 경험에서 볼 수 있듯이 경제민주주의는 보수진영이 공동결정제를 수용함으로써 현실 정치에서는 기업 차원에서 '민주적 의사결정 참여 거버넌스'가 이루어지는 형태로 정착되었다. 따라서 서구에서 경제민주주의는 사민주의적 전통에 입각한 계급 타협의 산물이며, 보수진영에서는 기업 차원을 넘어서는 공동결정의 지배구조에 대해서는 논의하지 않는다. 다만 좌파진영에서 기업 차원의 공동결정제를 넘어서는 다양한 대안 혹은 다양한 소유형태를 논의하고 있다. 다른 한편으로 경제민주주의는 몰락한 소비에트 방식이 아닌 반자본주의 길을 추구하는 다양한 시도를 총괄하는 개념으로 이해할 수도 있다. 이러한 서구의 역사와 달리 한국의 경제민주화는 만악의 근원인 '재벌'을 사냥감으로 삼아 수많은 재벌저격수들이 등장하여 규제만능주의 세상을 만들고 있다.[23)]

두 번째는 경제민주주의가 지향하는 새로운 사회의 전망에 관한 것이다. 우리나라에서 경제민주주의를 주장하는 그룹의 다수는 재벌개혁에 몰두하지만, 그들이 경제민주화를 통해 달성하려는 목적은 상이한 것으로 보인다. 경제민주화를 주장하는 이들은 대부분 진보적 자유주의자 혹은 민주적 시장주의자로, 이들이 주장하는 경제민주주의와 관련한 정책들은 제대로 된 시장경제질서를 확립하기 위한 것으로 이해된다. 그런데 경제민주화와 관련한 수많은 규제정책과 동반성장 혹은 초과이익공유제, 대기업의 소유구조 규제 등은 시장경제의 경쟁구조를 확립하기 위한 것이 아니라 자유

---

23) 이 책의 제6장에서 전삼현교수는 우리나라의 독점금지법이 다른 나라와 비교하여 현저하게 과다하다는 점을 밝히고 있다.

시장경제의 범위를 넘어선 과도한 침해의 소지가 있다. 또한, 유종일(2012)은 진정한 경제민주화는 사적 소유제도를 철폐한 소유의 평등에서만 가능한 것이라고 고백하고 있다. 한편, 김기원은 경제민주화, 특히 재벌개혁을 그람시의 진지전에 빗대어 설명했다. 그는 재벌개혁으로 "많은 진지를 획득하고 진전해낼 수 있다면 큰 계기가 될 것"이라고 주장했다(김기원, 2012). 경제민주주의를 사회주의 이행을 위한 경제영역에서의 진지전으로 파악한 것이다. 이는 우리나라에도 현실 사회주의의 몰락 이후 방향성을 상실한 정통 마르크스주의자들을 포함한 좌파진영에서 경제민주화를 사회주의로 갈 수 있는 유효한 수단으로 인식하고 있음을 보여준다.

이에 반해 사회민주주의 담론으로 경제민주주의를 이해하는 정승일(2018)은 경제민주주의, 소득과 투자의 사회화 및 노동시장의 사회화를 통해 생산수단 소유의 사회화가 이루어지지 않아도 자본의 사회화에 도달할 수 있다는 가능성을 주장했고, 이의 발현 형태를 '잠정적 유토피아'로 명명했다.[24)]

이와 같이 한국에서 경제민주화를 주장하는 진영에는 자유주의자, 케인스주의자, 사민주의자와 정통 마르크스주의자까지 다양하게 분포되어 있고, 그들의 지향점이 차이가 나는 것도 사실이다. 그런데 좌파진영은 경제민주화가 낮은 단계 혹은 높은 단계의 차이는 있으나 결국 반자본주의 혹은 사회주의로 가는 길이라는 본질을 의식적 혹은 비의식적으로 은폐하고 있다. 그 대신에 경제민주화가 좌우를 떠나 소득불평등과 양극화의 문제를 해결할 수 있는 정의로운 제도이며 시대정신에 부합한다는 주장과 정치적 동원으로 한국 사회를 포획하는 데 성공했다. 이는 경제민주화를

24) '잠정적 유토피아'는 스웨덴의 비그포르스가 1930년대에 고안한 개념으로, 자본이 가지는 근본적인 권력인 소유권을 노동자들이 아래로부터의 경제민주화를 통해 빼앗아오는, 복지국가를 넘어서는 사민주의의 다음 단계로 설정된다(홍기빈, 2014).

전술로 하여 이미 일부 경제영역의 진지전에서 좌파가 승리한 것을 의미한다.

예수는 "가이사의 것은 가이사에게, 하나님의 것은 하나님께"(마태복음 22:21)라고 가르쳤다. 자유시장경제에 속하지 않는 것을 중립적인 경제질서로 왜곡하면 안 된다. 이제 경제민주주의는 좌파와 노동자의 이론이라는 원래의 자리로 돌아가야 한다.

서구와 한국에서 경제민주주의를 주장하는 정파들 가운데 일부는 새로운 사회 혹은 자본주의가 극복된 사회 또는 자본주의와 중앙집권적 공산주의를 극복한 제3의 모델로 구유고의 자주관리사회주의 혹은 몬드라곤협동조합 모델을 사례로 제시하고 있다. '사회적 소유'라는 불분명한 개념을 내세운 티토가 집권했던 구유고의 노동자자주관리제는 노동자평의회를 주된 제도로 하여 노동자평의회와 기업구성원이 경제적 결정권을 가졌는데, 구소련의 중앙통제적 제도와 별다른 차이를 보이지 못하고 높은 물가와 경제의 비효율로 사라졌다(임종철, 2012; 하태규, 2016). 이는 이미 발터 오이켄(Walter Eucken, 1948: 337)이 "자주관리는 결국 중앙행정의 도구가 될 것"이라고 예언한 바와 같다. 1956년에 설립된 몬드라곤협동조합도 가전회사 파고르의 파산 신청에서 보는 바와 같이 세계화의 과정에서 매우 취약한 모습을 드러냈고, 모든 조합원이 동등한 권리를 갖는 민주적이고 수평적인 기업구조인 협동조합의 정체성을 지키는 것이 국제 경쟁에서 어려운 과제이며, 향후의 전망도 불투명하다.

세 번째는 '한국 사회와 경제의 생태계를 훼손한 지대추구세력이 누구인가?' 혹은 '재벌이 한국 경제 만악(萬惡)의 근원인가?'의 해답을 찾는 것이다. 경제민주화론자들은 재벌 · 대기업이 한국 사회의 가장 큰 약탈세력이라는 인식에서 출발한다. 이런 맥락에서 '자본에 대한 사회적 통제'(송호근, 2012: 155)와 관련된 법률들이 경제민주화의 이름으로 경쟁적으로 입법화되고 있다. 현재도 공정거래 고발권 확대, 다중대표소송제 및 집단소송제 등의 규제 입법들이 준비 중이다. 이런 입장과 반대로 민경국은 경제민주화로 정부의 권력이 비대해지면 편 가르기의 불공정한 정치과정이 불가피해지고, 정치과정이 지대추구의 장으로 변질되어 사회적 갈등과 분열이 심화될 것이라 비판했다(민경국, 2012: 42).

그런데 경제개발 시대부터 지금까지 모든 문제의 근원은 재벌이라는 주장은 객관성이 떨어진다. 한국 경제의 분배 악화의 원인은 IMF 체제에서 실시된 영미(英美)식 구조조정이나 IMF 프로그램 탓이 크다는 주장이 더 설득력이 있다(신장섭, 시사저널, 2018. 09. 18). 또한, 재벌 · 대기업의 수입 원천이 약탈이 아니라 조직된 노조, 즉 "현대 · 기아차 노조 같은 글로벌 독과점 기업 노조, 공공부문, 금융 · 보건의료 같은 규제산업으로 구성된 준공공부문"이 독점적 지위로서 한국의 경제생태계를 교란하고 가난한 국민과 미래세대를 착취하는 최대의 지대추구세력, 약탈세력이라는 김대호의 주장이 경제민주화론자들보다 더 논리적이다(월간조선, 2018. 11). 그리고 이와 관련하여 우리나라 대기업 노동자의 임금 수준은 과다한 측면이 있다. 노민선(2017)이 기업 규모별 임금 격차를 국제 비교한 연구에 따르면, 국내 대기업 근로자의 임금 수준이 국내 중소기업 근로자와 큰 격차를 나타냄과 함께 미국과 일본의 대기업 근로자에 비해서도 높게 나타남을 볼 수 있다.[25]

이와 함께 경제 주권의 문제가 있다. "과거 한국 경제의 성장동력이던 재벌이 외환위기 이후 주주자본주의를 기치로 삼는 월가(Wall Street)식 금융

25) 2016년 기준으로 우리나라 전체 근로자의 임금은 500인 이상 대기업 근로자의 52.3% 수준에 불과하여 미국(88.5%)이나 일본(85.8%)과 현저한 격차를 보였지만, 구매력평가지수(PPP)로 환산한 국내 대기업의 임금은 6,048달러(2016)로 미국의 4,618달러(2014)보다 31.0%, 일본의 3,982달러(2015)보다는 51.9% 높게 나타났다. 한편 500인 이상 대기업 평균임금의 1인당 GDP 대비 비중은 202.4%(전체 105.9%)로, 미국(101.7%, 전체 90.1%)에 비해 100.7%p, 일본(117.3%, 전체 100.6%)에 비해서는 85.1%p 높게 나타났다(노민선, 2017).

자본주의에 포획됐다"(이근, 2015)는 지적은 현재 한국 경제의 현실을 나타내는 말이다. 이근과 이건호는 배당 및 이자로 외국으로 빠져나가는 대외투자소득 지급액이 연간 200억 달러(약 22조 원)를 상회한다는 연구 결과를 제시했다(이근 · 이건호, 2017: 54). 이는 2017년 연결재무제표를 제출한 코스피 상장사 533개사의 순이익 114조 5,926억 원의 20%에 가까운 액수다(한국경제, 2018. 04. 03).

한편 IMF를 계기로 국내 산업시장과 금융시장에 대거 유입된 투기자본과 금융자본이 과거 단기수익을 얻고 되파는 '먹튀'를 넘어 최근에는 주주자본주의를 내걸고 기업의 소유구조에서 기업 계속 가치의 훼손까지 자산매각, 배당, 영업환경, 고용 등을 통해 국민경제를 지속적으로 약탈하는 '빨대 자본'으로 진화하고 있다는 정승일의 주장도 주목할 만하다(오마이뉴스, 2015. 8. 31).[26]

우리나라는 폐쇄경제가 아닌 개방경제이므로 외국자본이 정상적으로 투자하고 이윤을 추구하는 것은 당연하다. 하지만 우리나라의 대기업은 외국인 펀드의 공격에 경영권방어가 취약한 역차별을 당하고 있다. 차등의결권이나 포이즌필(Poison Pill) 같은 경영권 방어장치가 도입되어 있지 않은 상태에서 론스타, 소비린, 엘리엇 사태에서 보듯이 대기업 대주주에게 적대적인 여론몰이의 분위기에서 주주들이 사익과 국익을 구별하지 못하면 한국

---

26) 국제투기자본인 론스타에 외환은행을 헐값으로 매각한 후유증이 아직도 해소되지 않고 있다. 외환은행 사태는 2002년 김대중 정부 말기에 론스타의 투자의향에서 시작하여 2003년 노무현 정부 시절 론스타가 외환은행을 인수했고, 2012년 이명박 정부 때 론스타가 외환은행을 하나금융지주에 매각함으로써 일단락되었다가 박근혜 정부에서 투자자-국가 간 분쟁(ISD)으로 이어져 현재 판결을 기다리는 상황이다. 이는 부실 가능성이 있다는 이유로 외환은행이 관료들의 주도로 은행을 인수할 자격이 없는 론스타에게 1조 3,800억 원의 헐값에 매각되었고, 론스타는 되파는 과정에서 4조 7천억 원의 이익을 챙겼으며, 그것도 모자라 정부를 상대로 5조 원대 ISD를 제기한 심각한 국부유출사건이었다. 그 결과 한국의 금융사업은 후퇴했고, 국력이 소모되었으며, 관료들은 출세했다. 그럼에도 우리나라는 이 사태에서 아무런 교훈도 얻지 못했다.

은 투기펀드의 놀이터로 전락할 위험에 처할 것이다.

이와 같이 오늘날 한국의 경제자유를 훼손하고 사회문제를 발생시키는 경제집단은 거대 공기업과 국가의 독점행정, 조직된 노동조합 그리고 국제 투기자본이라 할 수 있다. 특히 우리 사회에서 공기업을 지배하는 관료제와 조직된 노동조합을 효과적으로 통제하는 것은 불가능한 상황이다. 한국의 경제민주화론자들이 추구하는 많은 정책들은 제한된 의미의 노동자 혹은 이해당사자의 경제 참여를 초월하는 경제의 사회화를 의미하는 것이고, 이는 경제의 부자유를 증대시키고 사회문제를 더욱 심각하게 만들 것이다.

다음으로는 근로자의 경영참여제도인 공동결정제에 어떻게 접근할 것인가의 문제다. 독일에서 1947년 아렌강령을 계기로 1951년 노동자가 경영에 참여하는 제도가 성립된 후, 현재 유럽 31개국 가운데 19개국에 노동이사제가 도입되어 있고, 영국과 벨기에 등 12개국에는 도입되어 있지 않다(Hans-Böckler-Stiftung, 2016).

독일에서 근로자의 공동결정제도가 도입된 지 40년이 지났지만, 그 성과에 대한 평가는 일치하지 않는다. 알리안츠(Allianz), 바스프(BASF), 프레제니우스(Fresenius) 등은 노동이사제의 비효율성과 근로자 경영 참여에 대한 부담을 이유로 독일보다 감독이사의 숫자가 적어 신속한 경영 결정을 내릴 수 있는 유럽회사(이원적 이사회제도, SE)로 전환했다(Business Watch, 2017. 02. 17). 이렇게 근로자의 경영참여에 대한 부정적 견해가 확산되면서 사용자 단체를 중심으로 폐지 및 개선이 필요하다는 목소리가 높아지고 있다(김호균, 2006; 이정언, 2007). 유럽사회조사(European Social Survey)에 따르면, 독일의 노조조직률은 2002년 18.9%에서 2014년 15.6%로 떨어졌으며, 이는 유럽 평균 이하의 수준이다(Dieke & Lesch, 2017; Knuth, 2018). 이런 낮은 노조조직률과 글로벌화된 시장에 1950년대의 모델은 더 이상 유효하지 않다는 지적도 있다. 한편, 독일에서는 근로자대표가 기업의 의사결정에 참여하지만, 근로자 전환배치, 공장 이전, 인사징계 등의 핵심 경영 사안에는 노조가 큰 영향을 미치지 못한다. 독일의 노조는 산별노조체계이므로 임금은 산별노조 차원에서 결정되고, 개별 기업에 설치된 사업장평의회(Betriebsrat)에서 근로자의 의사결정 참여는 기업 내 복지 같은 제한적인 범위 내에서만 허용되고 있다. 이와 함께 독일에서 공동결정제를 실시하는 기업의 비율은 저조한 상태로, 5인 이상 기업 가운데 사업장평의회가 설치된 기업은 1996년, 1998년, 2017년에 각각 전체의 12%, 10%, 9%로 계속 감소했다(Bellmann & Ellguth, 2018: 7).

우리나라에서 노조의 경영참여제도는 노무현 정부 시절에 논의되었고, 당시 이정우 청와대 정책실장은 네덜란드 모델의 도입을 적극 검토했다(Pressian, 2003. 7. 1).[27] 이미 서울시는 산하 공공기관에 근로자이사제를 도입했고, 문재인 정부에서는 노동이사제가 국정과제로 채택되어 주택도시보증공사와 한전 등의 공기업에서 도입을 준비하고 있다. 그런데 앞에서 살펴본 바와 같이 독일에서도 공동결정제는 많은 기업들이 도입을 꺼리고 있고, 많은 부작용이 노출되었다. 서울시와 문재인 정부에서 추진하고 있는 근로자이사제 도입은 노사갈등의 증폭과 노조의 과보호를 초래할 가능성이 높다는 지적이 있다(이상희, 2016). 또한, 한국의 노동조합주의는 독일 같은 신뢰를 바탕으로 한 협력적 조합주의가 아닌 전투적 조합주의 색채가 짙어 노동자의 공동결정이 어려운 점이 있다(임종철, 2012). 그리고 우리나라에는 이미 사외이사제가 도입되어 있고, 1997년 '근로자 참여 및 협력증진에 관한 법률(이하 근참법)'을 제정했다. 우리나라의 노사협의제는 독일의 사업장평의회를 부분적으로 도입한 것이고, 우리나라 노사협의회의 근로자위원은 독일의 사업장평의원에 해당한다(김기우 외, 2012: 59). 그런데 노사협의회가 단

---

27) http://www.pressian.com/news/article.html?no=72121

체교섭화됨에 따라 노사협의회는 노사공동위원회로 성격이 변하여 기업의 발전과 근로자의 복지를 증진시킨다는 '근참법'의 근본 취지와는 달리 기업의 인사 경영권까지 근로자가 참여하고 있다.

2) 한국의 경제질서 재정립을 위한 제언

이상의 논의를 기반으로 한국이 선진 복지국가로 나아갈 수 있는 경제질서를 어떻게 재정립할 것인가에 대한 몇 가지 제언을 하고자 한다.

첫째, 규제를 통한 정의 구현이 아니라 기업가정신의 고양이 식어버린 한국의 경제성장 동력을 위해 필요하다. 현실에서는 정의를 앞세운 국가의 과다한 개입이 경제질서를 왜곡하고 바람직하지 못한 결과를 초래할 가능성이 크다. 이와 함께 국가는 기업가와 소비자의 경제행위를 위한 제도적이고 법적인 원칙 조건을 형성하는 질서정책(Ordnungspolitik)에 개입의 범위를 한정해야 하고, 직접 시장에 개입하는 과정정책(Prozesspolitik)은 원칙적으로 삼가야 한다는 질서자유주의의 원칙에 주목해야 한다. 국가를 통한, 또는 국가능력의 범위를 넘어서는 공공책임의 지속적인 확대는 효율성과 동태성을 해치는 것이다(Schlecht, 1990). 독일 질서자유주의의 창시자 중 한 명인 오이켄(1948: 332-333)은 올바르고 자유로운 경제질서는 자유방임으로는 실현될 수 없다는 점을 명백히 밝혔다. 콘체른, 카르텔, 노동집단 같은 경제적 권력집단이 경제자유를 훼손하기 때문이다. 오이켄은 여기에서 경제가 영위되는 형태들에 국한되는 계획이 필요하다고 주장했다. 다만, "계획은 경제가 영위되는 형태들에 국한되어야 하고, 경제적인 일상에서는 경제활동인들의 인간답고 자유로운 실존을 위협하거나 총 경제과정의 의미 있는 지도를 불가능하게 하는 형태들이 경제 자체로부터 형성되지 않도록 배려해야 한다"는 것이다.

세계에 유례없이 높은 상속세를 유지하고 기업가가 범법자가 안 되면서 합법적으로 기업을 승계할 방법은 마땅치 않다. 이와 관련하여 가장 앞선 복지국가를 건설한 스웨덴이 상속세를 폐지한 것은 의미심장하다. 재벌을 악의 화신으로, 기업가를 약탈자로 만들어 반기업문화를 확산시킨 결과 발생한 대가는 고스란히 국민이 치러야 할 몫이다.

둘째, 대기업의 규제 혹은 해체나 초과이익공유제와 같이 결과물을 재분배하는 것이 아니라, 대기업과 중소기업의 역할분담을 통한 건강하고 혁신적인 기업생태계 조성이 중요하다. 경제민주주의는 대 · 중소기업 간 불공정 행위의 시정, 동반성장 혹은 초과이익공유제 등을 주장하지만 결과적으로 징벌적 손해배상제도와 과잉규제 및 경쟁을 통한 정당한 이윤 창출을 부정하고 계약자유를 넘어서는 과다한 국가개입의 문제점을 안고 있다.

우리나라에서 중소 · 중견기업이 대기업으로 성장하지 못하는 이유는 재벌의 압박(김기원, 2012)이나 납품단가 후려치기 혹은 기술 · 인력 착취(정운찬, 2015) 때문이 아니라 기술개발과 혁신을 게을리 한 결과에 기인하는 측면이 크다. 대기업과 중소기업의 임금격차는 중소기업의 생산성 향상을 통한 경쟁력 강화의 결과로 인한 임금인상으로 완화되어야 할 문제이지, 대기업의 초과이익공유제 같은 방식으로는 해결할 수 없다. 중소기업이 중견기업으로, 중견기업이 대기업으로 성장할 수 있기 위해서는 무엇보다 기술혁신을 통한 생산성 향상으로 중소기업의 경쟁력을 강화해야 한다(김상철, 2019: 8-10). 또한, 중소기업은 글로벌전략의 수립을 통해 국제무대에서 주역으로 활동할 수 있어야 한다. 세계무대를 주름잡을 수 있는 중소기업인 '히든챔피언'을 양성하는 것이 한국 자본주의에서 고용과 성장의 두 마리 토끼를 잡기 위한 중장기적인 핵심과제다. 중소기업을 약자로 인식한 과다한 지원과 처방은 좀비기업만 양산하고 중소기업의 경쟁력을 훼손하게 만드는 원인이 될 수 있다. 대기업의 횡포는 당연히 근절되어야 하지만, 대기업 규제와 초과이익공유제 같은 방식으로는 문제해결을 할 수 없다. 세계에 유례없는 다양한 중소기업 지원, 특히 중소기업 고용주에 대한 지원정책을 정비하고, 중소기업이 글로벌 플레이어로 활약하기 위한 기술혁신지원과 직업능력개발을 중심으로 하는 인적 자원개발이 중소기업정책의 중심이 되어야 한다.

이와 함께 대기업은 미래의 먹거리를 창출할 수 있는 전략을 실현하는 선도그룹이 되어야 하며, 재벌에게는 '차등의결권'이나 '포이즌필' 도입 등으로 경영권을 일부 보장해줄 필요가 있다. 대규모의 혁신투자는 대기업이 담당할 몫이다. 대기업의 오너들은 문어발 경영을 청산하고 구글이 보여준 바와 같이 미래지향적인 산업에 적극적으로 투자해야 한다.

한편, 우리나라는 다른 선진국과 비교하여 대기업의 비중이 현저히 부족하다. 2017년 9월 28일 OECD가 발표한 「한눈에 보는 기업가정신 2017(Entrepreneurship at a Glance 2017)」이라는 보고서에 따르면 한국 대기업의 고용 비중은 전체의 12.8%를 차지하여 미국 58.7%, 일본 47.2% 등과 큰 격차를 보였고, 조사 대상 OECD 37개국 중 그리스(11.6%) 다음으로 낮은 수치다. 청년들이 중소기업 취업을 꺼리는 원인을 제거하기 위해 가장 효율적인 것은 대기업의 비중을 증가시키는 것이다.

마지막으로 '독일 같은 수출주도형 경제시스템인 우리나라에서 내수주도형, 임금/소득주도형 성장모델이 얼마만큼 유효할까?'라는 문제가 제기된다. 문재인 정부는 소득주도형 성장모델과 경제민주화를 연결시켜 정의로운 분배를 통한 경제성장을 추구하고 있다. 하지만 최근의 최저임금 상승을 주된 원인으로 하는 경제의 침체는 소득주도형 성장모델이 소규모 개방국가인 우리나라에 적용될 수 없음을 실증적으로 보여주고 있다. 그리고 노동자의 임금이익과 기업가의 이윤이익이 정면으로 대립한다는 전제는 사실에 위배된다. 노동자의 이해는 노동자의 생각 이상으로 기업가들의 이해와 일치한다(Weber, 1930: 364). 노동자의 몫은 경제 자체의 수익이 증가할 때만 증가할 수 있다.

독일 슈뢰더 수상이 단행한 노동시장 개혁인 하르츠 개혁이 독일의 경제를 살린 것에서 해답의 실마리를 얻을 수 있다. 기업의 경쟁력 향상을 위해 노동자는 임금인상 요구를 자제하고, 자본은 해고를 자제하여 노사가 양보하며 고통을 분담했다. 그 결과 독일 경제는 부활하여 유럽의 환자에서 모범생으로 변모하여 노사가 성장의 결실을 공유하고 있다. 아직도 우리는 제대로 된 성장전략이 필요하고, 성장은 기업이 주가 되어야 한다. 독일의 경제정책과 사회정책은 기본적으로 기업의 세계경쟁력 강화에 초점을 두고 있다. 2017년 독일 연방하원총선에서도 기독교민주당(CDU)은 물론이고 사회민주당(SPD)의 총선 공약에도 성장친화적 경제정책과 재정정책이 강조되었다.

참고문헌

국내문헌

권건보(2012). "경제민주화와 복지의 공법적 기초와 과제". 『공법연구』 41(2): 61-88.

권영성(2008). 『헌법학 원론』 2008년판. 법문사.

권오승(2006). 『시장경제와 법』. 서울대학교출판부.

김기우 · 하경효 · 이광택 · 김상호(2012). 『공동결정제도 도입을 위한 연구』. 한국노총 중앙연구원.

김기원(2012). "재벌개혁만이 재벌의 살 길"(경제민주화를 말한다!). 『뉴스토마토』 2012. 7. 22.

김동춘(2012). "한국 사회가 추구해야 할 경제민주화". 2012. 10. 8. 『FES 한국사무소 복지국가소사이어티 주최 심포지움 자료집: 경제민주화의 다양한 진보적 관점과 견해: 독일과 한국: 27-33.

김상겸(2009). "한국 경제질서와 헌법상의 경제조항에 관한 연구: 독일기본법과 관련하여". 『한독사회과학논총』 19(4): 3-28.

김상조(2012). "경제민주화의 의미와 과제: 재벌 · 중소기업 · 소상공인 문제를 중심으로". 『경제와 사회』 2012년 겨울호(통권 제96호): 112-140.

김상철(2019). "중소기업 지원 사회정책의 통합적 고찰과 시사점". 『재정정책논집』 21(1): 3-41.

김진방(2013). "재벌의 경제력 집중. 막을 수 있을까". 강석훈 외. "경제민주화 멘토 14인에게 묻다". 퍼플카우: 117-136.

김종인(2013). 『지금 왜 경제민주화인가?』. 동화출판사.

______(2017). 『결국 다시 경제민주화다』. 박영사.

김형기(2012). "경제민주화. 어떻게 접근할 것인가". 한국선진화 포럼 제65차 월례토론회 토론문. 2012. 5. 25.

김형성(2000). "독일과 한국에 있어서의 사회적 시장경제". 『법철학연구』 3(1): 189-210.

김호균(2006). "독일 공동결정제의 현황과 과제". 『EU학 연구』 11(1): 99-130.

김홍섭(2013). "'사회국가' 독일의 사회국가원리와 그 실현". 『독일언어문학』 vol. 61: 185-205.

노민선(2017). "기업 규모별 임금 격차 국제 비교 및 시사점". 『KOSBI 중소기업 포커스』 제17-13호. 중소기업연구원.

노진석(2015). “경제민주화 정책에 대한 헌법적 평가”. 『입법과 정책』 7(1): 281-304.

민경국(2012). “하이에크. 신자유주의 그리고 경제민주화”. 『황해문화』 통권 제76호: 27-46.

민경식 · 송태수(2012). “독일 연방헌법(Grundgesetz)과 사회적 시장경제질서”. 『중앙법학』 14(4): 39-67.

배진영(2010). “한국 경제질서의 특징과 변천: 대한민국 헌법을 중심으로”. 『경상논총』 28(2): 01-27.

_____(2012). “Wirtschaftsdemokratisierung: 독일에서 공부한 경제학자가 보는 경제민주화”. 한국경제연구원 KERI Column. 2012. 10. 8.

변형윤(1992). “경제민주화의 의의와 과제”. 『학현 변형윤 전집 7』: 경제정의와 경제민주화(2012). 지식산업사: 253-263.

성낙인(2009). 『헌법학』 제9판. 법문사.

_____(2013). “헌법과 경제민주화”. 『법제연구』 제43호: 7-42.

송기춘(2013). “경제정의와 헌법: 경제권력 통제를 위한 권력분립의 구상”. 『공법연구』 42(1): 55-80.

송석윤(2013). “바이마르헌법과 경제민주화”. 『헌법학연구』 19(2): 29-68.

송호근(2012). 『이분법 사회를 넘어서』. 다산북스.

신도철(2018). “우리나라 헌법 경제조항의 연혁과 개정방향”. 『질서경제저널』 21(2): 1-21.

신석훈(2012). “경제민주화. 어떻게 볼 것인가?: 법적 측면에서 본 경제민주화의 한계”. 한국경제연구원 세미나자료, 12(4): 1-24.

신장섭(2016). 『경제민주화… 일그러진 시대의 화두』. 나남.

신정완(2001). “노동자 경영참가 문제에 대한 스웨덴 노동조합 총연맹(LO)의 접근방식”. 『사회경제평론』 제17호: 95-130.

신중섭(2012). “‘경제민주화’는 마법의 언어인가?”. 한국경제연구원 KERI Column. 2012. 9. 19.

양준호(2012). “전후 일본의 경제민주화: 재벌 해체 및 노동개혁을 중심으로”. 『황해문화』 통권 제76호: 84-113.

위평량(2017). “문재인대통령 경제민주화정책 수행평가와 시사점(I)[경제민주화 10대 분야 공약을 중심으로]”. 『경제개혁리포트』 2017-12호.

_____(2018). “문재인대통령 경제민주화정책 수행평가와 시사점(II)[집권 1년의 회고와 시사점]”. 『경제개혁리포트』 2018-04호.

유승익(2012). “헌법 제119조 제2항 ‘경제의 민주화’ 해석론”. 『법학연구』 제47호: 1-20.

유종일(2011). “경제민주화: 개념, 역사, 전략”. 민주화운동기념사업회 민주주의배움터 강연자료: 1-22.

이광택(2018). “독일 기업공동결정법의 전개과정”. 『국제노동』 통권 제236호: 47-75.

이근 · 이건호(2017). “글로벌 차원의 경제민주화와 한국 자본주의의 개혁”. 조국 엮음(2017). 경제민주화의 이론과 과제: 47-85. 경인문화사.

이병천(2011). “대한민국 헌법의 경제이념과 제119의 한 해석: 지배의 정당성 대 민주적 정당성”. 『동향과 전망』 제83호: 144-179.

이상훈(2011). “스웨덴모델의 역사와 신자유주의”. 『사회운동』 통권 101: 139-155.

이상희(2016). “서울시 공기업 근로자이사제 도입의 문제점 검토”. 2016. 5. 19. 바른사회시민사회 주최 “서울시 근로자이사제 도입의 문제와 파장” 토론회 자료집.

이정언(2007). “독일 공동결정제도 30년: 효율성 논의와 제도 개선”. 『국제노동브리프』 5(2): 74-82.

이정우(2013). “경제민주화의 과제”. 『내일을 여는 역사』 통권 50: 18-26.

임종철(2012). “무엇이 경제민주화인가: 경제민주화: 원론적 고찰”. 『한국논단』 278: 8-19.

장용근(2012). “경제민주화논쟁에 대한 헌법적 고찰”. 『世界憲法研究』 18(3): 63-91.

장하성(2015). 『한국 자본주의』. 헤이북스.

전삼현(2004). 『독일의 감사회와 근로자 경영참여』. 한국경제연구원.

전성인(2014). “경제민주화는 곧 경제정상화다”. 『프레시안』 2014. 2. 12.

전철환(1987). “민주화와 경제정책기조의 전환방향”. 전철환(2002). 『경제민주화와 위기의 대응철학』. 지식산업사: 13-22.

정승일(2017a). “소득주도 성장과 혁신 성장. 경제민주주의”. 『KDF REPORT: Issue & Review on Democracy』 20호. 한국민주주의연구소.

______(2017b). 『누가 가짜 경제민주화를 말하는가. 문제는 자유시장 자본주의다』. 책담.

______(2017c). “대통령 선거의 경제학”. 하이에크와 슘페트. 케인즈. 한국 사회경제학회 30주년 기념 학술대회: 한국경제의 현황과 과제: 새 정부가 나아갈 길 발표문.

______(2018). “경제민주주의와 직장민주주의”. 약탈경제반대행동 2018년 회원토론회 자료집.

정운영(1988). “경제민주화 방향과 과제”. 『한겨레』 1988. 5. 15.

정운찬(1990). “경제민주화. 잘 돼가고 있는가?”. 『계간 사상』 1990년 가을호: 32-62.

______(1997). “우리나라의 경제 민주화”. 『문학과 사회』 10(4): 1362-1378.

______(2013). “초과이익공유제. 공산주의적 발상인가”. 강석훈 외. “경제민주화 멘토 14인에게 묻다”. 퍼플카우: 139-161.

______(2015). “경제민주화와 동반성장. 동반성장과 경제민주화. 어떻게 실현할 것인가?” 토론회 자료집: 8-15.

정일준(2013). “경제민주화 담론투쟁의 정치사회학: 비판담론. 권력담론에서 통치담론으로?”. 한국사회학회(엮음), 상생을 위한 경제민주화, 나남: 255-293.

조국 엮음(2017). 『경제민주화의 이론과 과제』. 경인문화사.

최종태(1981). 『현대노사관계론』. 경문사.

하태규(2016). "대안사회경제의 소유형식: 역사적 사례 평가". 『사회경제평론』 통권 제50호: 149-183.

한국경제연구원(2012). 『경제민주화의 함정』. 한국경제연구원.

허영(2018). 『한국헌법론』. 박영사.

현경대(1988). 『신헌법』. 박문각.

홍기빈(2011). 『비그포르스, 복지 국가와 잠정적 유토피아』. 책세상.

홍준형(2018). "경제헌법 개정의 방향". 『공법연구』 46(4): 149-165.

황승흠(2017). "경제민주화의 기원: 제헌헌법의 이익균점권". 조국 엮음(2017). 『경제민주화의 이론과 과제』. 경인문화사: 157-194.

황신준(2000). "사회적 시장경제, 질서자유주의, 사회민주주의: 독일의 경제질서이념과 현실체제를 둘러싼 혼동". 『국제경제연구』 6(3): 145-165.

______(2013). "사회적 시장경제의 이해: 독일의 경제질서 이념과 현실 체제에 관한 고찰". 『정책연구』 2013년 가을 통권 178호: 131-161.

황준성(2006). "독일의 사회적 시장경제의 특징과 한국 시장경제에 주는 시사점". 콘라드 아데나워 재단. 독일의 사회적 시장경제와 한국 사회의 대안적 발전방향에 관한 국제 심포지엄: 47-85.

______(2011). 『질서자유주의. 독일의 사회적 시장경제』. 숭실대학교출판국.

국외문헌

ADGB (1928/2000). Resolution des ADGB-Kongress 1928 in Hamburg über "Die Verwirklichung der Wirtschaftsdemokratie." in: Michael Schneider (ed.): Kleine Geschichte der Gewerkschaften. Ihre Entwicklung in Deutschland von den Anfängen bis heute. Dietz: Bonn: 524-525(Dokument 16).

Bellmann, Lutz & Ellguth Peter (2018). Zum Rückgang der betrieblichen Mitbestimmung, IAB-Stellungnahme, 4/2018.

Bierbaum, Heinz (2018). Wirtschaftsdemokratie - von der mitbestimmung zur sozialistischen Transformation, in: Demirovic, Alex(ed.), Wirtschaftsdemokratie neu denken, Westfälisches Dampfboot: 12-23.

Bontrup, Heinz-J. (2006). Wirtschaftsdemokratie statt Shareholder-Kapitalismus, Utopie kreativ, Nr. 186: 299-310.

BÜNDNIS 90/DIE GRÜNEN (2002). Die Zukunft ist grün. Grundsatzprogramm von BÜNDNIS 90/DIE GRÜNEN.

CDU (1947). Ahlener Programm: "CDU überwindet Kapitalismus und Marxismus," Das Ahlener Wirtschafts- und Sozialprogramm der CDU. 1.-3. Februar 1947.

_____ (1949). Düsseldorfer Leitsätze: "Wirtschaftspolitik, Landwirtschaftspolitik, Sozialpolitik, Wohnungsbau", Vom 15. Juli 1949.

_____ (2007). Freiheit und Sicherheit. Grundsätze für Deutschland., Das Grundsatzprogramm. Beschlossen vom 21. Parteitag Hannover, 3.-4. Dezember 2007.

Dahl, Robert A. (1985). A Preface to Economic Democracy, University of California Press, 로버트 달, 배관표 역(2011). 『경제민주주의에 관하여』. 후마니타스.

Demirovic, Alex (2012). Zum Geleit, in: Plener, Ulla (2012). Demokratisierung, Beiträge zur Strategie der Linken, Rosa-Luxemburg-Stiftung: Berlin.: 7-11.

_____(ed.) (2018). Wirtschaftsdemokratie neu denken, Westfälisches Dampfboot.

DGB (1949/2000). Wirtschaftspolitische Grundsätze des Deutschen Gewerkschaftsbundes vom Oktober 1949. in: Michael Schneider(ed.): Kleine Geschichte der Gewerkschaften. Ihre Entwicklung in Deutschland von den Anfängen bis heute. Dietz: Bonn: 544-550.

_____ (2010). DGB-Bundeskongress: Arbeit, Gerechtigkeit, Solidarität, Berlin.

_____ (2016). Offensive Mitbestimmung: Vorschläge zur Weiterentwicklung der Mitbestimmung. Beschluss des DGB-Bundesvorstandes vom 12. Juli 2016.

https://www.dgb-bestellservice.de/besys_dgb/pdf/DGB10020.pdf(2017년 12월 9일 접속)

DIE LINKE (2017). "Sozial. Gerecht. Frieden. Für alle".-Wahlprogramm der Partei DIE LINKE zur Bundestagswahl 2017.

Dieke, Saskia & Hagen Lesch (2017). Gewerkschaftliche Mitgliederstrukturen im europäischen Vergleich. Ergebnisse des European Social Survey(IW-Trends, 3).

Engelkamp, Paul & Sell, Friedrich L. (2017). Einführung in die Volkswirtschaftslehre, Springer Gabler.

Eucken, Walter (1948). Die soziale Frage, in: Ludwig Erhard Stiftung(ed.): Grundtexte zur SozialenMarktwirtschaft. Zeugnisse aus zweihundert Jahren ordnungspolitischer Diskussion; Stuttgart, Fischer; 329-339.

_____ (1952/2004): Grundsätze der Wirtschaftspolitik, 7. Aufl., Tübingen.

Frühbauer, Johannes J. (2013). "Wirtschaftsdemokratie. Sichtung eines programmatischen Begriff", Kirche und Gesellschaft, Themenheft Nr. 400/2013: 1-16.

Fuchs-Heinritz, Werner, Rüdiger Laufmann, Otthein Rammstedt, Hanns Wienold(Hg.)

(1994). Eintrag Wirtschaftsdemokratie. In: Lexikon zur Soziologie. 3. Auflage. Westdeutscher Verlag, Opladen, p. 747.

Furåker, Bengt (2016). The Swedish wage-earner funds and economic democracy: is there anything to be learned from them?, Transfer: European Review of Labour and Research, 22(1): 121-132.

Hager, Werner, Rüdiger Sagel, Robert Zion, Hubertus Zdebel, Jürgen Klippert (2007). Grüne Wirtschaftsdemokratie statt der "unsichtbaren Hand des Marktes". Langfassung.

Hans-Böckler-Stiftung (2016). Erfolgsmodell Mitbestimmung, Böckler Impuls 01/2016.

Hensche, Detlef (1976). Grundsatzprogramm und Wirtschaftsordnung. Zur gewerkschaftlichen Programmatik seit 1945, GewerkschaftlicheMonatshefte 11/1976: 688-696.

Husmann-Driessen, Jens (2006). Die Ideologiesprache der beiden Volksparteien SPD und CDU in ihrer Grundsatzprogrammatik seit der Gründung der Bundesrepublik Deutschland, Univ., Diss.: Duisburg, Essen.

Hyman, Richard (2011) Economic Democracy: An Idea Whose Time Has Come, Again? Global Labour Column, Nr. 56, Apr 2011, Blog entry.

Hyman, Richard (2016) The very idea of democracy at work. Transfer: European Review of Labour and Research, 22(1): 11-24.

Konrad-Adenauer-Stiftung (2009). Guidelines for Prosperity, Social Justice and Sustainable Economic Activity, Konrad-Adenauer-Stiftung.

Lange, Christan (2004). Schluss mit der Wirtschaftsdemokratie!, Berliner Republik, 2/2004.

Malleson, Tom (2013). Economic Democracy: The Left's Big Idea for the Twenty-First Century? New Political Science, 35(1): 84-108.

______ (2014). After Occupy: Economic Democracy for the 21st Century 1st Edition, Oxford University Press.

Meine, Hartmut & Stoffregen, Uwe (2010). Mehr Wirtschaftsdemokratie wagen! Auf dem Weg zu einer Alternative zum Finanzmarktkapitalismus, Sozialismus 7-8/2010: 40-47.

Müller-Armack, Alfred (1946). Wirtschaftslenkung und Marktwirtschaft, in: Müller-Armack, Alfred (1976). Wirtschaftsordnung und Wirtschaftspolitik, Verlag Paul Haupt: Bern und Stuttgart: 19-170.

______ (1956). Soziale Marktwirtschaft, in: Müller-Armack, Alfred(1976). Wirtschaftsordnung und Wirtschaftspolitik, Verlag Paul Haupt: Bern und

Stuttgart: 243-249.

Müller-Jentsch, Walther (2008). 1918-1952. Mitbestimmung für eine neue Wirtschaftsordnung nutzen, Magazin Mitbestimmung 01+02/2008.

Naphtali, Fritz(ed.) (1928). Wirtschaftsdemokratie. Ihr Wesen, Weg und Ziel, Berlin.

Negt, Oskar (2011). Keine Zukunft der Demokratie ohne Wirtschaftsdemokratie, in: Hartmut Meine, Michael Schumann, Hans-Jürgen Urban(ed.). Mehr Wirtschaftsdemokratie wagen!, VSA-Verlag: Hamburg: 7-13.

Nipperdey, Hans Carl (1954). Die soziale Marktwirtschaft in der Verfassung der Bundesrepublik, Schriftenreihe der juristische Studiengesellschaft Karlsruhe, H. 10, Muller C. F: Karlsruhe.

Papier, Hans-Jürgen (1999). Soziale Marktwirtschaft-ein Begriff ohne Verfassungsrechtliche Relevanz, in: Nörr, Knut Wolfgang and Starbatty, Joachim(ed.). Soll und Haben –50 Jahre Soziale Marktwirtschaft, Lucius und Lucius: Stuttgart: 95-114.

______ (2007). Wirtschaftsordnung und Grundgesetz, in: Aus Politik und Zeitgeschichte, Heft 13: 3-9.

Plener, Ulla (2012). Demokratisierung, Beiträge zur Strategie der Linken, Rosa-Luxemburg-Stiftung: Berlin.

______ (2014). Für umfassende Demokratie in Wirtschaft und Staat als Strategie der Linken im 21. Jahrhundert: Überlegungen, Thesen, Fragen, in: Weipert, Axel(2014)(ed.). Demokratisierung von Wirtschaft und Staat: Studien zum Verhältnis von Ökonomie, Staat und Demokratie vom 19. Jahrhundert bis heute. NORA: Berlin: 9-36.

Potthoff, Heinrich (1985). Wirtschaftsdemokratie –Grundlagen und Konsequenzen, Gewerkschaftlichen Monatshefte 3/1985: 139-151.

Reichel, Herbert (1976). Das《Ahlener Programm》der CDU – ein fortwirkender Auftrag und seine Grenzen, JCSW 17: 243-264.

Ritter, Gerhard A. (1994). Die Entstehung des Räteartikels 165 der Weimarer Reichverfassung, Historische Zeitschrift, 258(1): 73-112.

Scharpf, Fritz W. (2009). Weshalb die EU nicht zur sozialen Marktwirtschaft werden kann, in: Zeitschrift für Staats- und. Europawissenschaften 7(3-4): 419-434.

Schlecht, Otto (1990). Grundlagen und Perspektiven der Sozialen Marktwirtschaft, J.C.B.Mohr: Tübingen/안두순 · 김태구 · 민경국 · 배진영 · 정중재 · 조태영 공역(1993). 『사회적 시장경제』. 비봉출판사.

Schweickart, David (2011). After Capitalism, Rowman and Littlefield, INC, 2nd edition.

Šik, Ota (1979). Humane Wirtschaftsdemokratie. Ein Dritter Weg, Knaus: Hamburg.

Sjöberg, Stefan (2006). Kollektive Vermögensbildung in Arbeitnehmerhand, Utopie Kreativ(186): 311-322.

SP (2013). Wirtschaftsdemokratie-eine《konkrete Utopie》mit Zukunft? Broschüre der Tagung Volkshaus Zürich vom 4. und 5. Juli 2013.

_____ (2016). POSITIONSPAPIER SP SCHWEIZ, Eine Zukunft für alle statt für wenige - Eine demokratische, ökologische und solidarische Wirtschaft zum Durchbruch bringen. Verabschiedet am Parteitag vom 3./4. Dezember 2016.

_____ (2017). Eine demokratische, ökologische und solidarische Wirtschaft zum Durchbruch bringen. Aktionsplan gemäss Auftrag des Parteitags vom 3. Dezember 2016. Verabschiedet am 18. August 2017.

SPD (1989). "Berliner Programm"(1989 bzw. überarb. Fassung 1998). Grundsatzprogramm der Sozialdemokratischen Partei Deutschlands: beschlossen vom Programm-Parteitag der Sozialdemokratischen Partei Deutschlands am 20. Dezember 1989 in Berlin.

_____ (2017). Zeit für mehr Gerechtigkeit. Unser Regierungsprogramm für Deutschland.

Streit, Manfred E. (1997). Die Soziale Marktwirtschaft- Audlauf- oder Exportmodell?, Historisch-Politische Mitteilungen, 4(1): 239-260.

Zwicky, Pascal (2013): Economic Democracy as a Key Element of a Social Europe, in: E. Stetter, K. Duffek & A. Skrzypek (ed.). For a Coneecting Progressive Agenda, FEPS Next Left Book Series vol 9, FEPS Renner Institut: Brussels: 358-394.

6장

전삼현

한국 경제의 장애물인 독점규제법의 선진법제와의 비교

1. 서론

세계 최초의 독점규제법인 1890년 셔먼법(Sherman Antitrust Act)이 제정될 당시만 하더라도 스탠더드오일(Standard Oil)사가 시장을 독점하는 것이 가능했기 때문에 독점금지에 가장 큰 목적을 둔 바 있다.[1] 그러나 1995년 WTO 체제 출범 이후에는 무역장벽이 허물어지면서 독점보다는 시장지배적 지위를 남용하거나 부당한 공동행위를 통한 경쟁제한행위에 대한 금지를 목적으로 그 역할이 변모했다. 따라서 최근에는 독점금지법을 '경쟁법'이라는 이름으로 부르는 것이 일반적이다. 이는 독점금지법이 사전규제보다는 사후규제 방식을 통해 경쟁제한행위를 규제하는 데 목적을 두어야 한다는 것을 의미한다. 즉, 시장의 성장과 소비자권익 증진을 위해서는 사전규제보다는 사후규제로 전환해야 한다는 것이다.

특히, 오프라인과 온라인이 융합하는 O2O 환경에서 우리나라처럼 사전규제를 주된 내용으로 하는 경제력집중억제에 초점을 맞춘 독점금지법

---

1) 황태희(2011), "미국/EU 경쟁법 및 관련제도 비교연구", 외교통상부연구보고서, 12쪽 참조. 1890년대에 제정된 셔먼법은 소수의 자본가가 시장의 독점적 지위를 확보하기 위해 트러스트(trust)를 형성하는 것을 방지하기 위해 제정되었다.

이 순기능을 할 수 있을지에 대한 고민이 필요한 것이 사실이다.

이미 전 세계는 4차 산업혁명이라는 거대한 시장 재편의 파도에 직면해 있다. 기업들 스스로 파도를 이겨내면 국가경쟁력이 제고되는 것이며, 기업들이 이 파도를 이겨내지 못하면 국가경쟁력은 하락할 수밖에 없는 절박한 상황에 직면하고 있다.

이 시점에서 제조업과 서비스업을 주 대상으로 입법된 우리나라의 독점금지법(공정거래법)이 어떠한 역할을 해야 하는지에 대한 심도 있는 고민을 통한 방향제시가 시급한 실정이다. 여기에는 하도급법도 포함되어야 한다.

문재인 정부 출범 이후부터 국내투자가 급속도로 감소하면서 해외투자가 증가하는 현상들이 나타나고 있다. 그 원인이 정부실패 때문인지 아니면 시장실패인지에 대한 답을 명확히 내기는 어렵다.

그러나 분명한 것은 세계의 경제질서가 급변하는 현 시점에서 4차 산업혁명에 성공하고 있는 것으로 추정되는 국가들의 독점금지법의 기본원칙과 입법 양태, 그리고 법집행에 대해 비교연구하고 시사점을 얻는 것은 매우 중요하다고 본다.

2.

공유경제와 탈중앙화의 본질과 독점금지법의 역할

4차 산업혁명의 전도사로 알려진 이민화 교수는 "4차 산업혁명은 공유경제로 진화한다. 글로벌 경제는 1 · 2차 산업혁명의 오프라인 소유경제에서 3차 산업혁명의 온라인 공유경제를 거쳐 4차 산업혁명의 O2O 공유경제로 진화하고 있다. 그런데 전 세계 경제의 절반 이상이 물갈이되는 공유경제에서 한국은 저 멀리 뒤처져 있다. 한국의 공유경제 로드맵이 절실한 이유다"라고 글을 쓴 바 있다.[2] 이는 3차 산업혁명 이후부터 소유경제가 아닌 공유경제[3]가 세계 경제를 주도하고 있다는 것을 의미한다. 4차 산업혁명 시대에는 오프라인과 온라인이 결합한 클라우드 기반의 공유경제가

---

2) 서울경제, 2018. 1. 24. 칼럼.

3) 공유경제(Sharing Economy)란 2008년 하버드대학교의 로런스 레식(Lawrence Lessig) 교수가 사용한 용어다. 이미 생산된 제품을 여럿이 함께 공유해서 사용하는 협력 소비경제로, 대량생산체제의 소유 개념과 반대 개념으로 이해되고 있다. 에어비앤비(AirBnB)나 지식 공유 플랫폼 위즈돔, 우버 등이 대표적인 예로 알려지고 있다. 물론, 공유경제를 형성하는 데 기반이 되는 프로세스 및 상거래 의식 등이 정착되지 않아 거래안전 또는 서비스나 상품의 질을 보장하기 어려운 부작용이 우려되는 점들이 있기는 하지만, 이를 억제하기는 어려운 상황으로 이해된다.

세계 경제의 주요 트렌드가 된다는 것을 의미한다.

이는 기업 간 집단화를 통한 규모의 경제가 기업 간 정보공유의 경제로 진화하고 있다는 것을 의미한다. 대표적인 예로 2015년에 구글이 AI개발용 머신러닝 시스템인 텐서플로(TensorFlow)를 오픈소스로 공개했으며, 알파고(AlphaGo)도 이러한 시스템 하에서 탄생한 오픈소스 기반의 AI라는 점을 감안해보면 클라우드 기반의 정보공유 기반의 공유경제가 소유경제에 기반을 둔 기존 산업에 큰 변화를 요구하고 있는 것은 사실이다.

이런 관점에서 본다면 현재 2차 산업혁명 시대에 초점이 맞추어진 우리나라의 독점규제및공정거래법이 어느 방향으로 나아가야 하는지에 대한 고민이 깊어질 수밖에 없는 것이 사실이다.[4)]

또한 최근에는 중개자(정부, 플랫폼사업자)들에 대한 불신이 확대되면서 블록체인 및 비트코인의 등장과 함께 탈중앙화에 대한 논의가 한창 진행 중이다. 2017년 다보스 포럼에서 4차 산업혁명의 핵심기술로 빅데이터와 블록체인을 언급한 바 있으며, 블록체인의 핵심이념은 탈중앙화다.[5)]

탈중앙화 역시 모호한 개념임은 분명하다. 그럼에도 굳이 정의해보자면 "어떤 네트워크 내에서 일어난 사건에 대한 사실과 의사결정에 관련된 합의를 중앙의 권위 있는 집단으로부터 네트워크 내 다수에게 분산시키거나 위임하는 프로세스"[6)]라고 정의할 수 있다고 본다. 즉, 대형컴퓨터를 소

---

4) 이봉의 · 최난설헌(2018), "4차 산업혁명에 따른 경쟁법 현대화 방안", 공정거래위원회정책연구보고서, 5쪽 이하 참조.

5) 이제영, "블록체인기술의 전망과 한계 그리고 시사점", 『Future Horizon』 2018년 제4호, 12쪽 참조; Marcella Atzori, "BLOCKCHAIN TECHONOLOGY AND DECENTRALIZEDGOVERNANCE: IS THE STATE STILL NECESSARY," *Journal of Governance and Regulation* Volume 6, Issue1, 2017, p. 45.

6) 이 개념은 Wikipedia에서 인용한 것임. "Decentralization is the process by which the activities of an organization, particularly those regarding planning and decision-making, are distributed or delegated away from a central, authoritative location or group."

유하면서 거래의 중개자 또는 수임자로 역할 하는 주체들이 권력화되면서 거래참여자들의 의사나 이해관계가 배제되는 것을 개선하기 위한 새로운 체제의 수립을 위한 시도라고 해석된다.

이는 종래 기업 간 수직적 계열화 또는 수평적 결합을 통한 경제력집중이 더 이상 부당하게 경쟁을 제한할 위험한 요인이 되지 않는다는 것을 의미하기도 한다.

물론, 블록체인기술이 현재의 중개자들이 갖고 있는 신뢰의 문제를 해결하는 데 너무 많은 시간과 비용을 필요로 하기 때문에 현실에 적용하기는 어렵다는 지적들이 많았다.[7)]

그러나 이러한 합의 알고리즘도 점차 진화하고 있기 때문에 다양한 문제점들을 극복할 수 있을 것으로 예상된다. 예를 들어 1세대 암호화폐인 비트코인과 2세대 암호화폐인 이더리움의 경우 암호키 부여와 관련해 작업증명방식(PoW, Proof of Work)을 사용하고 있기 때문에 시간과 비용문제로 시장의 신뢰를 얻는 데 한계가 있는 것은 분명하다. 그러나 3세대 암호화폐들이 많은 비용과 시간을 소모하는 문제점을 극복하고자 지분증명방식(PoS, Proof of Stake)으로 전환되면서 실생활에 블록체인이 한 걸음 더 가까이 갈 수 있도록 진화되어가고 있다. 이오스(EOS), 퀀텀(QTUM), 에이다(ADA) 등 3세대 블록체인 기반의 암호화폐들의 탈중앙화도 시장의 신뢰를 얻을 수 있다는 것을 입증하고자 기술개발에 박차를 가하고 있는 것으로 추정된다.

이미 시장도 상당 부분 이에 대한 신뢰를 보이고 있는 것으로 추정되며, 기존의 중개자들이 블록체인을 동반자로 인정하고 상생하려는 노력을 보이고 있다.

이를 구체적으로 살펴보면 이미 JP Morgan이 JMP코인을 발행한 바

7) 이제영, 전게 글, 12쪽 참조.

있으며[8] 아마존, 페이스북[calibra], 스타벅스 등도 자체 코인 발행을 추진하고 있고, 뉴욕증권거래소의 모회사인 미국의 ICE(Intercontinental Exchange)와 마이크로소프트, 스타벅스, 보스턴컨설팅이 모여 만든 암호화폐 거래 사이트인 '백트(Bakkt)'가 2019년 8월 16일 뉴욕금융서비스부(NYDFS)로부터 신탁회사 운영허가를 획득하며 실물인도 비트코인 선물상품을 지원할 수 있게 되었다.[9]

이런 관점에서 본다면 이미 정부가 오프라인을 전제로 기업의 지분소유와 규모에 따라 경제력집중을 억제하려는 현행 독점규제법이 과연 변화하는 현시점에서 순기능할 수 있는지에 대한 근본적인 의문에 직면할 수밖에 없는 것이 현실이다. 물론, 4차 산업혁명이나 공유경제, 탈중앙화, 블록체인, 암호화폐 등은 모두 아직 제도적으로 개념이 정립된 것은 아니다.

그러나 이미 세계 경제질서는 이러한 흐름 속으로 진입해버렸고, 이러한 상황에서 독점금지법이 어떠한 역할을 해야 하는지에 대한 고민이 필요한 것이 사실이다. 물론, 현시점에서 어떻게 독점금지법을 개정해야 하는지에 대한 구체적인 방안을 제시하기는 어렵다.

다만, 미국이나 독일, 일본 그리고 우리나라의 독점금지법 제도를 비교검토하고 공유경제와 탈중앙화를 구현하기 쉬운 법제도가 무엇인지를 분석한 후 우리나라의 독점금지법이 나아가야 할 방향을 제시하는 것은 가능하다고 본다.

이하에서는 이러한 관점에서 각국의 독점금지에 관한 법제도를 검토해본 후 우리나라 독점금지법의 개정방향을 제시하고자 한다.

---

8) 『데일리토큰』, 2019. 2. 15. 기사.

9) 『토큰포스트』, 2019. 8. 17. 기사.

3. 각국의 독점금지법 제도 검토

1) 우리나라

(1) 개요

우리나라에서 1980년에 제정된 독점금지법의 원래 명칭은 "독점규제및공정거래에관한법률"인데, 최근에는 일반적으로 '공정거래법'이라고 부르고 있다. 그 이유는 1995년 WTO체제 출범 이후 사실상 무역장벽이 와해되면서 시장독점이 불가능하기 때문에 그 이후부터는 시장에서의 지배적 사업자로서 경쟁을 제한하는 행위를 억제시키는 데 초점을 맞추어 법을 개정하고 집행하다 보니 이를 '경쟁법'이라고 부르는 것이 일반적이다.

우리나라는 시장지배적 지위 남용 규제(법 제3조~제6조) 외에도 경쟁제한 방지 차원에서 다른 국가들과 달리 경제력집중억제와 기업결합 규제, 지주회사 규제, 금산분리 규제 등과 같은 독특한 경쟁법 제도들을 입법화하고 있다. 특히, 공정거래법상 지주회사에 대해서는 자산총액이 5천억 원 이상(법 제2조 1의2, 법시행령 제2조 제1항), 상호출자제한집단에 대해서는 자산 총액

5조 원 이상(시행령상으로는 10조 원으로 상향)을 기준으로 정하고 이에 대한 특별한 규제를 가하고 있다(법 제14조 제1항, 법시행령 제21조 제2항).

특히, 경제력집중과 관련해서 다른 국가들은 시장집중에 한해 규제를 가하고 있는데, 우리나라는 시장집중은 물론이고 일반집중과 소유집중에 대해서도 억제하는 광범위한 규제를 가하고 있다. 즉, 시장에서의 경쟁제한행위가 발생하지 않더라도 기업의 그룹규모가 크거나 특정인이 소유한 지분이 많은 경우에는 경쟁제한행위가 발생할 우려가 높아서 이러한 위험을 감소시키는 차원에서 사전규제를 가하고 있다.

그리고 지주회사 규제(법 제8조, 제8조의2, 제8조의3), 상호출자금지(법 제9조), 순환출자금지(법 제9조의2), 계열회사에 대한 채무보증금지(법 제10조의2), 금융회사 또는 보험회사의 의결권 제한(법 제11조), 대규모 내부거래의 이사회 의결 및 공시(법 제11조의2), 비상장회사 등의 중요사항 공시(법 제11조의3), 기업집단현황 등에 관한 공시(법 제11조의4), 주식소유현황 등의 신고(법 제13조), 상호출자제한기업집단 등의 지정 등(법 제14조), 계열회사의 편입 및 제외 등(법 제14조의2), 이행강제금(법 제17조의3), 3배 징벌배상에 관한 사소제도(법 제56조) 등 우리나라에만 존재하는 법적 규제들이 많다. 특히, 원사업자와 수급사업자 간에 동등한 지위에서 거래할 수 있도록 제정된 "하도급거래공정화에관한 법률(하도급법)"은 공정거래법과는 독립되어 있기는 하지만 공정거래위원회가 소관부처라는 점에서 경쟁법의 한 부류에 속하는데, 이 역시 세계에서 유일한 법률이다.

물론, 글로벌 스탠더드에 부합하는 부당공동행위나 시장지배적 지위 남용을 통한 경쟁제한행위들을 규제하고 있다. 1980년 최초 제정 당시의 우리나라 독점금지법은 독일이나 미국처럼 부당공동행위와 시장지배적 지위남용행위에 대해서만 규제를 했다. 그러나 1986년 법 개정을 통해 경제력집중억제에 관한 규정들이 도입되면서 오늘날과 같은 독점금지법 형태를 취하고 있다.[10] 이와 관련해 우리나라 독점금지법의 역할이 지나치게 오프라인 경제시스템에 초점이 맞춰져 있다는 점에서 향후 새로운 먹거리를 위한 역동적 산업성장에 장애요인이 되고 있는 것은 아닌지 검토해볼 필요가 있다.

(2) 세계적으로 보편화된 경쟁제한행위 규제

① 시장지배적 지위의 남용금지

시장지배적 지위라 함은 특정 시장에서 점유율이 현저히 높거나 경쟁자가 별로 없는 상태에 있는 사업자의 지위를 말하며, 다른 말로는 '독과점 사업자'라고도 한다. 공정거래법이 이러한 시장지배적 지위에 있는 사업자를 규제하는 이유는 특정한 품목에 대한 시장점유율이 높은 독과점 사업자가 그 지위를 남용하는 경우 소비자는 물론이고 여타 사업자에게 피해를 주는 경쟁제한행위가 발생할 여지가 있어 독점금지법에서 이를 규율하고 있다.

이와 관련해 우리나라의 독점금지법은 시장지배적 사업자가 ① 상품의 가격이나 용역의 대가(이하 "價格"이라 한다)를 부당하게 결정 · 유지 또는 변경하는 행위 ② 상품의 판매 또는 용역의 제공을 부당하게 조절하는 행위 ③ 다른 사업자의 사업활동을 부당하게 방해하는 행위 ④ 새로운 경쟁사업자의 참가를 부당하게 방해하는 행위 ⑤ 부당하게 경쟁사업자를 배제하기 위하여 거래하거나 소비자의 이익을 현저히 저해할 우려가 있는 행위를 시장지배적 지위를 남용하는 행위로 보고 이를 금지하고 있다(법 제3조의2 제1항).

그리고 1사업자의 시장점유율이 50% 이상이거나 3 이하 사업자의 시

10) 정호열(2019), 『경제법』 제6판, 박영사, 55쪽 참조.

장점유율 합계가 75% 이상(시장점유율이 10 미만 사업자는 제외)인 자는 시장지배적 사업자로 추정된다(법 제4조). 그리고 법 위반 시 과징금은 매출액에 3%를 곱한 가격을 한도로 부과된다(법 제6조).

② 부당한 공동행위 금지

부당한 공동행위라 함은 동종의 영업을 하는 사업자들이 상호 간에 협약·협정·의결 또는 기타의 방법을 통해 공동으로 부당하게 경쟁을 제한하는 행위를 말하며, 일반적으로는 '담합'이라고 한다.

우리나라의 독점금지법은 이와 관련해 다른 국가들의 법률과 마찬가지로 부당한 공동행위에 대한 제한을 가하고 있다. 이러한 부당한 공동행위 유형으로는 ① 가격을 결정·유지 또는 변경하는 행위 ② 상품 또는 용역의 거래조건이나 그 대금 또는 대가의 지급조건을 정하는 행위 ③ 상품의 생산·출고·수송 또는 거래의 제한이나 용역의 거래를 제한하는 행위 ④ 거래지역 또는 거래상대방을 제한하는 행위 ⑤ 생산 또는 용역의 거래를 위한 설비의 신설 또는 증설이나 장비의 도입을 방해하거나 제한하는 행위 ⑥ 상품 또는 용역의 생산·거래 시 그 상품 또는 용역의 종류·규격을 제한하는 행위 ⑦ 영업의 주요 부문을 공동으로 수행·관리하거나 수행·관리하기 위한 회사 등을 설립하는 행위 ⑧ 입찰 또는 경매에 있어 낙찰자, 경락자(競落者), 투찰(投札)가격, 낙찰가격 또는 경락가격, 그 밖에 대통령령으로 정하는 사항을 결정하는 행위 ⑨ 그 밖에 다른 사업자의 사업활동 또는 사업내용을 방해하거나 제한함으로써 일정한 거래분야에서 경쟁을 실질적으로 제한하는 행위 등 부당하게 경쟁을 제한하는 합의를 할 수 없도록 금지하고 있다(법 제19조).

(3) 우리나라에만 존재하는 특별규제

① 신규 순환출자 금지

순환출자라 함은 대기업집단이 지배구조를 유지하기 위해 계열회사 간 출자를 원 모양(환상형)으로 순환하여 출자하는 구조를 말한다. 이러한 순환출자는 대기업그룹의 총수가 실제로 투자한 지분 이상으로 의결권을 행사한다는 점에서 부당하다는 지적을 받아왔다.

독점금지법이 제정된 이후 지속적으로 순환출자를 금지해야 한다는 지적들이 많았고, 2014년 기존의 순환출자는 인정하고 새로운 순환출자는 규제하는 독점금지법 개정을 단행한 바 있다. 즉, 우리 경제의 경제력집중 완화와 재벌의 소유구조 투명화를 위해 2014년 1월 독점금지법에 신규순환출자를 금지하는 법 개정이 단행된 것이다. 그리고 모든 기업집단에 적용하는 것이 아니라 상호출자제한기업집단에 속하는 대기업집단에 대해서만 '신규 순환출자'를 금지하고 있다.

이는 외국자본에 의한 적대적 인수합병(M&A)에 대한 위험이 상존하는 것이 사실이다. 참고로 미국은 이미 오래전부터 장기간 보유한 대주주에게는 포이즌필이나 복수의결권을 부여하고 있으며, 일본도 이미 2005년 회사법을 제정하면서 명문으로 포이즌필과 복수의결권을 인정한 바 있다.[11)]

이런 점에서 볼 때 경영권방어제도는 입법화하지 않고 순환출자만 규제하는 것은 입법정책상 부당하다고 본다. 경우에 따라서는 순환출자가 다른 주주의 이익을 침해하지 않으면서 당해 기업의 수익성을 극대화하는 수단이라면 이는 가장 좋은 기업지배구조일 수 있다. 따라서 그 어느 나라도

---

11) 에가시라 겐지로(江頭憲治郎), "일본에 있어서의 신주예약권제도와 포이즌필", 『상장』 2010년 8월호, 한국상장회사협의회, 23쪽 참조.

순환출자를 금지하고, 법으로 해소를 강제하는 나라는 없다.[12)]

또한 순환출자로 인해 발생할 만한 문제점들을 이미 공정거래법상의 부당지원거래금지, 계열사 간 의결권제한, 상호출자제한 등의 규정과 상법상의 회사기회유용금지, 주요 주주와의 자기거래제한 등을 통해 해결할 수 있도록 제도화한 바 있다.

이는 대기업집단 자체가 악이라는 전제하에 시장에서의 절대강자를 법률로 배제하는 데 독점금지법의 목적을 두고 있는 데 기인한 현상이라고 판단된다.

그러나 이미 세계 경제질서는 3차 산업혁명과 4차 산업혁명을 거치면서 승자독식의 시대로 진입하고 있는 점을 감안해볼 때 신흥 유니콘 기업[13)]이 사업의 다각화를 꾀하면서 글로벌기업으로 탄생하는 데 장애요인이 될 수 있다고 본다.

② 지주회사 행위규제

지주회사(holding company)라 함은 다른 회사의 주식을 소유함으로써 사업활동을 지배하는 것을 주된 사업으로 하는 회사를 말하는 것으로, 경제력집중의 우려가 있어 우리 독점금지법에서는 이를 규율하고 있다.

우리 독점금지법은 경제력집중에 대한 우려를 명분으로 지주회사에 대한 복잡한 규제를 가하고 있다. 기업이 지주회사로 전환하기 위해서는

---

12) 김현종(2010), "순환출자구조에 대한 경제학적 분석: 소유지배 괴리지표 및 가공자본 비율에 대한 영향을 중심으로", 『규제연구』 제19권 제1호, 135쪽 참조; 전삼현(2006), "순환출자금지 법안에 관한 법리검토", 『규제연구』 제15권 제2호, 72쪽 참조.

13) 기업 가치가 10억 달러(약 1조 1,900억 원) 이상 되는 스타트업 기업을 '유니콘 기업'이라 부른다. 미국의 시장조사 업체인 CB인사이트(CBinsights)의 조사 결과에 따르면, 2019년 8월 28일 기준 전 세계 유니콘 스타트업은 총 393개에 달한다고 한다. 이들 기업의 가치를 합산하면 1조 2천억 달러(약 1,430조 원)이며, 투자 유치 금액이 2,920억 달러(약 348조 원) 이상이라고 한다. 『조선일보』, 2019. 09. 14. 기사.

공정거래법상 자회사가 될 비상장회사의 주식을 40% 이상 소유해야 하며, 자회사가 될 회사가 상장회사인 경우에는 그 회사의 주식을 20% 소유하도록 하고 있는 현행 규정(공정거래법 제8조의2 제2항 2호)과 자본총액 대비 200%의 부채비율 요건(공정거래법 제8조의2 제2항 1호)을 충족시켜야 한다. 그리고 손자회사나 증손회사의 경우에는 100% 지분을 소유하거나 아니면 주식을 전부 처분해야 한다.

그리고 지주회사를 일반지주회사와 금융지주회사로 구분하고, 일반지주회사가 금융지주회사를 자회사로 편입하는 것을 금지하고 있다.

물론, 시장이 개방되기 전에는 지주회사가 자칫하면 시장의 독점은 물론이고, 경제력집중의 중요한 원인이 되어 내수시장을 왜곡할 수 있었다. 그러나 WTO체제 출범 이후 자본시장이 전면 개방된 현시점에서 더 이상 지주회사의 폐해를 논하는 것은 시대착오적 발상일 수 있다. 우리나라보다 1년 먼저 지주회사를 허용하면서 더 이상 아무런 규제를 가하고 있지 않는 일본을 보더라도 잘 알 수 있다.[14] 일본이 우리와 다른 길을 간 이유는 무엇보다 글로벌화된 시장에서 자국기업에 대한 규제가 역차별을 초래할 수 있기 때문이었다.

이는 글로벌 플랫폼기업들이 인공지능은 물론이고 바이오, 암호화폐 시장 등에서 기술력 있는 신기술 보유 기업에 투자하면서 사업의 다각화를 꾀하고 있는 점을 감안해볼 때 시대적 흐름에 역행하는 법규제임은 분명하다.

③ 대기업집단지정과 동일인지정

독점금지법은 제2조 제2호에서 공정거래위원회가 기업집단을 지정하

14) 김현종, 전게 논문, 135쪽 참조.

며, 이때 사실상 기업집단의 사업내용을 지배하는 자를 동일인(총수)으로 지정하고 이를 기준으로 경제력집중에 대한 규제를 가하도록 규정하고 있다.

그러나 최근 공정위가 한진그룹의 경우 직권으로 한진그룹의 차기 총수(동일인)로 조원태 한진칼 대표이사(사장)를 지정한 것을 두고 논란이 많았다. 공정위가 직권으로 지정한 이유는 2020년 5월 1일 기업집단지정을 위해 2019년 5월 15일까지는 한진그룹의 총수를 지정해야 하기 때문이라고 한다. 즉, 행정편의를 위한 것이라고 한다. 문제는 공정위의 섣부른 지정으로 이름뿐인 총수가 지급상속인 간의 지분이 6%대로 거의 비슷하여 누가 총수가 될지 아직 미지수인 것으로 알려지고 있다. 오히려 한진그룹의 지주회사인 한진칼 지분의 14.98%를 소유한 KCGI(일명 강성부펀드)의 최대주주가 사실상 한진그룹을 지배하는 총수가 될 가능성도 배제할 수 없는 상황이었다.[15)]

그럼에도 공정위는 조 사장을 총수(동일인)로 지정하고 그를 중심으로 혈족 6촌, 인척 4촌이 최대주주인 계열사 32곳을 한진그룹집단으로 지정했다. 따라서 조 사장을 중심으로 상호출자금지, 순환출자금지, 채무보증금지, 금융보험사 의결권 제한, 총수일가 사익편취 규제 등 한진그룹이 경제력집중 및 남용 억제에 대한 규제를 받게 될 위기에 처해 있었다.

물론, 이후 공정위는 입장을 번복하여 상속인 3인을 공동으로 동일인으로 지정하여 논란에서 벗어난 바 있으나 이 역시 우리나라 독점금지법에만 존재하는 규제라고 할 수 있다.

또한 이러한 대기업집단과 그 총수를 위험집단과 인물로 지정하고 이들에 대한 특별한 감독과 규제를 가하는 것은 O2O 환경에서 이들이 세계시장에서 리더가 될 가능성을 법률이 원천적으로 막는 결과가 될 수 있다

15) 『매일경제』, 2019. 8. 8. 기사.

는 것을 의미하기도 한다.

④ 금산분리 규제

공정거래법은 상호출자제한기업집단에 속하는 회사로서 금융업 또는 보험업을 영위하는 회사는 취득 또는 소유하고 있는 국내 계열회사 주식에 대해 의결권을 15% 이상 행사할 수 없도록 제한하고 있다(법 제11조 제3호).

금산분리란 1900년대 초반 스탠더드오일사가 소유은행의 고객예금으로 미국 전역의 석유개발권을 독점함으로써 발생한 폐해를 막기 위해 도입된 정책이다.

그러나 이미 미국도 1998년 금융서비스현대화법을 통해 금산분리를 완화한 바 있으며, 우리나라처럼 금융시장 규모가 작은 유럽 국가들은 이미 금융산업 탄생 초기부터 규모의 경제를 위해 유니버설뱅킹 시스템으로 금산융합을 통한 규모의 경제를 추구해왔고 현재도 이를 유지하고 있다.

이러한 점에서 볼 때 공정거래법상의 금산분리 규제는 시대적 흐름에 역행하는 정책으로 우리나라 금융시장을 외국인들이 지배하도록 조장하는 결과를 가져올 수도 있을 것으로 생각된다.

이는 최근 인터넷전문은행과 관련해 산업자본이 금융자본을 지배하지 못하도록 한 금산분리 입법정책이 핀테크 산업의 성장과 발전에 저해요인이 되고 있다는 지적들을 보면 더욱 분명해진다.

⑤ 이행강제금, 3배 징벌배상제

공정거래위원회는 기업결합의 제한에 관한 규정을 위반하여 시정조치를 받은 후 그 정한 기간 내에 이행을 하지 아니하는 자에 대해 매 1일당 채무액에 1만분의 3을 곱한 금액을 초과하지 아니하는 범위 안에서 이행강제금을 부과할 수 있도록 규정하고 있다(법 제17조의3).

그러나 과징금 부과와 시정명령 등에 추가로 이행강제금을 부과하는 것은 이중처벌 논란이 있을 수 있으며 비례의 원칙에도 위배될 여지가 크다고 본다.

또한 공정거래법은 사업자로부터 피해를 입은 피해자에게 사적으로 구제를 받을 수 있는 사소제도를 명문화하고 있다. 이때 손해배상책임은 과실책임주의에 대한 예외로 과실추정주의를 택하고 사업자에게 고의나 과실이 없었음을 입증하도록 입증책임을 전환하는가 하면(법 제56조 제1항), 2018년 법을 개정하여 2019년 9월 19일부터 시행되는 3배 징벌배상제도를 도입했다(법 제56조 제3항).

이 규정은 미국 반독점법상 사소제도의 3배 배상제를 모델로 해서 도입한 제도다. 그러나 미국은 부당공동행위와 시장지배력 지위남용행위에 대해서만 징벌배상제를 적용하고 있는 반면에 우리나라는 경제력집중 행위에 대해 사전적으로 규제하는 것을 위반한 경우에도 징벌배상제를 적용하는 것은 과도한 것임이 분명하다.

2) EU 경쟁법

유럽 국가들의 법제도를 연구하기 위해서는 유럽 각국의 헌법에 해당하는 TFEU(Treaty on the Functioning of the European Union, EU의 기능에 관한 조약)에 대한 검토가 선행되어야 한다.

독점금지 규제와 관련해서는 TFEU 제101조와 제102조가 이에 해당하는 규정이다. 즉, EU 경쟁법의 체계는 사업자 간의 경쟁제한적 협정과 협조적 행위를 규제하는 TFEU 제101조와 시장지배적 지위를 남용하는 행위를 금지하는 TFEU 제102조를 기본으로 하고 있으며, 이 규정들은 카르텔 금지, 기존의 독점에 대한 금지, 그리고 M&A에 대한 통제 등과 같은 3대 원칙하에 해석되고 집행되고 있다. 특히, 합병 등 기업결합에 관해서는 개정된 합병통제규칙(이사회규칙 2004년 제139호)이 시행되고 있다.

이 중에서 우리 독점금지법상의 시장지배적 지위남용 금지에 해당하는 규정은 TFEU 제102조에 해당한다. 즉, TFEU 제102조는 유럽 내 공동체 시장에서 상당한 지배적 지위를 가진 사업자가 회원국 간 통상에 영향을 미치도록 그 지위를 남용하는 것을 금지하고 있다.

구체적으로는 하나 또는 둘 이상의 사업자가 ① 거래 상대방에게 직간접으로 부당한 구입 또는 판매가격이나 기타 부당한 거래조건을 부과하는 행위 ② 소비자의 이익에 반할 정도로 생산, 유통 또는 기술개발을 제한하는 행위 ③ 동일한 거래를 함에 있어 거래상대방에 따라 차별적 조건을 적용하여 경쟁상 불리한 위치에 처하게 하는 행위 ④ 거래상대방에게 계약의 목적과 무관한 부수적인 의무를 수락하도록 강요하는 행위로서 회원국 상호 간의 무역을 제한하는 영향을 미칠 수 있는 경우에는 금지된다. 즉, 회원국 상호 간의 무역에 제한을 가하는 경우에 금지되는 것이다. 판례상으로 한 기업의 관련 시장점유율이 50%를 넘는 경우 시장지배적 사업자로 추정하고 있다. 그러나 해당 기업의 시장점유율이 50%가 안 되더라도 그 기업이 시장에서 기술적 진보를 선도하는 기업이거나, 세계 시장에서 가격 결정 시 확고한 우위를 점하고 있는 경우에도 독점적 지위가 있다고 간주하여 해석의 가능성을 열어두고 있다.

시장지배적 지위를 남용한 것으로 판단된 경우에는 EU집행위원회가 벌금을 부과할 수 있으며, 손해를 입은 경쟁사 및 소비자 등은 집행위원회의 결정 또는 EU법원의 판결을 근거로 회원국 법원에 손해배상청구소송을 제기할 수 있다. 이러한 사소(私訴, Private action)제도는 미국에서는 이미 활성화되어 있는데, 최근 유럽연합에서도 이를 인정하는 추세를 보이고 있다.

종합해보면 유럽 경쟁법은 부당한 공동행위와 시장지배적 지위남용 유형을 네 가지로 나열하고 이들에 대해서만 규제하고 있는 반면, 우리 공정거래법은 시장지배적 사업자 지위남용 유형 5개와 부당공동행위 유형 9개를 열거하고 이들을 규제하고 있는 것은 과도한 것으로 추정된다.

3) 독일 경쟁제한방지법

우리나라의 독점금지법에 해당하는 독일의 법률은 '경쟁제한방지법(Gesetzes gegen Wettbewerbsbeschränkungen, GWB)'이다.

GWB의 입법취지는 ① 시장경제적 경쟁과 경제적 제도의 창조 ② 정당한 급부 실현에 의한 이익분배 ③ 소비자의 욕구를 충족시켜줄 수 있는 상품제공과 소비자에 대한 서비스 제고 ④ 적절한 자원배분 ⑤ 기술적 발전 등인데, 이와 같은 입법취지는 동법에 의해 시장참여자의 개인적 거래행위의 자유를 보장하고 경제력을 제한함으로써 실현된다. 이 법은 제1장 제1조부터 제3조까지는 부당공동행위 금지(Verbot wettbewerbsbeschränken der Vereinbarungen)에 관한 규정을 두고 있다.

그리고 제18조와 제21조는 시장지배적 지위의 남용행위에 대해 규정하고 있다. GWB는 시장지배적 사업자에게 '특수한 책임(Sonderverantwortung; special responsibility)'을 인정한다. 이에 따르면 시장지배적 사업자에게는 경쟁조건을 악화시키지 않도록 할 고도의 주의의무(Sorgfaltspflicht) 또는 추가적 배려의무(Zusatzliche Rucksichtnahmepflichte)를 부과하고 있다.[16)]

즉, 일반사업자는 성과경쟁을 하더라도 경쟁을 침해하지 않는 한 허용

---

16) Schwalbe/Zimmer, Kartellrecht und Ökonomie, 2. Aufl., 2011, S. 97ff.

되나, 시장지배적 사업자는 거래상대방과의 관계에서 성과경쟁을 하지 않는 것을 원칙으로 하고 이를 위반한 때에는 원칙적으로 남용행위를 한 것으로 추정하고 있다. 즉, 시장지배적 사업자가 경쟁제한행위를 하지 않았다는 것을 입증하도록 요구하고 있다. 이는 우리나라 독점금지법과 유사한 법규정을 두고 있다는 것을 의미한다. 그리고 시장지배적 사업자의 추정과 관련해서 1인 사업자의 시장점유율이 40% 이상 되는 경우 시장지배적 사업자로 추정된다(법 제18조 제4항).

그리고 3 이하 사업자의 시장점유율 합계가 50%에 이르는 경우나 5 이하 사업자의 시장점유율 합계가 2/3에 이를 경우에는 시장지배적 사업자로 의제된다(법 제18조 제6항).[17]

시장지배적 지위남용행위와 관련된 사례를 살펴보면, 공공부문에서의 남용행위 규제가 사적영역에서의 지위남용에 대한 규제까지 확대되는 경향을 보인다. 과거 전기, 가스, 철도 등 공공영역에서의 지위남용행위가 주로 문제 되었다면, 최근에 들어서는 페이스북, 부킹닷컴 등 인터넷을 이용한 서비스를 제공하는 사업체들의 지배적 지위남용이 많은 문제를 야기하고 있다. 카르텔 당국은 벌금 및 과태료 등 행정처분을 부과할 수 있으며, 형사상 고발을 통한 사법상의 제재 또한 가능하다.

그리고 기업결합 제한에 대해서는 제35조부터 제43a조에 걸쳐 10개 조문으로 규정하고 있으며, 그 이하는 상당 부분 우리나라의 "국가를 당사자로 하는 계약에 관한 법률"에서 규율하고 있는 조달계약에 관한 규정들을 두고 있다.

---

17) 이봉의(2016), 『독일경쟁법』, 법문사, 120쪽.

4) 미국 반독점법

미국은 스탠더드오일사를 비롯한 거대업체들이 시장지배력을 남용하는 것을 차단하기 위해 세계 최초로 반독점법을 제정했다. 이러한 미국의 연방 반독점법은 1890년 제정된 셔먼법(Sherman Antitrust Act)과 1914년 제정된 클레이튼법(Clayton Antitrust Act), 연방거래위원회법(Federal Trade Commission Act)의 세 가지 법으로 이뤄져 있으며, 이 법률들은 현재 미국법전(United States Code, U. S. Code, U. S. C.)에 수록되어 있다.[18)]

셔먼법은 총 7개 조문으로 구성되어 있으며, 미국법전 제1조부터 제7조에 걸쳐 규정되어 있다. 그리고 1914년에는 셔먼법을 보완하기 위해 클레이튼법이 제정되었는데, 이 법은 미국법전 제13조부터 제26조까지 14개 조문으로 구성되어 있으며, 연방거래위원회법은 미국법전 제41조부터 제51조에 걸쳐 총 6개 조문으로 구성되어 있다.

셔먼법은 최초의 연방 반독점법으로 독점 및 담합에 대한 연방정부의 간결하면서도 포괄적인 규제를 담고 있으며, 법제정 이후 방대한 법원판례를 통해 내용이 풍부해졌다. 특히 제1조에서는 "거래나 통상을 제한하는 모든 계약, 트러스트나 다른 형태의 결합 또는 공모(Every contract, combination in the form of trust or otherwise, or conspiracy, in restraint of trade or commerce)"를 금지하고 있는데,[19)] 여기서 '거래제한'이라는 개념이 불명확하여 해석상 논란이 많았다. 따라서 이러한 문제를 해결하기 위해 1914년 제정된 클레이튼법은 거래거절(exclusive dealing), 가격차별(price discrimination), 기업합병(M&A), 경쟁사 간의 임직원 겸직(interlocking directorates) 등 경쟁제한적 행위를 구체적으로 규제하는

---

18) Laura Phillips Sawyer(2019), "US Antitrust Law and Policy in Historical Perspective," Working Paper 19-110, Harvard Business School, p. 2.

19) 황태희, 앞의 연구보고서, 12쪽 참조.

내용이 포함되어 있다.

연방거래위원회법은 반독점법에 규정된 내용에 대한 위반뿐 아니라 그 정신에 대한 위반도 불법으로 규정하는 등 경쟁을 제한하는 불공정행위에 대한 포괄적 금지를 담고 있다. 특히, 연방거래위원회법은 피해자에게 민사소송을 제기할 수 있도록 하고, 그 배상액도 손해액의 3배까지 가능하도록 규정하고 있는데, 이 규정은 우리 공정거래법상 3배 징벌배상규정의 모법이 되었다.

이러한 미국 반독점법은 당연위법(per se illegal)과 합리성의 원칙에 따라 해석하고 있는데, 이에 따르면 경쟁을 제한한다는 사실에 의문의 여지가 없다고 판단되는 행위에 대해서는 별도로 경쟁제한 또는 경쟁촉진효과에 대한 조사 없이도 당연위법으로 의제된다. 이처럼 당연위법으로 의제되는 불공정거래행위로는 일반적으로 담합, 시장할당, 거래거절 등이 해당한다.

담합(price fixing)은 판매가격에만 국한되지 않고 가격을 이루는 요소나 가격경쟁에 심각한 영향을 미치는 모든 거래조건이 포함되는 것으로 해석된다.

반독점행위에 대해 법집행기관은 법무부(Department of Justice) 내 반독점국(Antitrust Division)과 연방거래위원회(FTC; Federal Trade Commission)다.

FTC는 주로 연방거래위원회법, 법무부는 셔먼법 위반행위에 대해 법집행하는 것이 일반적이며, 그리고 클레이튼법 위반행위에 대해서는 양 기관이 공통으로 법을 집행하고 있는 것으로 이해된다.

반독점행위로 인한 피해배상과 관련해서는 주정부, 지방정부 및 개인이 민사소송을 제기할 수 있도록 제도화되어 있다. 이때 법무부나 연방거래위원회를 제외한 개인 또는 법인은 개별 민사소송이나 집단소송을 통해 3배 배상을 받을 수 있다.

그리고 법위반행위에 대해 미국은 과징금 등의 행정벌보다는 형사벌을 통해 제재를 가하고 있는데, 셔먼법을 위반한 경우에는 일반적으로 중범죄(felony)로 다뤄지며 법위반이 있는 경우 위반행위당 10년 이하의 징역형과 개인은 100만 달러 이하, 법인은 1억 달러 이하의 벌금형에 처해지도록 규정을 두고 있다.

일반적으로 미국 법무부는 담합 등과 같은 경성 카르텔에 해당하는 중대한 경쟁제한행위에 대해서는 형사소추하는 것이 일반적인 것으로 알려지고 있다. 법무부는 이를 형사범으로 기소할 수 있다.

4. 결론

앞에서 살펴본 바와 같이 우리나라나 독일, 미국 모두 독점금지법은 시장지배적 사업자의 지위남용 금지, 부당공동행위에 대한 규제에서 정도의 차이는 있지만 대동소이한 법률제도를 갖고 있다고 할 수 있다. 그러나 1987년 법을 개정해서 기업집단의 경제력집중억제에 대한 법적 규제를 시작한 후 30년이 지난 현시점에서도 여전히 우리나라에만 존재하는 규정들이 많은 것이 사실이다.

이와 관련하여 어느 나라의 독점금지법제가 4차 산업혁명과 탈중앙화라고 하는 시대적 변화의 시점에서 해당 국가의 경제성장과 신산업 탄생에 순기능을 할 수 있는지에 대한 추정을 해보는 것은 매우 의미가 깊다고 할 수 있다.[20]

---

20) 4차 산업혁명의 성공모델로 평가받는 유니콘(Unicorn) 기업들의 현황을 보면 간접적으로나마 독점금지법제의 변화에 대한 필요성들을 인식할 수 있다. 유니콘 기업들의 증가추이를 보면, 2010년에는 1개이던 유니콘 기업이 2014년부터 급증했으며, 2018년에는 119개로 급증했다는 점이다. 그리고 유니콘 중에서도 기업 가치가 10조 원 이상인 기업을 '데카콘(Decacorn)'으로 부르고 있는데, 2018년 12월 현재 데카콘은 20개가 존재하며 미국이 12개를 차지하고 있는 것으로 나타났다. 문제는 우리나라의 데카콘 기업은 탄생과 동시에 상호출자제한기업집단, 즉 경제력집중억제의 특별한 기업이 된다는 점에서 독점금지법을 개정하지 않는 한 탄생

4차 산업혁명의 성공모델로 평가받는 유니콘 기업들의 현황을 보면 간접적으로나마 독점금지법제의 변화에 대한 필요성들을 인식할 수 있다. 우리 독점금지법이 다른 선진국가들과 달리 시장지배력남용 금지, 부당공동행위 외에도 추가로 경제력집중억제라고 하는 특별한 규제를 가하고 있다는 점이 4차 산업혁명 시대에는 역기능을 할 가능성이 매우 높다고 할 수 있다.

특히, 경제력집중억제 규제는 그 본질상 오프라인만을 전제로 산업성장과 소비자권익증진에 초점을 맞추어 입법되어 있다. 이는 경제력집중 규제를 전제로 과거의 독점금지에 초점을 맞추어 입법하고 이를 운영하다 보니 경쟁법적인 요소가 희석화되는 경향을 보이고 있다는 것을 의미한다. 또한 온라인과 오프라인이 결합하는 O2O 시스템에서는 독점금지법 자체가 신산업 탄생과 발전에 장애요인이 되고 있는 것으로 평가할 수 있다.

특히, 우리나라는 경제력집중과 관련해 시장집중 외에 추가로 일반집중과 소유집중에 대해서도 규제하면서 거래 규제는 물론이고 주식소유 규제, 지주회사 등 지배구조 규제, 출자 규제 등 다양한 형태로 규제하고 있다.

이런 관점에서 본다면 우리나라는 4차 산업혁명 시대에 공유경제로 전환하는 데 불리한 법제도를 갖고 있다고 할 수 있으며, 탈중앙화를 더욱 가속화하는 결과를 초래할 수 있다고 본다.

특히, 클라우드를 기반으로 수시로 기업 간 이합집산을 통한 일시적 또는 단기간의 경제력집중과 시장지배행위가 가능한 국가들이 4차 산업혁명 시대에 세계시장을 선도할 가능성이 점차 높아지고 있는 것이 사실이다.

하기 어려운 상황이다.

2010	2011	2012	2013	2014	2015	2016	2017	2018
1	3	5	4	28	53	33	71	119

〈표〉 유니콘 기업 수 증가추이

따라서 우리나라처럼 경제력집중억제 정책하에 사전 규제를 통해 기업집단에 대한 특별규제 방식을 채택하고 있는 나라는 이러한 4차 산업혁명 시대를 맞아 기업들의 전략적 경영계획 수립 자체를 차단하는 결과를 가져올 수도 있다.

이런 점을 고려해보면 우리나라 독점금지법이 최근의 추세인 경쟁법으로서의 순기능을 할 수 있도록 대대적으로 개정하는 것이 필요하며, 이를 위해서는 독일이나 미국처럼 독점금지법이 시장지배적 지위남용행위나 부당공동행위에 대해서만 규제를 가하는 방향으로 전면적 개정이 시급하다고 할 수 있다.

참고문헌

국내문헌

김현종(2010). "순환출자구조에 대한 경제학적 분석: 소유지배 괴리지표 및 가공자본 비율에 대한 영향을 중심으로". 『규제연구』 제19권 제1호.

에가시라 겐지로(江頭憲治郎). "일본에 있어서의 신주예약권제도와 포이즌 필". 『상장』 2010년 8월호. 한국상장회사협의회.

이봉의(2016). 『독일경쟁법』. 법문사.

이봉의/최난설헌(2018). "4차 산업혁명에 따른 경쟁법 현대화 방안". 공정거래위원회정책연구보고서.

이제영(2018). "블록체인기술의 전망과 한계 그리고 시사점". 『Future Horizon』 제4호.

전삼현(2006). "순환출자금지법안에 관한 법리검토". 『규제연구』 제15권 제2호.

정호열(2019). 『경제법』 제6판. 박영사.

황태희(2011). "미국/EU 경쟁법 및 관련제도 비교연구". 외교통상부연구보고서.

국외문헌

Laura Phillips Sawyer (2019). "US Antitrust Law and Policy in Historical Perspective." Working Paper 19-110. Harvard Business School.

Marcella Atzori (2017). "BLOCKCHAIN TECHONOLOGY AND DECENTRALIZED GOVERNANCE: IS THE STATE STILL NECESSARY." *Journal of Governance and Regulation* Volume 6, Issue1.

Schwalbe/Zimmer (2011). Kartellrecht und Ökonomie, 2. Aufl.

7장

김성국

노동조합의 과거와 미래: 한국과 독일의 비교

1.
서론

1) 한국 노동조합의 영향력 증대

오늘날 한국 사회에서 노동조합의 위상과 역할은 과거에 비해 획기적으로 향상되고 있다. 노동조합의 단결력과 교섭력은 날로 강고해지고 있으며, 노조의 정책과 전략이 정치와 경제 일상에 영향을 주고 있다. 1920년대 일제강점기에 태동한 우리나라의 노동운동은 직장에서 일제의 폭압적 정치와 착취에 항거하는 활동으로 시작되었기 때문에 독립운동과 밀접한 연관을 맺고 있었으며, 해방 직후 벌어진 좌 · 우의 이념 대립 속에서 노동조합과 그 지도자들이 매우 정치적인 성향을 보일 수밖에 없었다. 이러한 여명기에 형성된 우리나라 노조의 정치지향 전통은 해방 이후 지금까지 지속되고 있다고 해도 과언이 아니다. 우리나라 노동조합의 구조와 조직에있어서 최초의 형태는 산업별 노조였으나, 1980년대 초 제5공화국 정부에 의해 기업별 노조로 형태가 변화한 채 오늘에 이르고 있다. 민주화 진전에 극적인 계기를 마련한 1987년 6월 이후, 노동조합의 조직이 자유롭고 활발해지면서 자동차와 조선 산업에서 초대형 대기업 노조가 결성되어 본격적으로 활동하게 되었다. 울산지역을 중심으로 대기업 노동조합들이 전국적인 노동운동을 주도하게 된 것도 1980년대 말부터다. 노조 지도자들은 기업별 노조의 한계를 극복하고 사용자와 정부에 대한 교섭력을 확대하기 위해 산업별 노조로 재편하는 것을 선호하기 시작했고, 현대그룹 산하 노조들이 중심이 되어 산별노조를 결성하기에 이르렀다. 그뿐만 아니라, 우리나라 노동조합들은 유럽의 경우와 같이 정치적 조합주의에 입각하여 노조가 주도하여 정당을 창당하거나 친노조적인 정치세력을 후원하고 언론사에 영향력을 행사하는 등 정치적 위상 강화에 박차를 가하고 있다.

2) 독일의 노사관계와 노동조합에 대한 관심 증대

우리나라가 기업별 노조에서부터 산별노조로의 변신을 추구하면서 유럽, 특히 독일의 산별노조를 집중적으로 연구하는 트렌드가 생겨났고, 특히 세계에서 가장 큰 산별노조인 독일 금속노조(IG Metall)를 모델로 삼아 그 전략과 활동에 대해 우리나라 산별노조들이 벤치마킹하는 사례가 늘어나면서 독일의 노동조합 제도가 우리나라 노동조합 활동에 영향을 미치고 있다. 독일의 독특한 노사문화인 공동결정제도(Mibestimmung)는 대규모 산별노조 지도자들에게 많은 참고가 되고 있으며, 추구해야 할 목표로까지 인식되고 있다. 최근 IBK기업은행 노조가 신임 행장에 대한 출근저지 투쟁을 통해 '노동이사제' 도입을 관철시킨 것은 노조가 기업경영에 명시적으로 간여할 수 있는 길을 열었다는 의미에서 노사가 큰 관심을 가지고 이 이슈를 주목하고 있다.

노사관계 제도는 그 사회구성원인 당사자들이 가지고 있는 의식과 문화의 산물이기 때문에 제도만을 단순 비교하여 논하는 것은 합리적인 접근법이 아니라고 생각한다. 한 국가의 노사관계 시스템이 정립되기까지는 무수히 많은 담론과 역사적인 평가, 그리고 시대의 변화에 따른 노사갈등과 적응과정을 겪었다는 것을 알 필요가 있다. 특히 독일의 노동운동은 1920년대 바이마르 공화국 시절 노사 간 극단적 투쟁과 분열이 경제파탄과 극우세력인 나치당의 집권과 독재를 초래했다는 국민의 자성 속에서 제2차 세계대전 이후 서독의 노동자들은 통일노조인 DGB(Deutscher Gewerkschaftsbund)를 결성하고 정치적 이념을 앞세우기보다는 통일노조를 중심으로 조합원들의 기본권과 실리 확보에 주력해왔다(한국노동연구원, 2010). 이러한 노사 간의 통합과 단결이 독일을 오늘날 유럽 국가들 중에서 노사관계가 가장 안정된 국가가 되게 했으며, 노사관계의 안정은 독일의 경제적인 도약과 번영에 기여했다.

3) 연구의 배경과 목적

우리나라의 노사관계는 지금 역사적 전환점을 맞이하고 있다. 4차 산업혁명의 여파로 일자리와 고용이 근본적인 위협에 직면하게 되었다. 이러한 전환점에서 법과 제도의 개혁 못지않게 발상의 전환이 중요하다. 우리나라 노사는 어느 일방이 우월한 지위에서 상대방을 억압하고 굴복시키는 것이 아니라, 노와 사가 서로를 적대시할 것이 아니라 서로를 인정하고 사회적 · 심리적 계약관계 속에서 공존공영을 추구하는 동반자 관계가 요구되고 있다. 또한 노동개혁을 통해 기업의 경쟁력을 확보하여 양질의 일자리를 늘리는 문제와 더불어 워라밸(work-life-balance)과 삶의 질 개선 등 직장 내 고용관계(employment relations)를 개선하는 쪽으로 노조의 정책 방향을 옮겨야 한다는 주장에 귀를 기울일 필요가 있다고 생각한다(Sparrow & Cooper,

2003).

이 글의 집필 의도는 한국과 독일의 노동조합 역사와 이슈 등 주요 특징을 비교분석함으로써 독일식 노사관계 모델이 한국에 접목될 수 있을지 여부에 대해 이론적으로 구명하는 데 역점을 두고자 한다. 이 글의 목적은 다음과 같다. 첫째, 한국과 독일의 노동조합 역사, 노사관계 시스템, 그리고 노동조합주의(unionism) 등 주요 특징을 비교하고, 둘째, 양국의 노동조합 이슈와 전략을 살펴본 후, 셋째, 독일의 노사관계와 노동조합 제도가 우리나라에 주는 시사점들에 대해 살펴보고자 한다.

2.
한국 노동조합운동의 역사

1) 노동조합의 여명기

민족자본이 축적되지 못한 가운데 임금노동자군의 점진적인 확산으로 인해 동족 내의 노사관계가 아닌, 외세에 의한 수탈이란 특수한 노사관계가 형성되기에 이르렀다. 문헌에 기록된 최초의 노동자 파업행위라고 할 수 있는 초산역 사건은 1877년 함경도 갑산군 초산역에서 발생했으며, 점군배들이 일어나 찰방위사를 습격하고 65동의 가옥을 불태우는 등 폭력을 행사했다. 그 원인은 사용자에 대항하여 임금인상이나 근로조건의 개선을 위해 시도된 것은 아니었고 광산 노동자들이 수세를 담당한 관리들의 가렴주구에 시달리다 못해 폭발한 것으로 알려졌다(한국노동조합총연맹, 한국노동조합운동사, 1979). 또한 1900년에 일어난 운산광산의 노동쟁의사건도 채광권을 둘러싼 반외세 노동운동의 일환이었고, 그 배후에는 임금노동자가 아닌 다른 실력자가 있었다. 그러므로 이러한 사건들을 순수한 노동운동으로 간주할 수는 없을 것이다(김수곤, 1993).

기록에 의하면 우리나라 최초의 노동운동 조직은 1898년 운반부 46명으로 조직된 성진본정 부두 노동조합이었다. 그 당시 노동조합 조직은 이전의 노동조직과는 그 성격이 달랐는데, 노동관련 계몽단체의 성격을 강하게 띠고 있었다. 1900년대에 들어와서 개항장을 중심으로 많은 노동쟁의가 발생하게 되었고, 그 후 1910년대에는 노동쟁의가 전국적으로 확산되었으나 모두 자연발생적이고 분산적이었으며, 노동조직의 강력한 지도나 뒷받침에 의해 전개된 것은 아니었다(정재훈, 2009; 김수곤, 1993).

결국 우리나라의 노동운동은 초기부터 노동조건의 개선을 위한 것보다는 정부관리에 의한 저항운동 또는 반외세운동의 특징을 지녔으며, 이런 이유로 인해 조선인 기업가와 노동자 사이에 대립적 노사관계보다는 동족의식, 동류의식, 공동이해관계가 더 강했을 것으로 생각된다. 그러나 개화기 당시의 민족자본 형성을 위한 맹아는 결실을 못 본 채 일제의 자본 침략에 의해 사라져버렸다(김수곤, 1993; 김성국, 2011).

2) 일제강점기의 노동운동

이와 같이 1920년대 이전의 우리나라 노동운동은 이념이나 조직행태에서 전근대적이었다고 볼 수 있다. 1920년대에 들어오자 임금노동자의 수가 급증했고, 공장노동자의 성장에 따라 전국적인 대규모 노동운동이 대두하기 시작했다. 근대적 형태의 노동운동은 1920년에 결성된 조직노동공제회와 노동대회 같은 전국적 노동조직이 등장한 것이 대표적인 사례이다. 이 같은 움직임은 그 시대적 사조의 영향도 받았지만 그것은 주로 지식인을 통한 서구사상의 영향이었고, 3.1운동을 통해 이어온 항일 민족투쟁이라는 과업 또한 이 시대의 조선인 노동운동에 막강한 영향을 끼쳤음은 두말할 나위도 없다(김수곤, 1993; 김성국, 2011).

1920년대에 결성된 조선노동공제회나 노동대회, 1922년 이후 결성된 조선노동연맹회, 조선농총연맹 등은 임금노동자들의 전국적인 조직이라는 점에서 그 의의가 더욱 크다. 초기의 노동조직이 친목회 또는 공제회 성격을 짙게 갖고 있었음에 비해 조선노동총동맹회에 이르러서는 계급투쟁 정신이 그 강령 속에 흐르고 있었다. 이는 이 시대의 노동운동이 노동자들의 권익보호를 위한 완전자율적인 운동이라기보다는 당시 지식인들이 서구, 특히 러시아 혁명의 영향을 받아 마르크스주의에 심취해 있었던 탓이라 하겠다(김수곤, 1993; 이영면, 2015).

1920년대에는 조직적 측면에서나 투쟁역량 면에서 우리나라 노동운동의 고양기였다. 이 시기의 노동운동은 합법적 경제투쟁의 지속적 발전과 그러한 투쟁형태를 담은 조직행태로서의 합법적 노동운동을 통해 진행되어 그 역량을 축적해왔으며, 마침내 1929년 원산 총파업을 계기로 합법적 노동조합이라는 조직행태가 노동자계급의 투쟁역량을 담을 수 없을 정도의 단계로 발전했다. 1920년대에 급성장한 노동자 조직들은 1930년대에 들어오자 더욱더 적극적인 투쟁을 전개하게 되어 총파업 건수도 증가했고, 이에 참여한 노동자 수도 급증했다. 일제는 무자비한 탄압으로 노동자들의 요구를 억압하려고 했기 때문에 노사관계는 더욱 투쟁적이고 폭력적이 될 수밖에 없었다. 1930년대에 들어와서는 일제의 탄압에 의해 합법적 노동운동이 불가능하게 됨으로써 비합법적이고 혁명주의적 성격을 띤 노동운동이 전개되었다. 비합법적 투쟁형태는 파업 및 태업 방법에 호소하는 노동쟁의와 직장이탈 그리고 폭력적 항거 등으로 나타났다(Kim, 2018).

3) 미군정 시기의 노동운동

1945년 일본의 식민통치로부터 해방된 한국의 노동자계급은 1930년대 이래 일제에 의해 금지되어온 노동조합을 다시 결성하는 사업에 착수했다. 이에 따라 전국 각지에서 수많은 노동조합이 결성되었는데, 미 군정청 노동부 자료에 의하면, 1946년 11월 30일 남한에서만도 노동조합 수가 1,179개였고, 조합원 수는 30만 4,005명이었다. 이렇게 해서 결성된 노동조합을 산업별 노동조합으로 묶어 이를 기초로 1945년 11월 하나의 전국적 노동조합조직이 결성되는데, 이것이 조선노동조합 전국평의회(전평)다. 전평의 일반 행동강령의 주요 내용은 최저임금제 확보, 1일 8시간 노동제, 동일노동 동일임금 지급, 산전 · 산후 2개월간 유급휴가제 실시, 단체협약권 확보, 사회보험제 실시, 언론 · 출판 · 집회 · 결사 · 파업 · 시위의 자유 등이었다. 전평은 당시 모든 좌익세력의 전위적 전투부대의 성향을 지니고 있었고, 결성 이후 1946년 9월 총파업, 1947년 3월 총파업, 1948년 2.7 총파업과 5.8 총파업을 강행했다. 마침내 1947년 6월 미 군정청 노동부장은 담화를 발표하여 전평과 같이 정치색을 띤 노동조합은 정당한 노동단체로 인정하지 않겠다고 선언하고 전평을 불법단체로 규정지었다. 이때부터 전평은 비합법 지하투쟁으로 활동하다가 결국 붕괴되고 말았다(김수곤, 1993; 정재훈, 2009).

당시 우익진영은 전평 주도의 사회주의적 노동조합운동에 대응하여 1946년 3월 대한독립촉성노동총연맹(대한노총)을 결성했다. 대한노총은 전평처럼 이미 조직된 산별 노동조합을 기반으로 하여 구성된 것은 아니었고, 우익진영의 청년단체 및 정당관계 인사들에 이해 상층 지도부부터 먼저 조직된 것이었다. 대한노총이 채택한 강령은 민주주의와 민족주의, 자유노동 등 자유민주주의적 이념을 지니고 있었다.

4) 대한민국 정부수립 이후의 노동운동

1948년 대한민국 단독정부 수립 이후, 대한노총에서는 수정강령이 통과되어 명칭을 대한독립촉성노동총연맹에서 '대한노동총연맹(대한노총)'으로 개칭했다. 대한노총은 정부수립 이후 유일 합법적인 노동조직으로 인정받았지만, 노동조합 고유의 과제를 수행하기보다는 내부 분열과 파쟁에만 몰두했고, 정치권력의 시녀화의 길로 치닫게 된다. 1950년대 한국전쟁과 전후 회복기를 거치면서 대한노총은 정치권력의 노동자 통제를 위한 도구로 전락했다(김성국, 2011).

1960년에 일어난 4.19혁명으로 자유당 정권이 붕괴되면서 노동조합 조직 운동이 다시 활발하게 진행되는 한편, 노동조직의 민주화를 추진하기 위한 움직임이 본격적으로 추진되었다. 노동조합에 남아 있는 자유당 잔재 세력을 축출하고 노동조합을 민주적으로 개편하기 위한 시도가 이루어졌고, 또한 기업단위 노동조합의 분산적인 형태로부터 산별 체제의 전국적 규모로의 통합 움직임이 증대되었다. 1960년 11월, 대한노총과 전국노동조합협의회가 중심이 되어 '한국노동조합총연맹'을 결성했고, 민주적 노동운동을 통해 노동자의 인권수호와 경제적 · 사회적 지위 향상을 위해 앞장선다는 등 기본강령을 채택했다(김수곤, 1993: 김성국, 2011).

5) 1960년대 이후의 노동운동

1961년 5.16 쿠데타로 정권을 잡은 군부세력은 그해 5월 기존 노동조합을 해체했고, 8월에 공포된 '근로자 단체활동에 관한 임시조치법'에 따라 정부는 노동조합 활동을 허용함과 동시에 산업별 노조조직 책임자를 지명하여 '한국노동단체 재건조직위원회'를 발족했다. 이렇게 하여 8월 30일 한국노동조합총연맹(노총)이 결성되었고 노총은 다음과 같은 강령들을 채택했다.

- 반공체제를 강화하고 자주경제 확립으로 민주적 통일을 기한다.
- 노동자의 기본권리를 수호하고 생활 수준의 향상을 기한다.
- 정치적 중립과 재정 자립으로 민주노동 운동의 발전을 기한다.
- 노동자의 교육과 문화 향상의 강력한 실천을 기한다.
- 건전한 노동 정신으로 국가산업발전을 기한다.
- 기간산업의 공유화와 산업의 민주화를 기한다.
- 국제적 유대를 강화하여 세계평화에 공헌한다.

1960년대 이후 한국의 경제와 산업이 놀라운 속도로 성장했으나, 정부 주도의 경제개발정책이 경제발전을 주도했기 때문에 기업경영자들은 정부에 의존적인 타성을 버리지 못했다. 노사관계에서도 독자적인 기업가 정신을 발휘해서 노사협상에 임한다는 자세보다는 언제나 정부가 개입해서 노사문제를 해결해주기를 바라는 나약한 위치에 서 있었다. 여기에 남북한의 군사 대치로 인한 국가안보의 불안요인으로 정부의 개입을 유도하는 기업인들도 많았다고 생각한다. 이러한 기업인들의 태도로 인해 우리나라의 노사관계는 오랫동안 노사관계가 아니라 노정관계가 되어왔다. 그 결과 노총과 산별노조는 어용화 · 무력화 · 비민주화의 길을 걸었고, 1970년대에는 이에 반발하는 노동조합의 민주화 운동을 촉발하게 되었다. 이러한 민주노조 운동은 1980년대에도 정신과 행태를 이어나갔다.

제5공화국의 출범으로 시작된 1980년대 들어 정부는 노동운동에 대한 알레르기적 반응을 보여 법 개정을 통해 산업별 체제를 기업별 체제로 변경하고 제3자 개입 금지, 단체교섭권 위임 금지, 조합결성요건의 강화 등 일련의 강경한 노선을 채택했다. 1987년 직선제 개헌과 민주화를 요구하는 대학생들의 시위에 대부분의 시민이 동조하면서 제5공화국이 위기로 치닫게 되자 집권세력은 노태우 대통령후보는 '6.29 민주화 선언'을 할 수밖에 없었다. 6.29선언은 정치민주화를 목표로 했으나 경제적 민주화의 욕구가 동시에 폭발적으로 표출됨으로써 1987년 7-8월에 걸쳐 3천 여 건에 달하는 노사분규를 겪었다. 이는 20여 년간 잠재해 있던 노동자들의 불만이 일시에 분출된 것으로 여겨진다.

1987년의 6.29 선언 이후 이어진 노사분규를 통해 한국의 노동조합운동은 다음과 같이 새로운 장을 열게 되었다.

① 노조를 금기시해오던 대부분의 대기업들에 일제히 노동조합이 결성되었다는 점이다.

② 6.29 이후의 노사분규는 중공업 중심의 남성 근로자 중심으로 일어나기 시작했다는 점이다.

③ 1988년부터는 화이트칼라 노조가 태동하기 시작했으니, 이는 전통적인 2차 산업노동조합과는 다른 직종의 노동조합이 학교, 병원, 연구소 등과 같은 3차 산업에서 일어나기 시작했다는 사실이다. 이 시기에 신문, 방송, 교원노조가 결성되었다(김수곤 1993; 정재훈, 2009; 이영면, 2015).

3.
독일 노동조합운동의 역사

1) 독일 제국의 형성과 노동계급의 등장

독일의 노동운동은 프러시아가 보불전쟁(1870-1871)을 승리로 이끌고 1871년 독일 통일을 선포한 이후에야 명실상부한 활동을 개시했다고 볼 수 있다. 물론 통일 전인 1860년대부터 노동운동이 태동하기 시작했으나 당시는 초보적 수준이었으며, 독일이 300여 개의 제후국 또는 군주국으로 분열된 상태에서 학문적으로 특기할 만한 노동운동은 없었다고 볼 수 있다. 1871년 통일로 광대한 영토를 가진 제국으로 탄생한 '독일 제국(독일 제2제국, Das Deutsche Reich)'은 과거 분열의 역사를 청산하고 프러시아 주도로 화폐와 도량형의 통일, 그리고 사회적 인프라 구축이 활발하게 이루어지면서 폭발적인 경제발전을 이루게 되었다. 이 시기에 많은 기업들이 생겨났고, 1780년대 영국에서 시작된 산업혁명이 독일에서도 철강 산업을 중심으로 본격적으로 일어나게 된다. 1880년대에 새로운 제국 독일은 프랑스의 철강 산업을 추월하게 되었고, 1910년에는 1870년을 기준으로 해서 4배나 많은 철강 생산량을 시현했다. 1913년에는 석탄 수요에서도 1870년에 비해 7배가 많은 석탄 생산량을 달성했다. 1871년에 독일이 프랑스와 벨기에를 합친 것보다 적은 양의 석탄 수요를 보인 것을 감안하면 40년 동안 독일은 실로 엄청나게 경제가 성장했다는 것을 알 수 있다(Kendall, 1977; Abendroth, 1989)..

통일 후 40년 만에 독일은 인근의 경쟁국가들과 비교해서 석탄과 철강 생산에서 3배 가량 우위를 점하게 되었다. 특히 과학과 기술 분야의 우수한 인력들이 포진하여 독일제국의 경제발전을 견인했는데, 1880년 중반부터 독일은 화학, 기계, 전기기구 생산에서 타의 추종을 불허하는 경쟁력을 보였다. 통계에 따르면, 1907년 독일의 제조업에서 10만 7천 명의 근로자가 2개의 거대 전기 및 기계 제조기업인 AEG와 지멘스운트할스케(Siemens & Halske)에 근무하는 것으로 나타났다. AEG에서만 3만 1천 명의 근로자가 급여를 받고 일하는 것으로 조사되었다.

산업발전은 인구증가에도 견인차 역할을 했다. 1871년 4,100만 명 수준이던 독일의 인구는 40년 후 무려 6,500만 명으로 증가했다. 인구증가와 더불어 도시와 농촌 간 인구이동도 매우 두드러졌다. 1871년에는 전체 인구의 3분의 2가 농촌에 거주했으나, 1910년에는 인구의 3분의 2가 도시에 살고있는 것으로 나타났다(Abendroth, 1989; Berger, 2015).

1848년 프랑스 2월 혁명의 물결이 유럽을 휩쓸면서 독일에도 자유와 평등사상이 전해졌다. 혁명 이후 프랑스에서 시민들이 중산층으로 발전하는 것을 목격한 독일의 시민들도 민주정치와 자신들의 지위상승에 대해 의식하기 시작했다. 프랑스와 달리 독일제국은 '철혈 재상'으로 일컬어지는 비스마르크의 통치기간 동안 겉으로는 입헌군주제에 의한 법치를 내세웠지만, 프랑스 같은 시민혁명을 통해 민주적 부르주아계급이 자주적으로 형성되지 못한 상황에서 외형적으로 민주정치를 표방함으로써 근대적인 경제체제하에 정치적으로는 전제적인 사회질서가 공존하는 타협이 이루어졌다. 따라서 독일 사회는 과거와 현재의 체제 사이에서 긴장이 존재했지만,

국가가 국민의 거주이전의 자유를 제한 했으므로 근로자들은 지역에 머무르면서 외부세계와는 단절된 상태로 작업에 임하게 되었다.

이 시기에 형성된 독일의 중산층들은 독일 황제와 황제를 보필하는 융커들, 그리고 제국을 보위하는 황제의 군대에 항거하기보다는 그들과 협력하며 자신의 지위와 현상을 유지하는 전략을 택하게 되었다. 그러나 1848년 2월 혁명 이후 자유와 민주주의를 갈망하는 근로자들은 새로운 이데올로기인 사회주의에 경도되어 자신들을 억압하는 귀족과 자본주의 국가에 대항하여 자신들의 신분 상승을 꾀하는 움직임을 보였고 이때부터 노동운동이 본격적으로 태동하게 되었다.

2) 독일의 노동운동과 노동조합의 결성

1848년 이후 노동자들의 조직들이 이미 존재하고 있었지만 지하에서 활동했다. 그 후 1859년 독일 국내에서 정치적 자유가 어느 정도 주어져 지하의 노동자 조직이 합법화되면서 노동자들은 본격적으로 노동운동을 할 수 있게 되었다. 그 후 1863년 라이프치히에서 페르디난트 라살레(Ferdinand Lassalle)가 노동자들의 교육기관인 ADAV(Der Allgemeine Deutsche Arbeiterverein)를 창립했는데, 이 조직은 국가로부터 지원받는 사회주의적 노동기구로서 생산적인 단체였다. 이 단체에서 노동자계급들은 보통 및 평등 선거권을 행사함으로써 자신들의 영향력을 키워갔다. 이 시기 마르크스의 영향을 받은 노동단체로 1864년 아우구스트 베벨(August Bebel)이 의장직을 맡아 결성한 VDAV(Verband der Deutschen Arbeitervereine)가 있었다. 1868년 베벨과 빌헬름 리프크네히트(Wilhelm Liebknecht)는 4년 후 함께 제1차 인터내셔널에 가입하게 된다.

1년 후 아이제나흐에서 베벨의 VDAV와 라살레의 ADAV에서 탈퇴한 집단들이 합심하여 '사회주의 노동자당(SAP, Sozialistische Arbeiterpartei)'을 창립하게 된다. 그 후 1874년 제국의회 총선 후 ADAV와 SAP는 고타에서 합당을 선언하면서 통합 당명을 '독일 사회주의 노동자당(SAD, Sozialistische Arbeiterpartei Deutschland)'으로 정했는데, 이것이 오늘날 독일 사민당(SPD, Sozialdemokratische Partei Deutschlands)의 전신이다. SAD의 당 강령은 마르크스와 라살레의 이념을 절충한 것으로 알려지고 있다.

1878년 10월 21일, 당시 독일 제국의 총리였던 비스마르크(Otto von Bismarck)의 주도하에 의회가 '사회주의자탄압법'을 통과시켜 사회주의운동을 일절 금지하고 사회주의당 해체를 명하게 되면서 SAD도 해체되어 정당 활동이 금지되었을 뿐만 아니라 선거권과 피선거권 행사도 금지되었다. 그러나 SAD는 활동이 금지되었음에도 영향력을 계속 이어나갔다. 1890년 비스마르크의 실각과 함께 사회주의자탄압법이 폐지되자 SAD는 '독일 사회민주당(SPD)'으로 당명을 변경했으며 마르크스주의를 강령으로 공식화했다. 1877년 총선에서는 49만 3천 표를 얻는 데 그쳤으나, SPD로 당명을 변경한 후 치러진 1890년 총선에서는 142만 7천 표를 획득함으로써 국민의 지지도가 크게 상승했다(Kendall, 1977; Abendroth, 1989).

1865년 라살레의 추종자인 프리체(Fritsche)는 독일 최초의 노동조합인 '전독일연초노동자협회(Der Allgemeine Deutsche Zigarenarbeiterverein)'를 결성했다. 이듬해에는 뒤이어 독일의 도서동맹이 결성되었으며, 1868년에는 양복 및 목재협회가 조직되었다. 독일이 통일되고 제국이 된 후 노동운동은 새로운 도약기를 맞이하게 되었다. 1877년 5만 5천 명의 노동자들이 사회민주주의 노동조합에 가입한 것을 계기로 노동자들이 이 노조에 가입 러시를 이루었다. 1891년부터 1899년 사이에 독일 전체 노조원 수가 두 배로 증가했고, 1904년에는 다시 50만 명이 증가하여 노조원 수가 100만 명을 돌파하는 등 폭발적으로 늘어났다.

이러한 사회적 분위기 속에서 사민당(SPD)은 약진을 거듭하였다. 노조원 100만 명 시대에 고무된 사민당은 1891년 에르푸르트에서 개최된 당 대회에서 이른바 '에르푸르트강령(Erfurter Programm)'을 채택한다. 이 강령의 내용은 크게 두 가지 부분으로 구성되어 있다. 첫째, 프롤레타리아들이 정치적 권력을 장악하여 자본주의적 사적 소유로부터 사회적 소유로 변환시키기 위해 계급투쟁을 치열하게 전개한다는 마르크스적인 계획이다. 둘째, 자본주의적 체제하에서 보통 · 평등 선거권을 확보하고 1일 8시간 노동제, 포괄적인 노동자보호입법, 연립정부 참가 관철을 위한 투쟁을 전개한다는 내용이다(Berger, 2015).

에르푸르트강령은 이후로도 오랫동안 독일 사민당의 정강정책이 되었으며, 다른 나라의 사회주의 정당 강령에도 큰 영향을 미쳤다. 노조가 우세해진 정치적 힘을 과시하기 위해 파업을 단행하는 일이 잦아지면서 노조의 세력에 맞서기 위한 사용자단체의 결성이 촉진되었다. 제1차 세계대전 이전의 독일에서는 사용자의 권익옹호를 위한 사용자단체로서 VDA(Vereinigung der Deutschen Arbeitgeberverbände)가 최초로 결성되었다.

3) 제1차 세계대전 중의 노동운동

제1차 세계대전이 발발하자 전시 공채 발행 문제로 독일 사회민주당은 심각한 내분을 겪게 된다. 대부분의 당원 및 의원들이 전시 공채 발행에 찬성표를 던졌고, 소수 세력들이 이에 반발한 것이다. 결국 이 두 세력 간의 갈등의 골이 깊어져 한동안 2개의 당으로 분열되기도 했다. 찬성표를 던진 다수파 세력들은 '다수파 사회민주당'이라 불렸으며, 소수파는 '독일 독립

사회민주당'이라는 당을 창설했다. 후자는 로자 룩셈부르크와 카를 리프크네히트 등이 주요 지도자였다. 그러나 독립사회민주당은 그들보다 더 급진적 좌파인 독일 공산당(KPD)과 다수파 사회민주당 사이에서 모호한 위치를 차지하게 되어 결국 다수파 사회민주당과 다시 통합하게 된다(Kendall, 1977; Hemmer et al., 1990).

4) 바이마르 공화국 시기의 노동운동

제1차 세계대전 패전과 1918년 11월 혁명의 결과로 독일제국은 몰락하고 사민당의 전통적인 요구사항들인 여성의 선거권, 비례대표제, 사회·정치의 개혁, 1일 8시간 노동제 그리고 민주공화제가 수용되었다. 바이마르 공화국(1919-1933) 출범과 더불어 제1당이 된 사민당은 공화제를 지지하는 다른 정당들과 함께 연립정부를 구성하게 되면서 바이마르 공화국 헌법의 운영 방식을 확립했다. 그러나 사민당의 지도자들은 점점 비대화-관료화된 당 조직의 파괴를 우려하고 신선한 추진력을 가져올 대담한 행동을 주저하면서 당의 활동에는 조직의 현상 유지를 자기 목적으로 한 소극성과 정치적 근시안이 지배했다. 이로써 청년 노동자, 실업자, 중간층 등의 표가 신생 나치당(국가사회주의 독일 노동당, NSDAP)나 공산당에게로 대량 흡수되어 가는 것을 방지하지 못했다. 그 와중에 독일은 베르사유조약에 따라 천문학적인 배상금을 프랑스를 비롯한 전쟁 피해국에 지급해야 했기에 국가 재정지출이 급증하면서 물가상승을 압박하였다. 설상가상으로 1929년 10월, 미국 발 경제공황이 독일의 경제회복에 찬물을 끼얹었으며, 통화의 과다유통으로 인한 초인플레이션(hyper inflation)으로 독일 경제는 바닥으로 추락하였고 1932년 실업자 수가 70만 명을 돌파할 정도로 실업률이 급증했다.

독일 국민은 대책 없는 허약한 정부와 집권당인 사민당을 불신하기 시작했으며, 경제난 해결에 대한 기대를 걸고 아돌프 히틀러(Adolf Hitler)가 이끄는 국가사회주의 독일 노동당(나치당)과 공산당에 많은 지지를 보냈다. 이러한 외부적 영향뿐 아니라 노동조합의 내분에 의해 독일의 노동조합은 날이 갈수록 조합원을 잃어갔다.

경제난과 기존 정당들의 무능으로 1933년, 히틀러의 나치당(NSDAP)의 총선승리와 집권을 가져왔다. 히틀러는 집권하자마자 공산당을 해체하고 사회주의 계열의 인사와 노조지도자들을 대대적으로 체포 · 구속했으며 일부는 강제수용소로 보냈다. 이로써 사민당과 사회주의 지향 노동조합의 활동은 사실상 중단되었다. 히틀러는 노동조합을 대신하여 '독일 노동전선(Die Deutsche Arbeitsfront)'을 결성하여 자신과 나치당을 지지하는 노동자들의 집단을 결성했다. 이후 제2차 세계대전이 끝난 1945년까지 독일의 노동운동은 철저하게 탄압을 받았다(Kendall, 1977; Potthoff, 1987; Endruweit, 1985).

5) 독일연방공화국의 출범과 노동조합의 재건

제2차 세계대전 패전 후 독일은 미 · 소 · 영 · 불 승전 4개국의 점령하에 들어갔으며, 점령기간이 종료된 후 미 · 영 · 불 점령지역은 서독으로, 소련 점령지역은 동독으로 분단되었다. 따라서 동서독을 아우르는 통일된 노동조합은 어려워졌으며 동서독은 각자의 길을 걷게 되었다. 서독지역에서는 1949년 10월, 뮌헨에서 16개 독립적 산별노조들이 연합한 노조연합체인 '독일노동조합연맹(DGB, Deutscher Gewerkschaftsbund)'을 결성하고 위원장으로 한스 뵈클러(Hans Böckler)를 선출했다. DGB는 서독의 720만 명 노동자가 가입한 세계 굴지의 노조가 되었다. 과거 바이마르 공화국 시절까지만 해도 노동조합이 이데올로기 노선에 따라 사회주의, 기독교, 자유주의 노동조합으로 철저히 분리되어 정쟁을 일삼았는데, 1949년 결성된 DGB를 통해 독일연방공화국(서독)의 노조원들은 이념과 사상을 초월하는 단합된 통합노조를 강력히 원한다는 것을 보여주었으며, DGB의 결성은 이후 서독의 노동운동에 탈이념, 실용주의라는 가이드라인을 제공하는 역할을 하게 되었다(Hemmer et al., 1990).

1959년 11월, 독일 사민당은 정강정책을 획기적으로 변경하는 작업을 했다. 이른바 '고데스베르크강령(Godesberger Programm)'으로 불리는 변경된 강령은 당의 창건 이래 기본이념으로 추구하던 '프롤레타리아의 부르주아와의 계급투쟁'을 포기하고 노동조합이 사민당에 종속되는 제도를 폐지함으로써 전반적으로 당의 색깔을 '사회주의'에서 '국민정당'으로 변경하는 일을 단행했다. 이로써 독일의 통합노조인 DGB도 정당으로부터 자유로운 지위를 얻게 되어 스스로의 사회적 · 정치적 목표를 수립하고 추구할 수 있게 되었다. 물론, DGB 소속 최대 산별노조인 독일 금속노조(IG Metall)가 사민당과 가까운 입장을 취하고 있기는 했지만 원칙적으로 특정 정당과 연계되거나 고정된 이념을 가진 것은 아니다. DGB의 이러한 원칙은 과거 바이마르 공화국 시대의 이념갈등으로부터 단절된 것을 의미했다. DGB의 결성에 맞추어 독일의 사용자단체도 BDA(Bundesvereinigung der Deutschen Arbeitgeberverbände)를 결성하여 사용자의 권익을 대변하고 옹호하는 역할을 하고 있다(Hemmer et al., 1990).

4.
한국과 독일의 노사관계 시스템과 노동조합주의

1) 기업의 이해관계자 관리

기업은 관계의 합이라고 생각할 수 있다. 기업은 내적 · 외적으로 무수한 '행위자(actor)' 또는 '이해관계자들(stakeholoders)' 간의 관계 속에서 운영되는 조직이라고 할 수 있다. 행위자들은 조직 내부로는 종업원, 조직 외부로는 고객, 공급자, 노동조합, 사용자단체, 컨설턴트 그리고 정부를 지칭한다. 기업조직은 이러한 행위자들 간의 상호작용을 통해 발전하기도 하지만, 행위자들 간의 관계에 문제가 생기면 조직의 생존과 발전에 큰 어려움을 겪기도 한다.

학자들은 다음과 같은 다섯 가지 영역으로 관계를 구분하는데, 여기서 언급되는 다섯 가지 영역은 기업의 핵심역량의 발전과 보호를 위해 조정해야 하는 중요한 관계를 의미한다(Hall & Soskice, 2001; 김성국, 2011).

첫째, 산업관계(industrial relations)

둘째, 직업훈련(vocational training and education)

셋째, 기업의 지배구조(corporate governance)

넷째, 타 기업과의 관계(inter-firm relations)

다섯째, 종업원과의 관계(employee relations)

이 다섯 가지 영역은 기업이 활동하는 데 있어서 종종 결정적인 역할을 한다. 기업들은 이 다섯 가지 영역에 속한 관계를 개선하기 위해 내부화(internalize)하기도 하고, 외부화(externalize)하기도 한다. 이른바 거래비용 경제학(transaction cost economics)에서는 기업의 관계를 '거래비용'이라는 관점에서 파악하기도 한다. 기업이 관계를 내부화하는 것을 거래비용 경제학에서는 '위계(hierarchy)에 의한 조정'이라고 부르고, 외부화를 '시장(market)에 의한 조정'이라고 한다. 위계에 의한 조정이란, 예컨대 직원들을 대상으로 직업훈련을 할 때 외부에 맡기는 것보다는 기업 내부의 연수원에서 자체적으로 실시한다면 직업훈련이 자체 연수원이라는 위계 속으로 들어오는 것이 내부적으로 조정(coordination)되는 것이다. 반대로 직업훈련을 외부기관에 위탁한다면 외부의 교육훈련 시장에 맡기게 되어 그 시장 메커니즘의 조정을 받게 되는 것이다. 조정이란 관계에 대한 통제를 의미하기도 한다.

2) 자유시장경제와 조정시장경제

기업은 이해당사자 집단과의 관계를 개선하고 문제를 해결하려고 노력하지만, 언제나 조정의 문제(coordination problem)에 귀착하게 된다. 그리고 기업은 그들의 활동을 조정하는 방식에서도 차이를 보이게 된다. 기업이 이해당사자들 간의 관계를 개선하고 그들의 핵심역량을 확보하고 [illegible]

키는 데는 역사적으로 다음 두 가지 방식이 존재해왔다.

첫째, 자유시장경제(liberal market economies, LME)가 그 첫 번째 방식이자 정치 및 경제체제다. 자유시장경제에서 기업들은 주로 위계(hierarchies)와 경쟁시장을 통해 그들의 활동을 조정한다. 즉 그들이 필요로 하는 자원을 기업 내부에서 조달하거나 육성하는 한편, 외부 시장을 통해 자원을 확보한다. 경제주체들은 신고전주의 경제학(neo-classical economics)에 입각한 수요와 공급의 원리에 따라 득이 되는 쪽을 선택하게 된다. 시장은 경제주체들의 활동을 조정하기 위해 매우 효율적인 수단을 제공한다. 기업활동 결과에 대한 수익과 보상은 경쟁시장에서의 수요와 공급에 의해 결정된다.

둘째, 조정시장경제(coordinated market economies, CME)가 두 번째 방식이자 정치 및 경제 체제다. 조정시장경제에서 기업 등 경제주체들은 그들의 활동을 조정하고 핵심역량을 유지 · 발전시키기 위해 주로 비시장적인 관계(non-market relationships)에 의존한다. 여기서 '비시장적 관계'라는 것은 예컨대 규제와 조정을 말한다.

자유시장경제 체제에서는 개인과 기업의 경제활동의 자유와 창의를 존중하는 반면, 조정시장경제 체제에서는 국가가 나서서 균형 있는 국민경제의 성장 및 안정, 그리고 적정한 소득의 분배를 유지하고, 때로는 시장의 지배와 경제력의 남용을 방지하며, 경제주체 간의 조화를 통한 경제 민주화를 위해 경제에 관한 규제와 조정을 수행한다(Hall & Soskice, 2001; 김성국, 2011).

자유시장경제 체제에서는 매우 유동적이고 경쟁적인 시장이 존재한다. 노동시장도 마찬가지다. 자유시장경제 체제를 가진 국가는 미국, 영국, 호주, 캐나다, 뉴질랜드, 아일랜드 등이다. 이에 반해 조정 시장경제 체제하에서 시장은 공적 기관들에 의해 조정된다. 조정시장경제 체제에 속한 국가는 독일, 일본, 스위스, 네덜란드, 벨기에, 스웨덴, 노르웨이, 덴마크, 핀란드 그리고 오스트리아 등이다.

3) 양 체제의 차이 분석

자유시장경제 체제, 즉 LME와 조정시장경제 체제, 즉 CME는 다음과 같은 사항에서 확연한 차이를 보이고 있다. ① 고용안정 ② 고용계약 기간 ③ 고용 협상의 적용범위 ④ 대학교육 ⑤ 산업훈련 ⑥ 주식시장의 자본화 ⑦ 기업의 인수 · 합병(M&A)

학자들의 연구에 따르면, LME의 대표적인 국가는 미국이고, CME의 대표적인 국가는 독일로 알려져 있다. 이제 두 국가의 정치 및 경제체제의 차이를 비교함으로써 두 체제가 어떤 차이가 있으며, 이것이 노사관계 시스템에 어떤 영향을 주고 있는지를 살펴보고자 한다.

(1) 고용안정

"hire and fire"라는 말이 있듯이 미국은 자유시장경제를 표방하는 국가들 중에서도 채용과 해고가 매우 자유롭다. 해고에서 엄격한 요건을 요구하는 CME 국가와 비교할 때, 미국은 비교적 고용안정이 불안정한 국가다. 이에 비해 독일은 해고가 어려운 국가에 속한다. 해고하려면 엄격한 요건을 지켜야 하고, 사용자의 해고 회피 노력이 요구된다. 또한 부득이한 경우 해고할 때 노동조합과의 사전 협의를 거쳐야 한다.

(2) 고용계약 기간

미국은 대체로 고용계약을 단기로 체결하는 경우가 빈번하다. 그만큼 노동시장이 발달해 있기 때문에 단기계약을 해도 근로자들은 비교적 쉽게 다른 직장으로 수평이동을 할수 있기 때문이다. 이에 비해 독일에서는 고용계약 기간이 미국에 비해 장기다. 노동자를 채용할 때 기한을 정함이 없는 정규직 고용을 하는 경우가 대부분이다. 수평적 노동시장도 미국에 비해 덜 발달하여 계약이 만료된 근로자가 미국만큼 쉽게 다른 직장을 구하기가 쉽지 않기 때문에 해고방지 등 고용안정을 위한 법적, 제도적 조치가 강화된다.

(3) 고용 협상의 적용범위

미국은 노조의 조직률이 상대적으로 낮은 국가이고, 단체협상에서 노조의 교섭력이 약하기 때문에 단체협상의 어젠다가 다루는 범위가 매우 좁으며, 주로 임금협상에 국한되는 경우가 대부분이다. 그리고 협상이 타결되어도 노조원에 한해서 적용되는 등 적용범위가 제한적인 경우가 많다. 그러나 독일의 경우는 미국에 비해 노조의 조직률이 훨씬 높으며, 단체교섭의 이슈와 어젠다가 매우 포괄적이고 임금뿐만 아니라 근로조건 전반에 걸쳐 광범위한 이슈를 놓고 협상하는 경우가 대부분이다. 그리고 타결된 협상의 결과는 노조원, 비노조원 할 것 없이 거의 모든 근로자, 해당 산업 내 모든 지역에 포괄적으로 적용되는 것이 원칙으로 되어 있어 노동조합의 입김이 셀 뿐 아니라 노조 조직률 이상의 영향력을 행사하고 있다. 역설적으로, 강력한 노동조합이 시범 케이스로 특정 지역의 사용자단체와 단체협상을 해서 타결되면 모든 단위노조와 전 지역에 적용되기 때문에 노사관계 안정에 기여하고 있다.

(4) 대학교육

노사관계 시스템에서 교육도 중요한 이슈가 된다. 기업이 필요로 하는 핵심적 지식과 기술을 획득하는 원천이 어디인가 하는 문제는 노사관계에도 큰 영향을 미친다. 미국의 경우에는 기업이 산학협동을 통해 대학이 보유하고 있는 경쟁력 있는 지식과 기술을 공유하는 것이 보편적이다. 기업은 테크노파크(techno park) 같은 산학협력 시설 건설과 운영을 통해 대학에 기계와 설비, 그리고 연구비를 지원하고 대학은 경쟁력 있는 지식과 기술을 기업의 인력들에게 전수하는 방식으로 협력사업이 잘 이루어지고 있다.

독일은 이른바 '이중적 직업훈련(dual system)'을 통해 연수생들이 연수기간의 절반은 기업체에서, 나머지 절반은 대학에서 지식과 기술을 습득하는 방식이 일찍이 발달했다. 대부분의 독일 대학이 국립이므로 이러한 시스템이 가능할 수 있었다. 기업체와 대학을 오가며 직업훈련을 받는 방식은 일면 미국의 방식과 비슷하지만, 독일의 경우는 미숙련자를 위한 기초적인 직업훈련에 국한되기 때문에 경쟁력 있는 핵심 지식과 기술의 전수가 이루어지는 경우가 드물다.

(5) 산업훈련

산업훈련(industrial training)이란 국가가 근로자들의 능력향상을 위해 산업체 내에 연수시설을 활용하여 유급, 무급으로 지식과 기술을 전수하는 방식을 말한다. 미국과 독일은 공히 산업훈련 시스템을 갖추고 있지만, 미국보다는 독일의 산업훈련이 상대적으로 더 활성화되어 있다. 독일은 상공회의소 조직을 통해 수공업과 제 산업에 종사하는 근로자들을 위한 직업훈련이 강도 높게 실시되고 있으며, 이른바 '장인(Meister)제도'를 통해 기능장을 양성하는 시스템이 일찍이 발달해왔다. 장인제도가 독일 제조업이 발달하는 데 크게 기여했다는 것은 잘 알려진 사실이다.

(6) 주식시장의 자본화

주식시장의 자본화(stock market capitalization)는 국내 상장기업의 시장가치가 GDP에서 차지하는 비율로 계산되는데, 주식시장이 비교적 잘 발달한 미국에서는 상대적으로 독일 같은 유럽 기업들에 비해 자본화율도 높다. 그 이유로 미국에서는 기업의 가치를 주가로 판단하는 경향이 크고 주식시장이 매우 활성화되어 있어 주식시장을 통한 기업의 자본조달이 용이하기 때문이다. 반면에 독일에는 아직도 전통적인 가족기업이 많고, 기업 공개가 미국보다 활발하지 않으며, 주식시장을 통한 자본의 조달도 상대적으로 활발하지 않다.

(7) 기업의 인수 · 합병(M&A)

기업의 인수 · 합병에서도 미국 기업이 독일 기업보다 훨씬 자유롭고 활성화되어 있다. 독일에 비해 주식시장의 자본화율이 높기 때문에 미국 기업들은 인수 · 합병을 통해 자신의 기업가치를 높이고자 하는 욕구가 높다. 반면에 주식시장의 자본화율이 상대적으로 낮은 독일 기업은 기업의 인수 · 합병에서도 미국 기업만큼 큰 관심이 없으며, 독일의 공정거래법 규제가 미국보다 강력하기 때문에 실제로 대기업 간 인수 · 합병이 많이 일어나지 않고 있는 실정이다.

우리나라의 경제체제와 노사관계 시스템을 LME vs. CME, 그리고 다섯 가지 영역과 일곱 가지 이슈로 분류한다면 우리나라는 경제체제에서 LME와 CME 중간 정도의 위치에 속하면서 CME적 경향을 보이는 것으로 나타난다. 주식시장의 자본화율이 비교적 높으면서도 고용보호의 정도가 매우 높으며, 정부에 의한 비시장적인 규제와 조정이 미국이나 캐나다 같은 전형적인 LME 국가와 비교해서 높은 편이기 때문이다. 독일 같은 CME 국가에서는 노사관계를 규정하는 것이 거의 법률에 의한 조정이 대부분인 것처럼 우리나라에서도 노사관계의 룰(rule)이 법률에 의하는 경우가 대부분이다. 이 점이 특히 CME 국가를 지향하고 있다고 여겨진다. 이러한 분석 결과가 우리나라에 시사하는 바는 다음과 같다.

첫째, 독일이나 스칸디나비아 국가들에서 볼 수 있는 바와 같이 노사관계 시스템이 지나치게 정부와 법률의 규제와 조정에 의해 운영되기 때문에 민간기업의 기업가정신이 위축되거나 혁신(innovation)을 위한 동기부여가 취약한 현상이 나타날 수 있다.

둘째, CME 국가에서는 산업별 노조가 확립되어 단체교섭이 대표적 · 포괄적으로 행해지며 단체협약이 전국적으로 전 사업장에 적용되는 방식이 정착되어 노동조합의 영향력이 강해짐에 따라 사회적 책무성에 대한 요구가 높아지게 될 것이다.

셋째, 현재 일부에서 시험적으로 실시되고 있는 산업별 노조로의 전환

〈표 7-1〉 자유시장경제(LME)와 조정시장경제(CME)의 차이 비교

비교 항목	LME	CME
① 고용안정	상대적으로 불안정	안정적
② 고용계약 기간	단기	장기
③ 고용 협상의 적용범위	대체로 좁음	대체로 넓음
④ 대학교육	대체로 의존	의존도가 낮음
⑤ 산업훈련	의존도가 낮음	의존도가 높음
⑥ 주식시장의 자본화	상대적으로 높음	상대적으로 낮음
⑦ 기업의 인수 · 합병(M&A)	비교적 자유롭고 빈번함	제약이 따르고 빈도가 높지 않음

출처: Hall & Soscise, 2001.

이 우리나라 경제체제가 CME 경향이 강해지는 것과 궤를 같이하여 빈번해질 것으로 전망된다. 기업별 노조와 산업별 노조가 혼재 · 공존하는 과도기에 우리나라 경제체제와 기업환경에 적합한 한국적인 노동조합주의와 노사관계 시스템을 정착시키는 것이 가까운 장래 우리나라 노사관계 시스템의 효율성을 가름하는 바로미터가 될 것이다(김성국, 2011; Kim, 2018).

4) 한국과 독일의 노동조합주의 비교

(1) 노동조합주의 개념과 유형

노동조합주의(unionism)란 노동조합이 추구하는 이념이나 목적, 행동 패턴을 의미한다. 노동조합주의는 일반적으로 경제적 측면과 사회적 측면의 양면성을 가지고 있다. 노동조합주의의 경제적 측면은 첫째, 노조는 조합원들의 노동을 가능하면 높은 가격으로 제공할 수 있도록 노력하는 성격을 지닌다. 둘째, 노조는 임금수준을 높이기 위해 조합원의 노동공급을 독점하거나 사용자에 대해 근로조건 개선을 요구하고 그들의 요구가 수용되지 않으면 파업 같은 노동쟁의를 통해 요구를 관철시키려 노력한다. 셋째, 비노조원에 대해 근로의 기회를 제한하는 등 조합원의 권익을 지키기 위한 노력을 함으로써 경제적 목표를 달성한다(정재훈, 2009). 노동조합의 사회적 측면은 첫째, 노조는 사회적 기관으로서 작업장에서 조합원이 목소리(voice)를 낼 수 있도록 돕기 위해 존재한다. 둘째, 노조는 조합원들이 자신들의 관심사에 대한 의견이나 제안을 사용자나 정부에 대해 효과적으로 제시할 수 있도록 도우며 필요할 경우 노동쟁의를 통해 목표를 달성하기 위해 노력한다는 것이다(정재훈, 2009).

역사적 · 국제적으로 노동조합주의는 미국식 '실리적 또는 경제적 조합주의(business unionism)'와 유럽식 '정치적 조합주의(political unionism)'가 각각 발전해왔으나, 두 조합주의는 여러 측면에서 차이를 보이고 있다. 유럽과 달리 봉건시대를 겪지 않아 계급투쟁의 역사가 없는 관계로 미국의 노동조합은 전통적으로 '노동자의 복지향상'에 주된 관심을 가져왔다. 그 결과 미국의 노조는 일반적으로 노동자들이 더 나은 임금과 근로조건을 얻도록 하는 데 관심을 경주하고 있는 반면, 사회적인 이슈에 대해서는 상대적으로 관심이 적다. 또 노조의 전략이나 행동도 단체협상을 통한 자율적인 해결 전략을 선호하는 경향이 있다.

이에 비해 유럽의 '정치적 조합주의'는 미국의 경우와 차이를 보이고 있다. 먼저 유럽의 노동조합은 전통적으로 노동자계급의 발전과 삶의 개선을 위해 사회 전체를 개혁하는 것을 목적으로 삼아왔다. 또한 유럽 노동운동의 강조점은 정치적인 수단을 동원하여 사회 시스템의 근본적인 변화를 달성하는 것이었다. 유럽의 정치적 조합주의는 '코포라티즘(corporatism)'에 기반을 두고 있다. 코포라티즘이란 노사관계의 주요 세 당사자인 사용자, 근로자 그리고 정부 간 힘의 균형과 상호작용 시스템을 의미한다. 코포라티즘은 정치적 노동조합주의를 채택하는 유럽 국가들(스웨덴, 덴마크, 독일, 프랑스 등)에 공통적으로 나타나는 제도다. 이들 국가에서 노동조합운동의 궁극적 목표는 정치적 참가를 통한 사회개혁에 있으며, 노동당 같은 진보정당과 밀접한 연계를 가지며 정당활동을 통해 노조의 목표를 달성하고자 노력한다.

(2) 한국의 노동조합주의

1945년 해방 후 우리나라 노조들은 정치적 조합주의 색채가 강했으며, 이러한 전통은 오늘날까지 남아 있다. 서구에서는 산업화가 진전되고 기업이 먼저 산업자본화를 달성한 후 노조가 결성되었으나, 우리나라는 이러한 과정 없이 노조가 결성되고 노조활동이 시작됨으로써 태생적으로 정치적 성격이 강했다. 1987년의 기록적인 노사분규 사태와 1990년대의 민주화 시대를 거치면서 우리나라의 노동조합은 어느 정도 '실리적 노동조합주의'로 방향을 전환하기 시작했다고 볼 수 있다. 과거 한국의 노동조합주의는 마르크스의 계급투쟁론이 발전한 형태로 이해할 수 있다. 즉, 노동자들은 비인간적인 생산과정과 가혹한 작업조건으로부터 자신들을 보호하기 위해 노동조합을 만든 것으로 이해할 수 있다. 따라서 사용자는 작업조건을 개선하고 좀 더 향상된 생활을 영위하고자 하는 노동자의 욕구를 저지하는 장본인이라는 자각과 의식의 확산으로 노동조합이 결성되었다고 보는 관점이 있다.

노동운동이 때로는 폭력적이고 투쟁적으로 발전했지만 그 당시에는 이것이 반식민지 민족해방운동의 일익을 담당했다는 점에서 대중의 지지를 받았다. 그러나 그러한 경험으로 인해 노동운동이 파괴를 수반하고 폭력적이라야 어용이 아닌 것처럼 생각하는 버릇이 생긴 것은 외세로 인한 왜곡된 노동운동관이라 할 수 있다(김수곤, 1993). 실질적으로 일제강점기에 시작된 한국의 노사관계는 그 출발부터 일제강점의 영향을 받게 되었으며, 오늘날에도 이러한 과거의 잔재가 남아 있다고 볼 수 있다.

한편 한국의 노동조합주의는 경제적 권익을 보호하기 위한 기구로 파악하는 입장도 내포되어 있다. 비록 정치적인 이슈에 민감하지만 최근 들어 통상임금, 최저임금 등 경제적인 이슈에 민감한 추세를 보이면서 우리나라 노동조합이 경제적 · 실리적 조합주의도 보이고 있다고 생각된다. 비즈니스 유니언(business union), 즉 경제조합주의로 남을 것인지 아니면 전문성과 자율성을 내걸고 인사권까지 관여하고, 나아가 정치적 영역까지 파고드는 정치적 노동조합주의로 나아가는 것이 아닌가 생각된다. 1960년대 이래

수차례 노동법이 개정되었지만 거의 모든 경우 경제성장을 뒷받침하고 정치적 안정을 위해 안보 차원에서 노동정책을 다루어왔고, 노동 3권은 계속 새로운 구실을 찾아가며 제약되어왔기 때문에 사용자와 정부에 대한 노동자의 불신의 골이 너무나 깊어진 것이 새로운 노동조합운동이 정치성을 짙게 띠게 된 이유라고 생각한다(김수곤, 1993; 김성국, 2011).

(3) 독일의 노동조합주의

독일의 노동조합주의는 정치적 조합주의와 코포라티즘에 기반을 두면서 다음과 같은 특징을 지니고 있다. 첫째, 이데올로기가 배제된 중립적 노동조합, 둘째, 산업별 노조의 결성, 셋째, 독립적 산별노조를 아우르는 연합노조(DGB) 결성, 1사 1조합 원칙이다. 특히 독일 노조만이 지니고 있는 독특하고 차별적인 요소로는 첫째, 노사의 사회적 파트너 정신(social partnership)의 구현 추구, 둘째, 고용계약의 자율성, 공동결정제도를 들 수 있다.

독일에서 사회적 파트너 정신의 발현이 가능한 배경에는 과거 바이마르 공화국 시절 노사의 극한대립과 나치당의 집권, 제2차 세계대전과 독일의 패망 등 노사가 20세기 독일 역사의 어두운 터널을 함께 지나오면서 분열과 대립보다는 노사간의 화합과 공존, 공영이 현명한 길이라는 공감대가 형성된 덕분이었다. 1950년 서독에서 중소기업을 중심으로 '파트너십 기업 진흥을 위한 공동체(AGP)'가 결성되어 과거 계급투쟁식 노사분쟁을 불식하고 기업현장에서 경제재건을 위해 상호 협력하는 공동체적 '파트너십'을 실현하는 운동을 전개하여 '라인강의 기적'으로 부르는 전후 경제성장의 견인차 역할을 했다. 이후 독일 기업의 파트너십 운동은 근로자의 경영참가(이익참가 및 자본참가)와 노사 동반자 의식함양에 크게 기여했으며, 독일 사회의 지형을 크게 바꾸어놓았다.

고용계약의 자율성(Tarifautonomie)은 노사가 단체협상과 단체협약 체결에서 정부 등 외부로부터 간섭받지 않는 것을 의미한다. 정부는 일반적 작업조건 외에 노사 간 구체적 임금계약 체결에 간섭하지 않는다. 따라서 임금 및 근로조건 협상에 관해 노와 사가 자율권을 갖는다. 노와 사는 자율성에 따르는 다음 의무를 준수한다. 산업평화의 의무, 기회균등의 의무, 제3자에게 부담을 주지 않을 의무이다.

독일의 공동결정제도는 여전히 독일의 노사관계 안정에 중요한 역할을 하고 있다. 공동결정제도가 노사 일방의 전횡을 방지하고 협력을 권장하며 노동자의 권익향상과 노동환경개선에 앞장서 왔기 때문이다. 단위 사업장에 종사하는 노동자들을 위한 공동결정의 뿌리라 할 수 있는 종업원평의회(Betriebsrat)도 위상이 강화되고 있다.

5.
요약 및 시사점

1) 연구의 요약

한국과 독일의 노동운동과 노사관계 제도, 그리고 노동조합에 관한 비교 분석 결과는 〈표 7-2〉에 간략히 정리되어 있다. 한국은 노동운동의 역사가 1930년대 일제강점기로 거슬러 올라간다. 따라서 노동운동의 연륜이 80-90년에 불과하다. 이에 비해 독일은 노동자 조직이 합법화된 1859년을 기점으로 삼는다면 약 160년의 노동운동 역사를 가지고 있다. 조합주의에서 볼 때 한국은 1990년대 이전에는 대체로 비즈니스 조합주의가 강세였으나 그 이후에는 대체로 정치적 조합주의 성격을 띠고 있다. 독일은 전형적인 정치적 조합주의를 표방하고 있다. 노조의 조직형태에서도 한국은 기업별 노조가 대부분이고 일부 산업(예: 자동차 등 금속산업)에서는 기업의 단체교섭권을 상부 산별노조에 위임하는 사례가 있으므로 부분적으로 산별노조로 운영되고 있다고 할 수 있다. 독일은 전통적으로 산별노조로 조직되어 있다. 한국은 최근 약 10%의 노조조직률을 보이고 있으며, 독일은 약 20%에 머물러 있다.

〈표 7-2〉 한국과 독일의 노사관계 및 노동조합의 주요 특징 비교

내용 구분	한국	독일
노동운동의 역사	80~90년	약 160년
조합주의	대체로 정치적 조합주의	정치적 조합주의
노동조합 조직형태	기업별 노조 (일부 산업별 노조 존재)	산업별 노조
노조 조직률	약 10%	약 20%
조합원 소속 기업	주로 대기업	대부분 중소기업
노사협의회	운영이 미흡	종업원평의회(Betriebsrat)는 법적으로 지위나 권한이 보장된 실권이 있는 조직으로, 비교적 활발히 운영되고 있음
공동결정제도	없음	대기업에 있음
연간 노사분규 건수	134건(2018)	8건(2018)
유연근로시간제	제한적으로 실시	확대 실시
노조의 투쟁방식	주로 정치투쟁	경제적 이슈 중심, 고용관계 이슈 중심 투쟁
노 · 사 · 정의 사회적 협약	거의 이루어지지 않음	빈번히 이루어짐

그런데 독일에는 산업별 노조와는 별도로 법에 따라 대부분의 크고 작은 기업들에 '종업원평의회(Betriebsrat)'가 결성되어 있다. 우리나라의 노사협의회와 유사한 제도인데, 이 종업원평의회는 공동결정제도와 함께 독일 노사협력의 양대 축이라고 할 수 있다. 종업원평의회는 파업권은 없지만, 법으로 보장된 경영참가권(공동결정권, 동의권, 협의권, 정보공유권)을 행사하기 때문에 종업원평의회가 활발히 운영되는 기업의 경우, 작업장 내 현안을 협력적으로 다루기 때문에 실제로 '기업별 노조'와 유사한 기능을 갖는다고 볼 수 있다. 그러나 단체교섭권과 파업 같은 쟁의권은 산업별 노동조합이 갖는다.

감독이사회의 노사 동수 구성을 특징으로 하는 독일의 공동결정법이 적용되는 기업은 종업원 2천 명 이상인 대기업들이다. 우리나라는 공동결정제도가 도입되지 않았지만, 일부 대기업 노조에서는 단체협약에 유사한 제도를 도입하려는 노력을 하고 있다. 현대자동차 노조의 경우, 사용자가 노조의 동의 없이 생산라인을 신설하거나 증설하는 것을 금지하는 조항은 독일식 공동결정제도의 일부를 도입한 것과 동일한 효과를 얻고 있다고 볼 수 있다. 다만, 법률이 아닌 단체협약으로 노조 동의를 강제하는 것에 대해 논란의 여지는 남아 있다.

노사관계의 안정성을 측정할 때 자주 등장하는 '노사분규 건수'에 있어서 2018년 기준으로, 우리나라는 연간 134건 발생한 데 비해 독일은 8건으로 낮다. 파업을 포함하는 노사분규의 발생 빈도에서도 우리나라는 독일에 비해 상당히 높은 것으로 조사되었다. 최근 우리나라에서 이슈가 되고 있는 유연 근로시간제도 독일은 거의 모든 산업에 도입되어 있는데 비해 우리나라는 주 52시간 근로시간제를 도입하면서 탄력근로 계산은 6개월까지만 가능하고 그것도 시행 시 노조의 동의를 얻어야 하므로 실제로 유연 근로시간제 도입이 매우 제한적이라고 할 수 있다. 노조의 투쟁방식에서 한국은 동조 파업 등 정치적 파업이 일상화 되어 있으며 경제적 이슈의 파업이라 할지라도 정치계의 개입과 입김이 강한 데 비해 독일 노조의 투쟁목표는 주로 경제적 이슈이며, 최근에는 삶의 질과 워라밸 같은 개별 고용관계적 이슈가 많다. 투쟁 과정에 정치계의 개입과 영향이 비교적 적은 편이다.

독일에서는 대량실업 등 경제위기를 맞거나 노사가 극한투쟁으로 사회적 문제를 야기할 때 노 · 사 · 정이 만나 논의를 거쳐 국가를 위해 대승적으로 양보하고 타협함으로써 '사회적 협약'을 체결하여 문제해결을 위한 공동의 노력을 하는 전통이 있는 반면, 우리나라는 1998년 외환위기 직후의 노 · 사 · 정 대타협 이후에는 사회적 협약 체결이 전무하다시피 하다.

물론, 사회적 협약의 영향력과 구속력이 취약하다는 단점이 있지만, 우리나라에서도 국가를 위해 대승적으로 노사가 협력하는 전통을 세우는 것이 노사관계 안정을 위해 매우 중요하다고 생각된다.

2) 독일의 노사관계가 한국 노동조합에 주는 시사점

독일은 제조업을 기반으로 하는 강력한 산별노조와 공동결정제도라는 사회적 파트너십에 의해 지탱되는 안정된 노사관계가 특징이다. 고도로 산업화된 국가로서 강력한 노조가 존재함에도 파업 성향이 세계적으로 가장 낮은 편에 속한다(한국노동연구원, 2010). 그 비결은 첫째, 독일의 강력한 산별노조가 자신의 교섭력을 축적하고 종종 힘을 보여 주지만 그 힘을 실제로 사용하는 데 절제하는 입장을 보이고 있기 때문이며, 둘째, 독일 특유의 경영참가 제도인 공동결정제도가 노사협력의 문화를 조성하여 개별 노동자의 권익을 향상시키고 임금 및 노동조건을 선행적으로 개선해왔기 때문이다.

1951년 광산노조에 처음 적용된 독일의 공동결정제도는 1976년 제정된 공동결정법에 의해 전 산업을 통틀어 2천 명 이상 상근 근로자가 있는 업체에 적용되도록 범위를 넓히게 되었다. 독일 공동결정제도의 특징은 경영이사회를 견제하는 감독이사회(Aufsichtsrat)가 상위기관으로 조직되며, 감독이사회의 구성을 노사 동수로 하도록 하는 파격적인 제도다. 역사적으로 살펴볼 때, 독일의 공동결정제도는 강성노조가 경영자들의 발목을 잡는 제도가 되기보다는 협력적 파트너십을 통해 노사관계를 안정시키고 독일의 경제성장에 기여했다는 평가를 받고 있다.

2000년대 초반 독일 슈뢰더 정권의 적록연정(사민당과 녹색당)이 추진한

하르츠 개혁(Hartz IV)과 어젠다 2010은 실업율을 낮추고 일자리를 창출하기 위한 '적극적 노동시장 정책(aktivierende Arbeitsmarktpolitik)'이었다. 슈뢰더 정부는 고용관련 법률과 제도에 있어서 각종 규제를 혁파하고 '탈규제 조치(Deregulierungsmaßnahme)'를 시행하면서 제2차 세계대전 이후 견고하게 유지되어 온 전통적인 이중 시스템 구조(산별노조와 공동결정제도)의 독일 노사관계에 변화가 일어나기 시작했다.

2005년부터 메르켈 행정부가 하르츠 개혁을 지속적으로 추진하여 그 결과로 경직된 노동시장이 유연화되면서 고임금이 해소되고, 실업자의 근로의지가 강화되고, 또한 국가의 적극적인 일자리 중재를 통해 대량실업을 해소할 뿐만 아니라 사회복지지출을 절감하는 데 성공했다. 이러한 개혁은 신자유주의 경제논리의 확산과 정보화 사회로의 진입, 경제구조의 3차 산업화(서비스산업)로 인해 단체협약의 축소로 이어졌다(정명기, 2016). 특히 의사(Marburger Bund), 조종사(Vereinigung Cockpit), 저널리스트(Deutscher Journalisten-Verband) 등 독립된 직능별 노동조합들이 독자적으로 단체협상을 진행함으로써 산업별 단체협약을 대체하기 시작했다.

오늘날 독일의 직장에서 노동자들의 주된 관심사는 단체교섭에서 고용관계(employment relations)로 이행되고 있다(Sparrow & Cooper, 2003). 노동자들은 단체교섭과 단체교섭을 통한 집단적 활동보다는 개별 직장단위에서 고용과 노동조건을 즉각적이고 효율적으로 개선하는 것을 선호하고 있다. 독일의 노동조합은 젊은 조합원들이 노조를 떠나는 것을 막기 위해 일과 가정의 균형, 이른바 워라밸 같은 이슈에 노조가 관심을 가지고 연구와 조사를 해서 조합원의 워라밸 향상을 위한 대책들을 개발하는 데 엄청난 노력을 쏟고 있다. 이에 비해서 우리나라의 노동조합들은 최저임금 인상과 근로시간 단축 같은 거대 담론에 몰두하면서 거대 노조간 세불리기 경쟁, 단체협상의 강화를 추구하고 있으며 개별 사업장에서의 워라밸과 삶의 질 문제에는 큰 관심을 쏟지 않는 경향이 있다. 정치적이고 비경제적인 목표에 집착하며 교섭력 증대에 관심을 기울이는 우리나라 노조에 대해 최근 독일의 노사관계 변화 사례가 시사점을 주고 있다고 생각된다.

최근 독일의 노사관계와 기업문화는 변화를 겪고 있다. 먼저 독일의 공동결정제도는 안팎으로 심각한 도전에 직면하고 있다. 최근 정보통신기술(IT)의 급속한 발전으로 인해 정부가 '인더스트리(Industrie) 4.0' 프로젝트를 도입하여 추진하고 있어 제조업 중심의 산업구조가 재편되고 인공지능과 로봇, IoT 등 새로운 기술의 도입이 확산되면서 의사결정 권한이 개별 사업장으로부터 더욱 집중화된 중앙조직으로 이행되고 있어 사업장 중심의 공동결정 비중이 약화되고 있다. 또한 유럽연합(EU)의 노동과 재화 시장이 단일시장으로 통합되면서 각국의 법률과 제도가 EU 역내에서 통합되는 수순을 밟게 되었고, EU 회원국 기업에서는 독일 국내법에서 규정하고 있는 공동결정법보다 완화된 수준의 법이 제정되어 시행됨으로써 독일 기업의 공동결정제도의 유럽 기업 내 시행을 약화시키는 결정적 계기로 작용했다.

6. 결론

노동조합은 노동자의 권익을 보호하며 그들의 경제적 · 사회적 지위 향상을 위해 단체교섭 등 집단적인 행동을 통해 소기의 목적을 달성하고자 하는 단체다. 따라서 노동조합은 속성상 집단적인 의견 제시 외에 집단적인 행동을 통해 노동자의 근로환경을 개선하는 것을 목적으로 삼게 된다. 그런데 최근 경영환경이 변하면서 노동조합의 역할이 도전을 받고 있다. 도전 요인들 중에는 기업의 치열한 경쟁환경, 산업과 업무의 디지털화(digital transformation), 인공지능과 로봇의 획기적인 성능개선, 삶의 질과 워라밸을 추구하는 근로자의 가치관 변화 등을 들 수 있다. 이러한 경영환경 변화의 결과로 4차 산업혁명 관련 지식과 기술, 그리고 능력을 갖춘 핵심인력들이 기업 경쟁력을 선도하면서 이들의 조직 내 비중과 지위가 높아지게 된다. 핵심인재의 입장에서 노동조합에 가입하여 단체협약을 통해 얻을 수 있는 보상보다는 개인의 창의적인 아이디어와 기술을 활용하여 얻을 수 있는 보상이 더 크다고 느끼면 노동조합의 단체교섭에 의존하기보다는 자신의 지식, 기술, 능력에 의존할 가능성이 높아진다. 이러한 현상은 독일을 비롯한 서유럽 국가들의 노조 조직률이 지속적으로 하락시키는 요인이 되고 있다.

이러한 독일의 노동시장 유연화와 단체협약제도의 변화, 사업장 단위의 노사협력의 강화 같은 최근의 변화 추세는 독일과 마찬가지로 4차 산업혁명의 도전을 받고 있는 우리나라 노사관계의 미래를 위해 의미 있는 시사점을 던져주고 있다.

참고문헌

국내문헌

김상하(2016). 『일자리가 사라진 세계』. 바른북스.

김성국(2011). 『인적자원관리 5.0』. 탑북스.

김수곤(1993). 『한국노사관계론』. 경문사.

이영면(2015). 『고용관계론』 제5판. 경문사.

정명기(2016). "독일 자본주의 모델 변화에 대한 연구". 한독경상학회 『경상논총』 35(3): 1-17.

정재훈(2009). 『신노사관계론』. 북넷.

한국노동연구원(2010). "선진국 노사관계 분석: 독일, 일본, 미국, 아일랜드": 1-8.

국외문헌

Abendroth, W. (1989). *Geschichte der deutschen Gewerkschaften. Weg demokratischer Integration. Mit einem Vorwort von Frank Deppe*. Berln: DVK-Verlag.

Berger, S. (Hrsg.) (2015). *Gewerkschaftsgeschichte als Erinnerungsgeschichte. Der 2. Mai 1933 in der gewerkschaftlichen Erinnerung und Positionierung nach 1945*. Essen: Klartext.

Endruweit, G., Gaugler, E., Staehle, W. H. & Wilpert, B. (eds.) (1985). *Handbuch der Arbeitsbeziehungen*, Berlin: Walter de Gruyter.

Hall, P. A. & Soskice, D. (2001). *Varieties of Capitalism: Institutional Foundation of Comparative Advantage*. Oxford University Press.

Hemmer, H.- O., & Schmitz, K. S. (Hrsg.) (1990). *Geschichte der Gewerkschaften in der Bundesrepublik Deutschland. Von den Anfängen bis heute*. Köln: Bund Verlag.

Kendall, W. (1977). *Gewerkschaften in Europa*. Hamburg: Hoffmann und Campe Verlag.

Kissler, L., Greifenstein, R. & Schneider, K. (2011). *Die Mitbestimmung in der Bundesrepublik Deutschland: Eine Einführung*. Wiesbaden: VS Verlag.

Kim, S. K. (2018). Die Entwicklung der Wirtschaft und der Betriebswirtschaftslehre in Südkorea, in: Matiaske und Weber(hrsg.). *Ideengeschichte der BWL*. Wiesbaden: SpringerGabler.

Potthoff, H. (1987). *Freie Gewerkschaften* 1918 – 1933. Düsseldorf.: Droste.

Sparrow, P. R. & Cooper, C. L. (2003). The Employment Relationship: Key Challenges for HR. London: Butterworth-Heinemann.

8장

조병선

한국과 독일의 가업승계 지원정책 및 법제도*

* 이 글은 조병선(2019), “한국과 독일의 가업승계 지원 정책 및 법제도 연구: 소유권 승계를 중심으로”, 한국중견기업학회, 『중견기업연구』 제6권 제1호(통권 제10호), 2019년 12월호에 수록한 논문의 내용을 일부 보완한 것임.

1.
서론

한국 경제의 고도성장기를 이끈 창업세대 CEO의 고령화가 빠르게 진행되는 가운데 경영자 세대교체가 업계의 주요 과제로 등장하고 있으며, 경영권 및 소유권 이전이 진행 중이거나 승계를 계획하고 있는 기업 수가 큰 폭으로 증가하고 있다. 가업의 안정적인 승계는 양질의 일자리 유지 및 창출, 투자 활성화, 기업가정신 고양 등을 통해 경제의 활력을 증진하고, 기업에 체화된 암묵지(暗默知)와 기술의 전수 및 축적 등을 통해 경쟁력 있는 장수기업의 탄생을 촉진한다. 경쟁력을 갖춘 중소 · 중견기업 층이 두터워지면 소수 대기업 중심의 경제제체가 안고 있는 구조적인 위험을 완화하고, 청년실업 해소와 사회 전반의 양극화 현상을 완화하는 등 사회문제 해결에도 긍정적인 효과를 가져온다. 반면에 승계가 적기에 이루어지지 않거나 원활하지 못해 기업이 어려움에 처하게 되면 기업가치가 훼손되고 양질의 일자리가 위협받게 되며, 축적된 기술과 노하우, 경영비법, 생산설비 등과 같은 소중한 사회 · 경제적 자산이 사장(死藏)되는 결과를 초래한다. 이러한 이유에서 독일에서는 가업승계를 국가 경쟁력 관점에서 인식하고, 기업의 안정적인 승계를 통한 양질의 일자리 유지 및 창출과 투자 활성화를 촉진하며, 장수기업 출현을 장려하는 정책을 지속적으로 강화하는 추세다.

기업의 성공적인 승계는 개별 기업의 노력만으로 이루어질 수 있는 것이 아니다. 승계와 관련한 정책과 법제도적 인프라가 효과적으로 뒷받침될 때라야 가능하다. 소유권 승계에 수반되는 상속 · 증여세 부담 완화, 역량 있는 후계자 육성, 승계 관련 금융 · 정보 및 컨설팅 서비스 확충, 안정적인 소유 및 지배구조 구축이 가능한 법제도 정비 등이 여기에 해당한다.

기업의 지속적인 성장과 영속성 유지를 통한 경제 활력 증진과 글로벌 경쟁력을 갖춘 장수기업을 육성하기 위해서는 승계와 관련한 상속세 부담을 완화하고, 가업승계 과정에서 위협받기 쉬운 경영권의 안정적인 확보와 효과적인 지배구조 구축에 필요한 법제도적 인프라를 선진적으로 구축해 나갈 필요가 있다. 또한 가업승계에 관한 인식을 개선하고 역량 있는 후계자 육성을 위한 노력도 중요하다.

이하에서 한국과 독일의 가업승계 지원정책 및 법제도에 대해 소유권 승계를 중심으로 살펴본 다음 가업승계 활성화를 위한 과제 및 개선방안을 제시하고자 한다.

2.
가업승계에 대한 인식

중소 · 중견기업의 가업승계 활성화와 이를 통한 경제 활력 증진을 위해서는 승계와 관련한 상속세 등 세제상 혜택을 확대해야 한다는 업계의 요구가 지속되고 있다. 이러한 입장과는 달리 가업승계를 "부의 대물림"으로 보고 "과세 공평성"이나 "부의 대물림 차단" 등을 이유로 승계와 관련한 세제상 혜택을 확대하는 것을 부정적으로 보는 인식도 적지 않은 실정이다.

가업을 승계하는 과정에서 상속 · 이전되는 기업의 사업용 재산은 "생산 활동에 공여되어 일자리를 제공하고 경제적인 부와 다양한 사회적 가치를 창출하는 재산"이다. 기업의 사업용 재산은 개인의 현금성 자산이나 부동산 등 다른 일반 재산과는 성격이 다르다는 점에서 세제상 혜택을 제공하는 정당성을 찾을 수 있다. 승계의 대상인 기업은 일자리 창출, 국가가 지출해야 하는 복지비용 부담, 다양한 사회공헌 사업, 지역경제 기여 등을 통해 경제 · 사회 발전에 공헌하는 기업시민에 해당한다는 것도 가업상속재산에 대한 세제상 혜택 부여의 타당성을 제공해준다고 할 것이다.

이 문제와 관련한 독일 연방헌법재판소의 '구 상속세 및 증여세 법률

조항에 대한 위헌 판결(2014. 12. 17)' 내용도 참고할 만하다.[1)2)] 독일 연방헌법재판소는 "상속세 및 증여세법 제13a조 및 제13b조에 의거, 승계 이전하는 사업재산에 대해 상속세를 면제하는 것은 막대한 차별취급을 초래하지만 기업의 존속을 보장하고 이로써 일자리를 보존하는 등 공공복리 증진에 기여하기 때문에 정당화되므로 원칙적으로 기본법 제3조 제1항(평등권)에 위반되지 않는다"고 했다. 독일 연방헌법재판소는 "상속인이 높은 상속세 납부 부담을 지는 경우에는 대기업도 재정적 어려움에 빠질 수 있고, 투자여력을 상실하거나 일자리를 축소시키고, 기업을 매각하거나 해체할 수도 있을 것이므로 이러한 위험성이 초래하게 될 공공복리의 훼손 부담은 매우 크다. 따라서 대기업에도 상속세감면 혜택을 부여할 필요성이 있을 것이며, 이는 헌법상 정당화될 수 있을 것이다." 다만 "대기업이 (상속세를 부담할 능력이 있어서) 세감면 혜택을 받을 필요성이 없는 경우까지도 상속세를 감면해주는 것은 헌법상 문제가 되며, 따라서 사업재산에 대한 상속세감면이 아무런 세감면 혜택 필요성 심사도 거치지 않고 대기업에까지 제공된다면 헌법에 위반된다"고 판시했다. 이와 함께 "상속세감면 대상 사업재산의 50%까지 관리재산으로 구성되어 있는 경우에도 사업재산 전체에 대해 무제한적으로 상속세감면 혜택을 부여하는 것은 헌법에 위반된다"고 판시했다.

이러한 내용들을 종합해보면, 중소 · 중견기업의 가업승계와 관련한 세제상 우대조치를 부의 대물림이나 공평과세 등과 같은 시각에서 바라볼

---

1) 조병선 · 최갑선(2015), "독일 가업재산 승계와 상속세 감면 제도", 중견기업연구원 연구용역 보고서, 15쪽 이하. 독일에서 가업재산을 승계함에 있어서 발생하는 상속세 문제 전반에 관해 실무적인 관점에서 기술한 문헌으로는 Wittener Institut für Familienunternehmen, Familienunternehmen und die Erbschaftsteuer, Ein Leitfaden, 2014. 2; Bundesministerium für Wirtschaft und Ernergie, Unternehmensnachfolge, Die optimale Planung, 2014 참조.

2) 위 판결 원문에 대해서는 아래의 독일연방헌법재판소 사이트 참조. http://www.bverfg.de/e/ls20141217_1bvl002112.html

것은 아니며, 가업승계를 건실한 기업의 영속성 유지, 명문 장수기업 육성, 양질의 일자리 유지 및 창출, 투자 확대와 기업가정신 고양을 통한 경제 활력 제고 등 '국가 경쟁력' 향상에 직결되는 것으로 보고 관련 정책을 추진하면서 법제도적 인프라를 구축해나갈 필요가 있다.

EU 중소기업법은 기업의 승계와 관련하여 회원국들이 관련 정책을 입안하고 법제도를 마련하는 데 참고할 가이드라인을 제시하고 있는데, "성공적인 사업의 승계 및 양도는 신규 창업기업이 만들어내는 일자리보다 더 많은 일자리를 유지·보존한다는 점을 중시하고, 기업의 승계 및 양도에 대해서는 창업과 동일한 수준의 정책적 지원과 배려가 요구된다. 특히 조세 문제로 인해 기업의 승계 및 양도가 어려움을 겪지 않도록 배려해야 한다"고 규정하고 있다.

3.
한국의 가업승계 관련 상속세제

중소 · 중견기업이 가업을 승계하는 과정에서 직면하는 어려움들 가운데 가장 큰 애로사항은 소유권 이전에 수반되는 과다한 상속세 부담이다.[3)] 상속세율이 높고 가업상속에 따른 조세부담 완화를 목적으로 도입된 가업상속공제제도 또한 사전 및 사후관리 요건이 너무 엄격한 관계로 이를 활용하는 데 어려움이 많기 때문이다.

1) 높은 상속세율

우리의 현행 상속세 최고세율은 50%(과세표준 30억 원 초과 금액)이고, 최대주주 보유주식에 대한 할증평가를 포함하면 최대 65%의 높은 상속세율을 적용받는다. 최대주주 보유주식에 대한 할증평가는 "최대주주 등이 보유하

---

3) 중견기업연합회가 조사한 자료(2018 중견기업 가업승계 실태조사)에 따르면, 중견기업이 승계과정에서 겪고 있는 주된 애로사항은 과도한 상속 및 증여세 부담(28.7%), 복잡하고 까다로운 가업상속공제제도(15.1%), 후계자 역량 부족(12.3%) 등으로 나타났다.

는 주식 및 출자지분은 해당 기업의 자산가치와 수익가치에 더하여 경영권 프리미엄이 있는 것이 일반적"이라는 취지에서 이들 최대주주가 보유하는 주식에 대해서는 일괄적으로 일반주주의 주식평가액에 일정률을 할증하여 평가하는 제도다.[4)]

실효세율도 경쟁국 대비 높은 수준으로 2017년 기준 우리나라의 상속세 실효세율은 28.09%로 일본(12.95%), 독일(21.58%), 미국(23.86%) 등에 비해 크게 높다.[5)] 상속세 과세표준 구간별 실효세율을 보면, 100억 원 초과~500억 원 이하 구간은 45.6%이고 500억 원을 초과하면 47.6%에 이르고 있어 중소 · 중견기업은 가업을 상속하는 과정에서 과중한 상속세 부담에 직면해 있는 실정이다.

2) 가업상속공제제도

가업상속공제제도는 중소기업 등의 가업승계를 원활하게 지원할 목적으로 도입한 제도로, 일정 요건에 해당하는 피상속인이 기업재산을 상속인에게 승계하는 경우 상속세 부과대상이 되는 기업재산의 일부를 과세대상에서 감면해주는 제도다.

가업상속공제 대상은 가업영위기간 10년 이상의 중소기업과 연간 매출액 3천억 원 미만의 중견기업이며, 가업의 영위기간에 따라 200억(10년 이상), 300억 원(20년 이상), 500억 원(30년 이상) 한도 내에서 상속재산가액을 공제

4) 중소기업에 대해서는 가업의 원활한 승계를 지원하기 위해 2020년 12월 31일까지 동 제도의 적용을 유예하고 있다(조세특례제한법 제101조).

5) 이성봉(2019), "한국 경제 · 한국기업의 글로벌 경쟁력 강화를 위한 상속세제 개선 방안", 한국경영자총협회(글로벌 경쟁력 강화를 위한 상속세제 개선 토론회 발표자료)

한다. 동 제도를 활용하기 위해서는 소정의 피상속인 요건과 상속인 요건을 충족해야 하고, 상속 개시일 이후 10년 동안 엄격한 사후관리 요건을 준수해야 한다. 사후관리 요건으로는 가업용 자산의 20% 이상 처분 금지, 해당 상속인의 대표이사 취임, 가업 유지, 주식 등 상속받은 상속인의 지분 처분 및 양도 금지, 정규직 근로자 100%(중견기업 120%) 이상 유지, 가업의 주된 업종 유지 등을 들 수 있다. 가업을 상속받은 자가 상속 개시 이후 세법에서 정한 사후관리 요건을 이행하지 않을 경우에는 '공제를 받은 금액에서 사후의무 위반기간에 해당하는 추징률'을 곱하여 계산한 금액을 상속 개시 당시의 상속세 과세가액에 산입하여 상속세를 다시 계산해서 납부해야 한다.

현행 가업상속공제제도는 해당 상속재산에 부과되는 상속세를 완전히 면제해주는 것이 아니라 '이월과세' 또는 '과세 이월'의 성격을 갖는다. 가업상속공제를 적용받은 기업의 사업용 재산 가운데 상속인이 양도소득세 과세대상 재산(주식, 부동산 등)을 타인에게 양도할 경우에는 피상속인의 보유기간 동안 발생한 자본이득에 대해 양도소득세로 납부해야 한다. 가업상속공제를 적용받은 자산에 대해 양도차익을 계산하는 경우 양도가액에서 공제할 취득가액은 상속 당시 가액이 아니라 피상속인의 당해 재산 취득시기에 따라 적용한다.[6]

3) 가업승계 주식에 대한 증여세 과세특례

가업승계 주식에 대한 증여세 과세특례제도는 중소 · 중견기업의 경영자가 생전에 자녀 등에게 가업을 승계할 수 있도록 지원함으로써 가업의

6) 이 제도 도입 당시부터 2013년 12월 31일까지는 상속세를 영구적으로 감면해주는 방식이었으나 2014년 1월 1일 이후 상속분부터는 과세이연 방식으로 변경되었다.

영속성을 유지하고 경제 활력을 도모할 목적으로 도입한 제도다. 이 제도를 활용하여 가업영위기간 10년 이상인 중소기업 또는 연 매출액 3천억 원 미만인 중견기업의 60세 이상인 경영자가 자녀 등에게 100억 원 한도 내에서 사전 증여하는 경우, 증여가액에서 5억 원을 공제한 나머지 금액에 대해 증여세 일반 누진세율(과표 구간에 따라 10~50%)이 아닌 10%(과표 30억 원 초과분은 20%)의 낮은 세율로 증여세를 납부하고, 사후적으로 상속이 발생한 시점의 기한에 관계없이 합산하여 상속세를 계산해 징수한다.[7)]

가업의 주식을 증여한 날로부터 7년 이내에 정당한 사유 없이 가업을 정상적으로 승계하지 않거나 사후의무를 위반한 경우에는 해당 가업 주식의 가액을 일반 증여재산으로 보아 이자 상당액과 함께 기본세율(10~50%)로 증여세를 다시 계산하여 납부해야 한다.

증여자 및 수증자는 사전적으로 소정의 요건을 충족해야 하고, 사후적으로는 증여일로부터 5년 이내에 대표이사 취임, 증여일로부터 7년까지 대표이사직 유지, 가업의 주된 업종 유지, 수증자가 증여받은 지분 유지, 사후관리 기간 중 1년 이상 휴·폐업 금지 등의 요건을 준수해야 한다.

4) 가업상속재산에 대한 상속세 연부연납제도

가업상속재산에 대한 상속세 연부연납제도는 중소·중견기업이 상속시점에서 많은 상속세를 일시에 납부하는 데 따른 부담을 완화해주기 위해 일정 기간 동안 상속세를 분할하여 납부하도록 허용하는 제도다. 일반 상

---

7) 해당 증여 이전에 이미 부모로부터 동일한 기업 주식 등을 증여받은 경우에는 해당 가액을 합산해야 하고, 합산한 결과가 100억 원을 초과한 경우에는 당해 초과금액은 과세특례가 적용되지 않는다. 증여세 과세특례는 최대주주 등의 자녀 1인에 대해서만 적용된다.

속세의 경우 연부연납 기간이 최장 5년임에 비해, 가업상속과 관련한 세금을 분할해서 납부할 수 있는 기간은 상속재산 비율에 따라 최장 20년(상속재산 중 가업상속재산 비율이 50% 미만인 경우에는 10년, 50% 이상인 경우에는 20년)까지 분할납부가 가능하다.

상속인이 상속받은 가업을 폐업하거나 해당 상속인이 가업에 종사하지 않게 되는 경우, 가업용 자산의 100분의 50 이상을 처분하는 경우, 해당 가업을 1년 이상 휴업하거나 해당 상속인이 최대주주 지위를 상실하게 되는 경우 등에는 연부연납을 취소하거나 변경하고, 연부연납에 관계되는 세액의 전액 또는 일부를 징수할 수 있다.[8)]

---

8) 상속세 및 증여세법 제71조 제4항

4. 독일의 가업승계 현황과 정책 및 법제도

1) 독일의 가업승계 현황

독일에서는 중소 · 중견기업인의 세대교체가 빠르게 진행되는 과정에서 기업의 승계 및 양도가 큰 폭으로 증가하고 있다. 기업 소유주의 고령화로 인해 기업을 승계하거나 매각해야 할 기업인 수가 증가하고 있지만, 이들이 일구어놓은 기업을 이어받을 후계자와 기존 사업체를 매입하여 새로운 사업을 시작할 창업자 등 차세대 기업인의 부족 현상이 심화되고 있는 상황이다.[9)]

독일의 중소 · 중견기업 전문 연구기관인 IfM Bonn의 연구자료[10)]에 의하면, 2018~2022년 기간 중 승계가 예상되는 가족기업은 15만 개로, 이들 기업의 승계가 원만하게 이루어지는 경우 240만 개의 일자리가 유지 · 보존되고 승계 이후 기업이 안정적으로 성장 · 발전하는 과정에서 더 많은

9) Arne Leifels, KfW Research Fokus Volkswirtschaft, Nr. 132, Juli 2016.

10) IfM Bonn, Unternehmensnachfolgen in Deutschland 2018 bis 2022, Rosemarie Kay und Olga Suprinovic etc. Feb. 2018.

양질의 일자리 창출이 가능할 것으로 추정되고 있다.

독일에는 약 357만 개의 기업이 존재하는데, 이 가운데 전체의 94.7%에 해당하는 338만 개의 기업이 가족기업 형태로 존립하고 있다. 이들 가족기업 가운데 기업의 규모나 수익 및 업종 등에 비추어 승계에 적합한(übernahmewürdige) 기업은 약 70만 개에 달할 것으로 추정되고 있다.[11] 승계에 적합한 70만 개의 기업 가운데 2018~2022년 기간 중에 승계 및 양도가 이루어질 것으로 예상되는 '승계 및 양도가 무르익은 기업(übergabereife Unternehmen)' 또는 '승계에 임박한 기업(übergabe anstehende Unternehmen)'은 15만 개에 달한다. 향후 5년 이내에 승계가 이루어질 것으로 예상되는 15만 개 기업을 규모별로 보면 소규모 기업이 큰 비중을 차지하고 있지만, 매출액 100만~1천만 유로의 기업군에서는 5만 4,600개사, 1천만~5천만 유로 기업군에서는 5천 개사 등이 향후 5년 이내에 승계를 할 것으로 추산되고, 연간 매출액 5천만 유로 이상의 중견기업 및 대기업군에서도 같은 기간 중 800여 개사에서 승계가 이루어질 것으로 파악되었다.

향후 5년 내에 승계가 이루어질 것으로 예상되는 15만 개 기업 가운데 절반이 넘는 기업(53%)의 소유주들은 자신의 자녀 등 가족 구성원에게 가업을 물려주는 가족 내 승계(familieninterne Nachfolge)를 계획하고 있고, 18%에 해당하는 기업의 소유주들은 기업에서 근무하는 종업원이나 경영인에게 사업을 양도하는 기업 내 승계(unternehmensinterne Nachfolge)를 예정하고 있다. 그리고 나머지 29%에 해당하는 기업 소유주는 외부 경영인이나 다른 기업, 기타 기존 기업을 인수하는 방법으로 사업을 시작하려는 창업자 등 관심이 있는 외부인에게 기업을 양도하는 기업 외 승계(unternehmensexrerne Nachfolge)를

---

11) IfM Bonn은 연간 수익 5만 8,442유로를 넘는 개인기업 또는 인적회사, 손실을 시현하지 않는 물적회사(자본회사), 자본잠식상태가 아닌 기업 등을 승계에 적합한 기업에 해당하는 것으로 추정한다.

계획하고 있는 것으로 추산되었다.

2) 독일 가업승계 지원정책의 개요

독일은 정부, 금융권, 유관기관 및 단체 등이 유기적으로 협력하여 중소·중견기업의 승계활동을 종합적으로 지원한다.

가업승계가 원활하게 이루어져 계속기업으로 남아 고용을 유지·창출하면서 국민경제 발전에 기여할 수 있도록 기업의 사업재산에 대한 상속·증여세 최고세율을 우대하여 적용한다. 중소·중견기업의 승계를 뒷받침하는 대표적인 세제상 지원정책에 해당하는 '가업상속세감면제도'는 가업을 자녀 등 가족 구성원에게 상속이나 증여의 방식으로 승계하는 과정에서 활용하는 제도다. 독일에서는 적지 않은 기업들이 재단을 설립하거나 신탁제도를 활용하여 가업을 승계하기도 하는데, 일정 규모 이상의 비상장 가족기업을 중심으로 이에 관한 관심이 점차 높아지고 있다.[12] 가족 구성원 가운데 후계자가 없거나 가업을 잇기 원하는 자녀가 있더라도 필요한 역량을 갖추지 못한 경우, 그리고 경영에 고도의 전문성이 요구되어 자녀 등 가족 구성원이 직접 경영하는 것이 어렵다고 판단되는 경우 소유권은 가족이 보유하면서 경영은 전문경영인에게 맡기는 경우도 상당하다.[13]

---

12) 독일 가족기업의 재단을 활용한 가업승계에 대한 구체적인 내용에 대해서는 조병선(2015), "독일의 기업재단과 가족기업 사업승계", 중견기업연구원 참조.

13) 독일의 히든챔피언 연구자인 베른트 베노어(Bernd Venohr) 교수가 주요 국가별 가족기업을 대상으로 하여 CEO 구성비를 분석한 자료에 따르면, 가족 구성원이 CEO로서 기업을 직접 경영하고 있는 기업의 비중이 독일은 40%(장남이 CEO인 가족기업 비중은 10%)에 지나지 않지만, 프랑스는 69%(장남 CEO 44%), 미국 70%(장남 CEO 30%), 영국 77%(장남 CEO 50%)인 것으로 나타남. Bernd Venohr, Klaus E. Meyer, The German Miracle Keeps Running: How Germany's Hidden Champions Stay Ahead in the Global Economy, Fachhochschule für Wirtschaft

독일 기업 가운데는 적합한 후계자가 없거나 기타 이유로 자녀 등 가족 구성원에게 가업을 승계하기 어려운 경우가 증가하고 있는데, 이 경우에 활용할 수 있는 제도로 Nexxt Change 프로그램이 있다. 이는 기업을 양도하려는 고령의 기업주와 기존 사업체를 인수하는 방법으로 사업을 시작하고자 하는 창업자 등을 연계해주는 전국 규모의 온라인 기업승계거래소를 운영하는 프로그램이다.

3) 가업승계에 따른 상속 · 증여세 부담 완화

(1) 승계와 관련한 상속 · 증여세율 우대 적용

독일의 현행 상속 · 증여세 최고세율은 50%다. 하지만 기업을 상속이나 증여의 방식으로 승계하는 경우에는 30%의 최고세율을 적용함으로써 기업의 안정적인 승계를 촉진하고 있다. 독일 세법은 피상속인(또는 증여자)에 대한 납세의무자의 친인척 관계에 따라 과세등급을 1등급,[14] II등급,[15] III등급[16] 등으로 구분하고 각 등급마다 세율을 차등화하고 있는데, I등급에 속한 상속 및 증여의 경우 최고세율은 30%이고 II등급과 III등급에 속한 상속 및 증여의 경우에는 각각 43%, 50%의 최고세율을 적용한다.

가업을 상속하는 경우 1997년 이전까지는 상속인이 과세등급 I에 해

Berlin Working Paper(No. 30.05/2007), pp. 11, 24.

14) 배우자, 자녀, 손자손녀의 사망으로 인한 상속인의 경우 부모 및 부모, 조부, 증조부

15) 과세등급 I에 속하지 않는 경우의 부모 및 부모, 조부, 증조부, 형제자매, 형제자매의 자녀, 양부모, 자녀의 배우자, 배우자의 부모, 이혼한 배우자

16) 모든 다른 상속인 및 목적성 기부

〈표 8-1〉 독일의 상속세 및 증여세 세율

<table>
<tr><th rowspan="3">과세표준액
(단위: 유로)</th><th colspan="4">과세등급별 세율(단위: %)</th></tr>
<tr><th rowspan="2">상속인그룹 I</th><th colspan="2">상속인그룹 II</th><th rowspan="2">상속인그룹 III</th></tr>
<tr><th>과거
(~2009)</th><th>현재
(2010~)</th></tr>
<tr><td>~75,000</td><td>7</td><td rowspan="4">30</td><td>15</td><td rowspan="4">30</td></tr>
<tr><td>~300,000</td><td>11</td><td>20</td></tr>
<tr><td>~600,000</td><td>15</td><td>25</td></tr>
<tr><td>~600만</td><td>19</td><td>30</td></tr>
<tr><td>~1,300만</td><td>23</td><td rowspan="3">50</td><td>35</td><td rowspan="3">50</td></tr>
<tr><td>~2,600만</td><td>27</td><td>40</td></tr>
<tr><td>2,600만 초과
(350억 원)</td><td>30</td><td>43</td></tr>
</table>

당하는 경우에만 상속 · 증여세율을 우대 적용했다. 그러나 1997년부터는 기업 승계와 관련한 상속 및 증여(이하 '상속'이라 함)에 대해서는 과세등급 II와 III에 속하는 경우에도 과세등급 I의 경우와 동일하게 낮은 상속세율을 적용함으로써 기업의 승계를 촉진하기 시작했다. 독일 연방정부는 1997년 2월 상속세법 전면개정 시, 자연인이 세감면 대상 기업재산을 취득하는 경우 과세 II등급 및 III등급에 해당하는 경우에도 과세 I등급과 동일하게 낮은 상속세율을 적용하도록 세법을 개정했다(상속세법 제19a조). 이와 같이 기업재산의 상속과 관련해서 다른 재산의 상속과 달리 상속세법상 친인척 관계에 상관없이 모든 과세등급에 낮은 세율을 적용한 것은 기업재산 상속을 통해 기업과 일자리를 계속해서 유지 · 운영해야 하는 사회적 책임성이 모

든 상속인에게 동일하게 부과되기 때문이다.[17)]

이와 같이 가업상속과 관련한 세제상 혜택을 받는 상속인의 범위는 더욱 확대되어 현행 상속세법에서 정하는 세감면 대상 기업재산을 취득하는 '상속인'으로는 과세등급 I, II, III등급에 속하는 모든 자연인, 가족재단, 목적성 기부금을 수령하는 공익재단 등을 모두 포함한다.

(2) 기업재산에 대한 상속세 감면제도

독일의 중소 · 중견기업은 대부분 개인기업, 인적회사 등 가족기업 형태로 운영되고 있어 기업재산을 상속하는 경우, 상속인은 상속세를 납부하기 위해 상속대상 기업의 현금성 재산을 인출하거나 기업재산의 일부를 매각해야 하는 경우가 허다하다. 이에 독일 정부는 상속이나 증여를 통해 승계되는 기업이 큰 재정적 부담을 지지 않고 기업을 존속시킴과 동시에 일자리를 보존할 수 있도록 지원해야 할 필요성이 크다고 인정하고, 일찍부터 기업재산에 대한 상속세 부담을 경감하는 방안을 도입 · 운영해오고 있다.[18)]

---

17) 이와 같이 기업을 상속하는 경우 상속세법상 친인척 관계에 상관없이 모든 과세등급에 속한 상속인에 대해 낮은 상속세율을 적용하는 것은 연방헌법재판소가 1995년 6월 22일자 결정에서 판시한 아래 내용을 반영한 것이다.
"상속인은 기업재산 및 기업 수익을 상속을 통해 증대시키지 못하는 상태에서 기업을 양도하거나 폐업하지 않고, 사회적 책임성을 진 채로 기업을 계속해서 유지 · 운영해야 한다. 따라서 입법자는 상속인의 축소되고 제한된 급부능력을 고려하여 기업의 계속 운영이 상속세 부과로 인해 위협받지 아니할 정도로 상속세 부담을 적절하게 조정해주어야 한다. 따라서 입법자는 상속재산에 대한 상속인의 사회적 책임성 및 축소된 급부능력을 피상속인과 상속인 사이에 존재하는 친인척 관계에 상관없이 상속세감면 혜택을 부여하는 입법에 반영해야 한다."

18) 구 상속세 및 증여세법(2008. 12. 24)에 의한 기업재산 상속세 감면제도 도입 당시의 입법 자료 내용을 참고하여 독일의 기업재산 등에 대한 본격적인 상속세 감면제도 도입의 배경을 정리하면 아래와 같다.
"대부분의 기업에서는 막대한 자본을 생산 활동 수행을 목적으로 투자하고 있다. 가업을 승계

① 기업재산에 대한 상속세 감면제도 발전 과정

독일의 현행 가업상속세 감면제도는 입법자와 연방헌법재판소의 합작품이라고 할 수 있는데, 동 제도의 발전과정을 정리해보면 아래와 같다.[19]

먼저, 1951년 이후 2000년대 중반까지는 가업승계 과정에서 이전되는 상속재산의 가치를 실제 가치보다 낮게 평가하는 방법으로 과세표준을 낮게 설정함으로써 상속세 부과액을 최소화하는 방안을 채택했다(1951년, 1974년 및 1997년 상속세법). 이 기간 중에는 가업승계 과정에서 상속인이 부담하는 상속세가 최소화되었으므로 기업재산에 대한 상속세감면 혜택을 부여할 필요성이 크지 않았다. 그러던 중 연방헌법재판소는 "상속재산을 저평가하고 과세표준을 낮게 설정하는 것은 헌법상 평등원칙에 위배된다"는 이유에서 위헌결정을 선고했다(2006. 11. 7).

이에 독일 정부는 관련 법령을 개정하고 2009년 1월부터 2016년 6월

하는 과정에서 부과되는 상속세는 관련 기업이 현금성 재산이나 경상적인 이익을 동원하여 납부하는 경우가 대부분이다. 기업이 제공하는 일자리의 지속적인 유지를 위해서는 당해 기업이 일시적으로 부담하는 과중한 재정상 애로에서 탈피하도록 보호해야 하고, 기업의 현금 적립액과 투자여력이 국가의 조세 징수로 인해 훼손되어서는 안 된다. 기업이 승계되는 시점에서는 기업 내 조직의 정비 및 재배치와 새로운 투자를 필요로 하기 때문에 안정적인 재정여건을 확보하는 것이 중요하다. 그리고 기업재산은 다른 종류의 재산에 비해 특수성을 가지므로 상속세법상 상이한 다른 취급이 요청되고 있다. 기업재산은 가치를 창조하고 고용을 창출하며 일자리를 유지하는 데 토대가 된다(연방의회발간물 16/7918, 33쪽). 이에 기업의 현금성 재산을 보호하고 투자를 저해하지 않음과 동시에 일자리를 보존할 수 있는 상속세감면 혜택 제도가 모든 기업에 제공되어야 한다(연방의회발간물 16/7918, 23, 33쪽). 지역사회와 밀접하게 연관되어 있는 가족기업은 독일 경제의 성장과 경쟁력 있는 일자리 창출에 중요한 역할을 담당함과 동시에 시장에서의 경쟁을 촉진해나간다. 가족기업이 수행하는 이 같은 공공복리적인 기능과 역할들은 기업의 상속세감면 혜택 제공의 정당성을 제공하고 있으며, 생태학적 중요성이 강조되면서 그 의미가 증대되고 있는 농업재산 및 임업재산에 대한 상속세감면 혜택 부여에 대해 정당화되고 있다(연방의회발간물 16/7918, 23쪽)."

19) Britta Beckers, Die Vererbung von Betriebsvermoegen in der Bundesrepublik Deutschland – eine Untersuchung der erbschaftsteuerlichen Belastung unter Berucksichtigung der allgemeinen Rahmenbedingungen in historischer Perspektive, 2018. Dissertation; 최갑선(2019), "독일 기업재산 상속세 감면제도에 관한 연구", 중견기업연구원 내부자료, 8쪽 이하 참조.

까지의 기간 동안에는 '공정가치'를 기준으로 상속재산 가액을 평가하고 과세표준액을 현실화했다. 이에 따라 기업의 상속재산에 대한 상속세 부담이 큰 폭으로 증가하게 되었으며, 그 결과 입법자는 기업재산에 대한 상속세가 대폭 증가한 만큼 상속세감면 혜택을 제공하는 방향으로 상속세법을 개정했다(2008. 1. 1).

그러던 중 2014년 12월 독일 연방헌법재판소는 다시금 "다른 상속재산과는 달리 기업재산 등에 대해 상속세감면 혜택을 부여하는 차별취급 내용의 일부가 평등원칙에 위배된다"는 이유로 상속세법에 대한 일부 위헌판결을 선고했다.[20] 이에 따라 입법자는 위헌적인 요소들을 제거하여 새로운 상속세법을 개정해야 했는바, 개정안으로는 크게 '대폭적 개정안'과 '소폭 개정안'의 두 가지 대안이 제기되었다.[21]

'대폭적 개정안'은 그동안 시행해온 상속세 감면제도 내에서 관련법을 개정하는 것이 아니라 완전히 새로운 대안을 선택하는 것이었다. 이 안은 기업재산에 대한 상속세 감면제도를 완전히 폐지하는 대신에 6~12%의 낮은 상속세율로 상속세를 전면적으로 부과하고, 필요 시 상속세 연부연납을 허용하는 방안이었다.[22] 반면에 '소폭 개정안'은 단순하고도 현실적인 해결안으로서 상속세법 제13a조, 제13b조 및 제19a조의 기본적인 상속세 감면제도를 그대로 유지하면서 위헌적인 요소만 개정하고자 하는 안이었다. 결국 입법권자는 이들 개정안 가운데 소폭 개정안을 선택하여 위헌

---

20) 2014. 12. 17. 연방헌법재판소 위헌판결(1 BvL 21/12, BVerfGE 138, 136-255)

21) Christian Steger / Stefan Königer, Erbschaftsteuer 3.0 - erneuter Reparaturauftrag an den Gesetzgeber, Handlungsoptionen und Lösungsmöglichkeiten bei einer Neuregelung, BB 2015, 157-165, 157f.

22) 연방재무부 소속 학술자문위원회가 제안한 대체입법안이었음. Die Begünstigung des Unternehmensvermögens in der Erbschaftsteuer, Gutachten des Wissenschaftlichen Beirats beim Bundesministerium der Finanzen, Januar 2012, p. 11.

적인 요소들을 제거하고 기업재산 등에 대한 상속세감면 혜택을 평등원칙에 합치되게 부여하는 내용으로 상속세 및 증여세법을 개정 · 시행하기에 이르렀다.[23)]

이와 같이 독일에서는 1951년부터 현재까지 가업을 승계하는 과정에서 상속인의 기업재산에 대한 상속세 부담이 크지 않도록 정책적인 배려를 했고, 이러한 배려가 상속세 및 증여세법 개정 과정에 지속적으로 반영되었다고 할 수 있다.

현행 독일 상속세 및 증여세법은 기업재산, 농업재산 및 임업재산, 자본회사의 25%를 초과하는 참여 지분 등을 증여 및 상속받은 경우, 일정한 요건을 충족하면 85% 또는 100%에 해당하는 기업재산 등을 상속세 과세대상에서 공제하는 조세감면 혜택을 부여하고 있다. 현행 상속세법에서는 '비사업용 관리재산'에 대한 조세감면 범위를 대폭 축소하고 있으며, 기업재산의 15%를 초과하는 현금성 재산과 최근 2년 이내에 투입된 현금성 재산에 대해서는 조세감면 대상에서 제외했다.

구 상속세법에서 중소규모 기업의 상속재산뿐만 아니라 대규모 기업재산까지 모두 상속세를 감면하던 것과 달리, 현행의 개정 상속세법에서는 상속세감면 대상 기업재산이 2,600만 유로를 초과하는 대규모 기업재산의 경우에는 조세감면 혜택을 제한하고 있다.

---

23) 2016년 11월 14일 개정 상속세법을 의결하고 2016년 7월 1일부터 소급 시행함.

② 현행 가업상속세 감면제도의 주요 내용

기업의 사업재산에 대한 상속세감면 혜택: 일반감면 모델 및 선택감면 모델

상속되는 기업의 사업재산 가운데 2,600만 유로(약 350억 원)[24] 한도 내에서는 세법에서 정하고 있는 가업상속세 감면 모델에 따라 상속세를 감면한다.[25] 가업상속세 감면 모델은 상속 개시 후 기업유지 기간과 급여지급 총액에 따라 일반감면 모델과 선택감면 모델의 두 가지가 있는데, 어느 모델을 적용받을 것인지는 개별 기업이 선택한다.

먼저, 일반감면 모델을 선택한 경우에는 2,600만 유로 한도 내에서 상속되는 사업재산의 85%에 해당하는 금액을 상속세 부과 대상 사업재산에서 공제한다. 일반감면 모델을 선택한 기업에 대해서는 감면대상에서 제외된 나머지 사업재산 가운데 최대 15만 유로에 달하는 금액을 추가로 공제한다.[26] 일반감면 모델을 활용하여 조세감면 혜택을 받은 기업은 상속개시 이후 5년 동안 기업을 유지해야 하고, 이 기간 동안의 급여지급 총액은 상속시점에서 지급한 연간 급여총액[27]의 400% 이상이어야 한다.[28]

---

24) 독일 상속세법상 2,600만 유로는 기업승계와 관련하여 배우자와 직계비속에 대한 상속세 최고세율 30%가 적용되는 시작점에 해당함.

25) 상속개시 이전의 10년 동안 동일한 상속인에게 증여된 금액을 모두 합산하여 2,600만 유로의 한도 기준을 초과하면, 상속개시 이전 10년 동안에 증여된 금액에 대해 상속세를 소급적으로 부과한다(개정상속세법 제13a조 제1항 제2문 및 제3문).

26) 이 같은 추가 공제는 소규모의 상속 재산들(소규모 가내공업, 소규모 상점 등)의 경우에 상속세 부과를 위한 가치산정과 비용이 드는 심사절차를 생략하고자 도입한 것이며, 이러한 추가 공제는 10년 이내에 한 사람에게 발생하는 여러 취득재산 중에서 단 한 번의 취득에만 적용된다.

27) 상속시점에 지급한 연간 '급여총액'은 기업재산의 이전이 행해진 시점에서 해당 기업이 과거 5년간 평균적으로 지급한 임금과 봉급의 합계액을 의미한다.

28) 승계기업을 경영하는 과정에서 더욱 생산적이고 효율적인 고임금 일자리가 창출된다면, 상속세감면 규정에 영향을 받지 않은 채로 저임금 일자리의 축소가 가능하기 때문에 종업원 수 대신에 급여총액 유지 규정이 적용되면 해당 기업은 고도의 고용 신축성을 유지할 수 있게 된다.

그리고 선택감면 모델을 활용하는 경우에는 2,600만 유로 한도 내에서 상속되는 사업재산의 100%에 해당하는 금액을 상속세 부과 대상 사업재산에서 공제한다. 선택감면 모델을 활용하는 경우에는 상속개시 이후 7년간 기업을 유지해야 하며, 이 기간 중에 지급하는 급여총액은 상속시점에 지급한 연간 급여총액의 700% 이상이어야 한다. 선택감면 모델을 활용하기 위해서는 기업재산 중에서 관리재산(비사업용 자산)이 차지하는 비중이 최고 20% 이하여야 한다(개정 상속세법 제13a조 제10항 제2문).[29]

사전 특별공제(Vorwegabschlag)

인적 요소가 강한 가족중심 기업으로서 회사 설립계약이나 정관에 이익배당 및 자금인출 제한,[30] 재산처분 제한,[31] 퇴직보상금 제한[32] 등을 중첩적으로 규정하고 있는 경우에는 상속되는 기업의 사업재산 중에서 최고 30%에 달하는 금액을 '사전 특별공제' 형식으로 상속세 부과대상에서 추가로 공제한다(개정 상속세법 제13a조 제9항).

---

29) 상속세감면 혜택 부여 조건들의 경우, '기업 유지 기간'과 '급여총액 유지 기간'은 일반감면의 경우 5년, 선택감면의 경우 7년으로 각각 규정하고 있으나 종업원 수 20인 이하 소기업의 급여총액 유지 의무는 기업의 종업원 수 규모에 따라 차별화하고 있다. 즉 종업원 16인 이상 기업의 경우는 급여총액의 400%(일반감면) 또는 700%(선택감면), 종업원 11~15인 기업의 경우는 급여총액의 300%(일반감면) 또는 565%(선택감면), 종업원 6~10인 기업의 경우는 급여총액의 250%(일반감면) 또는 500%(선택감면)를 유지해야 한다. 종업원 5인 이하인 기업에 대해서는 급여총액 유지의무가 면제된다.

30) 이익배당금 및 자금인출 제한은 출자사원에 대한 이익배당금 또는 자금인출액 최고 한도를 법인의 세후 이익의 37.5% 이하로 제한하는 경우에 해당하고, 이러한 제한은 상속세 과세시점 2년 전부터 시작하여 과세시점 후 20년 동안 존속해야 한다.

31) 재산처분 제한은 인적회사 참여지분 재산 또는 자본회사 참여지분 재산을 공동출자 사원, 가족 구성원, 가족재단에게만 매각할 수 있도록 제한하는 경우가 해당한다(개정 상속세법 제1조 제1항 제4호).

32) 퇴직보상금 제한은 출자사원에 대한 퇴직보상금 지급한도를 인적회사 참여 지분 또는 자본회사 참여 지분의 공정가액 가치 이하로 제한하는 경우에 유효하다.

대규모 사업재산에 대한 상속세감면

구 상속세법에서는 중소규모의 기업재산뿐만 아니라 대기업의 사업재산까지도 소정의 요건을 충족하면 모두 상속세를 감면했다. 그러나 현행 상속세법에서는 상속세 부과대상 사업재산이 2,600만 유로를 초과하는 경우에 대해서는 감면 혜택을 대폭 제한하고 있다. 다만 2,600만 유로를 초과하는 대규모 사업재산에 대해 상속세감면 혜택을 받기 위해서는 상속인이 과세관청에 '점감적(漸減的) 세감면 혜택'을 신청하거나 '세감면 필요성 심사'를 신청해서 승인을 받아야 한다.

점감적 세감면 모델을 활용하는 경우, 2,600만 유로를 초과하는 금액에서 시작하여 최고 9천만 유로(약 1,200억 원)에 이르기까지 매 75만 유로마다 1%p씩 감면 혜택이 점진적으로 축소된다. 이 모델은 상속받는 사업재산의 규모가 증가할수록 상속세감면 혜택이 줄어드는 구조로 설계되었으며, 9천만 유로를 초과하는 상속재산에 대해서는 감면 혜택을 제공하지 않는다.

'세감면 필요성 심사'는 대기업 등 대규모 사업재산을 상속받는 자가 자신에게 부과되는 상속세를 자력으로 납부하기 어려운 경우, 이를 심사해서 상속세를 감면해줌으로써 기업의 존속과 경쟁력 유지를 도모할 목적으로 도입한 제도다. 상속인이 자신이 처분할 수 있는 재산의 50%(상속기업 관리재산의 50%와 상속인이 이미 소유하고 있는 개인 재산 및 상속되는 개인 재산의 50%)를 투입해도 상속되는 기업의 사업재산에 부과되는 상속세의 전부를 납부할 수 없음을 입증하는 경우에는 당해 금액을 초과하는 나머지 상속세액에 대해서는 상속세 납부가 면제된다.[33] 세감면 필요성 심사 방식을 통해 상속세감면을

---

33) 처분할 수 있는 재산이 충분히 남아 있다면, 상속인은 세감면 혜택을 부여받지 못하고 세감면 대상 기업재산에 부과되는 상속세를 기본적으로 납부해야 한다(개정 상속세법 제28a조 제1항).

받은 경우에는 상속세 선택감면 모델 활용 시에 부과되는 '7년간 기업 유지와 급여지급 총액 700% 이상 준수' 조건이 적용된다.

(3) 상속증여세 연부연납제도

구 세법에서는 사망에 의한 상속이나 증여의 경우에 부과되는 상속 및 증여세를 10년 동안 무이자로 분할납부하는 것이 가능했다. 그러나 현행의 상속세법에서는 사망에 의한 상속의 경우에 한하여 상속세를 7년 동안 분할하여 납부할 수 있도록 규정하고 있다. 연부연납 첫 해에 한하여 무이자 혜택을 받을 수 있고, 2년 차부터는 연간 6%의 이자가 부과된다(조세기본법 제234조, 제238조). 증여의 경우에는 연부연납제도의 적용이 배제된다(개정 상속세법 제28조).[34)]

연부연납의 경우에도 기업의 존속 및 급여총액 유지 조건은 준수되어

34) 연방헌법재판소 판결 이후 개정 법률을 입법하는 과정에서 상속세 연부연납은 심층적인 정치적 협상의 대상이 되었으며, 입법 과정에서 내용이 몇 차례 변경되었다. 즉, 연방정부 법률개정안에 처음 도입된 상속세법 제28조 제7항에 의하면, 세감면 필요성 심사를 실시한 이후에 상속세가 감면되지 아니한 상속인은 상속세를 10년까지 연부연납을 신청할 수 있는 법적 청구권을 수령할 수 있도록 규정함. 그리고 연부연납은 상속인의 신청에 의해 실행되며, 증여의 경우에는 이자가 부과되지만, 상속의 경우에는 이자가 부과되지 않도록 함. 위 상속세법 제28조 제7항 개정안은 정치적인 협상 과정에서 삭제되었으나, 연방하원 재무위원회의 권고안에 의해 사망의 경우에만 적용되는 새로운 연부연납규정(연방하원 법률개정안 제28조 제2항)으로 대체됨. 이에 따르면, 상속인은 사망으로 인한 상속 취득의 경우(증여의 경우는 해당 없음), 상속세감면 대상 재산에 부과되는 상속세를 10년까지 연부연납할 수 있는 법적 청구권을 부여받도록 함. 상속세 '일반감면', 대규모 상속의 경우 '점감적 세감면' 또는 '세감면 필요성 심사'를 적용한 이후 상속세감면 대상 재산에 상속세가 부과되는지 여부에 상관없이 연부연납이 허용됨. 연부연납은 신청에 의해 무이자로 제공되도록 규정함(2016년 6월 22일자 연방하원 재무위원회 의결권고안, 연방하원 출판물 18/8911, 45쪽). 그러나 연방상원이 2016년 7월 8일 연방하원 법률개정안에 대한 동의를 하지 않고 조정위원회의 개최를 요청했기 때문에 위와 같이 입안된 연부연납 개정안은 실현되지 못함. 최종적으로 조정위원회는 연방하원 법률개정안 제28조 제2항의 연부연납 규정을 폐기하고, 개정 상속세법 제28조 제1항의 개정안 도입에 합의함.

야 한다(개정 상속세법 제13a조 제3항 및 제6항). 조건을 준수하지 않은 경우에는 연부연납이 종료되고 상속세가 즉시 부과된다. 상속인이 상속개시 이후에 상속받은 기업을 양도하거나 기업재산 및 지분을 매각하는 경우에도 연부연납은 즉시 종료된다(개정 상속세법 제28조 제1항).

4) 가업승계의 도구로 활용되는 기업재단[35)]

독일은 기업의 안정적인 경영과 승계, 경영권 확보 및 효과적인 지배구조 구축 등을 뒷받침하는 데 필요한 다양한 법제도적 인프라를 정비하고 있다. 독일의 발달한 기업재단 등 공익법인제도와 효과적인 지배구조 구축이 가능한 신탁법 및 회사법제도 등이 여기에 해당한다.

독일에서는 상당수의 기업들이 재단을 설립하거나 신탁제도를 활용하여 사업을 승계하기도 하는데, 비상장 가족기업을 중심으로 이에 관한 관심이 점차 높아지고 있다. 보유 주식을 출연 또는 신탁하는 방법으로 설립한 재단이나 신탁회사를 통해 기업을 운영하도록 하는 방안은 가족기업의 안정적인 경영과 사업승계에 기여함과 동시에 기업 활동으로 창출된 부의 일부를 공익목적에 지속적으로 활용할 기회를 제공함으로써 기업의 영속성 유지를 통한 명문 장수기업의 탄생과 기업의 효과적이고 지속적인 사회적 책임활동 수행에 기여한다. '재단의 나라'로 알려진 독일에는 재단 수가 많고 다양한 유형의 재단이 활성화되어 있는데, 기업 관련 재단의 종류만도 공익재단, 가족재단, 이중재단, 신탁재단 등 다양한 재단이 활동하고

---

35) 이하 독일 기업재단의 개념과 존립형태, 유형, 설립 동기, 사례 등에 관한 내용의 대부분은 조병선(2015), "독일의 기업재단과 가족기업 사업승계", 중견기업연구원 연구용역보고서에 수록된 내용을 정리 · 인용함.

있다.

(1) 기업재단의 개념과 존립형태

독일에서 기업재단 또는 기업 관련 재단(unternehmensverbundene Stiftung)은 "기업의 주식 등 지분을 보유하고 있는 재단 또는 재단이라는 법형식을 갖고 운영되는 기업(die an einem Unternehmen Anteil halten bzw. Unetrnehmen, die in der Rechtsform der Stiftung gefuert werden)"을 의미한다.[36]

독일 기업재단의 형식은 크게 직접적으로 기업과 결합한 기업재단(unmittelbare unternehmensverbundene Stiftung)과 간접적으로 기업과 연계된 기업재단(mittelbare unternehmensverbundene Stiftung)으로 구분된다.

직접적으로 기업과 결합한 기업재단(아래 그림의 유형 ①)은 '기업운영재단(Unternehmenstraegerstiftung)'이라고도 불리고 있다. 이러한 유형의 기업재단에서는 재단과 기업이 법률적으로 동일한 하나의 조직체를 이루고 있으며, 기업은 재단에 소속되어 있고 재단이 당해 기업을 직접 경영한다. 간접적으로 기업과 연계된 기업재단(유형 ②~④)은 '참가적 기업재단(Beteiligungstraegerstiftung)'으로도 지칭되는데, 이러한 유형의 기업재단은 인적 또는 물적 회사에 대한 주식 등 지분 보유자로서 기업경영에 부분적으로 참여하고, 대체로 재단의 목적 달성에 필요한 재정의 안정적인 확보를 위해 배당 등 주주로서의 경제적 수익권을 행사하면서 의결권 행사에는 소극적인 특성을 보인다. 간접적 기업연계 재단의 경우 기업재단은 당해 기업의 주식을 소유한 단일 재단일 수도 있고(유형 ②), 다수의 소유자 가운데 하나에 해당할 수도 있다(유형 ④).

36) Berndt(2003), S. 55f., Rn 1.

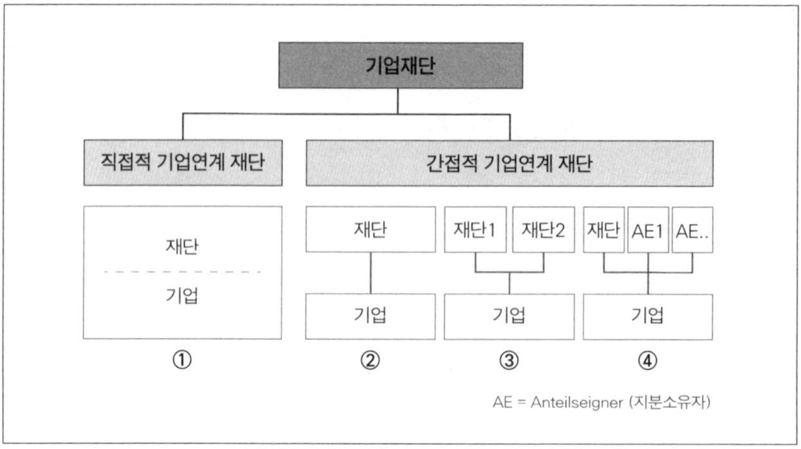

〈그림 8-1〉 독일 기업재단의 존립 형태

기업재단들은 서로 다른 역할을 담당할 수도 있는데, 자금 제공 및 기부의 원천(Dotationsquelle), 기업을 소유하는 가족의 수탁자로서의 기능 또는 기업을 운영하는 기구(Fuehrungsinstrument des Unternehmens)로서의 기능을 수행한다.[37] 간접적 기업연계 재단(참가적 기업재단)의 형태를 구축하는 경우, 주식(지분)에 내재하는 권리인 의결권과 배당권 등 이익수취권(Gewinnrechte)을 분할하여 배분할 수 있다. 간접적 기업연계재단의 경우에는 대부분의 지분 및 주식과 수익분배권을 보유하고 있지만, 의결권의 전부 또는 일부를 제3자가 보유하는 형태가 일반적이다.

37) Hennerkes/Binz (1986) S. 2220 f.

(2) 기업재단의 유형

① 특별한 재단 형태인 이중재단

독일에서 비교적 활발하게 활용되고 있는 기업재단의 형태로서 "법률적으로 독립되어 있는 2개 혹은 그 이상의 재단이 해당 기업의 공동 소유자로 존립하면서 활동하는 형태"인 이중재단(Doppelstiftung)이 있다. 이중재단으로 운영되는 기업재단 가운데 가장 흔히 볼 수 있는 형태는 공익목적 재단을 설립하여 운영하면서 동시에 부수재단으로 사익목적 재단에 해당하는 가족재단(Familienstiftung)이 함께 활동하는 형태다. 이중재단을 구성하는 가족재단의 경우, 한 가족이 지분을 보유하기도 하지만 때로는 서로 다른 복수의 가족재단이 지분을 보유하고 있는 경우도 존재한다.

공익법인과 사익법인이 공존하고 있는 이중재단의 경우에는 일반적으로 주식 및 지분에 대한 의결권과 자본수익권을 분리하여 운영한다. 공익목적 재단은 기업으로부터 창출되는 이익에 대한 배당권의 대부분을 향유하는 반면, 주주로서 경영의사를 결정하는 도구에 해당하는 의결권은 보유하지 않거나 매우 제한적으로 보유하고 있다. 반면 사익목적재단에 해당하는 가족재단은 형식적으로나마 배당청구권의 일부를 보유하되 대부분의 의결권을 보유함으로써 기업에 대한 소유권을 행사함과 동시에 가족기업에 대한 영향력 및 경영권을 물려받게 된다.[38]

공익재단과 사익재단이 혼합되어 운영되는 이중재단은 가족기업의 안정적인 사업승계와 관련한 해법을 제시하면서 기업 활동을 통해 창출한 부의 일부를 출연 또는 기부함으로써 공익분야 기여라는 목적을 동시에 달

---

38) Hennerkes/Binz (1986) S. 2220 f.

성하는 도구로 활용되고 있다.[39)]

② 특별한 재단 형태로서의 Stiftung & Co. KG

Stiftung & Co. KG 형태의 기업재단은 기업에 대해 인적책임(합자회사의 무한책임 사원)을 지는 공동출자자에 해당하는 재단이다. 이러한 형태의 재단은 주로 기업의 운영을 사원권(Gesellschafterrecht)과 분리할 목적으로 활용된다. 재단을 운영하는 임원은 독일 상법의 규정에 따라 관련된 기업의 업무집행 및 경영에 관한 권한을 위임받아 행사하며, 사원관계(Gesellschafterverhaeltnissen)에 구애받지 않고 독립적으로 재단 정관에서 당해 합자회사에 대한 업무집행권 및 경영권을 정할 수 있다. 이 밖에도 Stiftung & Co. KG 형태의 재단을 운영하는 이유로는 다양한 사항이 언급되고 있는데, 동 유형의 재단이 갖는 이점으로는 "인적회사의 사원에 대한 제한적인 책임과의 병행, 기업의 영속성 유지 목적을 달성하는 데 유리하게 작용하는 재단의 장점 활용, 유한회사 형태의 재단(GmbH & Co. KG)에 비해 상대적으로 변형이 용이한 특성, 경영에 대한 노동조합의 참여 및 공동결정권으로부터의 자유로움(Mittbestimmungsfreiheit), 조세상의 이점 활용, 적대적 M&A로부터의 보호" 등을 들고 있다.[40)]

③ 기타 유사재단 형태로의 기업재단

독일의 기업재단 가운데는 앞에서 소개한 재단 유형 외에도 '재단과 유사한 형태를 갖는 재단(stiftungsverwandte Gestaltungsform)'이 존재하는바, 이러

39) Richter (2004), S. 20.

40) Karin Fleschutz, S. 81. 각주 505; 이에 관한 구체적인 내용은 Hennerkes/Binz (1986), S. 2271-2274.

한 형태의 재단은 법원의 판례를 통해 인정되었다.[41] 재단과 유사한 형태를 갖는 재단은 대부분 '공익목적의 재단 유한회사(Stiftung gemeinnuetzige GmbH)' 형태로 존재하지만, 종종 재단협회(Stiftung e.V) 형태로도 존립하면서 다른 형태의 일반 재단이 갖고 있는 법적 권리와 중요한 특성들을 갖는 '권리능력을 보유한 재단'에 해당한다.

재단 유한회사와 조합형태의 재단에 대해서는 그동안 독일 기업들이 승계의 도구로 활용하는 경우가 그리 많지 않았으나, 2000년대 중반부터 관심이 증대되고 있는 효과적인 가업승계 방안의 하나로 거론되고 있는 실정이다.[42]

재단과 유사한 형태를 갖는 재단은 주로 신탁계약을 통해 운영되고, '소유권자가 없는 재단(Stiftung eigentuemerlos)'이라는 특성을 갖는다. 이러한 형태에 해당하는 재단 유한회사는 주로 유한회사의 자본참가자(주주)로서 복수의 사원이 존재하는 유한회사 형태의 공익재단(Stiftung gemeinnuetzige GmbH)으로 일반 재단과는 적지 않은 차이가 존재한다. 이러한 형태의 재단의 경우 기부자는 신뢰할 수 있는 사람을 선정하고, 이 사람이 수탁자로서 지분을 관리하면서 지분보유자로서의 역할을 물려받는다. 수탁된 지분에 대한 신탁관리자로서의 관계가 종료 또는 해제되면 당해 기업에 대한 지분은 반환되고, 다른 사원이 정관이 정한 바에 따라 후임자를 선택하게 된다.[43]

신탁계약(Gesellschaftsvertrag)은 지분소유자(Gesellschaftern)에게 소유자로서

---

41) 1964년 슈투트가르트(Stuttgart) 최고지방법원은 한 판결에서 '재단과 유사형태를 갖는 재단의 형성'을 인정하는 판결을 했으며, 이로써 유사재단 형태가 재단의 한 유형으로 활용되기 시작했다(OLG Stuttgart 1964, S. 1146).

42) Karin Fleschutz, S. 82.

43) 재단과 유사한 형태를 갖는 재단 가운데 대표적인 기업재단으로는 로베르트 보쉬 재단(Robert Bosch Stiftung GmbH)과 말레 재단(Mahle Stiftung GmbH), 보름란트 재단(Wormland Stiftung GmbH), 루트비히 슝크 재단(Ludwig Schunk Stiftung e.V.) 등이 있다.

의 권리 및 수익권이 귀속되지 않는 조건하에서 성립 가능하다. 그러나 보유지분에 따른 기업경영 참여와 관련한 의결권과 배당청구권에 대한 결정권(Entscheidungsrechte) 및 통제권(Kontrollrechte)을 행사할 수 있는 권리는 보유한다.[44] 일반적으로 사원총회는 재단에 대한 감독기구[재단운영위원회(Stiftungsrat) 또는 재단감독위원회(Stiftungskuratorium)]로서의 역할을 담당하며, 이와 같은 유한회사 형태의 공익재단에 의한 업무집행은 일반재단의 재단이사회 역할에 해당한다.

유한회사 형태의 법형식에 대한 친숙함 외에도 유한회사 형태의 재단이 갖는 장점으로는 재단 설립이 용이하다는 점, 재단 설립에 필요한 최저 자산의 규모가 크지 않다는 점, 정관 변경이 용이하다는 점, 국가의 감독을 받지 않아도 된다는 점, 공익목적으로 설립하는 경우에는 일반 공익재단과 동일한 세제상 혜택이 제공된다는 점 등을 들 수 있다.[45]

④ 설립목적에 따른 기업재단의 유형

기업재단은 공익에 기여할 목적으로 설립된 재단(공익재단)과 사적인 목적 달성을 위해 설립된 재단(사익재단)으로 구분된다. 공익재단은 교육, 학문, 연구, 예술 등과 같은 분야의 공공복리(Gemeinwohl)와 공공의 이익(allgemein Interesse)을 도모할 목적으로 설립된 재단이다. 공익재단 가운데 설립목적이 조세감면법(Abgabenordnung)에서 정하는 목적에 해당하는 경우에는 조세감면 혜택이 부여된다.

세제상 혜택을 받기 위해서는 공익목적으로 설립된 재단의 경우, 재단 수익의 2/3 이상을 공익목적 달성을 위해 활용해야 한다. 공익목적으로 설

---

44) Karin Fleschutz, S. 82.

45) Karin Fleschutz, S. 83.

립된 재단이라 하더라도 사적인 목적에 해당하는 기부자, 기부자를 기념하는 사업, 기부자의 직계후손(자녀)의 이익을 위해 재단 수익의 최대 1/3 한도 내에서는 사용이 가능하다.

사익목적 재단은 특정 개인의 목적 달성 및 한정된 소수 집단의 이익을 추구하는 것을 주된 목적으로 하는 재단을 말한다. 사익목적 재단 가운데 대표적인 것은 가족재단이며, 가족재단은 재단의 수익을 가족구성원을 위해 사용한다. 개인의 사적인 이익을 목적으로 설립된 재단에 대해서는 세제상의 혜택을 부여하지 않는다.

(3) 기업재단 설립 동기

독일에서 기업이나 기업인들이 기업재단을 설립하는 이유는 다양하지만, 기업의 영속성 유지 및 기업의 보존을 도모하는 데 가장 주된 목적이 있다.[46] 재단을 통해 가족기업의 승계와 관련된 불확실성을 제거하는 데 주된 목적을 두고 있는바, 후계자로 인해 가족기업이 분할되거나 가족 구성원 간의 분쟁으로 가업이 어려움에 처하는 것을 방지하고, 자신이 일구어 온 기업이 시장에서 적대적인 M&A를 당하지 않고 대를 이어 존속 · 발전하면서 가족의 번영과 사회발전에도 공헌하기를 바라는 마음에서 재단을 설립하는 경향이 강하다.[47]

독일 기업재단에 관한 실증 연구들에 따르면, 독일 기업들이 기업재단을 활용하는 이유는 '가족기업의 영속성 유지'이지만, 기업재단의 설립자마다 한두 가지 이상의 중요한 부수적인 목적들이 존재한다. 카린 플레슈

46) Timmer (2005b), S. 36, S. 42ff.

47) Karin Fleschutz, S. 100-101.

츠(Karin Fleschtz)가 420개 기업재단을 대상으로 연구한 결과에 따르면, 독일의 기업인이 기업재단을 가족기업 승계의 수단으로 선택한 가장 큰 이유는 '기업의 영속성 유지를 확실하게 하려는 것'이다. 그다음은 기업의 분할 및 분열의 사전 예방, 창업자 자신의 이상 실현, 이름의 존속, 가족기업의 존속에 대한 장래의 불확실성 방지, 종업원에 대한 동기, 가족 구성원에 대한 경제적 보상 등의 순이다.[48]

독일 가족기업 가운데 적지 않은 기업들은 준비된 후계자가 없거나 가업을 맡아 경영할 의지를 갖고 있는 자녀들이 없어 승계 과정에서 어려움을 겪고 있으며, 가업을 이어갈 자녀들이 없는 경우도 상당수에 이른다. 이러한 경우 기업재단을 설립하는 것은 가업의 연속성 유지를 위한 효과적인 방안의 하나에 해당한다. 재단 설립을 통해 가업의 영속성을 도모함과 동시에 가업 운영으로 창출된 가치를 활용하여 공익 또는 종업원의 성장 및 복지에 공헌하는 것이 가능할 뿐만 아니라, 창업자의 이상을 실현하고 가족 구성원과 후손들에 대한 경제적 배려 및 생활에도 도움을 줄 수 있는 방안이 되기 때문이다.[49]

(4) 독일의 기업재단 사례

① 로베르트 보쉬(Robert Bosch GmbH) 사례

보쉬그룹은 1886년 로베르트 보쉬에 의해 설립된 자동차부품 생산 전문기업이다. 창업자인 보쉬는 1964년 유언을 통해 자신이 보유하고 있던 회사의 지분을 기부하여 로베르트 보쉬 재단(Robert Bosch Stiftung GmbH)을 설

---

48) Karin Fleschutz, S. 104.

49) Karin Fleschutz, S. 102.

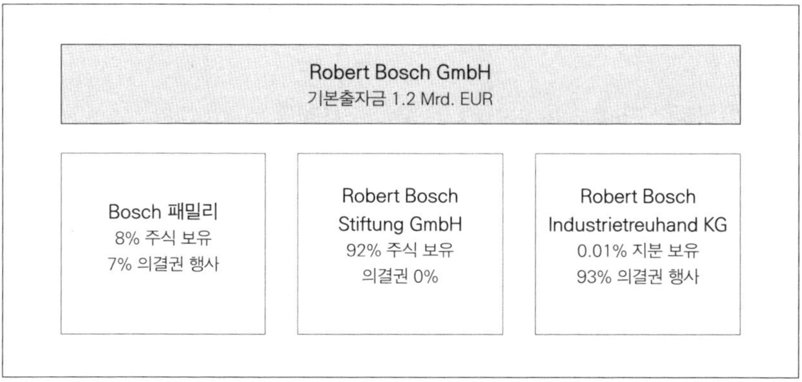

〈그림 8-2〉 로버트보쉬그룹 소유 및 지배구조

립했다. 회사 지분 92%를 소유하고 있는 이 재단은 보유 지분에 대한 배당권은 정상적으로 행사하고, 이를 통해 획득한 배당수익을 정관에서 정한 공익목적 달성을 위해 사용한다.

보쉬재단은 보유지분에 대한 의결권을 행사하지 않고, 신탁계약을 통해 보유지분 의결권의 전부를 별도의 신탁회사인 로베르트 보쉬 산업신탁합자회사(Robert Bosch Industrie-treuhand KG)에 위탁하고 있다. 창업자의 후손 20여 명은 보쉬사 지분 7.99%를 보유하고 있는데, 이들은 보유지분에 대한 배당수익권을 정상적으로 행사함으로써 주주로서의 경제적 이익을 향유한다. 보유지분 7.99%에 대한 의결권 가운데 7%는 가족주주들이 직접 행사하고, 나머지 0.99%는 신탁계약을 통해 로베르트 보쉬 산업신탁합자회사에 위탁하고 있다. 그 결과 로베르트 보쉬 산업신탁합자회사는 0.01%의 지분을 보유하고 있으면서도 전체의 93% 의결권을 행사하면서 보쉬그룹에 대한 지배 및 통제권을 행사하고 있다.

이와 같은 지배구조 구축을 통해 보쉬그룹은 기업운영의 자율성 확보(보쉬 가문의 후손들에 의한 경영간섭 배제), 탄탄한 재정적 뒷받침(재단이 배당으로 확보한 재원의 상당 부분을 기업에 재투자), 외부 세력으로부터의 독립성 확보 등을 통해 기업의 영속성 유지 등의 효과를 누리고 있다.

② 베텔스만(Bertelsmann SE & Co. KGaA) 사례

베텔스만사는 1835년 설립 이래 지금까지 180여 년 동안 가족기업 형태를 유지해온 종합미디어그룹이다. 창업자 후손으로 베텔스만그룹의 4대 CEO였던 라인하르트 몬(Reinhard Mohn)은 '기업의 사회적 책임 수행과 기업의 영속성 및 지배력 유지, 상속세 부담 경감' 등을 목적으로 1977년 베텔스만재단(Bertelsmann Stiftung)을 설립하고, 보유하고 있던 기업 주식 68.8%를 재단에 출연했다.

베텔스만그룹은 3개의 관련 재단(Bertelsmann Stiftung, Reinhard Mohn Stiftung, BVG Stiftung)이 주식의 80.9%를 보유하고, 나머지 주식 19.1%는 창업자 후손인 몬 가문(Mohn Family)이 소유하고 있다. 베텔스만그룹을 소유한 3개의 재단과 몬 가문은 각자가 보유한 주식에 대한 배당청구권을 행사하지만, 의

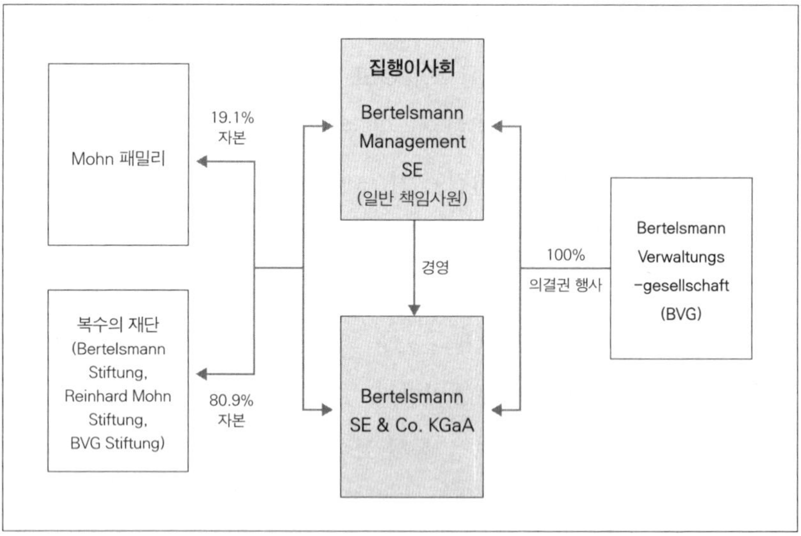

〈그림 8-3〉 베텔스만그룹 소유 및 지배구조

결권은 별도의 기업운영 조직인 BVG(Bertelsmann Verwaltungs Gesellschaft)에 신탁하고 있다. 그 결과 BVG는 베텔스만그룹의 주식을 보유하지 않지만, 신탁계약을 통해 위탁받은 의결권(100%)을 행사하면서 주요 경영의사를 결정하고 기업을 통제한다.

베텔스만그룹을 사실상 지배하는 기업운영조직인 BVG의 이사회는 창업자 후손인 몬 가문 3인과 독립적인 인사 3인으로 구성되어 있으며, 모기업인 Bertelsmann SE & Co. KGaA와 다수의 자회사로 구성된 베텔스만그룹은 전문경영인 체제를 유지하고 있다.

③ 칼 자이스(Carl Zeiss AG) 사례

칼자이스사는 1846년 칼 자이스(Carl Zeiss)에 의해 설립된 광학 및 렌즈 제조 분야의 명문 장수기업이다. 창업자가 사망한 다음 해인 1899년 칼자이스사와 Schott & Gen사의 공동지분 소유자였던 에른스트 아베(Ernst Abbe)

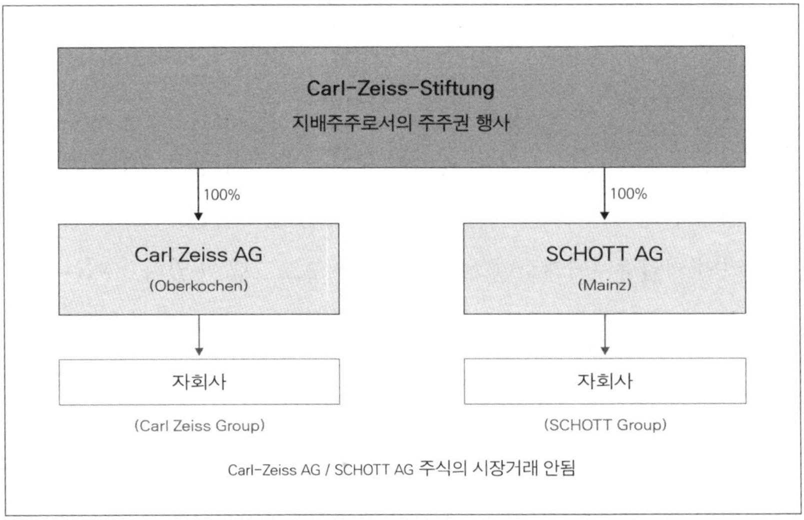

〈그림 8-4〉 칼자이스그룹 소유 및 지배구조

는 창업자의 뜻을 기리고 기업의 영속성 유지를 위한 승계 문제 등을 고려하여 칼자이스재단(Carl Zeiss Stiftung)을 설립했다.

칼자이스재단은 Carl Zeiss AG와 Schott AG 주식 100%를 소유하면서 기업을 통제 · 운영한다. 재단은 독립 이사회를 구성하여 지배주주로서 Carl Zeiss AG와 Schott AG 그룹을 관리하고, 재단 산하의 2개 기업그룹은 전문경영인 체제를 유지하고 있다. 기업의 주요 경영의사를 결정하는 기구인 재단 이사회는 중립적인 각계의 전문가들로 구성되어 있다. 이러한 기업 지배구조는 기업경영에 긍정적인 영향을 끼치고, 사회적 혁신을 포함하는 지속 가능 경영을 도모하는 데 유리하게 작용하고 있다. 칼자이스재단은 "민간 기업이 공공의 이익, 특히 근로자의 복지에 공헌할 수 있도록 하는 데 있어서 기업 차원에서 구축할 수 있는 가장 우수한 지배구조를 구축"한 것으로 평가받고 있다.[50]

5) 가업을 이을 후계자가 없는 기업의 승계 지원

독일 정부는 가족기업을 소유 · 경영하고 있는 가족의 구성원 가운데 적합한 후계자가 없는 경우, 창업에 준하는 수준의 정책 수단을 활용하여 기업의 승계 및 양도를 지원하고 있다. 그 중심에는 전국규모의 독일 최대 온라인 기업승계거래소인 'Nexxt Change 프로그램'이 있다.[51] 이는 연방경제부(BMWi), 독일재건은행(KfW), 독일상공회의소(DIHK), 독일수공업자협회(ZDH), 지역은행(Volksbanken Group, Sparkassen Group) 등이 공동으로 참여하는

50) Bernt (2003) S. 467, Rn 1411; Karin Fleschutz, S. 67-68.

51) Bunbdesministerium fur Wirtschaft und Energie(April 2014), Unternehmensnachfolge, Die optimale Planung, 13쪽 이하.

공공성이 강한 기업승계지원 프로그램이다.

Nexxt Change 프로그램은 가족 내 승계가 곤란한 기업들이 가족 이외의 자에게 기업을 승계하는 경우 이를 지원하기 위해 만들어진 독일 최대의 온라인 기업거래 시스템으로, 기업인계 · 인수를 위한 다양한 정보와 수준 높은 중개서비스를 제공하고 있다. 이 기업승계거래소는 기업을 양도 및 승계하려는 기업인과 기업을 인수하거나 인수하는 방식으로 사업하려는 창업자 사이에 존재하는 정보의 비대칭 문제를 완화함으로써 기업의 승계를 촉진하는 데 주된 목적을 두고 있다. 이 기업승계거래소는 인터넷플랫폼으로서 그동안 여러 기관 및 단체에 산재해 있던 기업승계 관련 다양한 프로그램을 통합하여 출범한 것이다.[52)]

KfW재건은행그룹은 온라인 기업거래소를 운영하는 주간 핵심 파트너로서 인터넷 거래소의 작동, 거래소의 내용 관리, 운영 기술 및 조직운영을 위한 절차적인 문제들을 해결하는 업무를 수행한다. 이 기업승계거래소는 전국적인 지역 네트워크에 연결되어 있고, 상공회의소, 저축은행 및 서민은행 등에 소속된 다수의 지역파트너들이 기업매매 광고물을 공표하는 것을 지원하며, 기업매매 광고에 관심을 가진 사람들을 서로 접촉하도록 중개하고 있다. 금융기관들은 기업을 승계하는 과정에서 발생하는 금융을 지원하는 역할도 적극적으로 담당한다. 이 기업승계거래소를 통해 매년 1천여 건 이상의 기업승계 거래가 성사되고 있다.

---

52) 프로그램 운영 내용에 관한 자세한 것은 다음 사이트 참조.
https://www.nexxt-change.org/DE/Startseite/inhalt.html;
https://www.nexxt-change.org/SharedDocs/Downloads/DE/agb.pdf?__blob=publicationFile&v=3

5.

독일의 가업승계정책 및 법제도를 통해 얻는 시사점

중소 · 중견기업이 강하고 가족기업 비중이 높은 독일은 우리보다 한 발 앞서 가업승계의 중요성을 인식하고 중소 · 중견기업의 승계를 효과적으로 지원하기 위한 정책을 추진해왔다. 가업을 승계하는 과정에서 위협받기 쉬운 경영권의 안정적인 확보와 효과적인 지배구조 구축을 뒷받침하는 데 필요한 법제도적인 인프라도 지속적으로 정비해왔다.

오늘날 우리는 빠르게 증가하고 있는 중소 · 중견기업의 가업승계를 효과적으로 지원하고, 이를 통해 양질의 일자리 유지 및 창출과 투자 활성화 등 경제 활력을 증진함과 동시에 명문 장수기업의 탄생을 촉진해야 하는 도전에 직면해 있다. 이와 같은 도전 과제에 효과적으로 대응해나가는 데 있어 독일의 선험적 경험과 사례들은 우리에게 다음과 같은 몇 가지 시사점을 제공해주고 있다.

첫째, 가업을 승계하는 과정에서 직면하는 과중한 상속세 부담을 완화해주는 방안을 적극적으로 검토해야 한다. 우리나라의 상속세 최고세율은 50%이지만 최대주주 보유주식에 대한 할증률을 감안하면 최고 65% 정도의 상속세를 부담해야 하는 상황에 직면하게 된다. 가업을 승계하는 과정에서 부담하는 이와 같은 상속세율은 OECD 국가에서도 가장 높은 수준으로 개별 기업이 감당하기에는 지나치게 과다할 뿐만 아니라, 이처럼 과중한 상속세를 부담하고도 안정적으로 생존해나갈 수 있는 기업은 찾아보기가 어려운 실정이다. 우리나라에만 존재하는 최대주주 보유주식에 대한 일괄적인 할증평가제도는 폐지하는 것이 바람직하다.

둘째, 가업상속공제제도의 실효성을 높이는 방안을 강구해야 한다. 이를 위해서는 가업상속공제 사후관리 요건을 현실에 맞게 완화할 필요가 있다. 사후관리기간을 현행 10년에서 5~7년으로 단축하고, 고용유지의무에 해당하는 정규직 근로자 수 기준(중소기업 100%, 중견기업 120%)을 대폭 완화하거나 독일의 경우처럼 급여지급 총액 기준으로 변경하는 것이 바람직하다. 업종유지의무 또한 현행의 한국표준산업 세분류 유지에서 대분류 수준으로 대폭 완화함으로써 기업이 환경변화에 신축적으로 대응할 수 있도록 해야 한다. 이와 함께, 독일의 가업상속공제제도의 경우와 마찬가지로 기업의 크기나 상속재산 규모에 관계없이 소정의 요건에 부합하는 경우 생산 활동에 공여되는 상속재산 중 일정 한도까지는 상속세감면 혜택을 동일하게 제공할 필요가 있다.

셋째, 증여 방식에 의한 가업승계가 활성화될 수 있도록 증여세 과세특례제도와 증여세 관련법을 개정하는 것이 필요하다. 가업승계가 갖는 특성을 감안할 때 상속보다는 사전 증여 방식을 통해 소유권을 승계하는 경우 승계 성공률이 높고 상속과 관련한 가족 구성원 간의 갈등 및 분쟁을 줄일 수 있다. 독일 상속세법에서는 상속과 증여를 동일 수준으로 규정함으로써 사전증여를 통한 기업의 안정적인 승계를 촉진하고 있다.

넷째, 정책지원의 대상이 되는 승계의 범위를 확대해나갈 필요가 있다. 그동안의 가업승계 지원정책은 가족기업 소유주가 자녀 등 가족 구성원 1인에게 기업재산의 대부분을 상속하는 경우에 한하여 가업상속공제 혜택을 제공하는 등 '협의의 가업승계'만 정책의 대상으로 국한하고 관련 제도를 운영해왔다. 그러나 독일의 경우에는 기업을 '가족 내 승계'는 물론이고 '가족 구성원 이외의 자에 대한 승계'까지 정책 대상에 포함하고 가족 이외의 자와 재단 등에게 기업재산을 상속 또는 증여하는 경우에도 동일하게 낮은 상속세율을 적용하고 있는 점을 감안하여 정책의 대상이 되는 가업승계의 범위를 확장해나가는 것이 바람직하다.

다섯째, 가업을 승계하는 과정에서 위협받게 되는 경영권의 안정적인 확보와 장수기업으로 가는 데 필요한 지배구조 구축을 뒷받침할 법제도적 인프라를 구축하는 방안을 마련해나가야 한다. 특히, 성공한 가족기업의 리더들이 갖고 있는 '이상의 실현'을 뒷받침하고 건실한 중소·중견기업의 영속성 유지와 명문 장수기업의 출현을 촉진하기 위해서는 기업재단을 활용한 가업승계가 원활하게 이루어질 수 있도록 관련 법제도를 구축해나가는 것이 필요하다. 여기에는 공익재단 설립 및 운영 관련 법제의 선진화, 공익재단 출연 주식에 대한 세제상 우대 확대, 재단 보유 주식에 대한 불합리한 규제 완화, 공익신탁 활성화, 독일식 이중재단제도 도입 등에 필요한 법제의 정비 등이 포함된다. 이 가운데 특히 독일식 이중재단제도는 공익적 목적의 기업재단과 창업자의 후손 등 가족 구성원들이 설립한 사익목적의 가족재단이 서로 조화를 이루면서 기업경영에 참여하고, 기업 활동을 통해 창출된 이익을 공익목적으로 활용함과 동시에 일정 한도까지는 재단 설립자나 설립자의 후손 등 가족 구성원에 대한 경제적 보상이 가능하다는 점에서 상당한 시사점을 제공하고 있다.

끝으로, 가족 구성원 가운데 가업을 이을 후계자가 없는 중소기업에 대한 승계지원대책을 적극 검토할 필요가 있다. 우리나라의 경우에도 가업을 이을 후계자를 찾지 못해 당해 기업을 매각하거나 폐업 등을 고려하는 기업들이 적지 않은 실정이고, 이러한 기업 수는 날로 증가할 것으로 예상된다. 이들 기업의 대부분은 기업 규모가 작고, 정보의 비대칭성과 M&A 시장의 미성숙 등으로 인해 당해 기업 스스로 시장에서 기업을 매각하거나 인수할 후계자를 찾기가 어려운 실정이다. 이에 독일의 Nexxt Change 프로그램 같은 공공성이 강한 기업승계 지원 플랫폼을 구축하고, 기업을 양도 및 승계하려는 시니어 기업인과 기업을 인수하는 방식으로 사업을 시작하려는 창업자 등을 연계하는 서비스를 제공할 필요가 있다.

참고문헌

국내문헌

이성봉(2009). "독일의 기업승계 관련 신탁재단 제도에 대한 분석과 시사점". 『경상논총』.

______(2019). "한국 경제 · 한국기업의 글로벌 경쟁력 강화를 위한 상속세제 개선 방안". 한국경영자총협회(글로벌 경쟁력 강화를 위한 상속세제 개선 토론회 발표자료).

조병선(2013). "독일 히든챔피언의 지속가능 성장요인". 중소기업연구(한국중소기업학회).

______(2015). "독일의 기업재단과 가족기업 사업승계". 중견기업연구원 연구용역보고서.

______(2019.6). "기업승계 원활화를 위한 상속세제 개선방안". 한국중견기업연합회 주최 '경제 활력을 위한 가업승계 활성화' 토론회 주제발표 자료.

조병선 · 권종호(2015). "부와 경영권의 분리승계 방안 연구". 중견기업 성장촉진 정책 연구(한국중견기업학회): 109-202.

조병선 외(2019). "중소 · 중견기업의 명문장소기업화를 위한 '기업승계 지원 선진화 방안' 연구". IBK경제연구소 연구용역보고서.

조병선 · 최갑선(2015). "독일의 가업상속 경영 및 사업승계에 관한 연구". 중소기업중앙회 연구용역보고서.

최갑선(2019). "독일 기업재산 상속세 감면 제도에 관한 연구". 중견기업연구원 내부자료.
한국중견기업연합회(2018). 중견기업 가업승계 실태조사보고서.

최갑선 · 조병선(2015). "독일 가업재산 승계와 상속세 감면제도". 중견기업연구원 연구용역보고서.

국외문헌

Arne Leifels (2016). KfW Research Fokus Volkswirtschaft, Nr. 132.

Berndt, H. (2003). Stiftung und Unternehmen: Rechtsvorschriften, Besteuerung, Zweckmaessigkeit, 7. Aufl., Hem, Neue Wirtschafts Briefe.

Bernd Venohr (2007). Klaus E. Meyer, The German Miracle Keeps Running: HowGermany's Hidden Champions Stay Ahead in the Global Economy,

Fachhochschule für Wirtschaft Berlin Working Paper No. 30.

Britta Beckers (2018). Die Vererbung von Betriebsvermoegen in der Bundesrepublik Deutschland – eine Untersuchung der erbschaftsteuerlichen Belastung unter Beruecksichtigung der allgemeinen Rahmenbedingungen inhistorischer Perspektive.

Bundesministerium für Wirtschaft und Ernergie (2014). Unternehmensnachfolge, Die optimale Planung.

Christian Steger, Stefan Königer (2015). Erbschaftsteuer 3.0 – erneuter Reparaturauftragan den Gesetzgeber, Handlungsoptionen und Lösungsmöglichkeiten bei einerNeuregelung, BB, 157-165, 157f.

DIHK-Report zur Unternehmensnachfolge 2015 (2015). Rekordhoch an Senioren, Rekordtief an Nachfolgern.

Hennerkes, B. H., Binz, M. K. (1986). Die Stiftung als Rechtsform für Familienunternehmen(II), in; Der Betrieb, Heft 44, S. 2269-2274.

IfM Bonn (2012). Öffentliche Förderung von Unternehmensübernahmen – Notwendigkeit und Ausgestaltung –

______ (2018). Unternehmensnachfolgen in Deutschland 2018 bis 2022,Rosemarie Kay und Olga Suprinovic etc.

Karin Fleschutz (2008). Die Stiftung als Nachfolgeinstrument für Familien-unternehmen, GABLER.

Lehleiter, R. (1996). Die Familienstiftung als Instrument zur Sicherung der Unternehmenskontinuitaet bei Familienunternehmen, Peter Lang.

Richter, A. (2003). Stiften und Unternehm– –snachfolge – eine integrierte Lösung, Bertelsmann Stiftung, Gütersloh.

______. (2004). Die Unternehmenstiftung –ein Instrument der Unternehmens-nachfolge?, in: Berater-Brief Vermögen, Heft 1, S. 17-22.

Schick, S. (2002). Die Stiftung in der Nachfolgeregelung – die unternehmensverbundene Stiftung, in: Martin, J., Wiedemeier, F. (Hrsg.): Stiftung fördern mit Gewinn-Entsatmöglichkeiten, Chancen, Perspektiven, Koeln, Bankverlag, S. 45-53.

Timmer, K. (2005). Stiften in Deutschland – Die Ergebnisse der Stifter Studie, Gütersloh, Bertelsmann Stiftung.

Wittener Institut für Familienunternehmen (2014). Familienunternehmen und die Erbschaftsteuer, Ein Leitfaden.

9장

정남기

질서자유주의와 독일의 중소기업

1. 서론

한국은 지난 60년 동안 경이적인 경제성장을 이루었다. 한국전쟁이 끝난 1953년 1인당 국민소득은 67달러에 불과했으나, 이제는 3만 달러를 넘어서며 세계 10위권의 경제 대국이 되었다. 후진국에서 이처럼 단기간에 급성장한 사례는 드물다. 그러나 한국 경제의 이러한 고속성장의 뒷면에는 빈부격차의 확대로 인한 사회갈등이라는 부정적인 요소가 자리 잡고 있다. 한국 경제는 태생부터 부족한 부존자원과 자본의 문제점을 안고 있다. 한국 정부는 이 문제점을 해결하기 위해 수출 위주의 불균형 성장전략을 취했다. 불균형 성장전략이란 "희소한 자원을 파급성이 높은 몇몇 전략산업에 집중적으로 투자하여 육성하는 성장전략"을 의미한다. 그리고 한국은 내수시장이 취약하여 수출 위주의 성장전략을 취할 수밖에 없었다. 한국은 경제성장을 위한 자본을 외국에서 차입했고, 이 돈을 갚기 위해 외화가 필요함과 동시에 한국 국민의 구매력이 낮아 상품을 외국에 판매하려 한 것이다.

그러다 보니 한국의 산업구조는 수출이 가능한 대기업 위주로 편제되었고, 중소기업들은 이들 대기업에 부품공급 수단으로써 육성되었다. 이런 과정에서 자연스럽게 중소기업들은 대기업에 의존하게 되면서 자생력을 잃게 되었다. 여기에서 문제점은 대·중소기업 간 부의 양극화가 점차 심화되면서 사회구성원의 양극화도 자연스럽게 초래되었다는 것이다. 양극화의 주요 원인은 대·중소기업 간 임금 격차다. 김경아(2015)에 의하면 2014년을 기준으로 한국 제조 중소기업의 임금은 대기업 대비 52.5% 수준에 불과하여 전 세계에서 가장 큰 격차를 보이고 있다. 대·중소기업 근로자 간 소득 격차 확대의 또 다른 원인을 언급하자면 한국 대기업의 노동조합이다. 대기업이 노동조합의 압력에 임금을 인상하면, 대기업의 경영진은 임금상승으로 인한 비용부담을 제품의 가격 인상이 아닌 원·부자재 구매비용 인하로 대처했다. 이에 협력 중소업체들은 물가상승에도 납품단가가 낮아져 종업원들의 급여를 올려주지 못한다. 이로 인해 결국 대·중소기업 근로자 간 임금 격차는 점차 확대될 수밖에 없다.

이렇게 대·중소기업 간 임금 격차가 확대되면 양극화는 더욱 심화될 것이고, 사회갈등이 이어지면서 한국 경제의 안정적인 성장에 걸림돌이 될 것이다. 따라서 한국 경제가 지속적으로 성장하기 위해서는 대·중소기업 간 양극화의 해소가 필요하다. 그리고 양극화를 해소하기 위해서는 중소기업의 경쟁력이 강해져 높은 부가가치를 창출할 수 있어야 한다. 부가가치를 많이 창출해야 종업원들에게 임금을 비롯한 근로조건이 양호한 양질의 일자리를 창출할 수 있기 때문이다.

이 연구에서는 중소기업이 강하다고 알려진 독일과 독일의 사회적 시장경제의 기반인 질서자유주의를 살펴보면서 한국 중소기업의 문제점과 개선방안을 논하고자 한다. 먼저 독일 중소기업의 현황 및 경쟁력을 살펴보고, 다음으로 질서자유주의가 독일의 중소기업에 미친 영향은 무엇이며, 마지막으로 질서자유주의의 관점에서 한국의 중소기업에 대한 시사점을 제시하고자 한다.

2.
독일의 중소기업

1) 중소기업 범위 기준

우리나라는 중소기업 범위를 관련법으로 엄밀히 규정하고 있다. 이는 중소기업에 대해 다양한 재정지원정책을 수행하기 때문에 그 지원대상을 명확히 하기 위해서다. 그러나 독일은 중소기업에 대한 범위를 법으로 엄격하게 규정하지 않고 있다. 이는 중소기업에 대한 구체적 지원대상 및 방법이 우리나라와는 다소 차이가 있기 때문이다. 독일은 중소기업에 대한 지원대상을 기업 규모가 아닌 창업 및 기술개발에 두고 있으며, 창업은 어차피 소규모기업 형태이고 기술개발지원도 창업기업 위주로 지원한다.

그러나 독일에서도 개념적으로는 특정 정책적 목적 및 기술적 분류를 위해 중소기업을 별도로 구분하고 있는데, 두 가지 정의가 적용되고 있다. 하나는 독일 중소기업연구소(IfM-Bonn)가 정의하는 기준인데, 이에 의하면 '종업원 500명 미만, 연간 매출액 5천만 유로 이하'가 중소기업이다. 그리고 중소기업이라고 해서 무조건 정책적 지원대상이 되는 것이 아니다. 왜냐하면 시책별로 규모 기준이 탄력적으로 적용되고 있기 때문이다. 그리고 중소기업의 범주에 속하는 기업일지라도 대기업이 25% 이상의 지분을 소유하고 있거나 관련 기업의 매출액을 포함하여 5천만 유로를 초과하면 중소기업으로 간주하지 않는다.

우리나라의 경우 자산총액은 업종에 관계없이 5천억 원 이하이고, 매출액은 업종에 따라 최근 3년 평균 400~1,500억 원 이하를 중소기업으로 차등 적용하고 있다. 그리고 독립성 기준도 적용하고 있는데, 외형상 중소기업 범위 기준을 만족하더라도 대기업의 자회사이거나 계열사들과 합한 자산 및 매출액 규모가 중소기업 범위 기준을 초과하는 경우 중소기업으로 간주하지 않고 있다.

다른 하나는 EU위원회의 중소기업 규정이다. 독일도 EU 차원에서는 EU위원회에서 정하는 중소기업 범위 기준을 따르고 있는데, 이는 EU

〈표 9-1〉 독일 중소기업연구소에 의한 중소기업의 양적 기준

구분	종업원 수(명)	매출규모(유로)
소기업	10 이하	100만 이하
중기업	10~499	100~5,000만
대기업	500 이상	5,000만 이상

출처: https://www.ifm-bonn.org/definitionen/kmu-definition-des-ifm-bonn/

〈표 9-2〉 유럽위원회의 중소기업 범위 권고안(2005년 1월부터 적용)

구분	종업원 수(명)	매출규모(유로)	자산규모(유로)
영세기업	10 이하	200만 이하	200만 이하
소기업	10~49	200~1,000만	200~1,000만
중기업	50~249	1,000~5,000만	1,000~4,300만
대기업	250 이상	5,000만 이상	4,300만 이상

출처: https://www.ifm-bonn.org/definitionen/kmu-definition-der-eu-kommission/

차원에서 수행되는 중소기업 지원정책의 지원대상을 구분하기 위함이다. 2005년 1월 1일부터 EU위원회에서 정하는 중소기업 범위는 상시근로자 250명 이하, 연간 매출 500억 유로 이하, 자산총액 430억 유로 이하의 기업이다. 그리고 독립성을 의미하는 질적 기준은 대기업의 계열사이거나 다른 기업이 해당 기업의 지분을 25% 이상 소유하는 경우 중소기업으로 간주하지 않고 있다.

2) 중소기업이 독일 경제에 미치는 영향

독일 중소기업연구소에 의하면, 2017년 기준으로 중소기업 수는 약 347만 개로 전체 기업의 99.5%를 차지하고 있다. 그리고 매출액은 약 23조 3천억 유로로 독일 기업 전체 매출액의 35%를 차지하고 있다. 중소기업

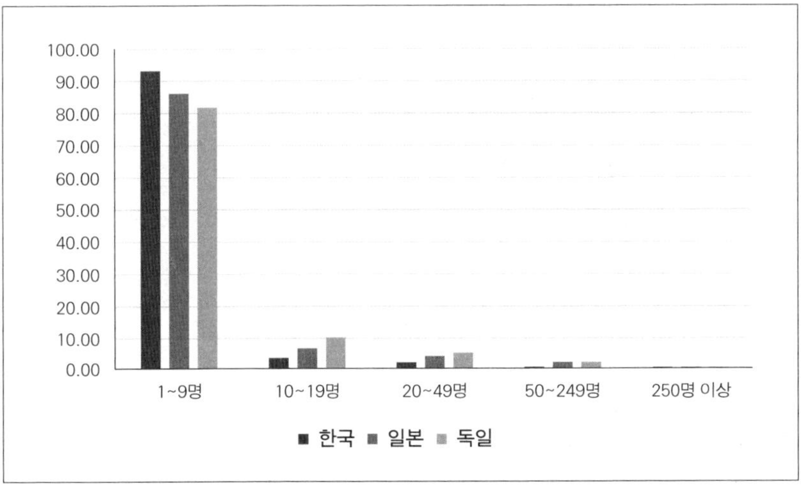

출처: OECD Small and Medium Enterprise Outlook 2019

〈그림 9-1〉 종사자 규모별 기업체 현황(2016년 혹은 최근 연도)

고용자는 총 1,749만 명으로 모든 사회보험이 적용되는 종사자의 57.9%에 해당하며, 그중 81.9%가 중소기업에서 직업훈련을 받았다. 중소기업의 총 수출액은 최종생산물 기준으로 약 2,139억 유로로 독일 전체 수출액의 16.4%를 차지하고 있으며, 순 부가가치의 57.8%를 창출했다. 즉, 중소기업이 부가가치세의 57.8%를 납세했다. 그리고 R&D 지출액은 총 102억 유로로 전체 지출의 11.6%를 차지했다.

종사자 규모별로 독일의 중소기업을 살펴보면, 9인 이하의 소규모기업 비율이 전체 중소기업의 81.88%로서 비교 대상국에 비해 상대적으로 낮은 반면, 10인 이상 규모의 비중이 상대적으로 높은 비중을 보이고 있다. 이에 비해 한국은 9인 이하 소규모기업의 비중이 93%로서 비교 대상국 중 가장 높은 비중을 보여 한국의 중소기업이 규모면에서 상대적으로 작음을 알 수 있다.

3) 독일 중소기업의 경영 현황

독일의 중소기업 중 일부는 '히든챔피언(Hidden Champions)'으로 잘 알려져 있다. 독일의 경영학자 헤르만 지몬(Hermnn Simon, 2007)에 의하면 소위 '히든챔피언'이라 불리는 강한 중소기업의 2/3가 독일어권에 있다. 헤르만 지몬은 "히든챔피언은 드러나지 않는 작지만 강한 중소기업"이라고 설명한다. 기업의 규모가 작아 눈에 드러나지는 않지만, 틈새시장을 집요하게 공략하여 해당 분야에서 세계 최강자 자리에 오른 일등 회사를 의미한다. 그리고 히든챔피언 중 상당수가 독일 중소기업들로서 수많은 분야에서 세계시장을 지배하고 있음을 밝혔다. 이러한 시장지배력과 기술력을 바탕으로 독일 중소기업은 직업훈련생의 직업훈련 82%를 담당하면서 독일 경제를 위한 숙련공 육성에도 크게 기여하고 있다.

2016~2017년의 각국 기업 규모별 매출액 영업이익률을 보면 히든챔피언을 많이 보유한 독일을 비롯한 유럽 국가들의 경우 중소기업의 영업이익률이 대기업과 비슷하거나 다소 높은 수준을 보이는 반면, 한국의 경우 중소기업의 매출액 영업이익률이 상대적으로 낮은 모습을 보이고 있다. 그리고 여기에서 영업이익률의 절대적인 크기는 국가 간 회계처리 방식 및 관행이 다르기 때문에 고려하지 않고 다만 상대적인 크기만 고려해야 한다.

이러한 상대적으로 낮은 중소기업의 수익성은 중소기업 근로자의 상대적으로 낮은 근로보상으로 연결되어 한국 경제의 고질적인 문제점인 대 · 중소기업 간 임금 격차의 주요 원인이 되는 것으로 판단된다. 대 · 중소기업 간 영업이익률 격차가 크지 않은 독일은 중소기업 근로자의 부가가

〈표 9-3〉 각국 기업 규모별 매출액 영업이익률 현황

(단위: %)

	규모	독일	스페인	프랑스	이탈리아	한국
2016	1~9인	4.82	5.11	4.15	5.58	-
	10~49인	4.91	5	4.06	5.37	3.9
	50~249인	4.79	4.36	4.33	5.06	
	대기업	4.98	4.33	4.04	4.83	6.5
2017	1~9인	4.96	5.21	4.1	5.57	-
	10~49인	5.18	4.5	4.18	5.08	4
	50~249인	4.92	6.05	4.05	6.01	
	대기업	4.27	5	4.94	4.13	7.6

한국의 경우 중소기업은 10~299인, 대기업은 300인 이상을 나타냄.
출처: EU-Commission, Bach Database; 한국은행, 2017 기업경영분석

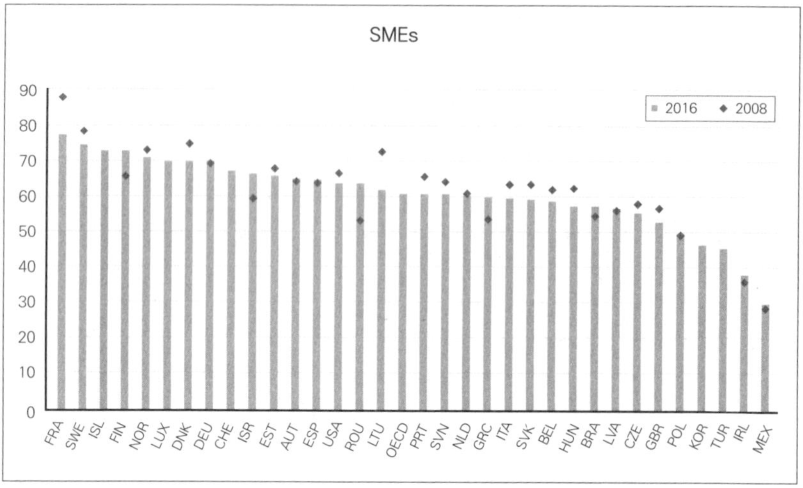

출처: OECD Small and Medium Enterprise Outlook 2019

〈그림 9-2〉 OECD 국가의 부가가치에 대한 중소기업 임금보상 비율

치에 대한 임금보상 비율이 상대적으로 높은 69.8을 기록하고 있지만, 한국은 OECD 평균인 51.3보다 낮은 46.9를 나타내고 있다. 그리고 이에 대한 원인 규명은 경제체제 및 질서를 분석하면서 파악하고자 한다.

기본적으로 독일 기업들은 상대적으로 노동비용이 높은 단점 하에서 경영활동을 수행한다. 이렇게 노동비용이 높은 원인은 높은 임금과 사회보장 지출이다. 독일은 임금수준이 OECD 및 유로존 국가의 평균보다 높다. 또한 임금 외에도 직업훈련비용 등 간접비용이 높은 반면, 노동시간은 상대적으로 짧기 때문에 기업의 인건비 부담이 높다(오승구, 2005). 나아가 단체임금협상과 노동조합의 경영 참여로 숙련공과 비숙련공의 생산성 격차에 따른 임금 격차가 크게 나지 않아 비숙련 노동자의 임금도 높다. 이러한 어려운 여건에도 불구하고 독일의 중소기업들이 히든챔피언으로서 글로벌 경쟁력을 갖추고 있는 배경을 질서자유주의의 관점에서 분석하고자 한다.

〈표 9-4〉 국가별 시간당 임금 수준

(단위: 달러)

	2000	2005	2010	2011	2012
노르웨이	24.5	42.04	57.66	64.76	63.36
스위스	26.92	40.1	51.1	60.4	57.79
벨기에	26.14	41	50.72	54.76	52.19
스웨덴	23.4	35.39	43.51	49.21	49.8
덴마크	22.21	37.05	47.93	51.67	48.47
독일	25.41	38.03	43.84	47.42	45.79
필란드	19.87	33.72	41.44	45.05	42.6
오스트리아	21.97	32.37	39.98	43.23	41.53
프랑스	21.37	32.66	39.12	42.12	39.81
네덜란드	21.04	33.29	39.54	42.26	39.62
아일랜드	15.76	28.64	38.57	39.74	38.17
캐나다	18.33	26.26	34.36	36.34	36.59
미국	24.96	30.14	34.81	35.51	35.67
일본	25.02	25.25	31.75	35.71	35.34
이탈리아	16.64	27.71	33.57	36.15	34.18
영국	20.67	29.72	29.11	30.77	31.23
스페인	12.4	20.74	26.66	28.44	26.83
한국	9.62	14.83	17.89	19.25	20.72
유로존	21.38	33.48	40.3	43.25	41.27
OECD	16.57	23.26	28.66	30.97	30.53

출처: Bureau of Labor Statistics

3.
독일의 중소기업과 질서자유주의 사상

1) 독일의 경제체제

독일의 많은 중소기업들이 강한 경쟁력을 바탕으로 세계시장을 선도하고 있는 배경에는 독일의 경제체제와 많은 관련이 있다. 독일어로 중소기업은 'KMU(Klein und Mittelstaendishe Unternehmen)'라고 하는데, 이외에도 '미텔슈탄트(Mittelstand)'라고 많이 불린다. 여기에서 '미텔슈탄트'는 중간계층, 중산층 등을 의미하는데, 이는 중소기업이 경제적 측면은 물론 정치 · 사회적 측면에서도 중추적인 역할을 한다는 의미를 포함한 의미로 해석할 수 있다(김영우, 2008). 이와 관련하여 전후 독일의 경제부 장관을 역임했고 독일 경제의 부흥 및 성장을 주도한 루트비히 에르하르트(Ludwig Erhard)는 "단지 기업 규모의 대소에 따라 양적 개념으로만 정의하면 중소기업과 중소기업 정책의 개념과 방향을 잘못 이해할 수 있다. 따라서 중소기업은 사회경제적 · 정치적 과정 속에서 파생되는 여러 요소를 고려되어 이해할 필요가 있다"라고 언급한 바 있다(조영삼, 2004). 즉 독일에서 중소기업은 '미텔슈탄트'로서 경제는 물론 정치사회적 측면의 여러 요소를 구성하는 중추이며, 한

국가의 중심축 역할을 충실하게 담당하는 존재로 인식된다고 볼 수 있다. 이는 단순히 중소기업을 규모가 작다는 것으로 이해하거나 경제적 측면만을 고려하는 중소기업의 정의와 다소 다른 것으로, 독일에서 중소기업이 지니는 독특한 의미를 생각해볼 수 있게 한다. 이러한 중소기업을 모든 측면에서 '미텔슈탄트'로 여기는 독일의 정치적 · 사회적 · 경제적 관념은 기술을 중시하는 독일의 역사적 배경과 사회적 시장경제에서 파생되었다고 할 수 있다. 그리고 아직도 독일 연방경제기술부는 주요 과제를 '사회적 시장경제를 완성하여 성장 및 사회적 통합의 기반을 다지는 것'이라고 명시하고 있다(http://www.bmwi.de/).

'사회적 시장경제'라는 용어를 경제정책적 의미에서 처음으로 사용한 사람은 1952년 당시 독일 경제부 장관이던 루트비히 에르하르트와 1952년 사회정책실장이던 알프레트 뮐러아르막(Alfred Müller-Armack)이다. 이들은 사회적 시장경제의 핵심원리로서 두 가지 원칙을 제시했는데, 공정경쟁과 사회적 균형이다(오동윤 · 정남기, 2016). 공정경쟁 원칙이란 경제주체들이 상호 간에 공정한 경쟁을 할 수 있도록 국가가 경쟁 인프라를 구축하는 것이다. 이에 따라 독일 공정거래법(Gesetz gegen Wettbewerbsbeschränkungen)은 원칙적으로 독과점을 금지하고 있다. 그리고 사회적 균형원칙이란 사회구성원 간 균형있고 조화로운 생활을 의미한다. 단, 사회적 균형원칙이 자유시장경제의 원칙을 제한해서는 안 되며 경쟁의 왜곡, 시장지배력의 집중, 불공정 경쟁행위에 의한 사회적 불균형의 심화, 실업의 증가 등과 같은 자유시장경제의 단점을 수정 · 보완하는 데 그 목적이 있다고 할 수 있다. 그리고 독일 정부는 사회복지 및 사회보장 시스템의 강화를 통해 사회적 균형이라는 목표를 달성하려 하고 있다.

이러한 공정경쟁 환경과 사회적 균형원칙을 강조하는 독일의 경제체제가 한국과 달리 대기업에 예속되지 않는 강소기업인 '히든챔피언'을 많이 양산한 것이라고 판단된다. 대 · 중소기업 간 매출액 영업이익률 격차를 보면 독일은 대 · 중소기업 간 큰 차이를 보이지 않는다. 이는 독일 중소기업들이 우수한 기술력을 바탕으로 가격 경쟁보다는 제품차별화 경쟁전략으로 시장을 점유한 결과이기도 하지만, 무엇보다 사회적 균형과 공정경쟁을 강조하는 독일의 경제시스템이 중소기업이 자력으로 성장하는 데 크게 기여했다고 할 수 있다.

2) 독일의 경제체제와 질서자유주의

독일의 경제체제, 즉 사회적 시장경제의 이론적 배경에는 질서자유주의 사상이 있다. 질서자유주의 사상은 발터 오이켄(Walter Eucken)과 프란츠 뵘(Franz Böhm), 한스 그로스만 데르트(Hans Grossmann-Doerth) 그리고 레온하르트 믹쉬(Leonhard Miksch) 등을 중심으로 하는 프라이부르크(Freiburg)학파에 의해 주창되었으며, 일종의 독일식으로 변형된 자유경제체제라고 할 수 있다. '질서자유주의'라는 용어는 1950년 헤로 묄러(Hero Moeller)가 경제학 관련 학술지인 『ORDO』에 투고한 글에서 처음으로 사용되었다(Ptak, R., 2004). 이러한 질서자유주의를 주창하고 발전시킨 프라이부르크학파는 "자유방임적 경제체제로 인해 지나치게 성장한 독일의 사적 경제 권력으로 촉발된 경쟁 제한이 정치 및 경제 권력이 집중된 나치즘을 탄생시켰다"고 역설하면서 역사성을 중시하는 질서와 경쟁질서의 구축을 위한 정부의 역할을 강조했다.

특히 오이켄은 인플레이션과 독점의 폐해를 강조하며, "국가는 물가의 안정과 독점을 금지하여 효율적인 경쟁시장을 마련해야 한다"고 주장했다. 그리고 질서자유주의는 국가, 중앙은행, 노사단체 등 개별 경제주체가 주어진 분야에서 각자의 책임을 다할 때 가장 우수한 성과를 나타낸다고 했다. 또한 빌헬름 뢰프케(Wilhelm Röpke)는 인본적 자유주의를 바탕으로 전체 경제의 어느 한 부문만이 아니라 개별 경제 부문 간의 상호연관성을 중시하여 전체 경제를 종합적으로 분석해야 함을 강조했다. 이와 같이 프라이부르크학파는 사회 안정 및 발전을 촉진하기 위해 사적 권력의 형성을 억제할 수 있는 새로운 경쟁질서가 창조되어야 함을 역설했다. 즉, 프라이부르크학파 주장의 핵심은 역사성을 중시하는 '질서'와 경쟁질서 구축을 위한 '정부의 역할'이다.

질서자유주의를 대표하는 학자라 할 수 있는 오이켄은 자유방임주의가 굳게 믿고 있는 '보이지 않는 손'은 효율적이지 않으므로 효율적인 시장경제를 창조하기 위해서는 정부의 역할이 중요하다고 했다. 즉, 자유시장경제는 효율성이 높은 반면, 이 원리가 원활히 작동하지 않는 시장실패 분야가 있다는 것이다. 그리고 시장실패의 주요 원인으로 자원의 집적과 집중에 따른 독과점 형성, 불황과 실업, 빈부격차, 환경파괴 외에도 공공재의 공급 부족 등이 있다고 했다(Eucken, W., 1952). 또한 국가는 인플레이션과 독점의 폐해를 경계하여 물가의 안정과 독점금지를 통해 효율적이고 경쟁적인 시장을 조성해야 한다고 주장했다.

뢰프케는 시장을 자연에서 자생하는 식물이 아닌 인위적으로 재배되는 식물에 비유하며 방임하지 말고 소중히 가꾸어야 한다고 했다(황준성, 2001). 식물이 제대로 성장하게 하려면 밭을 갈아주며 잡초를 제거하고 거름을 주어야 한다는 것이다. 여기에서 밭이 의미하는 바는 경제주체의 자유 및 자기책임이고, 잡초를 제거하고 거름을 주는 것은 국가의 역할이라고 했다. 최종태(2016)는 이러한 질서자유주의는 자유시장과 그에 바탕을 둔 사상 그리고 민주적 경쟁질서에 기반을 둔다고 했다. 그리고 질서자유주의에서 질서란 칸트가 의미하는 자유의 개념을 기반으로 한 인간에 대한 존엄으로, 자유시장경제의 효율성을 강조하는 의미이기도 하다.

칸트가 말한 자유는 이성의 법칙, 즉 도덕법칙을 따르는 의지의 자유다(백종현, 2005). 칸트는 "도덕법칙은 일반화가 가능하고, 법칙의 일반화 가능성 여부는 이성으로만 판단할 수 있다"고 했다. 따라서 어떤 법칙을 일반화가 가능하다는 이유만으로 따른다면, 이것은 자유로운 의지에 기반을 둔다는 것이다. 여기에서 '자유롭다'는 것은 정념이나 욕구의 강제로부터 자유롭다는 것도 포함한다. 욕구를 절제할 수 있다는 것은 이성의 판단에 따르는 행위이기 때문이고, 이러한 자유로운 행위가 자율로서의 자유다. 즉 칸트에게서는 이러한 자율로서의 자유가 일반화된 보편성을 따를 것을 요구하기 때문에 개인들에게 억압적으로 작용한다고 간주하는 것이다. 따라서 자유는 의지의 자유임과 동시에 도덕성에 종속된 자유임을 의미한다. 즉 단순한 자유는 욕구에 불과하고, 도덕적 책임성이 따르는 자유가 진정한 자유라는 것이다.

이에 오이켄(1952)은 사회적으로 수용 및 적용 가능한 자유로운 경쟁질서는 민주주의 체제를 통해 가능하다고 했다. 그리고 베네케(Benecke, W., 2008)는 질서자유주의에서 의미하는 사회적 균형은 개인들의 단순한 평등이 아닌 출발의 기회를 개선하는 것이라고 했다. 황준성(2001)도 질서자유주의에서 말하는 질서는 시장의 자유경쟁질서이고, 이러한 경쟁질서는 경제뿐 아니라 사회 각 분야에서도 유지되어야 함을 강조했다. 이는 사회적으로 수용 가능한 질서 및 자유 안에서 개인이 발전하도록 국가가 경제질서를 유지하는 것을 의미한다고 했다. 그리고 이를 위해 국가는 개별 이익집단의 이해관계를 초월한 권위로 강력하고 일관된 정책을 유지해야 한다고 했다.

즉 질서자유주의는 책임감 있는 자유로운 개인이 중심이 되며, 책임감 있는 개인이 구현되기 위해서는 개인의 의지와 신념대로 행동이 가능한 자유로움이 보장되어야 한다. 이는 반대로 개인이 자유를 누리려면 윤리적으로 정당해야 하고, 또한 그 윤리적 정당성이 효율적이고 공정한 경쟁질서를 유지하는 원천이 된다는 의미이기도 하다. 윤리적 정당성이 없는 행동은 결국 경제 독점 같은 권력을 만들고, 이는 다시 국가의 개입을 유도하여 결국 개인의 자유는 국가에 의해 제한될 수밖에 없다는 의미다. 질서자유주의는 전체의 이익을 중시하는 사회적 연대의식과 자기책임을 강조하는 질서를 시장경제에 접목시킨 하나의 경제사상이라 할 수 있다. 질서자유주의는 국가의 강력한 권위를 요구하지만, 생산수단의 소유와 자유로운 거래를 사적으로 인정한다는 점에서는 사회주의와 다르다. 그리고 국가가 시장의 경쟁질서를 제정하고, 시장실패의 위험에 대해서는 대비해야 한다고 주장하는 점에서 자유방임주의와도 차이가 있다.

3) 질서자유주의 사상에 의한 경제질서

국가는 시장경제가 효율적으로 작동할 수 있도록 시장의 경쟁질서만 구축하고, 시장에서의 경제활동은 민간에게 자유롭게 일임하라는 것이 오이켄(Eucken, W., 1952)의 질서중시 정책이다. 즉 국가는 시장의 경쟁질서 확립에만 전념하고 경제활동 과정에는 개입하지 않는다는 것이 질서자유주의의 핵심이다. 이에 더하여 뢰프케는 자유로운 시장경제가 정상적으로 작동하기 위해서는 제도만이 아니라 건강한 기업가정신 및 윤리가 필수적 요소임을 강조했다(최종태, 2016). 이는 이윤만 추구하는 경제활동은 효율적이고 공정한 경제질서에 위협이 될 수 있기 때문이다. 자유로운 시장경제가 효율적이고 원활히 작동하기 위해서는 개인의 도덕성과 책임감에 기반을 둔 자유의식이 필요하다는 의미다.

효율적인 경제질서를 구축하기 위해서는 경쟁질서와 법질서 그리고 정치질서 등 한 사회를 구성하고 있는 다양한 질서 사이에 존재하는 불가분의 상호 의존관계를 인식해야 한다(최종태, 2016). 그리고 효율적이고 자유로운 경제질서를 유지하기 위해서는 정치적인 의사결정 및 사회적인 관계에서도 의사결정의 자유가 보장되어야 한다. 즉, 정치적인 민주주의와 경제에서의 시장경제는 불가분의 관계가 있다는 것이다. 이는 건전하고 효율적인 시장경제가 유지되기 위해서는 정치영역뿐만 아니라 사회에서도 자유와 안정성이 유지되어야 한다는 것을 의미한다.

질서자유주의는 사유재산 인정과 자유경쟁의 원칙에 기초하고 있지만, 자유방임주의와 달리 강력한 국가의 권위를 요구한다. 즉 질서자유주의는 시장의 경쟁질서에 대한 정의를 내리고, 그에 입각한 공정한 경쟁을 유지하고 책임이 수반되지 않거나 도덕성이 따르지 않는 자유를 추구하고자 하는 압력에 지속적으로 맞설 수 있는 강력한 힘의 국가를 전제로 하고 있다. 즉 오이켄(1952)은 국가의 권한은 제한적이어야 하지만 주어진 범위 내에서는 강력해야 하고, 궁극적으로는 '작지만 강한 정부(kleiner, aber starker staat)'가 이상적이라고 했다. 그리고 국가의 임무는 일관된 정책을 통해 효율적인 경쟁 조건을 조성함과 동시에 비효율적인 독과점 비용을 제거하는 데 있다고 했다.

오이켄(1952)에 의하면 경제질서는 구성적 요소와 규제적 요소로 구성되어 있다. 그리고 모든 요소가 조화를 이루어야 건전하고 효율적인 경제질서가 확립될 수 있다고 한다. 구성적 요소는 해당 법질서들에 의해 창출되는 중 · 장기적인 틀을 형성하는 반면, 규제적 원칙은 구성적 요소에 의해 형성된 중 · 장기적인 질서가 최선의 결과를 가져오도록 하는 국가의 개입 필요성이다.

오이켄(1952)이 의미하는 구성적 원칙은 다음과 같으며, 이 모든 요소는 필수불가결이라고 했다. 첫째, 경쟁질서정책의 목표는 시장이 완전경쟁

상태로 유지될 수 있도록 제도를 정비해야 한다. 둘째, 시장경제의 전제조건인 적절한 기회비용의 산정이 가능하도록 화폐가치, 특히 신용화폐의 가치가 안정적이고 중립적으로 유지되어야 한다. 셋째, 독점, 카르텔, 보호관세, 과도한 특허의 보호 등 어떠한 경쟁제한 행위가 있어서는 안 된다. 넷째, 경쟁질서만이 장기적으로 사적 소유를 보장하고, 사적 소유는 재차 자유로운 국가질서와 사회질서의 전제조건이 되어야 한다. 다섯째, 독점적 기업 및 카르텔 관련 협약, 독점적 지위의 주체가 일방적으로 요구하는 약관 등 타인의 자유를 억압하는 계약의 자유는 금지되어야 한다. 여섯째, 이익을 향유하는 자가 손해도 부담해야 하는 책임부담의 원칙(지배적 주주, CEO 및 임원의 경제적 책임 범위의 확대)이다. 일곱째, 국가가 때에 따라 원칙을 위반하는 임시조치를 취하면 경제질서가 침해되기 때문에 경제정책의 일관성이 유지되어야 한다.

또한 오이켄(1952)은 규제적 원칙을 다음과 같이 설명했다. 첫째, 국가는 시장개입을 통해 독점의 형성을 억제(기업결합 및 카르텔 억제, 자연독점인 경우에도 가격을 경쟁시장의 수준으로 관리 등)해야 한다. 둘째, 국가는 누진세율 등의 적용 같은 재정정책을 통해 공정한 소득재분배를 실현해야 한다. 셋째, 국가는 시장에 개입하여 근로시간 제한, 아동 및 부녀자 보호 등을 통해 사회적 약자를 보호하고 시장실패로부터 파생될 수 있는 외부효과를 보완해야 한다. 넷째, 경기순환 국면에 맞추어 노동시장의 공급을 조절하여 최저임금을 보장해야 한다.

오이켄(1952)은 위의 규제적 원칙을 적용하는 데 있어 몇 가지 주의를 당부했다. 첫째, 독점기업의 국유화로 독점 문제를 해결할 수 없다고 했다. 국가적 독점은 입법과정을 거쳐 경쟁을 제한함에도 불구하고 민간기업과 마찬가지로 이윤 극대화를 추구하는 경향이 있기 때문이다. 나아가 국가의 독점은 독점적 지위를 정당화하는 경향이 있는데, 이는 공기업의 수익을 공익을 위해 사용한다고 믿기 때문이다. 그리고 오늘날의 독점 공기업은 엄청난 적자 속에서도 높은 임금과 일자리의 안정성으로 모든 구직자의 선호대상이다. 둘째, 독점기업의 감독에 노동계를 동원하는 것은 바람직하지 못하다고 했다. 독점기업이 상품의 가격을 올리면서 근로자들의 임금도 올려주면 노동계는 환영일 것이기 때문이다. 셋째, 소득의 불평등을 해결하기 위한 수단으로 조세제도를 활용하는 것은 가능하지만, 저소득층 지원을 위한 재원 마련을 위해 투자가 위축될 정도로 높은 세율이 적용되어서는 안 된다는 것이다.

오이켄(1952)은 기업의 투자를 중시했는데, 노사 간 임금협상은 전반적인 임금, 노동비용을 고려해야 하고, 임금협상의 결과는 노동시장에 많은 영향을 미치기 때문에 노사 양측이 실업 및 고용 증대에 공동책임이 있다고 했다. 그리고 투자확대를 위해 노동자 측은 비교적 낮은 임금상승률을 수용하고, 사용자 측은 노동자를 위한 사회적 안전망의 확대, 경영 회의 참여, 자유로운 단체교섭 및 필요 시 정부의 단체교섭 조율에 참여, 기업경영의 성과가 노동자에게 배분되도록 해야 한다고 했다.

4.
질서자유주의 사상과 중소기업

1) 질서자유주의의 구성적 및 규제적 원칙의 적용

여기에서는 오이켄이 언급한 구성적 원칙과 규제적 원칙이 중소기업의 경쟁력 강화에 적용되었는지를 살펴보고자 한다. 오이켄이 의미한 구성적 원칙은 중소기업이 대기업과 공정하게 거래할 수 있는 환경인 완전경쟁 상태의 유지, 화폐가치의 안정, 독점 및 과도한 특허권의 보호로 인한 경쟁제한 행위의 억제, 사적 소유의 보장, 시장지배력을 이용한 일방적 계약의 금지, 지배적 주주, CEO 및 임원의 경제적 책임 범위 확대, 경제정책의 일관성 유지라는 일곱 가지 조항으로 요약할 수 있다.

독일의 경제질서 관련 정책은 질서자유주의 사상에 기반을 두어 형성되었다고 할 수 있다. 제2차 세계대전 직후 독일의 경제부 장관이던 에르하르트는 공정한 경쟁질서의 유지를 위해 특정 기업의 시장지배력을 최대한 제한했다. 에르하르트는 경제주체들이 가능한 공정하게 경쟁할 수 있도록 인프라를 구축하는 것이 국가 및 정부의 중요한 과제라고 생각했다. 이에 한국의 공정거래법에 해당하는 경쟁제한방지법(Gesetz gegen

Wettbewerbsbeschränkungen, GWB)은 독과점을 엄격하게 금하고 있다. 독일 정부는 1957년 경쟁제한방지법을 제정하고 1958년부터 적용하고 있는데, 이 법의 기본적인 사상은 프라이부르크학파가 주창한 질서자유주의에 두고 있으며, 크게 시장지배력의 남용 금지, 경쟁제한 행위 금지(카르텔 금지), 기업결합 관리로 구성되어 있다. 이 법에는 기본적으로 화폐가치의 안정, 사적 소유의 보장, 지배적 주주, CEO 및 임원의 경제적 책임 범위 확대, 경제정책의 일관성 유지 외의 구성적 요소가 포함되어 있다. 화폐가치의 안정은 모든 중앙은행의 목표가 그렇듯이 독일 연방은행의 첫 번째 목표도 물가의 안정이다. 실제로 독일 연방은행의 통계수치를 보면 2015년 100을 기준으로 2018년 103.8로 3년간 물가상승률이 3.8%에 불과하다. 그리고 독일 민법은 사유재산을 인정하고 있으며, CEO 및 임원의 경제적 책임 범위는 유한회사법(GmbHG) 제84조, 주식회사법(AktG) 제91조 등 기업형태별로 관련 법률에 처벌규정을 두고 있다. 또한 형법(StGB) 제83조에도 CEO 및 임원에 대한 처벌규정을 엄격히 하고 있다. 독일은 경제정책의 일관성과 관련해서 전통적으로 정책의 기조가 바뀌지 않는데, 심지어 반대당의 집권 시 도입된 원하지 않은 정책도 오랜 시간에 걸쳐 점차적으로 없애고 있다. 또한 새로운 정책을 도입할 때 오랜 숙고기간을 거치기 때문에 새로운 정책의 도입이 늦다. 따라서 경제정책의 일관성은 유지되고 있다고 할 수 있다. 이상에서 살펴보았듯이 독일의 경제시스템은 오이켄이 의미하는 구성적 원칙을 잘 받아들이고 있다.

중소기업과 관련된 구체적 요소는 시장지배력의 남용과 관련된 내용인데, 시장지배력을 가진 기업 및 기업집단은 연방카르텔청의 시장지배력 남용방지위원회(Missbrauchsaufsicht)의 감시대상이 된다. 여기에서 '시장지배력'이라는 의미는 충분한 경쟁상대가 없는 상태를 말한다. 2013년까지는 한 기업의 시장점유율이 1/3 이상인 경우, 시장지배력을 가진 것으로 간주(경쟁제한방지법 제3조 제1항)했으나, 이후에는 시장점유율이 40% 이상인 경우에 한하여 시장지배력이 있는 것으로 개정(경쟁제한방지법 제4조)했다. 과점시장의 경우 3개 기업을 합친 시장점유율이 50% 이상인 경우, 그리고 5개 기업의 시장점유율 합이 2/3 이상인 경우 시장지배력이 있는 것으로 간주(경쟁제한방지법 제3조 2)하고 있다. 시장지배력을 판단하는 기준은 매출액이며, 시장점유율의 변화 추세, 자금력, 구매 및 판매시장으로의 접근성, 경쟁 상황, 법적이고 실질적인 시장진입장벽, 경쟁업체 수 및 경쟁상태 등이 고려된다. 시장지배력의 남용에 관한 명확한 정의는 없으나, 대략 불합리한 판매 및 구매가격의 요구, 불합리한 경영조건의 제시, 덤핑 판매 등을 의미한다(Bien, F., 2014). 그리고 특징적인 것은 연방카르텔청뿐만 아니라 일반 기업들도 경쟁상대, 예를 들면 협력중소기업이 위탁 대기업을 시장지배력 남용으로 고발할 수 있다(Gildhoff, N., Tubis, R., 2016).

또한 경쟁제한 행위 관련규정에서는 중소기업을 우대하고 있는데, 여기에서 경쟁제한 행위는 기업 간 가격담합, 구매조합 등이 해당한다. 그러나 일부 예외조항을 두고 있는데 규격이나 사업내용을 표준화하기 위한 협의, 경제적 효율성이 높아지는 경우의 협상, 중소기업의 협상력을 강화하기 위한 담합, 경기침체기의 구매력 감소에 적응하기 위한 협상, 기타 경제적 효율성을 높이는 경우 등에 한해서는 예외를 적용한다. 그리고 기업결합은 시장지배력의 조성이 우려되는 경우 제한되는데, 기업결합을 제한하는 까닭은 독과점 형성을 우려하기 때문이다.

다음으로 구체적 실천방안에 해당하는 규제적 원칙은 독점형성의 억제, 소득재분배의 실현, 근로자 보호, 최저임금의 보장 네 가지다. 먼저 독점과 관련해서는 구성적 원칙에서 언급했듯이 독과점의 형성을 엄격히 규제하고 있다. 다음으로 소득재분배 관련해서 박지현(2014)에 의하면 사회복지지출이 가장 높은 국가는 프랑스로 29.3%이며, 벨기에 26.2%, 독일

25.6%로 세계에서 세 번째로 높다. 반면 한국은 9.6%로 OECD 국가 중 멕시코 다음으로 낮은 수준이다. 따라서 독일은 소득재분배에도 많은 힘을 쏟고 있다고 할 수 있다. 다음으로 근로자 보호다. 독일은 앞서 언급했듯이 노동시장의 경직성이 독일 경제에 부담이 될 정도로 노동자의 해고가 법적으로 자유롭지 못한 나라다. 마지막으로 최저임금의 보장과 관련해서는 독일은 산업별 단체협상을 통해 임금교섭을 함에 따라 대 · 중소기업 임금 격차가 가장 낮은 나라 중 하나다. 따라서 독일은 오이켄의 규제적 원칙도 잘 지키고 있다고 할 수 있다. 그러나 이 규제적 원칙은 독점억제를 제외하고는 높은 생산비용을 유발해 독일 중소기업의 경쟁력에 부정적인 요인으로 작용할 수 있다. 그러나 언급했듯이 많은 히든챔피언은 이러한 부정적 요인을 극복하기 위해 가격차별화가 아닌 제품차별화를 위해 끊임없는 기술개발에 도전했기 때문에 파생된 결과라 생각한다. 그리고 독일의 질서자유주의에 기반을 둔 시장질서 및 중소기업을 사회의 중심으로 여기고 기술자를 우대하는 관행에 의해 중소기업이든 대기업이든 공정경쟁 할 수 있는 환경이 조성된 것도 히든챔피언의 양산에 일조한 것으로 판단된다.

2) 질서자유주의와 독일 중소기업의 경영환경

독일의 경제구조는 주지하다시피 질서자유주의를 기반으로 하는 사회적 시장경제체제로 중소기업의 활동에 비교적 유리하게 조성되어 있다고 할 수 있다. 그리고 독일에서는 기업가에 대한 사회적 인식이 전반적으로 좋은 편이기 때문에 기업가로서의 활동은 사회적 지위 향상을 위한 중요한 수단으로 인식되고 있다. 따라서 기업 및 창업에 우호적 환경이라 할 수 있다. 그리고 독일에서는 중소기업 활동만 지원하는 특화된 제도가 많지는 않지만, 중소기업이 활동하기에 좋은 조건으로 다양한 산업정책을 수행하고 있다. 또한 과거 길드를 바탕으로 하는 협력적 관계를 잘 유지하고 있어 중소기업이 지니는 규모의 한계를 극복할 수 있을 정도로 중소기업 간 협력도 잘되고 있다. 무엇보다 노동시장은 중소기업에 숙련노동자를 제공하고 있으며, 노동자의 높은 숙련수준은 중소기업의 지속적인 기술향상을 가능하게 하는 원동력이 되고 있다. 그리고 독일의 시장상황은 매우 경쟁적이기 때문에 제품 특화 및 차별화의 정도가 매우 높은 수준에 있다. 반면 중소기업에게 불리한 경영환경도 존재하는데, 이와 관련된 유 · 불리 내용을 구체적으로 살펴보고자 한다.

(1) 산업별 단체교섭

독일은 산업별로 조직화된 사용자단체와 노동자단체 간 단체협약에서 근로조건을 결정한다. 그리고 이 과정에서 세계적인 경쟁력을 갖춘 자동차, 기계산업을 주축으로 한 독일 금속노조가 그 선도적인 역할을 하고 있다. 산업별 단체교섭은 해당 산업 내 대기업과 중소기업이 모두 포함되어 진행한다. 이러한 단체협상 과정에서 대기업 노동자는 임금이 상대적으로 낮게 책정되면서 임금억제 효과가 있는 반면, 중소기업 근로자는 비교적 높은 임금을 받을 수 있어 분배의 형평성을 유지하고 있다. 독일은 이렇게 단체임금협상의 영향으로 산업 내 전체 사업장 간 임금 격차가 작은 편이며, 또한 비숙련 노동자와 숙련 노동자 간, 생산직과 서비스업 노동자 간 임금 격차도 크지 않다. 예를 들어 최저임금을 받는 노동자가 상위 5%에 해당하는 노동자의 임금 65%를 받고 있다. 중소기업과 대기업 간의 임금 격차도 영국, 프랑스, 미국이 각각 20%, 25%, 30%인 반면, 독일은 10~18% 정도에 불과하다. 이러한 사실은 중소기업들이 수출 지향적이면

<표 9-5> 독일 기업규모별 기술직의 임금 수준(연봉, 2018년 기준)

(단위: 유로)

기업규모(종업원 수)	하위 수준	중위 수준	상위 수준
100명 이하	38,046	42,627(82.2%)	47,375
101~1,000명	42,002	47,222(90.0%)	53,100
1,000명 이상	46,653	52,466(100%)	60,930

출처: Staufenbiel Institute , https://www.staufenbiel.de/magazin/gehalt/gehaltstabellen/ingenieurgehalt-nach- unternehmensgroesse.html

서 가격경쟁보다는 혁신과 제품차별화에 기반을 둔 고부가가치 제품을 생산하기 위해 노력한 결과라 할 수 있다(김승일 외, 2009).

이는 질서자유주의 사상에 기반을 둔 독일의 경제체제인 사회적 시장경제의 중요한 두 가지 축인 공정한 경쟁 환경과 사회적 균형 중 사회적 균형을 유지하려는 독일 시스템을 잘 반영하는 부분이라 할 수 있다.

그러나 여기에서 문제점은 대기업들은 산업별 단체임금협상을 지지하는 입장인 반면, 중소기업들은 시장 균형 수준보다 높은 임금에 불만을 품고 산업협회에서 대거 이탈하기도 했다. 예를 들어 독일금속산업협회 회원사의 고용수준이 금속산업 전체에서 차지하는 비중을 보면 서독지역은 1991년 71.6% 수준에서 2007년 55.1%로 감소했고, 동독지역은 같은 기간에 65.7%에서 16.8%로 급감했다. 이러한 측면은 이윤을 중시하는 시장경제의 속성을 잘 반영하는 부분이라 할 수 있으며, 또한 이런 부분으로 인해 질서자유주의가 주장하는 정부의 시장개입이 필요한 부분이라 사료된다.

독일 경제는 정부의 시장개입 필요성에 따라 사회적 시장경제의 틀 안에서 공적 영역과 사적 영역, 노사 간의 합의를 통해 문제를 해결하는 합의모형에 의해 운영되고 있다. 그리고 독일 경제의 중요한 특징 중 하나는 노동자의 급여 및 고용 그리고 해고와 관련하여 노동자를 위한 법적 규제가 강하다는 것이다. 또한 독일 노동법은 한 산업 내의 모든 사용자에게 단체임금협상 결과를 적용하도록 정하고 있다. 나아가 사용자단체에 소속되어 있고 단체임금협상에 참여하는 사용자들이 한 산업에 종사하는 노동자의 50% 이상을 고용하는 경우, 단체임금협상 결과는 노조 조직률과 관계없이 해당 산업의 전 사업장에 구속력이 있는 것으로 확대되어 공시된다. 독일에는 개별 사업장 차원을 넘어서는 산업별 노동조합 외에도 종업원평의회가 있는데, 이는 기업 내의 노사협상 기구에 해당한다. 이 평의회는 정보, 상담, 경영 참여의 권리를 보장받으며, 신기술의 도입과 작업 배치, 고용과 해고 그리고 연장근무 혹은 노동시간 단축에 관하여 사용자 측과 협상한다. 상시근로자 50명 이상인 모든 기업의 노동자들은 평의회를 구성할 수 있으며, 기업의 규모에 따라 일부 노동자는 이 평의회의 전임자로 근무할 수 있다. 이와 같은 노동제한 요소들로 인해 독일의 기업들은 가격경쟁전략을 추구하기 어렵다. 이로 인해 저렴한 인건비와 노동 유연성을 활용하는 경쟁국가의 중소기업에 비해 독일의 중소기업들은 경쟁 열위에 있다. 반면 이러한 요인들이 독일 중소기업들의 기술혁신을 자극하여 높은 수준의 기술경쟁력을 보유하는 배경이 되면서 다수의 히든챔피언을 배출한 배경이기도 하다.

(2) 숙련 인력공급시스템

철광석과 석탄의 매장량을 제외하면 독일은 자연자원을 많이 보유하지 못한 나라다. 그리고 에너지 비용과 임금이 상대적으로 높다. 따라서 독일이 국제 경쟁력을 유지하는 가장 중요한 동력은 높은 교육 수준과 기술, 그리고 자신의 일에 의욕적인 노동자들이라고 할 수 있다. 독일은 자연자원의 부족, 높은 임금과 에너지 비용 그리고 노동자 해고가 어려운 노동법으로 인한 노동시장의 경직성 등으로 발생하는 경쟁 열위 요소를 오랫동안 높은 품질로 극복해왔다. 이러한 높은 품질의 배경에는 엄격하고 질 높은 독일의 공적 교육시스템이 있다.

독일의 교육시스템을 살펴보면 지자체마다 의무교육 기간이 차이가

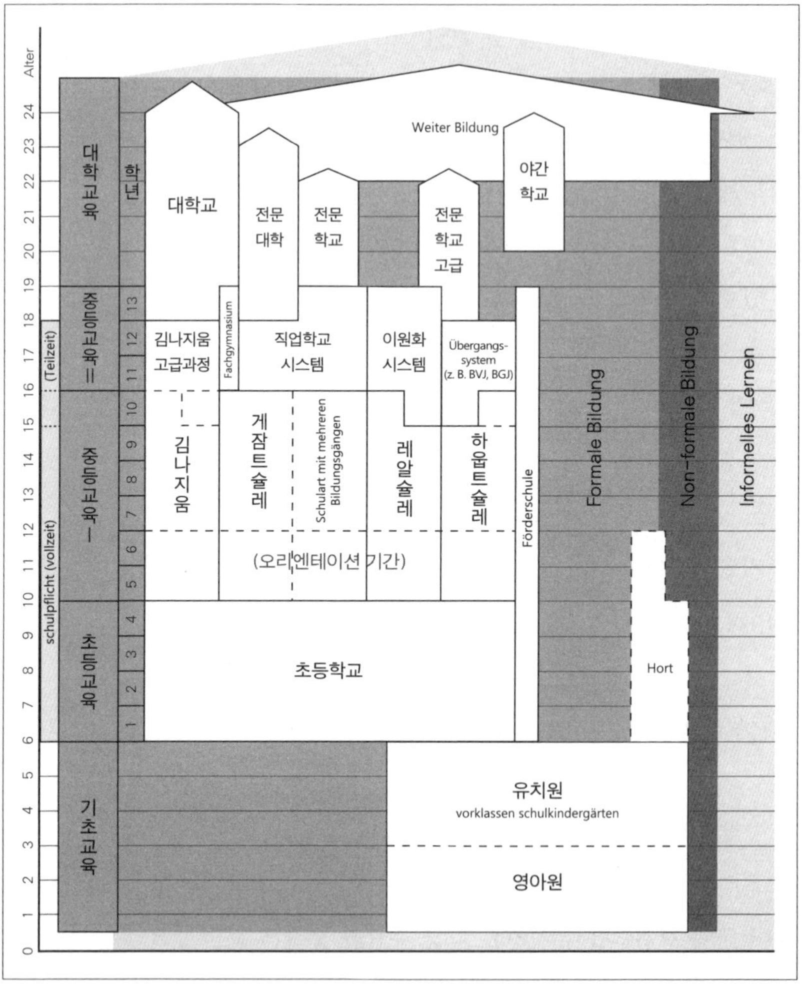

출처: 김승일 외(2009)

〈그림 9-3〉 독일의 교육시스템

있는데, 9~10년이다. 그리고 초등교육은 6세에 시작하며 교육기간은 일반적으로 4년인데, 베를린은 예외적으로 6년이다. 따라서 일반적으로 5학년이 되면서 하우프트슐레(Hauptschule), 레알슐레(Realschule) 그리고 김나지움(Gymnasium)으로 진학하게 된다. 하우프트슐레는 일반적으로 5학년에서 9학년까지 5년간이지만, 일부 지자체는 10학년까지이기도 하다. 학습능력이 다소 부족한 학생들이 진학하며, 졸업 후 이론과 실습을 병행하는 이원화된 직업훈련과정을 밟는다. 그리고 레알슐레는 일반적으로 5학년에서 10학년까지의 과정으로, 하우프트슐레보다 수업내용이 다소 어렵다. 그리고 김나지움은 한국의 인문계 고등학교에 해당하는 형태로 보통 5학년에서 13학년까지 9년으로 구성되어 있으며, 일부 주에서는 8년으로 구성되어 있기도 하다. 총 과정 중 마지막 3년(또는 2년)은 고급과정으로 분류되며, 대학에 진학할 수 있는 자격시험인 아비투어(Abitur)를 치르게 된다. 마지막으로 하우프트슐레, 레알슐레, 김나지움을 통폐합한 형태인 게잠트슐레(Gesamtschule)가 있는데, 10학년까지 수업을 진행한다. 게잠트슐레를 졸업하면 하우프트슐레 또는 레알슐레 졸업장을 받을 수 있으며, 동시에 김나지움의 고급과정에 진학하기도 한다. 그러나 게잠트슐레는 운영상의 어려움 등으로 보편화되지 못하고 있다.

이러한 독일의 교육시스템 중 중소기업의 경쟁력을 유지하는 중요한 요소 중의 하나가 직업교육이다. 독일의 직업교육은 이원화 시스템(Duales System)에 의해 수행되는데, 포괄적인 이론과 실무교육이 병행되고 있는 것이 특징이다. 15세에서 20세 사이의 청년 70%가 이원화 시스템을 통해 직업훈련을 받고 있다. 이원화 교육은 9~10년 정도의 정규교과과정을 마친 후 도제수업과정에 들어가서 이론과 실습교육을 병행하게 된다. 이 과정에서 공공직업 훈련학교는 이론교육을, 기업은 실무교육을 담당한다. 이 과정을 마치고 자신의 능력을 더욱 향상시키고 싶은 노동자는 두 가지 선택을 할 수 있다. 하나는 최소 2년 이상의 실무 경력을 쌓은 후 일종의 기능장급인 마이스터(Meister) 자격시험을 보거나 기타 기술시험을 볼 수 있다. 다른 하나는 더욱 심화된 이론학습을 위해 대학에 진학하는 것이다.

독일은 학교에 가지 않는 청소년들에게 3년간 시간제 직업교육을 시킬 것을 모든 지자체에 의무화하고 있다. 이 과정에 입학하기 위해 특별히 정해진 법적 자격요건은 없으나 교육생이 실무교육을 받을 기업체를 스스로 구해야 한다. 교육생이 스스로 찾기 어려운 경우 노동청(Arbeitsamt)이 직업교육을 담당하는 기업 선정을 도와주기도 한다. 그러나 기업은 지원자를 선택할 때 학교성적을 고려하므로 학교 졸업증 없이는 직업훈련 자리를 구하기 어렵다. 특정 직업, 예컨대 경영분야는 최소한 우리나라의 중학교에 해당하는 중등1과정 졸업장을 요구한다. 때로는 대학진학 자격인 아비투어를 취득한 학생들도 기업의 직업훈련과정을 선택하기도 한다. 그리고 사무분야에서는 완벽한 독일어 실력을 갖추지 않으면 직업교육이 불가능하다.

직업교육은 교육 이수 및 국가공인 자격증을 취득하면 끝난다. 직업훈련 과정을 마치고 해당 지역 수공업회의소나 상공회의소에서 주관하는 졸업시험에 합격하면, 도제자격증이나 전문인 자격증을 취득하고 사회 전반에 걸쳐 전문 기능인으로 활동하게 된다. 그리고 대부분의 기업이 피고용자에게 가혹할 정도로 직업훈련을 시키는데, 이는 훈련을 통해 숙련도가 높아질 수 있다는 신념에 따른 것이며, 이로 인해 학력을 물어보지 않고 직업을 물어보는 사회이기도 하다. 이러한 배경에서 독일에서는 기능공 출신인 마이스터가 높은 사회적 지위를 인정받고 있다. 이는 독일 역사에서 숙련된 기술을 보유하는 것만이 강력한 국가를 건설할 수 있다는 독일인의 믿음에 근거한다고 할 수 있다.

마이스터는 유럽의 중세기에서 유래하는 것으로 최고의 기술을 보유한 자를 의미한다. 그리고 마이스터는 한 분야에서 최고의 경지에 이르는 장인이라는 의미 외에도 자기의 일을 천직으로 여기고 평생을 바치는 것을 의미한다. '장인정신'이라는 의미는 여기에서 파생된 것이다(김승일 외, 2009). 독일 기업들은 오랜 세월 기술을 축적하여 독자적인 전문성을 갖추는데, 이 장인정신이 크게 기여한 것으로 평가된다. 그리고 한 분야의 장인정신이 확산되면서 특정 기업의 기술과 전문성이 해당 업종 전체의 전문성으로 발전하면서 사회적 분업도 촉진시켰다. 그 결과 독일에서는 중화학공업이나 기계공업 같은 하이테크 산업부문에서도 대기업과 중소기업 간에 상호보완적인 발전을 할 수 있었다. 그 배경에는 독일의 장인정신이 있다고 할 수 있다.

주의해야 할 점은 독일 인력양성제도는 중소기업을 대상으로 하지 않고 있다는 것이다. 독일이 보유하고 있는 인력에 대한 전반적인 직업훈련을 목표로 하고 있으며, 우수한 인력이 많이 배출되면 중소기업에게도 그만큼 우수한 인력이 많이 공급될 수 있다는 취지에서다. 이러한 인력양성 인프라를 통해 독일 중소기업들은 상대적으로 우수한 인력을 많이 확보할 수 있다고 사료된다.

(3) 과도한 사회복지지출 및 노동시장의 경직성

위에서 살펴본 중소기업 경영환경을 보면 직업교육시스템을 통한 인력공급 체계는 독일 중소기업이 우수한 숙련인력을 확보하는 데 많은 도움이 되고 있다. 그러나 노동시장의 경직성과 단체임금협상 그리고 과도한 사회복지지출로 인한 높은 부대비용은 독일 중소기업의 경영에 부정적인 요소다. 이에 독일 정부는 노동시장의 개혁을 추진하게 된다.

노동시장 개혁은 2002년 8월 하르츠위원회가 구상한 「독일 노동시장

현대화에 관한 보고서(Hartz I, II, III, IV)」를 근거로 법안을 만들고, 이 법안(일명 하르츠법)을 근거로 추진된다. 하르츠법은 독일 경제의 활성화를 위한 네 가지 법안을 총칭하는데, Hartz I은 인력알선 에이전시(PSA)를 도입하면서 연방고용청(BA)의 취업알선과 관련된 독점적 권한을 폐지하고, 근로자 파견과 관련된 조건 완화, 고용보험 급여의 축소를 담고 있다. Hartz II는 고용창출을 위한 방안으로 실업자 창업지원, 저임금 노동인 Mini-jobs에 대한 세금 혜택과 관련된 내용을 담고 있다, Hartz III은 연방고용청의 조직 개편과 해고 규정 완화를 담고 있으며, Hartz IV는 재정부담을 완화하기 위해 실업부조와 공적부조를 통합한 실업급여 II를 담고 있다. 한마디로 하르츠법은 노동시장의 유연성 제고, 세제와 복지제도의 개혁에 초점을 맞추고 있다(김승일 외, 2009).

그리고 최근 독일의 경제적 회복은 노동시장 개혁을 위해 추진한 하르츠 개혁이 크게 기여한 것으로 평가되고 있다. 하르츠 개혁은 임금협상에서 개별적 예외를 인정하고 있는데, 이는 과거의 독일적 방식인 단체임금협상과의 차별을 의미하는 것으로 노동시장의 유연성을 높이는 결과를 가져왔다.

5. 독일의 주요 중소기업 정책

1) 중소기업 정책의 방향

여기에서는 히든챔피언을 다수 보유한 독일의 중소기업 정책에 관해 살펴보면서 질서자유주의와의 연결고리를 찾고자 한다. 독일의 중소기업 정책은 지방정부가 주요 역할을 담당하고 중앙정부는 지방정부와 긴밀한 협조관계 하에 지방정부를 직간접적으로 지원하는 시스템을 갖추고 있다. 중소기업 정책은 지방정부가 지역경제의 특성을 고려하여 수립하고, 중앙정부는 이를 중앙정부 및 타 지방정부의 정책과 조정하는 역할을 담당한다. 즉, 중앙정부는 중소기업 지원정책의 윤곽을 제시하고 지방정부가 구체적인 정책을 입안하여 시행한다. 예컨대 중앙정부는 중소기업 지원수단으로써 연금, 보험, 세제 등의 개선방안을 제안하고, 지방정부는 자금, 창업, 수출, 인력 등의 구체적인 지원방안을 제시한다고 할 수 있다. 또한 중앙정부는 부흥금융그룹(KfW) 산하의 중소기업은행을 통해 지방정부와 중소기업을 위한 매칭펀드를 조성하여 중소기업을 지원하고 있다. 그리고 지방정부의 경제부처는 지역의 경제단체와 긴밀한 협조관계를 유지하고 있으며,

이들 경제단체의 의견을 수렴하여 중소기업 발전 및 지원을 위한 법률을 제 · 개정하거나 중앙정부에 제안하기도 한다. 그리고 이들 경제단체는 중소기업 및 자영업자들이 주축이 되어 업종별로 오랜 역사를 지니는 강력한 길드 형태의 조직으로 구성되어 있으며, 회원들을 위한 공제조합을 운영하기도 한다.

독일 연방경제기술부는 2016년 "중소기업을 위한 액션 플랜"을 발표했는데, 이 계획은 중소기업이 독일의 성장동력임을 강조하고 사회적 시장경제의 기반 위에서 중소기업의 혁신과 성장 그리고 고용의 중요성을 강조하고 있으며, 연방정부에 의해 계획, 시행 또는 추진 중인 제반 중소기업 관련 정책을 포함하고 있다. 특히 이 계획은 기업가정신 함양, 중소기업의 창업 및 성장 촉진을 위한 금융지원 강화, 차세대 숙련 기술자 확보, 제도 개선 및 행정규제 감축, 중소기업 디지털화 지원, 혁신역량의 강화, 중소기업 글로벌화 촉진, 유럽 중소기업정책 입안 동참, 낙후지역 중소기업 육성, 에너지 전환과 관련된 신사업 분야 개척 같은 주요 시책 열 가지로 구성되어 있다. 이 내용을 세부적으로 살펴보면 다음과 같다(BMWi, 2016).

(1) 기업가정신 함양

독일 경제를 역동적으로 유지시키고 미래의 일자리 창출을 위해서는 신규기업의 창업이 필요한데, 이를 위해서는 기업가정신의 함양이 필요하다. 이에 독일 정부는 기업가정신을 고취시키기 위해 다양한 지원정책을 실시하고 있는데, 특히 여성의 창업을 독려하고 있다. 또한 약 58만 개의 중소기업이 세대교체를 앞두고 있는데, 후계자에 대한 기업가정신교육을 강화하고 있다.

(2) 중소기업의 창업 및 성장 촉진을 위한 금융지원 강화

창업, 특히 혁신적인 기업의 창업에 대한 중요성을 인식하고 이들이 자금조달을 원활하게 할 수 있도록 창업자금 지원 프로그램을 확충했다. 또한 초기 자금력이 부족한 혁신기업을 위해 자기자본 지원 프로그램인 ERP 혁신 프로그램을 개편했다. 이와 함께 바젤 III 도입과 관련하여 자기자본이 취약한 중소기업을 위해 자본의 성격이 강한 메자닌 프로그램을 확대하고 있다.

(3) 차세대 숙련 기술자 확보

갈수록 치열해지는 글로벌 경쟁시대에 차세대 숙련노동자 확보의 중요성을 인식하고 국가헌장에 그 내용을 담아 그 중요성을 부각시켰으며, 장인 · 도제 시험제도 등 고급 직업훈련과 관련된 제도를 변화하는 경쟁 상황에 맞추어 새롭게 재구성하고 있다. 또한 국가가 운영하는 직업훈련 분야를 시대의 변화에 맞추어 개편하고 있다.

(4) 제도 개선 및 행정규제 감축

대기업에 비해 지나치게 큰 중소기업의 행정업무 관련 부담을 완화하고자 '행정규제감축법'을 도입하는 등 중소기업의 성장에 장애물이 될 수 있는 규제나 관료주의를 제거하고 있다. 예를 들어 통계 및 회계 보고 제외 대상을 매출액 35만 유로에서 50만 유로로 상향조정 하는 등 16가지 긴급 조치를 실시하여 중소기업의 행정부담을 완화하기도 했다. 또한 중소기업의 행정규제 부담을 덜어주기 위한 추가적인 시책들을 강구하고 있다.

(5) 중소기업 디지털화 지원

4차 산업혁명의 진행과 함께 디지털화에 대한 인식이 부족한 기업에 대해 디지털화의 위기와 기회에 대한 교육을 실시함과 동시에 중소기업의 디지털화에 대한 지원을 확충하고 있다.

(6) 혁신역량의 강화

혁신역량이 미래의 경쟁력을 좌우한다는 인식하에 독일은 미래성장동력을 확보하기 위해 중소기업의 혁신역량 강화에 초점을 맞추고 있다. 이에 연방총리 산하에 혁신성장위원회를 설립하여 중장기적으로 중소기업의 혁신력을 지원하고 있다. 이를 위해 혁신 및 기술 지향적인 중소기업에 대한 자금지원을 대폭 확대하고 있다. 그리고 중소기업의 혁신역량 강화를 위해 창업단계부터 연구개발을 위한 타 기업 및 연구소와의 협력체계를 마련하고, 산업공동연구를 위한 보조금 지원을 확대하고 있다.

(7) 중소기업 글로벌화 촉진

증가하는 국제교역량에 맞추어 중소기업들의 글로벌화를 위해 국제교역 및 관세 관련법을 간소화하여 중소기업들의 원활한 해외활동을 지원하고 있다. 이와 함께 혁신지향적인 수출중소기업을 지원하기 위해 현행 수출신용보증과 투자보증을 계속 유지할 계획이다. 아울러 해외에서의 투자 보호를 위해 상호투자 촉진 및 보호 협정 대상 국가를 확대할 계획이다. 또한 중소기업들의 해외진출을 위해 개발도상국의 시장개방을 촉진하며, 창업 초기 또는 혁신적 기업을 위해 국제적 규모의 무역박람회를 지속적으로 개최하고 있다. 그리고 상공회의소를 통해 외국기업과의 협력을 강화함과 동시에 그와 관련된 서비스도 점차 개선하고 있다.

(8) 유럽 중소기업 정책 입안 동참

중소기업 수출액의 93%에 달하는 유럽 역내시장의 중요성을 감안하여 유럽 역내 중소기업 정책 및 제도 마련에 적극적으로 참여하여 독일 중소기업의 이익을 대변하고 있다.

(9) 낙후지역 중소기업 육성

낙후된 구동독지역의 중소기업 육성과 관련하여 구동독지역 산학연 공동연구 촉진을 위한 지원을 강화하기 위해 강력한 산학연 네트워크를 구축하고 있다.

(10) 에너지 전환과 관련된 신사업 분야 개척

에너지 전환이 새로운 종류의 에너지 서비스사업과 에너지 관련 건물 청소 등 중소기업에 더욱 많은 기회를 제공할 것으로 예상하고 해당 분야에 대한 지원을 강화하는 한편, 중소기업들의 에너지 비용을 낮추기 위해 관련 설비를 도입함에 있어 각종 지원을 수행하고 있다.

2) 기술개발 지원정책

독일은 중소기업을 지원함에 있어 기술개발에 초점을 맞추고 있다. 기술개발을 통해 제품차별화를 실현하고, 이를 통해 시장을 선도할 수 있기 때문이다. 그리고 독일의 기술개발지원은 개별 기업에 대한 지원이라기보다는 전통적으로 대학, 공공연구기관 등 연구 하부구조를 기반으로 하는 산학연 공동연구 지원이다. 그리고 이러한 공동연구를 통한 기술지원의 목표는 중소기업을 중심으로 유지되고 있다. 연구개발비는 정부(연방 및 주정부)와 기업의 공동부담을 원칙으로 하고 있다. 연구수요 및 주제 선정은 기업이 하고 있어 민간의 기술수요에 따라 정부가 재정을 지원하는 수요자 위주의 기술지원정책이라 할 수 있다. 여기에서 유의해야 할 점은 자조원칙이다. 독일은 기업들이 연구개발을 함에 있어 연구비의 일정 부분을 스스로 조달하게 하고 있다. 연구사업마다 다소 차이는 있으나, 연구비용 총액의 최소 25%는 기업이 부담해야 한다. 독일 공동연구는 산업연구협회의 모집단인 AiF(Arbeitsgemeinschaft industrieller Forschungsvereinigungen: 산업연구협회연합회)가 주축이 되어 수행하는데, AiF는 산업계 중심의 공동연구를 위한 기관으로 주로 중소기업의 응용기술 연구개발을 지원하는 조직이다. 그리고 특징적인 것은 AiF가 지원하는 주요 공동연구는 기업 간 경쟁 이전 단계의 기술개발이다. 즉, 경쟁 이전 단계의 공동연구를 지원하기 때문에 특정 기업이 아닌 중소기업분야 전반을 위한 기술 인프라를 지원하는 형태라 할 수 있다. 이는 특정 기업에 대해 지원함에 따라 지원을 받은 기업과 지원을 받지 못한 기업 간의 경쟁 왜곡을 방지하고 기업 간 협력을 촉진시키기 위한 질서자유주의의 정신을 잘 반영한 결과라 할 수 있다.

3) 금융지원제도

중소기업 지원정책은 인력, 판로 등 다양한 분야를 포괄하지만 금융의 중요성을 언급하지 않을 수 없다. 따라서 간략하게 독일의 중소기업 금융지원시스템을 살펴보기로 하겠다. 각국의 금융지원 형태는 금융시스템에 따라 다르다. 자본시장 위주의 금융시스템을 유지하고 있는 미국은 주로 자본시장을 통한 투자지원 형태를 취하고 있으며, 은행 중심의 독일은 은행을 통한 융자지원 형태를 취하고 있다. 독일의 중소기업 자금지원은 연방정부와 주정부가 수행하고 있는데, 모두 산하에 있는 공적 금융기관을 통한 위탁관리체제를 유지하고 있다. 즉, 직접 지원하는 것이 아니라 산하의 금융기관을 통해 간접 지원한다고 할 수 있다.

연방 차원의 중소기업 금융지원은 한국처럼 개별 부처별로 정책자금을 관리하지 않고 통합된 자금원을 통해 관리하고 있다. 독일의 중소기업 자금지원과 관련된 업무는 부흥금융그룹(KfW) 산하의 중소기업은행을 통해 시행하고 있다. 또한 중소기업은행도 중소기업에 직접 자금을 대출하는 것이 아니라 시중금융기관에 대출을 위탁한다. 자금지원을 위탁받은 금융기관은 지원대상의 선정과 지원조건을 결정함에 있어 상당한 자율성을 부여받고 있다. 그러나 위탁받은 금융기관은 중소기업(고객)의 채무불이행 위험에 대한 책임을 부담하며, 중소기업은행은 중소기업의 채무불이행 시 대출은행의 변제 의무를 일정 부분 면제해주는 형태로 위험을 분담하고 있다. 그리고 지원대상 선정에 있어 기술성 평가 등 금융 외의 분야에 대한 전문성이 필요한 경우 막스플랑크연구소(Max Planck Institut) 및 프라운호퍼연구소(Fraun Hofer Institut) 같은 공적 연구기관의 도움을 받고 있다.

여기에서 중요한 점은 독일의 경우 중소기업 금융지원 차원에서의 대출금리는 정상적인 기업이 시장을 통해 자금을 조달하는 경우에 비해 낮지 않다. 이는 시장을 이용할 수 있는 기업은 시장에서 자금을 조달하고, 시중은행을 통해 정상적인 조건으로 자금을 조달하기 어려운 기업들이 정책자금을 이용하게끔 유도하기 위함이다. 이는 질서자유주의 사상에 기초하여 정부가 시장의 원활한 기능을 침해하지 않기 위함이다. 반면, 우리나라의 경우 정책자금의 금리는 시장금리보다 낮아 시장에서 자금을 조달할 수 있는 기업들이 정책자금을 이용하고 있다. 이는 정부가 시장의 원활한 기능을 방해하고 있는 것이다. 심지어 우량기업들이 정책자금을 먼저 이용하여 자금이 소진되기 때문에 정작 정책자금이 필요한 기업들은 이를 이용하지 못하여 자금난을 겪는 경우가 많다.

6.
한국의 중소기업과 질서자유주의

우리나라의 중소기업이 국민경제에 기여하는 비중은 일본, 대만과 같이 중소기업이 상대적으로 잘 발달한 것으로 알려진 국가, 특히 상당수의 히든챔피언을 보유하고 있는 독일보다 높다. 이는 중소기업이 국민경제에 기여하는 의미가 크다고 볼 수도 있지만, 다른 측면에서 보면 중소기업에서 대기업으로 성장하는 사다리가 상대적으로 약하다는 것을 의미하기도 한다.

특히 시계열 자료를 보면 우리나라는 1999년부터 2009년까지 약 20년간 대기업은 29.3%가 감소한 반면, 중소기업의 수는 증가하여 기업의 성장생태계가 적절하게 작동하지 못하고 있다고 볼 수 있다. 최근 우리나라의 노동시장에서 심각한 문제가 되는 것이 청년실업과 비정규직이다. 청년실업은 청년층의 일자리에 대한 기대치와 제공되는 일자리의 불일치 때문에 발생한다. 이에 청년실업은 감소시키고 노동시장에 좋은 일자리를 제공하기 위해서는 많은 중소기업들이 대기업으로 성장해야 한다. 특히 우리나라의 경우 중소기업의 평균 임금수준은 대기업의 60%대이기 때문에 국민생활 수준을 전반적으로 향상시키기 위해서는 중소기업들이 근무조건

〈표 9-6〉 각국 중소기업이 국민경제에서 차지하는 비중

(단위: %)

		중소기업 비율
한국(2013)	기업체 수	99.9
	종업원 수	87.5
독일(2012)	기업체 수	99.6
	종업원 수	79.0
일본(2009)	기업체 수	99.0
	종업원 수	76.1
대만(2010)	기업체 수	97.7
	종업원 수	78.1
미국(2012)	기업체 수	99.7
	종업원 수	48.4

출처: 중소기업청(조사통계시스템), IfM Bonn, US Census Bureau

이 좋은 대기업으로 많이 성장해야 한다. 독일의 경우 질서자유주의의 사회적 균형원칙에 따라 대기업과 중소기업의 근무조건이 우리나라처럼 크게 차이나지 않기 때문에 근무조건으로 인한 일자리의 불일치는 그렇게 많지 않다.

독일은 전체 기업에서 대기업이 차지하는 비중이 우리나라에 비해 높음과 동시에 계속 증가하는 추이를 보이고 있다. 반면, 우리나라는 대기업의 비중도 낮은 한편, 감소하는 추세에 있다. 이는 우리나라가 중소기업들이 대기업으로 성장하는 기업생태계가 취약한 구조이기 때문이라고 할 수 있다. 이렇게 성장 사다리가 제대로 작동하지 못하는 데는 다양한 원인을 찾을 수 있다. 첫째는 중소기업 자체적인 문제일 수 있다. 오랫동안 고착화되어온 수직적 계열화 구조에서 혁신의 동기를 찾지 못해 성장동력이 약

할 수 있다. 둘째는 시장의 경쟁구조가 불건전하기 때문일 수 있다. 납품단가 인하 등 대기업의 시장지배력 남용으로 파생된 낮은 수익성으로 재무구조가 취약하여 R&D를 비롯한 재투자를 위한 재원의 부족하여 대기업으로 성장할 엔진을 가동시키지 못할 수 있다. 마지막으로 제도적 원인에서 성장 사다리의 취약성을 찾을 수 있다. 우리나라의 중소기업 지원정책은 시장구조는 고려하지 않고 개별 기업을 직접 지원하는 구조다. 따라서 지원을 받은 기업과 지원을 받지 못한 기업 간에 불공정경쟁환경이 조성될 수 있다. 따라서 유리한 조건의 정부지원을 지속적으로 받기 위해서는 중소기업으로 남아 있어야 한다. 대기업으로 성장하는 순간 외부감사대상이 되는 등 규제는 증가하는 반면, 저리자금 융자 같은 혜택은 사라진다. 이에 많은 중소기업들이 그 상태를 유지하거나 불가피한 경우에는 분사를 하면서까지 중소기업으로 남아 있으려 한다.

우리나라 중소기업들이 대기업으로 성장하게끔 성장 사다리를 복원하기 위해서는 위의 문제들을 해결해야 한다. 지금까지 많은 시도가 있었으나, 눈에 띄는 성과는 없었다. 이제는 질서자유주의의 관점에서도 이에 대한 해결책을 생각해볼 때다. 다양한 경제사조의 이론들과 경험들을 살펴보며 우리에게 적합한 해결책을 찾아야 할 시점이다. 질서자유주의 사상은 그에 대한 대안을 제시할 수 있을 것으로 보인다. 예를 들어 대기업의 시장지배력 남용을 억제하여 공정경쟁환경이 조성된다면 중소기업 스스로도 대기업의 예속에서 벗어나 글로벌 경쟁력을 갖추기 위한 혁신을 시도할 것이다. 특히 대기업의 중소기업 기술탈취 같은 혁신의지를 좌절시키는 범죄행위는 엄격하게 처벌해야 할 것이다. 물론 우리나라 공정거래법에도 관련 조항은 있다. 그러나 그에 대한 감시와 집행에 있어 강력하지 못한 것도 사실이다. 그리고 정부정책에서도 질서자유주의는 출발의 공정함을 강조하고 있다. 이미 잘나가는 기업에 더 잘하라고 정부지원을 몰아주는 것은 질서자유주의의 정신이 아니다. 모든 기업이 공정하게 경쟁할 수 있는 환경 조성이 질서자유주의의 정신이다. 정부의 몰아주기 지원을 받기 위해 성장을 거부하는 시장환경을 조성해서는 안 된다.

7. 결론

지금까지 한국 사회의 고질적인 양극화 문제를 해결하기 위한 방안으로서 중소기업의 경쟁력 강화를 살펴보았다. 먼저 한국은 중소기업이 대기업으로 성장하는 사다리가 부실하다. 이는 대기업의 시장지배력으로 인해 중소기업이 재투자할 여력을 마련하지 못함이 하나의 원인이고, 또 다른 원인은 정부의 몰아주기 정책으로 중소기업에서 대기업으로 성장할 유인을 얻지 못하고 있기 때문이다. 이러한 문제점과 관련하여 히든챔피언을 비롯한 중소기업 기반이 강한 독일의 중소기업과 그 기반이 되는 질서자유주의를 살펴보았다.

독일 경제체제의 기본이 되는 질서자유주의는 사회적 형평과 기업들이 자유롭게 활동할 수 있는 공정한 경쟁환경을 원칙으로 하고 있다. 사회적 형평의 원칙하에 기술인력들도 사회적으로 대우받는 문화가 조성되고, 그 문화가 기술창업으로 이어지고 있다. 그리고 그 기반에는 직업훈련시스템과 중소기업을 중시하는 사회적 관행이 있다. 그리고 공정경쟁환경을 조성하기 위해 대기업의 시장지배력 남용을 엄격히 금지하는 동시에, 협상력이 부족한 중소기업들에는 대기업을 상대로 거래하는 경우 카르텔을 허용하고 있다. 또한 공정한 경쟁과 시장의 왜곡을 억제하기 위해 기술지원 시 경쟁 이전의 공동기술을 중점적으로 지원하여 기업 간 경쟁 왜곡을 경계하고 있다. 금융지원의 경우에도 정상적인 기업이 시장에서 자금을 조달하는 경우보다 조건을 약간 불리하게 하여 정상적인 기업들은 시장에서 자금을 조달하게 하는 시장친화적인 방법을 사용하고 있다.

반면, 한국의 경우 중소기업들이 대기업에 예속된 구조가 고착화되어 중소기업 스스로 혁신하고자 하는 의지도 많지 않을 뿐만 아니라 대기업들의 납품 단가 인하 및 기술탈취 등의 시장지배력 남용으로 중소기업들은 미래성장동력을 위한 재투자를 하기 어려운 실정이다. 또한 잘나가는 기업들이 먼저 정부의 정책적 지원을 사용하기 때문에 정작 필요한 기업들은 정부의 정책적 지원을 이용할 수 없는 모순에도 빠져 있다. 그리고 정부의 정책적 지원을 활용하고 규제의 대상이 되지 않기 위해 대기업으로 성장하려는 의지조차 없는 경우가 많다. 이는 정부의 정책이 시장상황을 고려하지 않고 인기 위주의 정책을 입안 및 시행하기 때문인 것으로 사료된다. 질서자유주의의 정신은 사회적 형평성을 위해 경제시스템에서 약자라 할 수 있는 중소기업에 대한 일방적인 지원을 의미하지 않는다. 다만 그들이 공정하게 경쟁할 수 있는 환경 조성을 강조하고 있다.

이에 중소기업들이 정상적으로 경쟁하고 자력으로 성장하는 환경을 조성하기 위해 질서자유주의를 면밀히 검토하고, 필요한 것은 한국의 관점에서 재조정하여 정책에 반영하는 노력을 해보는 것이 필요한 시점이라 여겨진다.

참고문헌

국내문헌

김경아(2015). "대-중견-중소기업 간 성과격차 현황과 개선방안". 『HERI Report』 Vol. 02, 중견기업연구원.

김승일 외(2009). "독일 중소기업의 경쟁력 분석 및 정책적 시사점 연구". 중소기업연구원.

김영우(2007). "독일경제의 특성과 수출확대방안". 『무역연구』. 한국무역협회.

박지현(2014). "중앙과 지방간 사회복지 재정분담에 관한 연구". 한국지방세연구원.

서옥순 · 정남기(2015). 한국과 독일의 기업생태계 분석. 『경상논총』 33(4)

오동윤 · 정남기(2016). 질서자유주의와 한국의 경제질서. 『질서경제저널』 19(3)

오승구(2005). 『독일 경제의 위기를 어떻게 볼 것인가:사회적 시장경제체제와 슈뢰더의 개혁정책』. 삼성경제연구소.

임마누엘 칸트, 백종현 역(2005). 『윤리형이상학 정초』. 아카넷.

조영삼(2001). 『독일의 주요 중소기업정책』. 한국개발연구원.

최종태(2016). "새로운 사태, 새질서, 그리고 질서자유주의". 질서경제학회 정책심포지엄 발표자료.

한국은행. "2017 기업경영분석"

황준성(2001). "독일형 질서자유주의와 영미형 신자유주의의 비교". 「경상논총」 19(2)

국외문헌

Benecke, W. (2008). *Aktueller Stand der deutschen Szialen Marktwirtschaft. Ziemek,* Soziale Marktwirtschaft in Deutschland und die Politik der neuen Regierung in Korea. Seoul: Konard Adenauer Stiftung.

Bien, F. (2014). *Europäisches und deutsches Kartellrecht*, Universität Würzburg.

BMWi (2016). *Aktionsprogramm Zukunft Mittelstand*, BUNDESMINISTERIUM FÜR WIRTSCHAFT UND ENERGIE.

EU-Commission, Bach Database

Eucken, W. (1952). *Grundsätze der Wirtschaftspolitik*. Hrsg. von Edith Eucken-Erdsiek und Karl Paul Hensel. Mit einem Nachwort von Edgar Salin. Francke, Bern und Mohr. Tübingen 1952 u.ö.

Gildhoff, N., Tubis, R. (2016). Die kartellrechtswidrige Behinderung von Wettbewerbern durch Verunglimpfung. *Betriebs-Berater 2016*.

OECD (2019). Small and Medium Enterprise Outlook 2019.

Ptak, Ralf (2004). *Vom Ordoliberalismus zur Sozialen Marktwirtschaft: Stationen des Neoliberalismus in Deutschlan*. Springer VS.

Simon, H. (1996). *Hidden Champions: Lessons from 500 of the World's Best Unknown Companies*. Havard Business School Press.

10장

장태석

금융 자유화와 금융화*

* 이 글은 2019년 12월 『질서경제저널』 제22권 4호에 게재된 본인 논문을 수정 · 보완한 것임을 밝힘.

1.
서론

1970년대 이후 국가 간 경제거래 확대와 국제자본 증가는 경제통합 확대, 위험과 불확실성의 증가, 투기자본의 영향력 증대를 통해 세계 경제에 큰 변화를 초래했다. 특히 1970년대 초에는 브레튼우즈(Bretton Woods) 체제의 붕괴로 금융시장의 불안정성이 높아졌으며, 국가 간 금융거래가 급격히 증가했다. 실제로 세계화(globalization)의 진전으로 1980년대에는 국제무역과 국제투자 및 차관이 증가했으며, 이는 국제금융시장의 급속한 팽창으로 이어졌다. 이 과정에서 선물, 옵션, 스왑 등 복잡한 파생상품이 폭발적으로 증가했고, 연기금(pension fund)이 도입되면서 저축의 제도화가 이루어졌다. 특히 1990년대에는 신자유주의(neoliberalism)의 경제정책에 따라 탈규제와 사유화가 단행되었고, 이러한 추세는 기술의 발전과 함께 전 세계로 파급되었다. 특히 신흥국의 성장으로 개발도상국에 대한 포트폴리오 투자가 확대되었다. 또한, 2000년대에는 고위험 파생금융상품에 투자해 고수익을 얻는 헤지펀드(hedge fund)가 금융시장에 등장했고, 정량투자(quantitative investing)를 통한 분산투자가 활발히 이루어졌다.

국가 간 경제에서 지난 반세기 동안 진행된 금융 자유화와 경제구조의 변화를 다음과 같이 금융화(financialization) 과정으로 일반화할 수 있다(Epstein, 2005).

> "금융화는 국내 경제와 국가 간 경제에서 금융적 유인 체계, 금융시장, 금융행위자, 금융기관의 역할이 확대된 것을 의미한다(financialization means the increasing role of financial motives, financial markets, financial actors and financial institutions in the operation of the domestic and international economics)."

실제로 금융화의 물결은 미국 경제에서 시작해 전 세계로 급격히 퍼져나갔으며, 지난 반세기 동안 실물경제에 지대한 영향을 미쳐왔다(Krippner, 2005; Palley, 2007; Scott & Ryoo, 2007). 이 과정에서 경제성장률은 하락했고, 금융위기가 주기적으로 발생했으며, 금융시장의 불안정성이 확대되었다. 이는 가계부채와 기업채무의 증가로 이어졌고, 국민경제는 경기순환과 소득분배에 있어 큰 변화를 경험했다. 특히 생산성과 임금의 연결고리가 약해졌으며, 이로 인해 경제적 불평등이 증가했다. 또한, 국제통화제도에도 중요한 변화가 발생하면서 초강력 자본가의 탄생을 통해 금융을 중심으로 한 자본주의가 확대 재생산되었다(Scholte, 2005).

이 같은 변화는 금융시장의 성장과 자유화가 자본비용을 하락시키며 금융제약의 완화를 통해 투자 효율성의 증대와 경제성장으로 이어질 수 있다는 주류 경제학자들의 주장과 정면으로 배치되었다. 특히 자유화에 따른 금융시장의 과도한 성장은 과소비와 투기 및 중복투자와 함께 경제위기의 원인으로 작용했으며, 이는 저축의 감소가 투자의 감소로 이어지는 악순환의 고리를 형성했다. 또한, 투기자본과 자본 유출의 증가는 세계 경제의 불안정성을 증대시켰다.

한국 경제도 지난 반세기 동안 진행되어온 세계 경제의 흐름에서 벗어날 수 없었다. 실제로 1997년 외환위기를 겪고 2008년 글로벌 금융위기를 거치면서 한국 경제는 산업구조와 금융시장에서 큰 변화를 경험했다. 국내 주식에 대한 외국인 투자자들의 보유 비중이 높아졌고, 기업들은 경영 활동에서 단기이익 창출에 집중했다(Crotty & Lee, 2005). 또한, 변화된 기업의 재무구조는 임금체계에 영향을 미쳤다. 실제로 경제 엘리트집단에 대한 성과주의 보상체계가 강화되었지만, 전체적인 경제상황은 하락세를 나타냈고 경제적 불평등이 확대되었다. 특히 은행은 여신에 있어 기업에 대한 장기대출보다 가계와 신용회사에 대한 대출에 집중했고, 반면 기업은 은행대출보다는 주식시장을 통한 자금 마련을 증가시켰다. 금융시장에 나타난 변화는 임금에 비해 높은 주택 가격, 과도한 소비 등으로 가계부채의 증가로 이어졌으며, 기업들은 고수익을 추구하는 위험추구형 경영방식을 경쟁적으로 도입했다.

이 장에서는 금융 자유화와 금융화가 경제 전반에 미친 영향을 기술적으로 분석하고, 이를 통해 한국 경제의 변화를 살펴보고자 한다. 특히 1997년의 외환위기와 2008년의 글로벌 금융위기가 금융시장에 가져온 변화를 파악하고, 질서자유주의가 제시하는 원칙에 의거하여 정책적 시사점을 도출하고자 했다. 기존의 연구들은 금융 자유화와 이에 따른 금융위기의 원인에 대한 분석을 주로 다루고 있다(이제민, 2007; 민경국, 2009; 심지홍, 2013). 또한, 금융화가 노동수요에 미친 효과를 분석하고 한국 기업의 금융화에 대한 실증분석을 시도한 연구들이 있었다(서환주 외, 2013; 정동관 외, 2016).

이에 본 연구는 금융위기의 직접적인 원인 분석이나 개별 기업에 대한 분석보다 금융화와 연관된 경제 전체의 변화에 집중했다. 특히 금융화를 통해 변모된 주요 경제지표를 살펴봄으로써 경제구조의 변화를 질서경제학적 관점에서 분석했다. 이를 통해 기존의 연구들이 미처 다루지 못한 국제통화제도와 금융화의 연결고리를 점검하고, 금융화를 세계화와 신자유주의라는 큰 틀 속에서 파악하여 실물경제에 미친 영향력을 논의했다. 이와 함께 금융시스템의 불안정성과 거품의 발생원인에 관한 제도와 유인 체계를 살펴보고, 질서경제학적 시각에 기초하여 문제해결을 위한 정책 대응을 논의했다.

이 장의 구성은 다음과 같다. 2절에서는 세계화의 전개와 국제통화제도의 발전과정을 살펴보았다. 3절에서는 금융화와 금융제도의 상호작용에 관한 내용을 살펴보고, 4절에서는 금융화의 진전이 한국 경제에 미친 영향을 논의했다. 마지막 절에서는 결론으로 이 장의 내용을 바탕으로 질서자유주의가 제시하는 정책적 시사점을 도출했다.

2. 세계화의 전개와 국제통화제도

국제통화제도는 세계화와 국가 간 경제거래의 상호작용을 통해 여러 양상으로 변모해갔다. 실제로 세계화는 장기적 관점에서 거대한 주기를 형성하면서 경제구조를 변화시켰다(Sussman & Eichengreen, 2000). 특히, 19세기에 영국은 전통적인 금본위제도(gold standard)를 채택한 이후 제1차 세계대전 발발 이전까지 세계 경제를 주도하면서 안정적인 경제체제를 유지했다. 하지만 20세기 초에 높은 수준의 경제교역 규모는 약탈적인 경제정책과 경쟁으로 양차 세계대전을 거치면서 감소했고, 이로 인해 세계화의 추세는 약화되었다. 제2차 세계대전 종전 이후 브레튼우즈 체제를 거치면서 세계 경제에서 국가 간 경제통합이 다시 증대되었다. 이는 1980년대와 1990년대에 신자유주의 물결과 함께 시장 중심의 경제질서와 사유화의 확대로 이어지면서 높은 수준의 세계화가 달성되었다.

실제로 1870년대 이래 국제통화제도는 세계화와 경제통합의 진전에 따라 크게 세 기간(1870~1914, 1944~1971, 1972~현재)으로 구분해 살펴볼 수 있다(〈그림 10-1〉 참조). 특히 '국제경제의 불가능성 정리(impossibility trinity in international economics)'에 기초하여 국제통화제도를 시기별로 파악해볼 수 있

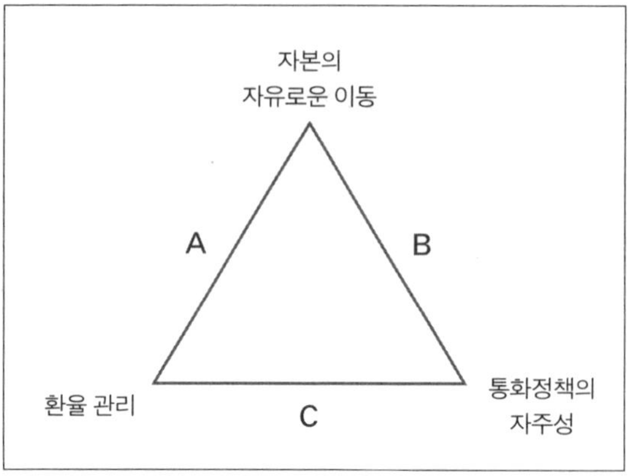

〈그림 10-1〉
국제경제의 불가능성 정리

다(Isard, 2005).

불가능성 정리는 국제경제에서 세 가지 정책목표를 동시에 달성할 수 없으며, 단지 두 가지만 동시에 달성할 수 있다는 것을 제시하고 있다. 실제로 1870년부터 제1차 세계대전 이전까지 지속되었던 금본위제도는 고정환율제 하에서 국가 간 자유로운 자본이동을 허용했지만, 개별 국가들은 통화정책의 자주성을 보장받을 수 없었다(〈그림 10-1〉에서 'A' 선분). 반면 브레튼우즈 체제(1944~1971)에서는 고정환율제 하에서 통화정책의 자주성이 보장되었지만, 국가 간 자본이동이 통제되었다(〈그림 10-1〉에서 'C' 선분). 브레튼우즈 체제 이후 세계 경제가 채택한 변동환율제도는 국가 간 자본의 자유로운 이동과 통화정책의 자주성을 보장했지만, 높은 환율 변동성으로 금융시장의 불안정성이 증대했다(〈그림 10-1〉에서 'B' 선분). 즉, 국제통화제도는 불가능성 정리에 기초하여 'A' → 'C' → 'B'의 형태로 변모했다. 이 과정에서 세계경제는 실물경제와 금융시장에서 높은 수준의 통합을 달성했고, 동시에 경제정책의 독립성과 자주성을 확보했다. 하지만 이는 필연적으로 금융시장의 변동성과 불안정성의 증가를 수반할 수밖에 없었다.

각 시기별 특징을 구체적으로 살펴보면, 금본위제도는 개별 국가들의 통화를 금에 고정시킨 제도로, 이를 바탕으로 국제금융시장이 오랫동안 안정적으로 유지될 수 있었다. 특히 국제금융시장의 안정은 국가 간 통화의 교환비율이 안정적으로 유지될 수 있는 정책환경에서 가능했다. 이는 당시 고정환율제도의 유지에 따른 환율 안정의 도모와 국내 통화정책의 상충관계에 대한 정치적 저항이 거의 없었기에 가능했다.

제2차 세계대전 이후 국제통화제도는 국제통화기구(International Monetary Fund, IMF)와 세계은행(World Bank)을 주축으로 미국 중심의 경제질서를 유지했다. 특히 양차 세계대전의 빌미가 된 수입규제나 경쟁적 환율정책이 지양되었고, 미국 달러에 대한 금태환 비율을 고정시킴으로써 안정적인 자유경제가 달성되었다. 이 기간 중 달러는 기축통화 역할을 담당했고, 미국은 세계 경제에서 다자체제의 관리를 표방했다. 이를 통해 개별 국가들은 안정적인 고정환율제도를 유지하면서 국내 통화정책의 자주성을 확보할 수 있었다. 하지만 국가 간 자본이동은 제약을 받았고, 국가 간 경제거래의 규모는 상대적으로 저조했다.

하지만 1960년대 중반의 베트남전쟁에 따른 군사비와 복지에 대한 과도한 재정지출은 미국이 국제통화제도에서 안정자의 역할을 담당하기에 큰 부담으로 작용했다. 특히 미국경제의 과도한 재정지출이 자본 유출로 이어지면서 1971년 닉슨 대통령은 달러화의 금태환 정지를 선언했다. 이는 브레튼우즈 체제의 종료를 의미했다. 이후 주요 국가들은 변동환율제를 경쟁적으로 도입했고, 이는 국제금융시장의 불안정성과 변동성의 증가로 이어졌다. 또한, 정보통신기술(Information and Communications Technologies, ICT) 산업의 혁명으로 금융거래가 온라인상에서 손쉽게 이루어질 수 있게 되었고, 거래의 다변화를 통해 금융시장의 복잡성이 증가했다. 이로 인해 세계 각국은 국내 경제정책의 목표를 추구하면서 동시에 환율을 안정적으로 운용하기가 어려워졌다. 이에 경제질서의 안정적 유지를 위해 국제금융시장에서 국가 간 경제정책의 협조가 중요해졌다. 즉, 세계화의 전개와 기술의 발전에 따른 경제정책의 대응은 금융시장과 국제통화제도를 서서히 변모시켰다. 세계 경제에서 높은 수준의 경제통합으로 기술의 발전과 경제정책의 역할이 중요해짐에 따라 제도가 이에 맞춰 변모할 수밖에 없었음을 보여주고 있다. 이는 필연적으로 금융시장에서 변동성과 불확실성을 증대시켰다.

3.
금융의 유인 체계와 금융화의 전개

앞 절에서 살펴본 것처럼 국제통화제도의 변화는 금융시장의 불안정성을 증대시키는 주요한 요인으로 작용했다. 이 절에서는 세계화와 이에 따른 신자유주의의 경제정책이 금융시장의 유인 체계를 어떻게 변화시켰는지 살펴본다.

1) 세계화, 신자유주의 그리고 금융화

세계화는 기술의 발전과 함께 국가 간의 물리적 거리를 좁히면서 생산과 재화의 이동을 손쉽게 해주었다. 기업은 세계화로 인해 국가를 초월하여 재화를 생산하여 공급할 수 있게 되었고, 국가 간 경제교역이 확대됨에 따라 경제정책도 이에 대응해서 변모해갔다. 대표적인 정책으로 신자유주의 경제정책을 꼽을 수 있다. 신자유주의는 정부의 개입을 줄이고 시장의 역할이 확대되어야 한다는 '자유주의 경제정책(laissez-faire)'을 지지했다.[1] 특히 미국은 1980년대 이후 탈규제, 사유화, 균형재정이라는 워싱턴 컨센서스(Washington Consensus)를 앞세워 국가 간 거래에서 장벽을 제거해나갔고, 국제금융시장에서 국가의 통제를 줄여나갔다. 또한, 국가기관이 제공하는 여러 서비스를 민간으로 이전하면서 정부의 지출을 강력히 통제했다.

이 과정에서 국가 간 금융시장의 연결이 증가했고, 기관투자자의 영향력도 확대되었다. 실제로 신자유주의의 논리는 시장에서 치열한 경쟁으로 이어졌고, 금융산업뿐 아니라 비금융산업에서도 기업은 고수익 창출을 위해 자본시장에 의존하는 경영행태를 추구했다. 특히 국경을 초월한 자유로운 경제활동은 투기자본이 확대될 수 있는 환경을 만들어주면서 금융시장의 불확실성을 증가시켰다. 또한, 경제를 둘러싸고 있는 환경의 변화는 가계의 소비와 예산행태에도 영향을 미쳐 경제의 분배에도 주요한 영향을 미쳤다(Scott & Ryoo, 2007).

하지만 세계화의 진전, 신자유주의 그리고 금융화 사이의 인과관계 여

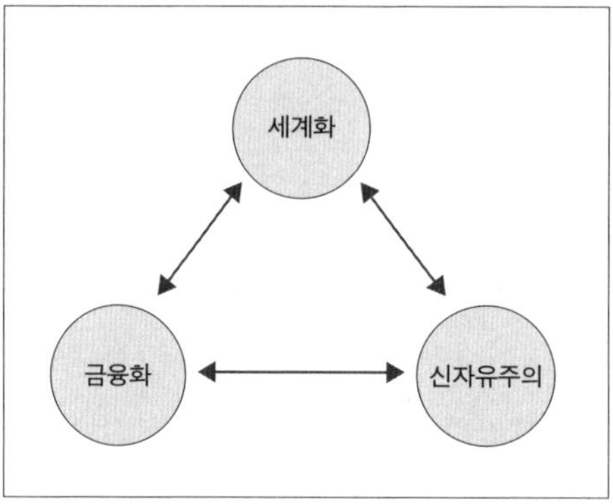

〈그림 10-2〉
세계화, 신자유주의, 금융화의 연결고리

1) 신자유주의를 대표하는 경제학자로 하이에크(Hayek, F.)와 프리드먼(Friedman, M.)을 들 수 있다.

부는 확실하지 않다. 즉 세계화로 인해 신자유주의의 경제정책이 대두했고, 이것이 금융화가 확대되는 직접적인 원인이 되었다고 단정하기는 어렵다. 다만 지난 반세기 동안 세계화와 신자유주의 그리고 금융화가 진전되면서 경제주체들은 변화된 경제환경에 적응했고, 이 과정에서 기업과 가계는 생존을 위해 전략적 선택을 하면서 금융시장과 세계 경제의 변화를 주도했다(〈그림 10-2〉 참조). 이는 경제구조에 따른 유인 체계의 변모양상을 통해 구체적으로 살펴볼 수 있다.

2) 금융의 유인 체계

금융의 유인(financial motives) 체계는 금융화를 뒷받침하면서 금융시장의 확대에 지대한 영향을 미쳤다. 금융시장에서 참여자의 이해관계는 금융화를 통해 서로에게 직간접적으로 영향을 주었다. 특히 비금융회사 사업(Non-Financial Corporate Business, NFCB)에서도 금융시장의 변화가 기업의 경영활동에 지대한 영향을 미쳤는데, 여기에는 금융적 유인 체계의 변화가 중요했다. 여기서 금융적 유인 체계의 변화는 NFCB의 경영활동에서 금융시장 참여자의 이해관계를 많이 반영하게 된 것을 지칭한다(Epstein, 2005; Palley, 2007).

실제로 기업의 효율적 운영을 위해 주목받는 것 중 하나는 소유와 관리의 불일치에 따른 대리인 문제(agent problem)를 해결하는 것이었다. 이 문제에 대한 해결로 관리자가 기업의 주식을 소유함으로써 기업 운영에서 수익창출과 효율적 투자에 동기를 부여하는 것이 고려되었다['이해관계자 자본주의(stakeholder capitalism)']. 하지만 1980년대 영국과 미국의 대처-레이건(Thatcher-Reagan) 정부는 신자유주의의 경제정책을 표방하고 경제활동에서 정부의 개입을 줄이고 시장의 지배력을 강화시켰다. 이러한 외부환경의 변화는 기업의 생존에 큰 도전으로 다가왔고, 이는 이해관계자 자본주의를 통해 대리인 문제를 해결하던 기존의 방식에 큰 변화를 가져왔다. 실제로 기업은 이윤 극대화에 성공한 관리자에게 보상을 늘리고 기업의 구조조정을 통해 주주의 이윤을 증대시키는 형태로 지배구조의 변화를 도모했다['주주자본주의(shareholder capitalism)'].

실제로 이윤을 창출하지 못하는 관리자는 직장에서 퇴출되었고, 적자를 내는 기업은 인수 · 합병을 통해 시장에서 사라졌다. 이 과정에서 주주가치경영 원리가 확대되어 기업은 고용안정과 투자 대신에 인력에 대한 감원(downsize)과 주주에 대한 배당(distribute)을 중심으로 구조조정을 단행했다. 이 과정에서 기업은 이익을 남길 수 있었지만, 성과에 따른 배당 지급과 고수익에 대한 레버리지(leverage) 효과를 극대화하기 위해 기업의 부채에 대한 이자 부담도 증가했다. 즉, 이러한 추세는 성공적인 관리자의 연봉을 높이는 결과를 가져왔고, 이는 기업이 단기이윤을 추구하게 되는 기제로 작동했다. 실제로 기업은 이윤 창출을 위해 위험이 큰 사업에 뛰어들었고, 자기자본의 비중을 줄이고 부채를 증가시키는 방식으로 높은 수익률을 추구했다.[2)]

또한, 가계는 금융화 과정에서 소비를 증가시킨 반면 저축을 감소시켰다. 기업과 가계에서 진행된 이러한 일련의 과정은 주류 경제학에서 강조하는 합리성과 시장이 경제체제의 효율성을 높일 수 있다는 주장과 정면으로 배치되었다. 다시 말하면 가계의 소비에서 건전한 소비 대신 과소비가 조장되었으며, 합리적인 기업의 경제활동 대신 수익창출을 위한 과도한 위험 추구가 강조되었다. 이로 인해 시장에서 과도한 경쟁과 투기가 조장되었고, 이는 시장 전체의 위험이 증가하는 결과를 초래했다.

2) 진(Sinn, 2009)은 이윤을 사유화하는 반면 손실을 사회화할 수 있는 유한책임으로 기업이 과도한 위험을 추구하는 것이 가능했다고 주장한다.

3) 거품 경제와 금융위기

금융의 유인 체계의 변화와 함께 나타난 비합리적 경제활동과 위험의 증가는 자본주의 체제를 쉽게 위기로 몰고 갔다. 특히 경기변동에서 거품(bubble) 발생과 폭락은 시장과 정부의 실패를 넘어 경제참여자의 행태가 위기 발생에 큰 영향을 미친다는 논의로 이어졌다. 실제로 시장원리는 현실경제에서 제대로 작동하지 않았고, 경제 자원이 왜곡되어 배분되는 일이 빈번히 발생했다.

이에 행동경제학(behavioral economics)은 주류 경제학에서 주창하는 합리적 기대와 효율적 시장가설을 비판하고 행위자의 이질성을 모형에 명시적으로 도입해 비합리적 의사결정이 자산의 거품, 무리 거동 등으로 이어지는 현상을 설명하고자 시도했다. 무엇보다 1990년대 이후 ICT 기술의 비약적 발전과 경제 자료의 증가로 물리학과 생물학 등 자연과학에서 사용되는 방법론을 사용해 경제의 이상현상(anomaly)을 설명하고자 하는 시도가 나타났다. 이러한 모형들은 경제 펀더멘털에 기초한 합리적 기대에서 위험 프리미엄에 대한 보상으로 거품이 주기적으로 발생할 수 있다는 것을 보여주고 있다(Blanchard & Watson, 1982). 또한, 일부 연구들은 자연현상에서 개미의 집단행동을 확률과정으로 모형화해 자산가격과 주식시장에서 거품의 발생 원인을 설명하고자 시도했다(Kirman, 1991; Lux, 1995). 이외에 경제시스템에서 상호작용의 비선형을 고려해 카오스(chaos)적 변화로 거품의 원인을 규명하는 연구들도 있었다(Gaunersdorfer & Hommes, 2008). 최근에는 행위자들의 행동 양식을 게임이론으로 모형화해 자산가격의 거품과 위험의 증가가 경제 전체의 불안정성을 증대시킬 수 있다는 연구들이 이루어졌다(Cho & Jang, 2019).

이러한 논의들은 금융시장의 비대칭적 정보와 외부효과에 따른 비합리적 집단행동으로 자본주의 체제의 불완전성이 실물경제로 쉽게 전파

될 수 있다는 것을 보여준다. 실제로 금융시장에서는 투자자들의 비합리적 투자행위가 상호작용하면서 불안정성이 확대되어 나타난다. 대표적인 예로 추세추종매매(positive feedback) 행태를 살펴볼 수 있다. 금융시장에서 투자자들은 합리적 기대에 기초해 투자를 결정하기보다 시장의 평균 기대수준을 예측하여 이를 통해 투자 여부를 결정한다. 이러한 예측은 자산의 펀더멘털보다 크게 동떨어져 있는 경우가 빈번히 발생할 수 있으며, 자산가격에 대한 비합리적인 기대는 실제 가격변화의 상승과 하락에 지대한 영향을 미칠 수 있다. 이 과정에서 투자자는 자신의 기대예측이 실제 가격과 얼마나 벗어나 있는지 파악하고, 이를 통해 투자 행동을 적응적으로 변화시키며 시장가격에 주요한 영향을 미친다. 만약 자산가격이 자산의 내재적 가치(intrinsic value)에서 벗어나는 것을 투자자들이 경계(negative feedback)하지 않는다면 실제 가격은 큰 폭으로 변화하면서 거품을 형성할 수 있다.

질서자유주의는 금융시장의 비합리성과 높은 변동성에 대해 정책적 대응이 필요하다고 주장한다. 특히 시장이 비합리성에 의해 지배되고 왜곡이 빈번하게 발생하는 경우, 책임원칙의 강화와 개별 이익과 전체 이익의 조화를 추구할 수 있는 경쟁질서가 필요하다고 설명한다(심지홍, 2013). 질서자유주의는 비합리적 의사결정과 거품 발생을 방지하기 위해 무엇보다 시장 참여자들이 의식적인 수준에서 비합리적이고 투기적인 투자행태를 청산하는 것이 필요하다고 보았다. 이는 조화로운 경쟁질서과 시장정보의 공유를 통해 가능하며, 이를 통해 금융시장에서의 불확실성과 부정적 외부효과가 감소하여 경제 전체의 위험이 감소할 수 있다고 파악했다.

4.
한국 경제와 금융화

지금까지 논의한 세계화와 금융화의 전개는 한국 경제에도 중요한 변화를 가져왔다. 이 절에서는 앞에서 논의한 금융화의 전개 과정이 한국 경제에서 어떠한 형태로 나타났는지 살펴보기 위해 주요 경제지표와 금융산업의 자료를 제시한다.

1) 경제성장과 경제활동별 추이

한국 경제는 1970년대와 1980년대에 연간 10% 안팎의 고도성장을 달성한 이후 1990년대 외환위기를 기점으로 경제성장에서 하향추세를 경험했다(〈그림 10-3〉 참고). 실제로 1980년의 정치적 불안(5.18 광주 민주화운동)과 1998년의 외환위기 기간을 제외하고 한국 경제는 지속적으로 고성장을 달성했다. 하지만 2000년대 이후 연평균 성장률은 5%를 밑돌고 있으며, 2008년의 글로벌 금융위기 이후 성장률은 3% 안팎에 그치고 있다.

경제활동별로 살펴보면, 농림어업 · 광업은 GDP 대비 비중이 1970년

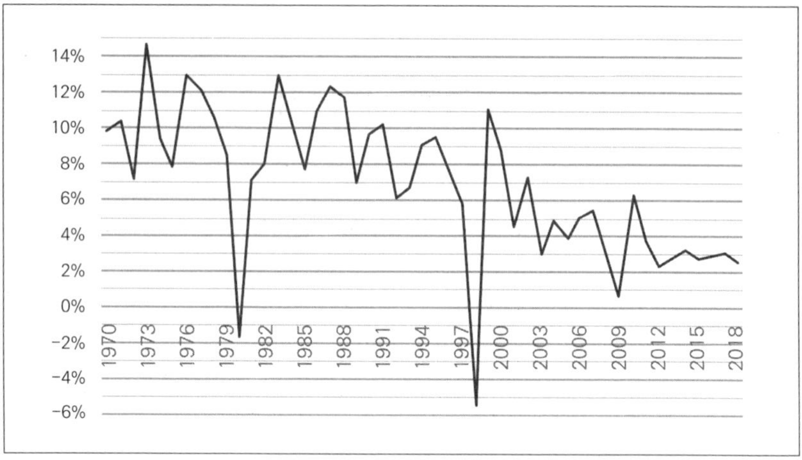

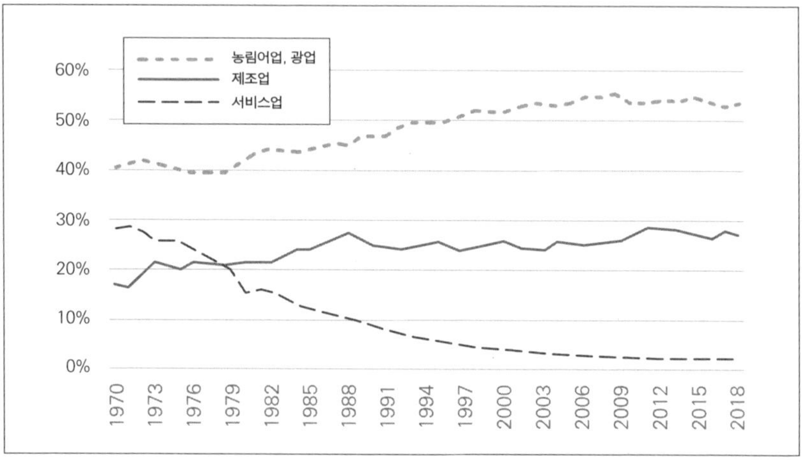

출처: 한국은행 경제통계시스템

〈그림 10-3〉 실질GDP 성장률(위)과 경제활동별 비중(아래)

대에 20%를 넘었지만 1980년대에 급격히 감소하여 2000년대에 들어와서는 그 비중이 전체 GDP의 3%를 밑돌고 있다. 반면 제조업은 1970년대와 1980년대를 거쳐 GDP 대비 20% 이상으로 증가하여 30%에 근접했으며, 이후 그 수준을 그대로 유지하고 있다. 또한, 서비스업은 1970년대에 GDP 대비 40%의 규모로 1990년대에 급격히 성장해 2000년대에는 GDP의 절

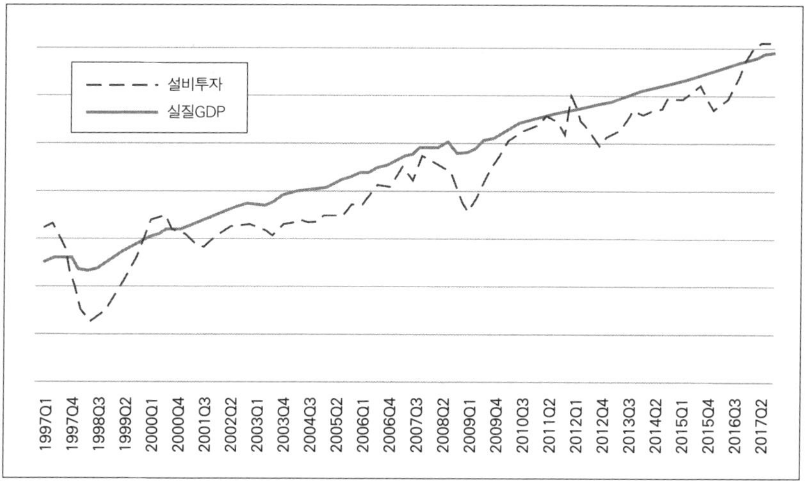

출처: 한국은행 경제통계시스템
참고: 투자 변화를 실질GDP에 비교하여 나타내기 위해 실질GDP 규모를 조정해 그래프에 표시함.

〈그림 10-4〉 외환위기 이후 설비투자와 실질GDP 추이

반 이상으로 증가했다. 특히 금융 · 보험업과 부동산 · 임대업이 전체 GDP 대비 12% 이상을 차지해 전체 서비스업에서 그 규모가 1/4 수준에 육박하고 있다.

특히 외환위기 이후 나타난 경제성장률의 감소와 서비스 산업 중 금융산업의 비중 확대로 설비투자는 큰 폭으로 증가하지 못했다(〈그림 10-4〉 참고). 실제로 2000년대 초반에 설비투자는 약 80조 원으로 GDP의 10%에 해당했고, 2017년에는 그 규모가 약 150조로 두 배 가까이 증가했다. 하지만 상승과 하락이 경기변동보다 큰 폭으로 변화했고, 특히 외환위기에 투자가 큰 폭으로 감소했다. 2008년 글로벌 금융위기로 투자가 하락해 기업 투자의 증가폭은 지난 20년간 경제성장률보다 상대적으로 저조했다. 이것은 2000년대 한국 경제에서 나타난 저성장의 추세에 따라 기업이 설비투자를 상대적으로 감소시켰음을 보여준다. 반면 산업에서 금융의 비중이 증가한

것은 2000년대 중반 이후 부동산 · 임대업과 금융업의 비중이 확대된 상황을 반영하고 있다.

2) 금융제도의 변화와 금융화의 전개

한국 경제에서 GDP에서 서비스업의 비중이 증가했고, 특히 금융산업이 급격히 증가하게 된 것은 1990년대에 추진된 금융 자유화의 물결과 맥락을 같이하고 있다. 본격적인 금융 자유화의 추진은 1998년 외환위기 이후 김대중 정권부 의해 주도되었다. 당시 김대중 정부는 외환위기 이후 벤처기업을 육성하기 위해 외국인 직접투자를 적극적으로 유치하며 금융 자유화를 추진했다. 또한, IMF 관리체제하의 고금리정책에서 외국인 투자자

〈표 10-1〉 KOSPI 주식의 외국인 보유량 추이

(거래대금: 10억 원, 거래량: 100만 주)

	시가총액(10억 원)			주식 수(100만 주)		
	전체(a)	외국인 보유(b)	비율 (a/b)	전체(c)	외국인 보유(d)	비율 (c/d)
2001/01/02	191,252	58,164	30.4%	19,638	2,702	13.8%
2004/01/02	359,857	144,513	40.2%	23,657	4,201	17.8%
2007/01/02	705,076	263,132	37.3%	24,960	5,522	22.1%
2009/01/02	593,841	170,011	28.6%	29,114	4,633	15.9%
2012/01/02	1,042,325	342,973	32.9%	35,403	5,609	15.8%
2015/01/02	1,198,010	407,396	34.0%	36,142	6,151	17.0%
2018/01/02	1,613,508	598,552	37.1%	42,497	7,207	16.9%

출처: 한국거래소 시장정보

들은 쉽게 이익을 챙길 수 있었다. 이는 은행사업에도 커다란 변화를 가져와 기존에는 기업에 대한 장기대출에 집중해온 은행이 가계대출과 신용회사 사업의 비중을 증가시켰다. 이것은 중소기업의 투자 부진으로 이어졌고, 대기업을 중심으로 직접금융시장을 통한 자금 조달이 확대되었다.[3)]

또한, 주요 기업들의 지분에서 외국인 소유지분이 높아지면서 단기이익에 대한 추구행태가 증가했다. 외환위기 이후인 2001년 한국종합주가지수(KOSPI)의 시가총액은 약 191조 원이었으며, 2018년에는 약 1,600조 원으로 증가해 지난 20년간 주식시장의 규모가 약 10배 정도 성장했다. 특히 2001년 외국인 보유액의 KOSPI 주식액은 약 58조 원으로 전체의 30%가량을 차지했다. 이 비중은 글로벌 금융위기 이전인 2007년까지 약 40% 비율로 증가했고, 주식 수도 전체 약 250억 개의 주식 중 55억 개의 주식을 외국인이 보유하여 그 비중이 전체 주식의 20%를 초과했다. 이후 글로벌 금융위기인 2009년에는 그 비중이 급격히 감소해 외국인 보유의 시가총액과 주식 수 비율은 전체의 약 28%와 약 16%로 감소했다. 하지만 이후 KOSPI에 대한 외국인 보유량은 꾸준히 증가해 외국인 투자자는 2018년 전체 보유액의 37%에 해당하는 약 600조 원을 보유하고 있다. 이로 인해 국내와 해외에서 우량기업에 종사하는 엘리트집단에 대한 성과주의 보상체계를 강화시킬 수 있는 환경이 조성되었다.

지난 20년간 예금은행의 대출금 추이를 살펴보면 전체 대출금이 1998년 약 144조 원에서 2018년 약 887조 원으로 그 규모가 6배 이상 증가했다(〈그림 10-5〉 참조). 하지만 농업 · 임업 · 어업 · 광업의 대출금은 약 20조 원 규모로 지난 20년간 추가로 확대된 것 없이 그 수준이 그대로 유지되었다. 반면 제조업은 1998년 약 70조 원에서 2018년 약 316조 원으로 그

3) 한국 경제에서 대기업과 중소기업의 격차와 양극화에 대한 논의는 정연승 외(2004), 주현(2007), 김경아(2015)를 참고할 수 있다.

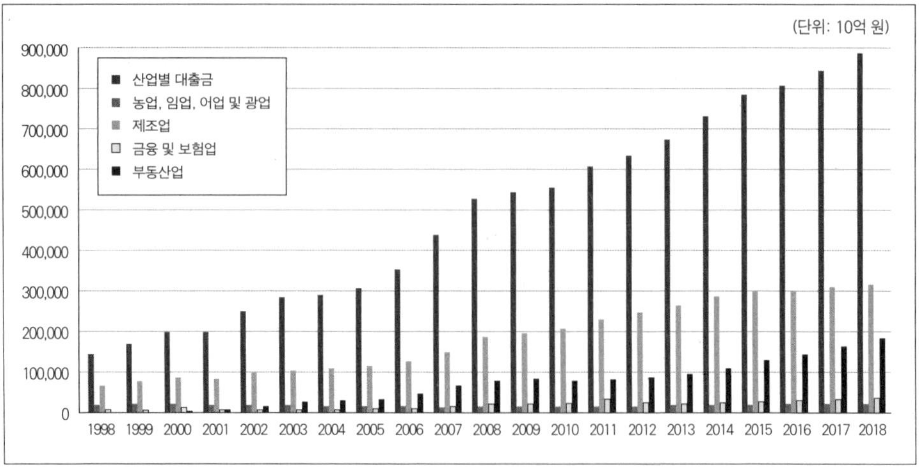

출처: 한국은행 경제통계시스템

〈그림 10-5〉 예금은행의 산업별 대출금(1998~2018)

규모가 4배 이상 증가했다. 특히 금융 및 보험업은 1998년 약 7조 원에서 2018년에 약 35조 원으로 5배 이상 증가했다. 주목할 것은 부동산업의 증가 추세로 1998년 약 1조 5천억 원이던 규모가 2018년에는 약 184조 원으로 120배 이상 증가했다. 다시 말하면 산업 대출에서 금융업 비중이 과도하게 증가했으며, 특히 부동산 관련 금융자산에 대한 대출이 급속히 증가했다.

금융자산의 발전 상황은 금융자산부채의 잔액표를 통해 구체적으로 살펴볼 수 있다. 금융자산에 대한 국내 총부채액은 2018년 약 1경 5천조 원으로 2008년 약 8,200조 원에서 지난 10년 사이 규모가 2천조 원 이상으로 증가했다(〈그림 10-6〉 참조).

특히 금융법인의 경우 2018년 약 7,700조 원의 부채를 지고 있으며, 2008년 약 4천조 원에 달했던 규모가 2배 가까이 증가했다. 비금융법인의 경우에도 2018년 약 5천조 원의 금융자산 부채를 가지고 있으며, 이 액수는 2008년 약 2,800조 원 규모에서 약 2배 가까이 증가했다. 특히 가

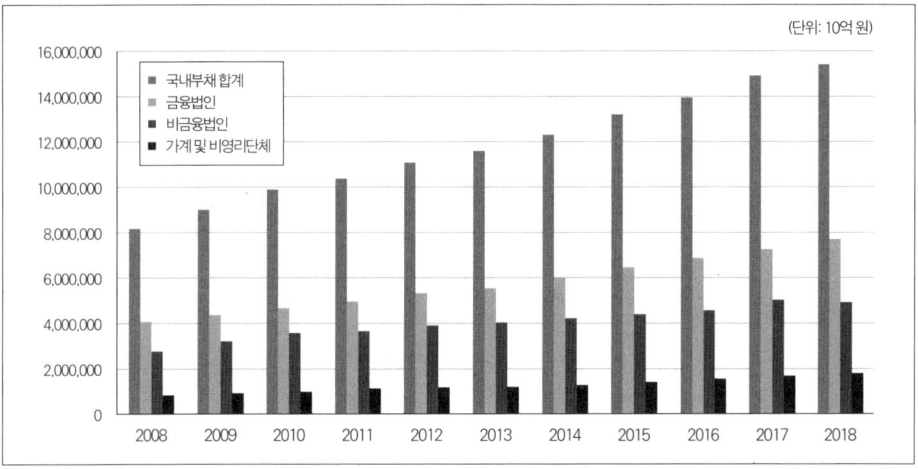

출처: 한국은행 경제통계시스템

〈그림 10-6〉 금융자산의 부채 잔액표(2008~2018)

계 및 비영리법인의 금융자산 부채는 2008년 약 800조 원에서 2018년 약 1,800조 원으로 그 규모가 2배 이상 급속히 증가했다. 이는 2000년대 한국 경제의 연평균 성장률이 5% 이하인 것을 고려했을 때 전체 경제에서 신용 부채가 상대적으로 급격히 증가했다는 것을 보여주고 있다. 이러한 현상은 2007년과 2008년에 발생한 글로벌 금융위기를 통해 강화되었다.

또한, 금융업의 급격한 성장은 금융업 점포 수와 인력 추세를 통해 구체적으로 살펴볼 수 있다(〈그림 10-7〉 참조). 실제로 은행에서 지난 20년간 점포 수와 임직원 수는 2018년 약 7천 개와 12만 명으로 2001년에 비해 약 1천 개의 점포 수가 증가했고, 3만 명의 임직원이 늘어났다. 증권회사와 보험회사의 경우, 점포 수는 각각 약 700개와 약 3천 개가 감소했지만, 임직원 수는 꾸준히 증가했다. 이에 2018년 약 20만 명 이상의 임직원이 금융회사에 종사하고 있다.

경제성장의 감소세와 금융산업의 비대한 성장에는 가계신용의 악화

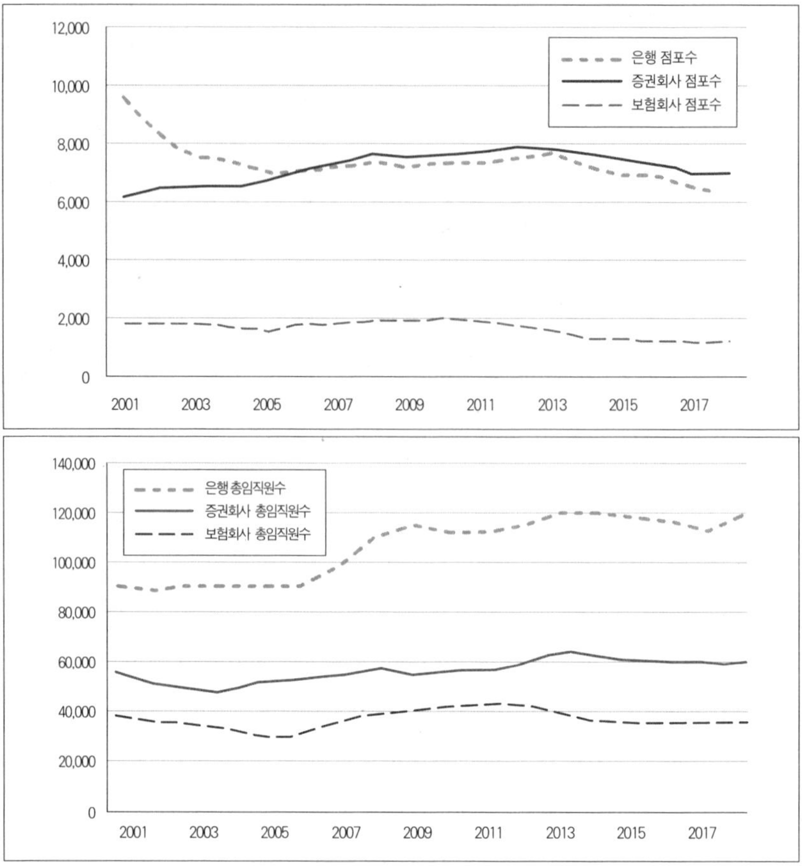

출처: 한국은행 경제통계시스템

〈그림 10-7〉 금융회사의 점포 수(위)와 총 임직원 수(아래)

가 자리하고 있었다(〈표 10-2〉 참조). 실제로 2002년 500조 원에 못 미친 가계 대출이 2018년에는 1,500조 원을 넘어 거의 GDP의 100%에 가까운 규모를 기록하고 있다. 이는 금융업의 발달과 신용의 증가가 기업의 투자로 이어져 경제성장을 뒷받침하기보다 부동산에 대한 과도한 신용과 가계의 과소비를 뒷받침하는 곳에 부채가 사용되고 있다는 것을 간접적으로 보여준다.

〈표 10-2〉 가계신용(가계대출 및 판매신용) 추이

(단위: 10억 원)

연도	가계신용
2002	464,712.0
2005	542,871.4
2008	723,521.5
2011	916,162.2
2015	1,203,099.2
2018	1,536,712.3

출처: 한국은행 경제통계시스템

5.
결론과 시사점

1970년대 이후 국제통화제도의 변화와 세계화의 진전으로 높은 수준의 경제통합이 이루어졌다. 이에 국제금융시장의 규모가 확대되면서 세계 경제에 지대한 영향을 미쳤다. 하지만 세계화와 신자유주의에 기초한 경제 거래규모의 확대가 금융화의 원인이 되었거나, 반대로 금융화가 직접적으로 세계화나 신자유주의를 강화시켰다는 것을 의미하지는 않는다. 오히려 이러한 현상은 유기적으로 연관되어 진행되었고, 세계 경제질서에 지대한 영향을 미쳤으며, 경제활동의 유인 체계에 큰 변화를 초래했다. 이에 이 장에서는 국제통화제도에서 금융화의 진전과 시장질서의 변화에 관한 거시적인 발전과정을 살펴보고자 시도했다. 또한, 한국 경제에서 진행된 금융화 과정을 자료를 통해 구체적으로 살펴보았다. 이를 통해 파악한 주요 내용은 다음과 같다.

첫째, 1970년대 이후 국제통화제도는 통화정책의 자주성을 보장했고 국가 간 자유로운 자본의 이동을 허용했다. 이로 인해 외환시장에서 환율 변동성이 증가했고, 국제금융시장에서 거래규모가 확대되었다. 즉 금융시장의 불안정성에는 세계화, 신자유주의, 금융화의 진전과 함께 국제통화제도의 변화가 자리하고 있었다. 또한, 이는 금융시장의 변화와 상호작용을 하면서 투자 행태에 지대한 영향을 미쳤다. 실제로 금융시장의 과도한 신용은 금융위기의 발생으로 이어졌을 뿐 아니라 경제활동에서 불확실성과 불안정성을 증대시켰다. 이에 세계 경제에서 국가 간 경제협력이 경제안정화를 위한 중요한 과제로 대두되었다.

둘째, 실물시장의 규모를 초과하는 과대한 금융시장의 발전은 기업의 영업환경에 변화를 가져왔다. 이는 기업활동에서 금융의 유인 체계를 변화시켜 관리자의 단기 이윤추구 및 위험한 투자 행태를 증대시켰다. 특히 기업은 자기자본의 비율을 감소시키면서 높은 수익률을 추구했고, 이는 기업부채의 증가로 이어져 경제 전반에 위험이 증가했다.

셋째, 금융화의 전개과정에서 이윤 창출에 성공적인 관리자는 과대한 보상을 받았고, 이익을 내는 기업은 시장에서 지배력을 증가시켰다. 또한, 가계부문에서는 금융화의 진전과 함께 소비의 증가와 저축의 감소가 발생해 비합리적 경제활동과 경제 왜곡 현상이 확대되었다. 이는 경제활동에 있어 금융엘리트를 탄생시킨 반면, 소득분배에서 불평등이 확대되는 결과로 이어졌다.

이러한 경향은 1998년 외환위기 이후 한국 경제에도 나타났으며, 이 장에서는 지난 20년간 이러한 추세가 강화되었음을 살펴보았다. 특히 금융화의 확대로 전체 경제의 위험이 증가하는 것에 대해 정책적 시사점을 도출해볼 수 있다. 금융화의 진전이 경제에 미치는 부정적인 연결고리를 끊기 위해서는 금융 규제뿐 아니라 자본 비율과 담보 기준치를 강화하여 경제 전반의 위험 정도를 낮추는 것이 필수다. 이를 위해 자본 흐름의 변화에 따른 위험을 식별할 수 있는 제도적 기반을 공고히 하는 것이 필요하다. 또한, 과도한 자본의 유출입에 대한 경보시스템을 구축하고, 적정한 수치의 자본 규모와 보유액에 대한 기준을 강화하며, 자본 거래에 과세를 증대하는 것도 고려해볼 수 있을 것이다.

이와 함께 높은 시장점유율로 고정적인 수익을 올리고 있는 대기업 외에 새로운 기업들이 성장할 수 있도록 금융 제도의 효율성을 높이는 것이 필요하다. 이를 위해 경제 전체적으로 새로운 기업들의 활동을 장려하고, 기업의 혁신과 진화적 발전을 지원해줄 수 있게 금융제도의 효율적 운영이 이루어져야 한다. 또한, 시장질서의 확립과 위험의 통제를 위해 효율적인 금융시스템 구축이 필수다. 이를 통해 금융기관들은 시장에서 발생하는 위험과 불확실성에 대해 적극적으로 대처할 수 있을 것이다. 이 과정에서 금융시장 참여자들은 각자의 역할과 책임을 분명히 하고, 금융의 긍정적 기능을 통한 지속 가능한 성장을 도모해야 할 것이다(Shiller, 2012; Admati & Hellwig, 2014).

참고문헌

국내문헌

김경아(2015). "대-중견-중소기업 간 성과격차 현황과 개선방안". 『HERI Report』 02, 중견기업연구원.

민경국(2009). "질서경제학적 시각에서 본 글로벌 금융위기". 『경상논총』 제27권 4호: 69-92.

서환주 외(2013). "금융화의 노동 수요탄력도에 대한 영향". 『질서경제저널』 제16권 4호: 63-82.

심지홍(2013). "글로벌 금융위기와 질서자유주의: 질서자유주의의 시각에서 본 금융시스템 개선방안". 『경상논총』 제31권 4호: 41-59.

이제민(2007). "한국의 외환위기: 원인, 해결과정과 결과". 『경제발전연구』 제13권 2호: 1-42.

정동관 외(2016). "기업의 금융활동과 고용 및 설비투자". 한국노동연구원 정책연구 2016-15.

정연승 외(2004). "대 중소기업 간 생산성 및 임금 격차에 관한 연구: 제조업 중심으로 한 경제발전론적 접근". 중소기업연구원.

주현(2007). "대 · 중소기업 양극화 추이와 시사점". 『KIET 산업경제분석』 5월호: 15-25.

국외문헌

Admati, A. & Hellwig, M. (2014). The Bankers' New Clothes: What's Wrong with Banking and What to Do about It. Princeton University Press.

Blanchard, O. J. & Watson, M. W. (1982). "Bubbles, Rational Expectations and Financial Markets." National Bureau of Economic Research.

Cho, N. & Jang, T. -S. (2019). "Asset Market Volatility and New Keynesian Macroeconomics: A Game-Theoretic Approach." *Computational Economics*, 54(1), pp. 245-266.

Crotty, J. & Lee, K. K. (2005). "From East Asian "miracle" to neo-liberal "mediocrity": the effects of liberalization and financial opening on the post-crisis Korean economy." *Global Economic Review*, 34(4), pp. 415-434.

Epstein, G. A. (2005). Financialization and the World Economy, Cheltnham: Elgar.

Gaunersdorfer, A., Hommes, C. H. & Wagener, F. O. (2008). "Bifurcation Routes to Volatility Clustering under Evolutionary Learning." *Journal of Economic Behavior and Organization*, 67(1), pp. 27-47.

Isard, P. (2005). Globalization and the International Financial System, Cambridge Books.

Kirman, A. (1993). "Ants, Rationality, and Recruitment." *The Quarterly Journal of Economics*, 108(1), pp. 137-156.

Krippner, G. R. (2005). "The Financialization of the American Economy." *Socio-Economic Review*, 3(2), pp. 173-208.

Lux, T. (1995). "Herd Behaviour, Bubbles and Crashes." *The Economic Journal*, 105(431), pp. 881-896.

Palley, T. I. (2007). "Financialization: What it is and Why It Matters." The Levy Economics Institute of Bards College Working Paper No. 525.

Scholte, J. A. (2005). Globalization: A Critical Introduction. Basingstoke: Palgrave, Second Edition.

Scott, P. & Ryoo, S. (2007). "Macroeconomic Implications of Financialization." University of Massachusetts - Amherst Economics Department Working Paper 1-1-2007.

Shiller, R. J. (2012). Finance and the Good Society, Princeton University Press.

Sinn, H. -W. (2009). Kasino-Kapitalisums: Wie es zur Finanzkrise kam und was jetzt zu tun ist, Econ-Verlag: Berlin.

Sussman, N. & Eichengreen, B. (2000). "The international monetary system in the(very) long run." IMF Working Paper No. 00-43. International Monetary Fund.

자료

한국은행 경제통계시스템 〈http://ecos.bok.or.kr〉

한국거래소 시장정보 〈http://marketdata.krx.co.kr〉

11장

김상호

복지재원 조달의 지속 가능성과 국민연금 개혁

1. 서론

국민연금제도는 1988년 1월 상시근로자 10인 이상 사업장 근로자를 대상으로 도입되면서 최저생활을 보장하기 위해 40년을 가입한 평균소득자 기준으로 가입기간 소득의 70%를 보장하는 수준에서 출발했다. 이처럼 높은 급여 수준에도 불구하고 보험료율은 기업의 부담 능력을 고려하여 3%에서 출발하여 1993년 6%, 1998년 9%를 적용하도록 설계되었다. 다만, 1993년 이후에는 제도 도입 시 보험료의 1/3을 퇴직금전환금에서 전환토록 함으로써 노사의 부담을 줄이도록 설계했다.[1)]

국민연금제도 도입 당시의 경제 상황은 매우 좋았다. 우리나라는 1970년대 말의 경제위기를 극복한 후 1980년대 초에 발생한 3저(저유가, 저환율, 저금리) 현상에 힘입어 1981년부터 1988년까지 평균 10.3%의 높은 경제성장률을 기록했다. 또한 성공적인 안정화정책으로 물가가 안정되면서 건국 후 처음으로 1986년에는 경상수지 흑자를, 1987년에는 재정수지 흑자를 달성했다. 아울러 1977년 도입된 건강보험제도에서 가입대상자를 이미

1) 이는 노사가 1993년부터 각각 2%의 보험료를, 1998년부터는 각각 3%의 보험료를 부담하게 되는 것을 의미한다.

상시근로자 5인 이상 사업장으로 확대했기 때문에 적용대상을 관리가 용이한 10인 이상 사업장으로 설정한 것도 제도의 조기정착에 행정적인 측면에서 도움을 주었다.

적용대상 확대가 빠른 속도로 진행되어 1992년 1월에는 상시근로자 5인 이상 사업장으로, 1995년 7월에는 농어촌지역(군지역) 거주 주민으로, 1999년 4월에는 도시지역(시지역) 주민으로 확대되어 '전 국민 연금시대'를 맞이했다. 우리나라는 독일이 그러했듯이 근로계층을 가입대상으로 하여 적립방식(또는 부분적립방식)으로 운영되는 연금제도를 도입했다.[2] 이는 현세대 근로계층의 노후소득 보장을 위한 국민연금제도를 도입한 이후에야 노인빈곤 문제가 정책 이슈로 부각되었기 때문이다(국민연금사편찬위원회, 2015: 132).

1994년 공공자금관리기금법 제정 이후 정부가 운용기금의 87%를 수익성이 낮은 공공기금으로 편입하여 사용한 것을 계기로 언론에서 저부담-고급여 구조로 되어 있는 국민연금의 장기재정 위기를 집중 보도하면서 사회적 이슈가 되었다(국민연금사편찬위원회, 2015: 146). 국민연금 기금이 미래에 고갈된다는 사실이 가입자에게 알려지면서 제도를 개혁할 필요성을 인식하게 되었고, 장기재정 안정화 목적으로 1998년과 2007년에 국민연금법이 개정되었다. 1998년 개혁의 주요 내용은 다음과 같다. 첫째, 장기재정 안정화를 위해 소득대체율을 40년 가입 기준으로 70%에서 60%로 낮추었다. 둘째, 노령연금 수급연령을 2013년 61세로 인상한 후 5년마다 1세씩 연장하여 2033년부터 65세를 적용토록 했다. 셋째, 가입자, 사용자 및 퇴직금전환금에서 각각 3%씩 적용하던 보험료에서 퇴직금전환금을 폐지하고 노사

2) 이의 대안은 영국처럼 은퇴 노인을 대상으로 부과방식으로 운영되는 제도를 도입하는 것으로, 제도 도입과 동시에 노인빈곤 문제를 해결할 수 있는 장점이 있는 반면 인구구조 변화에 취약한 단점이 있다. 공적연금제도 재정방식에 대한 상세한 내용은 김상호 외(1999) 참조.

가 각각 4.5%씩 부담토록 했다.

2007년 개혁에서는 장기재정 안정화를 위해 40년 가입기준 소득대체율을 2008년 50%로 낮춘 후 2009년부터 2027년까지 소득대체율을 매년 0.5%씩 하향조정하여 2028년부터 40%를 적용토록 했다.[3] 이처럼 소득대체율을 급격히 삭감한 것은 세계 연금 역사에서 유례가 없는 드문 경우다. 2007년 개혁을 통해 수지적자 발생이 2035년에서 2044년으로, 기금 고갈은 2047년에서 2060년으로 늦춰질 것으로 전망되었다(국민연금재정추계위원회, 2008: 61). 1998년과 2007년의 개혁은 장기재정 안정화 목적으로 소득대체율을 낮추고 연금수급 개시연령을 인상하는 데 치중했고, 보험료율 인상은 가입자의 반발 때문에 제도 도입 당시 설정한 9% 벽을 넘지 못했다. 9% 보험료율은 가입자의 심리적 저항을 위한 마지노선으로 작용했다.

2013년의 제3차 재정계산에 따르면 인구구조와 거시경제 변수 전망이 달라졌지만, 변수들 간의 변동 효과가 상쇄되어 수지적자 발생 시점(2044년)과 기금고갈 시점(2060년)은 제2차 재정계산 결과와 동일하다(국민연금재정추계위원회, 2013: 67). 아쉽게도 제3차 재정계산 결과는 제도 개혁으로 이어지지 않았다. 이어서 2018년의 제4차 재정계산에서는 저출산 추세 강화 등으로 수지적자 발생시점이 2042년으로 2년, 기금고갈 시점은 2057년으로 3년 빨라질 것으로 전망되었다(보건복지부, 2018: 43).

한편 소득 양극화는 우리 사회의 주요 화두다. IMF 경제위기 이후 소득분배가 악화되고 중산층이 줄어들면서 양극화가 심화되었다. 2017년 기준으로 상대 빈곤율이 17.4%로 비교적 높고,[4] 노인의 상대 빈곤율은 42.2%로 매우 높아 소득 양극화 완화와 빈곤 해소가 정부 정책의 중요한

---

3) 이에 따라 2020년의 40년 가입 기준 소득대체율은 44.0%다.

4) 상대 빈곤율은 전체 인구 중 균등화 가처분소득 기준으로 중위소득 50% 이하의 인구 비율이다.

부분을 차지하게 되었다. 문재인 정부는 소득주도성장과 포용성장을 표방하면서 최저임금과 기초연금 인상을 통해 소득 양극화 완화와 소비 활성화를 추진했다. 복지지출의 GDP 대비 비중이 선진국과 비교하여 현저히 낮기 때문에 복지 지출을 빠른 속도로 확대해야 한다는 주장이 복지 전문가를 중심으로 지속적으로 제기되었으며, 문재인 정부 출범 후 복지예산은 빠른 속도로 증가하고 있다.[5)]

---

5) 정부의 현금성 복지지출이 2017년 22조 원에서 2018년 28조 2천억 원으로, 2019년에는 40조 5,600억 원으로 급증했다는 기사가 있다(『조선일보』, 2019. 10. 25).

2.
사회복지지출 현황과 미래 추정치

우리나라 공공사회복지지출(Public Social Expenditure)의 GDP 대비 비중은 2018년 11.1%인데, 이는 OECD 평균(20.1%)의 절반 수준에 불과하며 프랑스(31.2%), 핀란드(28.7%), 덴마크(28.0%) 같은 복지 선진국에 비해 월등히 낮다. 〈표 11-1〉에 따르면 우리나라 공공사회복지지출의 GDP 대비 비중은 2010년 OECD 평균의 40% 수준에서 지속적으로 상승했지만, 2018년에도 OECD 평균의 55% 수준에 불과하다. 더욱이 우리나라보다 낮은 국가는 칠레와 멕시코밖에 없기 때문에 우리나라 복지지출 수준의 현주소를 보여주는 통계로 종종 언급되고 있다. 우리나라의 경제력에 비해 복지지출이 매우 적기 때문에 복지지출을 대폭 확대해야 한다는 주장을 하는 사람들이 즐겨 인용하는 통계이며, 이 통계만 가지고 판단하면 이러한 주장이 설득력이 있는 것도 사실이다.

OECD 국가의 공공사회복지지출에서 공적연금이 가장 큰 항목이며, 공공보건이 다음을 차지하고 있다. 2018년 OECD 국가가 공적연금에 평균적으로 GDP의 8.0%를 지출한 반면 우리나라는 3.0%에 불과하며, OECD 국가가 공공보건에 평균적으로 GDP의 5.7%를 지출한 반면 우리

〈표 11-1〉 주요 OECD 국가의 공공사회복지지출 추이

(단위: GDP 대비 비율)

	2010	2012	2014	2016	2017	2018
한국	8.2	8.7	9.7	10.5	10.6	11.1
호주	16.6	17.3	18.3	17.8	-	-
덴마크	28.6	28.7	28.8	28.7	28.1	28.0
핀란드	27.3	28.3	30.2	29.8	28.9	28.7
프랑스	31.0	31.4	32.2	32.0	31.8	31.2
독일	25.9	24.5	24.7	25.1	25.1	25.1
이탈리아	27.1	27.6	28.4	28.3	28.1	27.9
일본	21.3	22.2	21.9	-	-	-
네덜란드	17.8	18.2	18.1	17.5	17.0	16.7
노르웨이	22.0	21.4	22.8	25.7	25.3	25.0
스웨덴	26.3	26.5	26.8	26.4	26.1	26.1
스위스	15.1	15.3	15.5	15.9	16.1	16.0
영국	22.4	22.2	21.9	21.2	20.8	20.6
미국	19.4	18.8	18.8	18.9	18.9	18.7
칠레	10.4	10.1	10.3	11.0	10.9	-
멕시코	7.4	7.2	7.6	7.5	-	-
OECD 평균	20.6	20.3	20.3	20.5	20.2	20.1

출처: OECD 홈페이지, https://stats.oecd.org/Index.aspx?datasetcode=SOCX_AGG에서 2019년 9월 27일 인용.

나라는 4.3%에 불과하다(OECD, 2019: 2-3). 이는 공공사회복지지출의 GDP 대비 비중이 낮은 주된 원인이 공적연금제도에 있으며, 복지 선진국들과 달리 늦게 도입된 국민연금제도의 미성숙이 중요한 원인으로 작용하고 있음을 보여준다.

〈표 11-2〉 공공사회복지지출의 GDP 대비 비중 추계치

(단위: %)

		2018	2020	2030	2040	2050	2060
공공사회복지지출		11.1	12.1	16.3	20.8	25.3	28.6
일반재정	지출 (구성비)	4.2 (37.8)	4.4 (36.1)	4.9 (29.8)	5.1 (24.3)	5.0 (19.8)	4.8 (16.9)
사회보험	지출 (구성비)	6.9 (62.2)	7.7 (63.9)	11.4 (70.2)	15.8 (75.7)	20.3 (80.2)	23.8 (83.1)

주: 1) 일반재정은 중앙정부와 지방정부의 공공부조, 사회보상 및 사회서비스로 구성됨.
2) 사회보험은 국민연금, 공무원연금, 군인연금, 사학연금, 건강보험, 장기요양보험, 고용보험, 산재보험으로 구성됨.
출처: 사회보장위원회(2019)

〈표 11-2〉에 우리나라 공공사회복지지출의 GDP 대비 비중에 대한 추계치(2020~2060)가 정리되어 있다.[6] 일반재정은 중앙정부와 지방정부의 공공부조, 사회보상 및 사회서비스로, 사회보험은 5대 사회보험으로 구성되어 있다. 여기서 주목할 점은 추계시점(2018)의 제도가 유지되는 것을 가정했다는 것이다.[7] 제도 개선이 예정되어 있는 것도 고려하지 않았기 때문에 보수적 추정치임을 알 수 있다.

공공사회복지지출의 GDP 대비 비중은 2018년 11.1%에서 2040년 20.8%로 증가할 것으로 전망되는데, 이는 2018년 OECD 평균인 20.1%를 상회하는 수치다. 2040년 이후에도 빠른 증가 추세가 지속되어 2060년 28.6%가 될 것으로 예상되는데, 이는 2018년의 2.6배 수준이다. 여기서 흥미로운 점은 공공사회복지지출 증가의 대부분을 사회보험이 차지하

6) 이 추계는 국제비교가 가능하도록 OECD 공공사회복지지출의 9대 정책영역(〈표 11-3〉 참조) 기준으로 실시되었다.

7) 예를 들면 근로장려금과 자녀장려금 지출은 2018년 1조 7,537억 원(각각 1조 2,808억 원과 4,729억 원)에서 2019년 5조 276억 원(각각 4조 3,003억 원과 7,273억 원)으로 2.9배 급증했지만(대한민국 정책브리핑), 이 추계에 포함되지 않았다.

고 있다는 것이다. 사회보험 분야의 GDP 대비 지출은 2018년 6.9%에서 2060년 23.8%로 증가하고, 공공사회복지지출 총액에서 차지하는 비중 역시 2018년 62.2%에서 2060년 83.1%로 상승할 것으로 전망된다. 이처럼 사회보험 지출 비중이 급격히 증가하는 것은 인구고령화와 저성장 때문이다.[8] 반면 일반재정지출의 GDP 대비 비중은 2040년 5.1%로 상승한 후 하

〈표 11-3〉 정책영역별 GDP 대비 복지지출(지방자치사업비 제외) 비중 추계치

(단위: %)

구분	OECD 평균 (2015)	2018	2020	2030	2040	2050	2060
합계	19.9	10.7	11.7	15.9	20.5	24.9	28.2
보건	5.3	4.2	4.8	7.1	9.7	12.2	13.6
노령	7.0	2.9	3.3	4.9	6.7	8.6	10.4
유족	0.9	0.3	0.3	0.4	0.6	0.7	0.8
가족	2.0	1.0	1.1	1.1	1.0	0.9	0.8
실업	0.7	0.3	0.4	0.4	0.4	0.4	0.4
근로무능력	1.9	0.6	0.6	0.7	0.7	0.7	0.6
주거	0.3	0.1	0.1	0.1	0.1	0.1	0.1
ALMP	0.4	0.7	0.6	0.6	0.6	0.6	0.6
기타	0.5	0.6	0.6	0.7	0.7	0.8	0.7

주: 1) 지방자치단체의 자체복지 사업비는 9개 기능별로 분류할 수 없어 제외했기 때문에 〈표 11-2〉보다 낮은 수치로 추계됨.
2) ALMP는 Active Labor Market Program(적극적 노동시장 프로그램)임.
출처: 사회보장위원회(2019)

8) KDI의 2018년 거시경제변수 전망에 따르면 실질경제성장률이 2041~2050년 1.0%, 2051~2060년 0.8%로 하락할 것으로 전망한다(사회보장위원회, 2019).

락하여 2060년에는 4.8%에 그칠 것으로 전망된다.

〈표 11-3〉에는 GDP 대비 9대 정책영역별 복지지출 비중 추계치가 정리되어 있다. 여기서 눈에 띄는 것은 보건, 노령 및 유족 분야의 지출이 급증하는 반면 가족과 적극적 노동시장정책 분야는 오히려 하락한다는 사실이다. 보건과 노령 분야의 합이 2060년 24.0%에 달해 복지지출의 대부분을 차지하게 되는데, 이는 주로 고령화에 따른 공공보건지출과 연금지출의 증가에 기인한다. 또한 주로 사회보험의 유족연금으로 구성되는 유족 분야 지출의 GDP 대비 비중 역시 고령화의 영향을 받아 빠른 속도로 증가한다. 반면에 자녀양육 같은 가족 분야 지출은 하락하는데, 이는 주로 저출산에 따른 유소년 인구 감소에 기인한다. 또한 적극적 노동시장 프로그램의 지출 역시 소폭 하락할 것으로 예상된다.

〈표 11-4〉에는 의무지출과 재량지출의 GDP 대비 비중에 대한 추계치가 정리되어 있다. 여기서 눈에 띄는 것은 복지지출 총액에서 차지하는 의무지출 비중이 지속적으로 증가하여 2060년 94.4%로 상승하는 반면 재량지출 비중은 지속적으로 하락하여 5.6%에 불과하다는 점이다. 이는 시간이 흐를수록 정부지출에서 경직성이 강화되면서 유연성이 결여되는 것을

〈표 11-4〉 의무지출과 재량지출(지방자체사업비 제외)의 GDP 대비 비중 추계치

(단위: %)

	2018	2020	2030	2040	2050	2060
합계	10.7	11.7	15.9	20.5	24.9	28.2
의무지출 (구성비)	9.1 (84.8)	10.2 (87.2)	14.3 (90.1)	18.9 (92.2)	23.3 (93.6)	26.6 (94.4)
재량지출 (구성비)	1.6 (15.2)	1.5 (12.8)	1.6 (9.9)	1.6 (7.8)	1.6 (6.4)	1.6 (5.6)

주: 지방자치단체의 자체복지 사업비는 9개 기능별로 분류할 수 없어 제외했기 때문에 〈표 11-2〉보다 낮은 수치로 추계됨.
출처: 사회보장위원회(2019)

〈표 11-5〉 한국과 EU 국가 공공사회복지지출의 GDP 대비 비중과 노인인구 비중 추계치

(단위: GDP 대비 비율, %)

	2020	2030	2040	2050	2060
한국	12.1 (15.7)	16.3 (25.0)	20.8 (33.9)	25.3 (39.8)	28.6 (43.9)
덴마크	26.7 (19.8)	26.4 (22.0)	26.8 (23.8)	26.8 (24.1)	26.8 (26.3)
핀란드	30.0 (22.3)	32.0 (25.2)	31.8 (25.7)	31.1 (26.6)	31.5 (28.2)
프랑스	30.9 (20.4)	31.5 (23.6)	31.5 (25.6)	30.3 (25.6)	29.0 (25.1)
독일	23.8 (21.9)	25.6 (26.1)	26.7 (28.7)	27.3 (29.5)	27.7 (30.6)
이탈리아	27.8 (23.2)	29.5 (27.4)	31.6 (32.3)	31.0 (33.8)	29.1 (33.3)
노르웨이	30.2 (17.5)	31.8 (20.2)	33.1 (22.7)	34.0 (23.8)	35.4 (25.8)
스웨덴	24.0 (20.2)	24.4 (21.3)	24.5 (22.3)	24.6 (22.7)	25.7 (24.7)
영국	22.6 (18.6)	23.5 (21.3)	24.8 (23.2)	24.9 (23.9)	25.9 (25.4)
EU 평균	24.8 (20.5)	25.7 (24.1)	26.8 (27.1)	26.9 (28.5)	26.8 (29.0)

주: (○○)는 노인인구 비중

출처: 통계청 장래인구추계(2017년 기준), 사회보장위원회(2019) 및 European Commission(2018)

보여주며, 유연한 재정 운영이 어렵게 됨에 따라 국가 부채 관리에서의 어려움이 가중될 것임을 시사한다.

우리나라 공공사회복지지출의 GDP 대비 비중은 2050년대 후반에 EU 평균을 추월하고, 2060년에는 28.6%에 달해 EU 평균(26.8%)보다 높

을 것으로 전망된다(〈표 11-5〉 참조). 2060년의 우리나라 비중(28.6%)은 덴마크(26.8%), 독일(27.7%), 스웨덴(25.7%) 및 영국(25.4%)보다 높으며, 공공사회복지지출 비중이 매우 높은 핀란드(31.5%), 프랑스(29.0%), 이탈리아(29.1%), 노르웨이(35.4%)에 근접한 수치다. 한편 65세 이상의 노인인구 비중은 2060년 43.9%인데, 이는 EU 평균(29.0%)보다 월등히 높을 뿐만 아니라 주요 EU 국가와 비교할 수 없을 정도로 높은 수치다. 초고속으로 진행되는 고령화와 성장 잠재력 잠식에 따른 경제성장 둔화 때문에 공공사회복지지출의 GDP 대비 비중이 가파르게 상승할 것으로 전망된다.

3.
독일의 국민연금제도 개혁 추이

1891년 16세 이상의 생산직 근로자를 가입대상으로 하여 비스마르크(Otto von Bismarck) 수상에 의해 세계 최초의 공적연금으로 도입된 생산직근로자연금제도는 취업능력 상실과 고령으로 인한 빈곤을 예방하고 은퇴의 꿈을 실현할 수 있는 가능성을 제공했다.[9] 폐질보험과 노령보험에 관한 법률(Gesetz betreffend der Invaliditäts-und Alterssicherung)에 의거하여 취업능력 상실 시 지급하는 폐질연금의 수급요건은 200주 이상 가입하고 근로능력을 2/3 이상 상실한 것이었으며, 노령연금 수급요건은 매우 엄격하여 1,200주 이상 가입하고 71세 이상이었다. 또한 제도 도입 초기에는 유족연금이 없었기 때문에 연금수급자는 대부분 폐질연금 수급자였다. 적립방식(Funded System)의 재정방식을 적용했고, 노사가 보험료를 절반씩 부담하면 연방정부는 연금수급자 1인당 연 50마르크를 지원했다(Frerich, 1990: 80-81). 급여는 기초보장 수준으로 낮았고, 물가 상승을 반영하여 연금액을 인상하는 물가연동제(indexation)가 도입되지 않았기 때문에 인플레이션이 발생하면 연금수급자

9) 사회보험제도가 도입된 사회적 배경에 대해서는 윤조덕 외(2008: 63-65) 참조.

는 노인빈곤에 처할 수밖에 없었다. 이러한 상황은 바이마르 공화국을 거쳐 나치 시대까지 지속되었다.

제2차 세계대전 후 서독에 도입된 경제체제인 사회적 시장경제(Social Market Economy) 이념을 현실에 적용한 에르하르트(Ludwig Erhard)는 경제부 장관 시절 통제경제적 요소를 폐지하고 경제활동의 자유와 중앙은행의 독립 보장 및 경쟁제한금지법 제정 같은 중요한 질서정책적 제도를 구축했다.[10] 이러한 조치에 힘입어 1950년대에 평균 7%의 고도성장과 함께 1950년대 말에는 완전고용을 달성했다(김적교 외, 1999: 57-60). 취업자는 소득 상승을 통해 경제성장의 과실 분배에 참여할 수 있었지만, 분배 과정에서 배제된 퇴직자들은 빈곤에 처해 있었다. 또한 제1차 세계대전 후 발생한 초고속 인플레이션으로 기금에서 보유한 화폐가치가 폭락하고 제2차 세계대전의 여파로 실물자산이 파괴되어 축적한 기금이 절대적으로 부족했으며, 그 결과 연금 수준도 낮았다.[11]

1957년의 '국민연금 대개혁(Groβe Rentenreform)'에서 패러다임 전환이 이루어졌고, 노후생활의 완전보장을 목표로 설정했다. 제도 도입 후 유지해오던 정액의 기초부문과 소득비례부문으로 구성된 연금산식을 소득비례부문으로 통일함으로써 보험 성격이 강한 소득비례연금이 되었다.[12] 또한 연금이 임금을 대체하는 기능을 수행하도록 임금상승에 맞추어 인상시킴으로써(wage indexation) 연금수급자가 경제성장의 과실 분배에 참여할

---

10) 사회적 시장경제의 핵심은 경제활동에서 자유의 원칙과 사회적 형평의 원칙을 결합한 이념이다(김적교 외, 1999: 43).

11) 수급 연령에서의 급여 수준이 낮은 상태에서 정기적 연금 인상이 이루어지지 않아 시간이 흐를수록 노인빈곤이 심화되었고 광범위하게 존재했다. 반면에 라인강의 기적으로 알려진 빠른 경제성장 덕분에 취업자의 소득은 급증했고, 그 결과 취업자와 은퇴자 간의 빈부 격차가 확대되었다.

12) 한편 소득재분배 목적으로 양육, 군복무, 교육, 실업 및 질병 등에 다양한 크레딧을 제공함으로써 개인 특성을 반영하여 연금액이 인상되도록 했다.

수 있게 되었다. 이 제도 변경을 통해 연금액은 1957년 60% 이상 인상되었고, 1957~1969년에는 임금이 115.7% 상승할 때 연금도 110.5% 인상되었다.[13] 노인 계층의 빈곤 해소는 집권세력에 대한 이들의 정치적 지지로 연결되었고, 그 덕분에 서독 건국의 아버지로 추앙받는 아데나워(Konrad Adenauer) 수상은 재무장과 징병제 도입으로 추락한 인기를 단번에 만회하고 1957년 치러진 연방하원선거에서 독일 역사상 전무후무하게 단일정당(CDU/CSU)으로 다수의석을 차지하는 정치적 성공을 거두었다. 높은 출산율에 따른 안정적 인구구조와 빠른 경제성장은 부과방식(Pay-As-You-Go System)으로 전환된 제도에서 높은 수준의 노후소득 보장을 가능하게 했으며, 이를 통해 노인빈곤 문제를 해결할 수 있었다.

그러나 부과방식으로 운영되면서 높은 수준의 급여를 제공하는 국민연금제도는 1970년대 이후 발생한 경기침체로 임금상승이 둔화되었고, 높은 실업률로 보험료 납부자 수가 줄어들었으며, 고령화가 진행된 서독에서 지속되기 어려웠다. 1980년대 중반에 이러한 상황에서 재정방식을 적립방식으로 전환하자는 근본적 개혁(fundamental reform)을 주장하는 사람과 현행 제도의 틀을 유지하면서 모수적 개혁(parametric reform)을 주장하는 사람 간에 치열한 논쟁이 있었고, 후자가 국민적 공감대를 얻어 모수적 개혁을 실시하게 되었다.[14] 제2차 세계대전 후 재정안정화 목적으로 실시된 최초의 개혁인 '국민연금 개혁 1992'에서는 지출을 줄이기 위해 가입기간으로 인정해주는 교육기간을 축소했고, 실업자와 여성의 연금수급 개시연령을 65세로 인상했으며, 조기연금 수급자의 연금액을 삭감(월 0.3%)하는 반면 지급을

13) https://de.wikipedia.org/wiki/Rentenreform_1957

14) 적립방식으로의 전환을 주장한 대표적 학자는 노이만(Neumann, 1987)이고, 모수적 개혁을 주장한 대표적 학자는 슈맬(Schmähl, 1991)과 당시 연방노동사회부 장관이던 블륌(Nobert Blüm)이다.

연기하면 연금액을 가산(월 0.5%)하는 제도를 도입했다. 또한 보험료율이 상승하면 자동으로 연금 인상을 억제하도록 연금산식을 변경하고, 연방정부 보조금이 증가하도록 하여 단기재정 위기를 극복하고자 했다. 이는 임기응변식 단기처방임을 알 수 있다.

이러한 땜질식 처방은 1990년 10월 3일 통일이 이루어진 후 구동독 지역의 높은 실업률과 조기퇴직에 따른 비용 증대, 유럽통합의 진전으로 경쟁력 확보를 위해 기업의 생산비를 낮춰야 할 필요성, 유로존 창출을 위해 정부적자를 축소해야 할 필요성 때문에 한계에 처하게 되었다(Bonoli 외, 2008: 27). 이러한 경제 생태계 변화에 대응하기 위해 새로이 집권한 사민당과 녹색당 연립정부는 2001년 3월 21일 연방하원에서 통과된 노령자산보충법률(Altersvermögensergänzungsgesetz)을 통해 '국민연금 개혁 2001'을 실시했다. 이를 계기로 독일 공적연금에서 처음으로 급여 수준 유지보다 재정안정을 중시하는 패러다임 전환이 이루어졌다(Reimann, 2004: 320). 재정안정을 위해 보험료율이 2020년까지 20%, 2030년까지 22%를 초과하지 못하도록 상한을 설정하고, 급여 안정을 위해 45년 가입자 기준 순연금 대체율이 67% 이하로 떨어지지 않도록 했다. 또한 공적연금에 의존해 노후소득을 보장하는 것에서 탈피하여 사적연금이 공적연금을 보충하도록 완전적립방식의 민영보험인 리스터연금을 도입했다. 최고보험료율을 도입한 것은 독일이 통일 후유증 등으로 유럽의 병자로 조롱받던 상황에서 생산기지로서의 국제경쟁력을 확보하려면 국민연금 보험료율이 20%를 넘지 않도록 해야 한다는 데 정책 설계자 간에 공감대가 형성되었기 때문이다.[15]

2000년대 들어 독일의 경제 상황은 더욱 악화되어 2002년 0%, 2003년에는 −0.4%의 경제성장률을 기록했다. 슈뢰더(Gerhard Schröder) 수상

---

15) '국민연금 개혁 2001' 도입 과정에 대한 논의는 듄(Dünn 외, 2001) 참조.

은 통일 후유증뿐만 아니라 세계화와 EU 통합의 진전, 산업구조 변화 및 고령화 때문에 기존의 노동시장정책, 사회보장정책 및 산업정책으로는 한계가 있음을 지적하고, 이를 극복하기 위해 노동시장제도와 사회보장제도 개혁으로 대표되는 하르츠(Hartz) 개혁을 실시했다. 이러한 맥락에서 '국민연금 개혁 2004'를 이해할 수 있다. 취업자 감소와 기대여명 증가로 법률에 규정된 최고보험료율(2020년까지 20%, 2030년까지 22%)을 준수할 수 없을 것으로 예상되자 연금산식에 지속 가능성 요소(sustainability factor)를 도입했다. 지속 가능성 요소는 변화된 인구구조와 노동시장 상황이 연금액에 반영될 수 있도록 국민연금 가입자 수에 대한 연금수급자 비율을 통해 연금액을 조정하는 장치다. 기대여명 증가로 연금수급자 수가 늘어날수록, 그리고 출생아 수와 취업률이 낮아져 가입자 수가 감소할수록 연금액이 줄어들도록 설계했다.[16] 지속 가능성 요소는 노동시장 상황이 악화되고 저출산 · 고령화가 진행되면 정치권의 개입 없이 자동으로 급여가 삭감되도록 한다. 독일에서는 매년 연금을 재산정하기 때문에 연금산식을 변경하면 신규 연금수급자뿐만 아니라 기존 연금수급자도 영향을 받게 된다.[17]

이어서 2007년 5월 9일 연방하원에서 통과된 '연금수급연령변경법(RV-Altersgrenzenanpassungsgesetz)'에 의한 '국민연금 개혁 2007'에서 연금수급 개시연령을 65세에서 2012년부터 단계적으로 인상하여 2030년 67세를 적용토록 했다. 이는 기대여명 증가에 따른 연금수급 기간의 연장을 상쇄하려는 목적으로 도입되었다. 참고로 국민연금 보험료율은 2018년 1월 이후 18.6%이고, 2017년의 경우 총지출에서 차지하는 연방보조금 비중은 26.6%였으며, 국민연금에 대한 연방보조금이 연방정부 지출에서 차지하는

16) 이에 대한 상세한 내용은 김상호(2014: 45-49) 참조.

17) 우리나라에서는 연금수급을 시작할 때만 연금산식에 따라 연금액을 산정하고, 그 이후에는 매년 소비자물가상승률만큼 연금액을 인상한다.

비중은 20.6%였다(BMAS, 2018: 493).

독일의 개혁에서 다음과 같은 시사점을 도출할 수 있다. 첫째, 낮은 경제성장률을 포함한 경제사회 환경과 인구구조의 급격한 변화에 대응하기 위해서는 소득대체율 유지를 통한 급여 수준 안정화보다 재정안정을 중시해야 한다. 둘째, 우리나라 국민 대부분은 국민연금의 보험료율 인상이 불가피하다는 것은 알고 있지만 미래에 어느 수준까지 인상될지 불안해하고 있다. 이러한 불안을 해소하기 위해 기간별 보험료율 상한을 도입할 것을 검토할 필요가 있다. 셋째, 인공지능, 로봇기술 및 생명과학을 중심으로 전개되는 4차 산업혁명 시대에 산업구조 변화는 불가피하며, 기계가 인간의 일자리를 대체하여 실업률이 증가하고, 저출산 · 고령화의 진행으로 인구구조는 역피라미드 형태가 되며, 성장 잠재력 잠식으로 경제성장률이 1% 이하로 떨어질 것으로 전망된다. 이 경우 국민연금 재정은 구조적 위기에 처할 수밖에 없고, 보험료 인상과 급여 삭감에 대한 논의는 우리 사회의 분열을 초래할 수 있다. 이를 예방하기 위해 노동시장 상황과 인구구조 변화를 반영하여 급여를 자동으로 조정할 수 있는 지속 가능성 요소(자동안정화 장치)를 도입할 필요가 있다.

4. 국민연금제도의 주요 문제점

1) 넓은 사각지대

2018년 말 기준 국민연금 가입자는 2,231만 명이며, 남자 55.3%, 여자 44.7%로 구성되어 있다(〈표 11-6〉 참조). 국내에 거주하는 18세 이상 60세 미만인 자는 국민연금 가입대상이지만(국민연금법 제6조), 소득이 없는 전업주부, 실업자, 학생, 병역의무 수행자 및 휴직자 등은 납부예외자로 보험료 납부를 면제받을 수 있다(동법 제9조). 이러한 납부예외자가 370만 명인데, 납부예외자는 은퇴 후 연금을 수급하지 못할 가능성이 높기 때문에 국민연금 적용에서 중요한 사각지대다. 또한 지역가입자로 소득을 신고한 가입자 중에서도 보험료를 장기 체납한 가입자가 상당수 있는데, 이들 역시 연금을 수급하지 못할 가능성이 있기 때문에 국민연금 사각지대는 넓어지게 된다.

2017년 12월 말 기준으로 국민연금 보험료 납부자는 1,659만 명, 특수직역연금 가입자는 162만 명이다(〈표 11-7〉 참조). 공적연금에 가입하여 보험료를 납부한 사람은 1,821만 명으로 18세부터 59세까지 인구의 55.8%에 해당한다. 비경제활동인구, 공적연금 비적용자, 납부예외자 및 장기체납

〈표 11-6〉 국민연금 가입 현황(2018년 말 기준)

(단위: 명, %)

	합계	사업장 가입자	지역가입자		임의 가입자	임의계속 가입자
			소득신고자	납부예외자		
총계	22,313,869 (100.0)	13,817,963	3,993,598	3,701,287	330,422	470,599
남자	12,347,796 (55.3)	8,060,328	2,010,844	2,057,605	49,660	169,359
여자	9,966,073 (44.7)	5,757,635	1,982,754	1,643,682	280,762	301,240

출처: 국민연금공단(2019: 48-49)

〈표 11-7〉 공적연금 가입실태와 사각지대 현황(2017년 12월 말 기준)

<table>
<tr><td colspan="6">18~59세 총인구 3,263만 2천 명 (100%)</td></tr>
<tr><td rowspan="5">비경제활동인구
929만 3천 명</td><td colspan="5">경제활동인구 2,333만 8천 명</td></tr>
<tr><td rowspan="4">공적연금
비적용자
23만 9천 명</td><td colspan="4">공적연금 적용자 2,309만 9천 명</td></tr>
<tr><td colspan="3">국민연금 적용대상 2,147만 9천 명</td><td rowspan="3">특수직역연금
162만 명</td></tr>
<tr><td rowspan="2">납부예외자
385만 2천 명</td><td colspan="2">소득신고자
1,762만 7천 명</td></tr>
<tr><td>장기체납자
103만 6천 명</td><td>보험료
납부자
1,659만 1천 명</td></tr>
<tr><td>28.48%</td><td>0.73%</td><td>11.81%</td><td>3.17%</td><td>50.84%</td><td>4.96%</td></tr>
<tr><td colspan="4">소계
1,442만 8천 명 (44.19%)</td><td colspan="2">소계
1,821만 1천 명 (55.81%)</td></tr>
</table>

주: 1) 국민연금 적용대상은 사업장가입자, 지역가입자 및 임의가입자를 포함하고 임의계속가입자는 제외한 수치임.
2) 장기체납자는 13개월 이상 체납자임.
3) 공적연금 비적용자(=경제활동인구-공적연금 적용자)에 실업자 중 일부 포함됨.
출처: 국민연금공단(2018: 21)

자는 공적연금에 보험료를 납부하지 않기 때문에 은퇴 후 연금 사각지대에 빠지게 될 가능성이 높다. 18세 이상 59세까지의 인구 중 은퇴 후 공적연금을 수급할 것으로 예상되는 인구 비중이 55.8%에 불과하고, 44.2%는 연금 사각지대에 처하게 될 것으로 예상된다. 이처럼 비경제활동인구가 국민연금 적용대상에서 원천적으로 배제되고, 대규모의 납부예외자와 장기체납자가 존재하여 적용의 사각지대가 넓은 것이 국민연금이 가지고 있는 중요한 문제점 중의 하나다.

2) 장기재정 위기

2018년 발표된 제4차 재정계산에서 통계청 중위 인구전망에 따른 기본안의 경우 2042년 수지적자가 발생한 후 2057년에 적립기금이 소진될 것으로 전망되었다. 적립기금이 고갈되는 2057년에 부과방식으로 전환할 경우 재원조달에 필요한 보험료율은 24.6%가 될 것으로 추정되었다. 2019년 7월 초 국민연금 기금이 700조 원을 돌파했지만, 적립기금의 GDP 대비 비중은 2034년 48.2%를 정점으로 기록한 후 지속적으로 감소하여 2057년에 고갈될 전망이다(보건복지부, 2018: 2, 43). 이는 국민연금이 장기재정 위기에 처해 있음을 보여준다.

연구자는 수지상등에 필요한 균형보험료율 수준을 알아보기 위해 남자가 2021년 25세에 신규로 가입하여 30년간 평균소득월액에 해당하는 보험료를 납부하는 것을 가정하고 현행 규정을 적용하여 분석했다. 분석에 필요한 거시경제 변수로 2018년 실시된 제4차 재정계산에서 적용한 임금상승률과 이자율을 사용할 경우, 그리고 제4차 재정계산에서 적용한 임금상승률 및 임금상승률과 같은 수치를 이자율로 사용할 경우로 구분하여 계산했다.[18] 제4차 재정계산의 임금상승률과 이자율을 사용하면 균형보험료율이 25.0%로, 제4차 재정계산의 임금상승률 및 임금상승률과 같은 수치를 이자율로 사용하면 균형보험료율이 20.4%로 조사되었다(김상호, 2019: 90). 이는 국민연금이 수지상등을 유지하여 지속 가능성을 확보하기 위해서는 보험료율을 현행의 9%보다 2배 이상 인상해야 함을 보여준다. 또한 소득대체율을 낮추고 연금 수급 연령을 늦춘 개혁에도 불구하고 재정안정화 효과가 미흡함을 알 수 있다.

아울러 연구자는 기대여명 증가가 재정에 미치는 영향을 분석하기 위해 국민연금제도가 도입된 1988년의 기대여명을 적용할 때의 수익비와 최근 통계청에서 발표한 장래생명표를 적용할 때의 수익비를 비교했다. 수익비 산출에 필요한 연금액과 보험료를 계산할 때 제4차 재정계산의 임금상승률 및 임금상승률과 동일한 수치를 이자율로 사용했다. 1988년 완전생명표에 따르면 2021년 신규가입자가 수급개시연령(65세)에서 기대할 수 있는 수급 기간은 12년인 반면, 2017년 통계청이 발표한 장래생명표에 따르면 26년이다. 1988년 완전생명표와 2017년 장래생명표에서 예상되는 수급기간 차이를 고령화에 기인하는 연장된 수급기간으로 이해할 수 있다. 〈표 11-8〉에 따르면 2017년 통계청이 발표한 장래생명표를 적용할 경우 1을 상회하는 수익비의 86.6%가 기대여명 증가에 기인한다. 이는 현행 국민연금 재정불균형의 주된 원인이 인구학적 요인인 기대여명 증가에 기인하는 것을 보여준다.

김영삼 정부 시절 정부가 국민연금 기금을 공공기금으로 편입하여

18) 연구자가 대안으로 제4차 재정계산의 임금상승률과 동일한 수치를 이자율로 사용한 것은 제4차 재정계산에서처럼 미래의 모든 기간에 대해 이자율보다 임금상승률을 높게 설정하면 동일한 가입 조건을 적용해도 연금 개혁의 영향을 더 많이 받게 되는 2021년 신규가입자의 연금액이 2008년 가입자보다 많게 산정되는 모순이 발생하기 때문이다.

〈표 11-8〉 1988년과 2017년 기대여명 적용 시의 연금액, 보험료 및 수익비

(단위: 1천 원)

1988년 기대여명 적용	
연금액(A)	95,442
보험료(B)	81,388
수익비(A/B)	1.17
현행 기대여명 적용 시의 수익비(C)	2.27
1988년 기대여명 적용 시의 수익비(D)	1.17
수익비 차이(E=C-D)	1.10
[E/(C-1)]×100	86.6%

주: 1) 계산의 기준시점은 2019년이며, 노령연금만 산정하고 유족연금은 포함시키지 않았음.
2) 현행 기대여명 적용 시의 수익비 2.27은 〈표 11-9〉 참조.

SOC사업에 투자하도록 함으로써 국민연금 가입자에게 피해를 입힌 것과 유사하게 국민연금 기금을 저출산 극복을 위한 사업에 투자할 것을 주장하는 사람이 있다. 주은선 외(2017: 348)는 저출산 문제 완화를 위해 보육시설과 육아시설에 대한 지원 및 여성일자리 창출 등의 분야에 국민연금 기금을 투자할 것을 제안했다. 또한 2016년 3월 4일 더불어민주당은 '국민연금 기금 공공투자' 총선공약을 발표하고, 국민연금 기금의 일부를 장기공공임대주택 및 보육시설에 투자하는 계획을 밝혔다. 국민연금 가입자의 노후소득 보장을 위해 축적한 기금을 정부에서 추진하는 사업에 사용하려는 것은 가입자의 국민연금 제도에 대한 신뢰를 훼손할 뿐만 아니라 강한 반발에 직면하게 될 것이다. 또한 기금 고갈에 대비하여 보험료율 인상의 필요성을 주장하는 논리의 정당성마저 훼손하는 것이다.

2019년 7월 스튜어드십 코드라는 '수탁자 책임에 관한 원칙'이 국민연금에 도입되었다. 스튜어드십 코드의 실행방안을 구체화하려고 국민연금

이 주주권을 행사할 수 있는 대상과 절차를 구체화하기 위해 보건복지부가 마련한 규정이 '국민연금 경영참여 목적 주주권행사 가이드라인(지침)'인데, 이의 법적 정당성에 대해 비판이 제기되었다(한국경제, 2019. 11. 25). 즉 국민연금이 이사 해임까지 요구할 수 있게 되는 등의 경영개입을 가능하게 함으로써 '연금사회주의 제도화'가 진행되고 있다는 것이다. 현실에서 국민연금이 5% 이상의 주식을 보유한 상장사가 300개에 달해 실제로 모든 국내 상장사에 영향을 미칠 수 있다. 국민연금의 주주권 행사가 가입자의 이익이 아닌 정치적 목적으로 이루어질 수 있어 '연금사회주의' 가능성에 대한 우려가 제기되고 있다.

3) 소득재분배 효과의 미비

현행 제도에서 2021년 25세로 신규 가입하여 30년 동안 평균소득월액에 상응하는 소득으로 보험료를 납부하는 남자 가입자를 대상으로 분석한 연금액, 보험료, 수익비 및 순이전액이 〈표 11-9〉에 정리되어 있다. 평균소득자의 수익비가 2.27로 산정되었는데, 이는 본인이 납부한 보험료보다 2.27배 많은 연금을 수급할 수 있음을 의미한다. 또한 순이전액이 1억 370만 원으로 조사되었다. 소득 수준에 관계없이 모든 가입자가 약 1억 원의 순이전액을 기대할 수 있는 것으로 분석되었는데, 순이전액은 후세대로부터의 이전을 통해 충당되어야 하기 때문에 세대 간 소득재분배의 형평성이 담보되지 않은 것을 보여준다.

또한 저소득층일수록 수익비가 높지만, 순이전액은 고소득층일수록 많은 것을 알 수 있다. 이는 순이전액 기준으로 평가할 때 직장이 안정된 고소득층일수록 후세대 부담으로 더 많은 이익을 볼 수 있는 구조이기 때문에 소

〈표 11-9〉 국민연금의 소득계층별 세대 내 소득재분배 효과

(단위: 1천 원)

소득 수준	연금액(A)	보험료(B)	수익비(A/B)	순이전액(A-B)
0.2배	110,316	16,278	6.78	94,039
0.5배	138,358	40,694	3.40	97,664
1배	185,094	81,388	2.27	103,705
1.5배	231,830	122,083	1.90	109,747
1.8배	259,871	146,499	1.77	113,372

주: 1) 계산의 기준시점은 2019년이며, 노령연금만 산정하고 유족연금은 포함시키지 않았음.
2) 소득 수준은 평균소득월액 대비 비율임.
3) 평균소득월액 대비 연금액은 기준소득월액이 평균소득월액의 0.2배일 때 0.60배, 평균소득월액의 0.5배일 때 0.75배, 평균소득월액의 1.5배일 때 1.25배, 평균소득월액의 1.8배일 때 1.40배임.
출처: 김상호(2019: 95)

득계층별 세대 내 소득재분배 관점에서 문제가 있음을 보여준다. 특히 국민연금 적용의 사각지대에 처해 있는 다수의 취약계층은 후세대 부담으로 이익을 보는 소득재분배 과정에 참여하지도 못한다. 이처럼 현행 국민연금제도는 세대 간 및 소득계층별 세대 내 소득재분배에 문제가 있다.

시장소득으로 측정한 지니계수와 조세 및 소득이전지출 후의 처분가능소득으로 측정한 지니계수를 비교하여 소득재분배정책의 효과를 측정할 수 있는데, 우리나라의 지니계수 개선효과는 2016년의 경우 OECD 국가 평균의 1/3에 불과했다. 이는 물론 부가가치세 같은 간접세의 비중이 높고 교육서비스처럼 복지서비스가 저소득층에 집중적으로 제공되지 못하는 것뿐만 아니라 국민연금의 소득재분배 효과가 거의 없는 것에 기인한다.[19)]

19) OECD Home Page, Government at a Glance-2019 edition.

5. 결론 및 시사점

본 연구의 분석 결과로부터 다음과 같은 시사점을 도출했다. 첫째, 현행의 국민연금제도에서 수지상등의 원칙이 심각하게 훼손됨에 따라 재정 안정성이 확보될 수 없다. 또한 소득대체율을 높이면서 보험료율 인상폭을 제한하면 직장 안정성과 소득이 높은 가입자일수록 높은 순이전액을 기대할 수 있기 때문에 현행 제도에서 발생하는 소득재분배의 모순을 해결할 수 없다. 따라서 보험료율 인상이 필수이며, 큰 폭의 보험료율 인상 없이 소득대체율을 상향조정 하는 것은 지양해야 한다. 큰 폭의 보험료율 인상 없이 소득대체율을 높이는 것은 후세대의 부담을 높이면서 소득과 직장 안정성이 높은 정규직 근로자와 소득과 직장 안정성이 낮은 비정규직 가입자 간의 노후소득 양극화를 심화시킬 것이기 때문에 문제가 있다. 특히 취약계층이 국민연금 적용에서 배제되어 세대 간 소득재분배에 참여하지 못하는 현실을 고려하면 이는 더욱 설득력이 있다. 둘째, 재정불균형의 주된 원인이 인구학적 요인에 기인하기 때문에 기대여명 증가에 따른 인구구조 변화를 급여 산식에 반영하는 자동안정화 장치(지속 가능성 요소) 도입을 적극 검토해야 한다. 셋째, 현행 제도에서는 가입기간이 길수록 연금액이 정비례하여 증가하도록 급여산식이 설계되어 있어서 직장 안정성이 높은 장기가입자일수록 유리하다. 이는 소득계층별 재분배 효과를 약화시키기 때문에 개선할 필요가 있다. 넷째, 현재 대규모의 납부예외자와 장기체납자 등으로 적용에 있어 넓은 사각지대가 존재한다. 취약계층의 보험료 납부에 대한 유인을 강화하기 위해 두루누리 사회보험료 지원 사업을 활성화하고, 출산과 병역에 대해 제공하는 크레딧을 확대할 필요가 있다. 다섯째, 장기재정의 불안정성 때문에 특히 젊은 세대에서 국민연금에 대한 불신이 깊다. 이를 해소하기 위해 장기재정 안정성 확보를 위한 장기계획을 수립하고 기간별 최고보험료율을 설정하여 미래에 대한 불안감을 해소할 필요가 있다. 여섯째, 국민연금 기금을 저출산 대응정책에 전용하고, 국민연금 기금을 통해 기업 경영에 과도하게 개입하는 것은 '연금사회주의' 비판을 받을 수 있기 때문에 절제된 의결권 행사가 필요하다. 일곱째, 소득 양극화 현상을 완화하고 빈곤율을 낮추기 위해 복지지출의 확대는 필요하다. 그러나 세계에서 유례가 없을 정도의 급속한 고령화와 낮은 경제성장률 때문에 복지지출의 GDP 대비 비중이 급증할 것이 예상되는 상황에서 복지지출 확대 속도를 조절해야 한다. 특히 우리나라 사회보장제도의 지속 가능성을 위협할 요인으로 작용할 것으로 예상되는 공적연금과 건강보험의 지출을 억제할 메커니즘을 구축할 필요가 있다.

참고문헌

국내문헌

국민연금공단(2019). 『2019년 제31호 국민연금통계연보』

_______(2018). 『2017 국민연금 생생통계』

국민연금사편찬위원회(2015). 『실록 국민의 연금』. 국민연금공단 국민연금연구원.

국민연금재정추계위원회(2008). 『2008 국민연금 장기재정추계 및 운영개선방향』

_______(2013). 『2013 국민연금재정추계: 국민연금 장기재정추계, 국민연금제도 및 기금운용 개선방향』

김상호(2014). "독일 국민연금제도의 개혁과 시사점: 연금산식을 중심으로". 『사회보장연구』 제30권 제4호. 한국사회보장학회.

_______(2019). "국민연금 재정불균형과 개혁(안)의 소득재분배 효과: 대표가입자 분석을 중심으로". 『재정학연구』 제12권 제4호: 79-104.

김상호 · 유지성(1999). "공적연금제도 재정방식의 경제정책적 시사점: 적립방식과 부과방식의 효율성을 중심으로". 『경제학연구』 제47집 제3호: 165-185.

김적교 · 김상호(1999). 『독일의 사회적 시장경제』. 한국경제연구원.

보건복지부(2018). 『제4차 국민연금 재정계산을 바탕으로 한 국민연금 종합운영계획』

사회보장위원회(2019). 『제3차 중장기 사회보장 재정추계』

윤조덕 · 김상호 · 박정란(2008). 『사회보험과 노동조합의 역할』. 한국노동연구원.

주은선 · 권혁진 · 김우창 외(2017). 『국민연금의 발전적 재구성』. 공적연금강화국민운동.

통계청(2017). 장래인구추계(2017년 기준). 통계청 홈페이지.

국외문헌

Bonoli, Giuliano & Palier, Bruno (2008). *When Past Reforms Open New Opportunities: Comparing Old-age Insurance Reforms in Bismarckian Welfare Systems*, in Palier, Bruno & Martin, Claude(eds), Reforming the Bismarckian Welfare Systems, Blackwell Publishing, pp. 20-39.

Bundesministerium für Arbeit und Soziales (BMAS) (2018). Übersicht über das Sozialrecht.

Dünn, S. & Fasshauer, S. (2001). Die Rentenreform 2000/2001 - Ein Rückblick, Deutsche Rentenversicherung pp. 266-275.

European Commission (2018). The 2018 Ageing Report: Economic and Budgetar Projections for the 28 EU Member States (2016-2070).

Frerich, Johannes (1990). Sozialpolitik, Das Sozialleistungssystem der Bundesrepublik Deutschland, 2. Auflage, Oldenbourg.

Neumann, M. (1987). Entlastung der gesetzlichen Rentenversicherung durch kapitalbildende Maßnahmen, in Felderer, B. (eds), Kapitaldeckungsverfahren versus Umlageverfahren, Berlin, pp. 27-53.

OECD (2019). Social Expenditure Update 2019: Public social spending is high in many OECD countries, OECD Home page, http://www.oecd.org/social/soc/OECD2019-Social-Expenditure-Update.pdf.

Reimann, A. (2004). Das RV-Nachhaltigkeitsgesetz - Gesamtwirkung und Bewertung, Deutsche Rentenversicherung. pp. 318-332.

Schmähl, W. (1991). Alterssicherungssysteme in der Bewährung: Sozial versus Privatversicherung?, in H-J Krümmel et al.(eds.), Allfinanz - Strukturwandel an den Märkten für Finanzdienstleistungen.

12장

김대철

재정준칙 법제화를 통한 미래세대의 재정부담 완화방안

1.
배경과 목적

현재 우리나라는 저출산 · 고령화에 따른 복지지출의 자동적인 증가와 함께 현 정부의 소득주도성장정책에 따라 일자리와 소득재분배 지출이 증가하고 있다. 반면, 미 · 중 무역전쟁 등 세계 경제의 불확실성으로 인한 대내외 경기침체 및 경제활동인구 감소에 따른 잠재성장률 저하로 세수기반 약화 등을 겪을 것으로 보인다. 이러한 지출 증가와 수입 감소를 감안할 때 향후 우리나라의 재정건전성은 악화될 가능성이 존재한다. 우리나라의 국가채무 비율은 OECD 평균보다 낮은 수준이지만 채무증가 속도가 빠르고, 연금충당부채, 공공기관 및 공기업 부채 등을 고려할 때 우리나라도 재정위기의 안전지대가 아닌 상황이다. 최근 정부가 2019년도 추경예산안과 2020년 예산안을 편성하는 과정에서 이러한 여러 가지 위험 요인으로 인해 국가채무비율이 40%를 초과할 것이라는 논쟁도 있었다.

이러한 재정상황을 볼 때, 우리나라는 지금이야말로 재정위기 방지 수단의 하나로 재정준칙의 법제화 방안을 고려할 필요가 있다. 주요 OECD 국가들은 2008년 글로벌 금융위기 극복과정에서 각 국가별 경제 · 재정상황에 맞게 재정준칙을 운용했다. 특히, 독일, 미국, 영국, 일본, 스웨덴 등의 최근 재정준칙 운용 사례와 그들 국가의 재정건전성에 미친 영향을 검토한다면 우리나라에 주는 정책적 시사점이 적지 않을 것으로 보인다. 따라서 본 연구는 재정준칙의 일반적 특징, 유형 등을 검토한 후 주요 선진국의 재정준칙 운용 사례를 분석하여 우리나라에 주는 정책적 시사점을 도출하고자 한다.

2. 재정준칙의 정의와 변화 과정

재정준칙(fiscal rules)은 재정수입, 재정지출, 재정수지, 국가채무 등 총량적 재정지표에 대한 법적 구속력이 있는 구체적 재정운용 목표로, 재정규율을 확보하기 위해 세계 여러 나라가 도입 · 운영 중인 재정제도다. 세계 각국은 1970년대 사회복지, 교육 등으로 재정지출이 급증한 반면, 오일쇼크와 경기침체로 재정수입이 감소하여 재정이 부실화됨에 따라 1980년대부터 재정적자 해소를 위해 재정준칙을 도입했다. IMF 자료에 따르면,[1] 1985년에 재정준칙을 도입한 국가는 6개국(호주, 독일, 인도네시아, 일본, 말레이시아, 싱가포르)에 불과했지만, 국가재정 관리에 대한 중요성이 강조되면서 재정준칙을 도입한 국가가 증가하여 2014년에는 85개국으로 확대되었다. 특히, 2008년 글로벌 금융위기가 발생하면서 재정건전성을 강조하는 분위기가 확산되면서 재정준칙을 도입하는 국가가 증가하고 있다. 이 밖에 유럽연합(EU) 같은 국가연합체계가 구축되면서 EU의 안정성장협약(Stability and Growth Pact) 같은 초국가준칙이 증가한 것도 재정준칙 도입 국가가 증가한

1) IMF (2017), *Fiscal Rules Database.*

원인 중 하나다.

재정준칙은 재정지표의 목표, 법적 근거, 제재조치, 회계기준 등에 따라 국가별로 다양한 형태가 존재한다. 재정준칙은 일반적으로 재정지표의 목표에 따라 수입준칙, 지출준칙, 재정수지준칙, 채무준칙 등으로 분류하고

〈표 12-1〉 재정준칙 유형별 장단점 및 운용국가

재정준칙	장점	단점	대표적 운용국
수입준칙	초과수입의 일부를 국가채무 상환에 사용하여 재정건전성에 기여함	수입준칙 단독으로는 지속 가능성 측면에서 직접적 연관성이 부족함	네덜란드 한국
지출준칙	• 정부지출을 줄여 재정건전화에 기여함 • 단순하고 감독이 용이하여 통제 가능성이 높은 편임	• 재정의 지속 가능성과는 직접적인 연관성이 부족함 • 재정건전화 시기에는 효과적으로 사용될 수 있으나 조세지출 등을 통한 우회위험이 존재함	스웨덴 미국 폴란드 네덜란드
재정수지 준칙	• 재정건전성 제고에 효과적임 • 간단하고, 이해하기 쉽고, 투명하고, 모니터링이 용이하고, 대중과 소통이 쉬움	• 경기안정화 기능이 미약함(경기순응적) • 거시경제 안정성이 저해될 가능성이 존재함 • 수지목표를 달성하기 위해 회계상 조작이 이루어질 가능성이 존재함	스위스 독일 이탈리아
구조적 재정수지[1] 준칙	경기대응성을 유지하면서도 재정건전성을 확보하는 데 유리하게 작용함	잠재 GDP, 수입 및 지출 GDP 탄력성 등의 추정에 불확실성이 내재함	오스트리아 포르투갈 스웨덴
채무준칙	• 재정건전성 제고에 효과적임 • 단순하고 감독이 용이하여 통제 가능성이 높은 편임	• 경기안정화 기능이 미약함(경기순응적) • 최적의 부채수준에 대한 사회적 합의가 어려움	독일 영국 스페인 체코

주: 1) 구조적 재정수지는 경기변동에 따른 수입 및 지출의 자동적인 증가부분을 제거한 후 계산된 재정수지를 의미함.
출처: 김정미 · 이강구(2013), 『해외 주요국의 재정준칙 운용동향과 정책시사점』, 국회예산정책처 경제현안분석 제84호.

〈표 12-2〉 2010년 이후 채택된 새로운 재정준칙

국가	내용
오스트리아	• 연방예산법 개정안이 2011년 12월 7일 국회 통과 - 개정안은 2017년 이후 연방정부의 구조적 재정적자가 GDP의 0.35% 초과 금지
이스라엘	• 2010년에 채무비율 상한을 60%로 설정하고, 이 목표를 달성하기 위한 지출준칙 적용
폴란드	• 2011년부터 새로운 지출준칙 적용(2011년 예산법) - 새로운 지출준칙은 중앙정부의 재량지출 증가에 제한을 두는 것이고, 신규입법으로 발의된 지출의 실질증가율을 1%로 제한
포르투갈	• 2011년 5월에 승인된 예산법(budgetary framework law)은 재정수지준칙을 담고 있으며, 2015년부터 효력 발생 - 일반정부의 구조적 재정적자는 EU의 안정성장협약(Stability and Growth Pact)의 중기목표를 초과해서는 안 되고, 만약 이 목표를 벗어날 경우 조정해야 할 다년간의 조치를 포함
스페인	• 2011년 개헌과 2012년 관련 조직법(its corresponding organic legislation)은 재정수지준칙, 채무준칙, 지출준칙 포함 - 구조적 재정적자와 채무는 EU가 정한 범위를 초과해서는 안 되고, 2020년부터 효력을 발생하기 전에 이행과정의 준칙 적용 - 지출증가율 한도를 정하는 지출준칙도 적용
독일	• 2009년 개헌을 통해 채무제한준칙 도입 - 연방정부는 2016년부터 구조적 재정적자(GDP 대비)를 0.35% 이내로 유지함으로써 부채의 신규발행을 GDP 대비 0.35% 이하로 허용 - 주정부는 2020년부터 구조적 재정수지를 균형으로 유지함으로써 부채의 신규발행을 전적으로 금지
영국	• 2011년부터 새로운 경기조정 재정수지준칙(cyclically adjusted budget balance)과 채무준칙 적용 - 새로운 경기조정 재정수지준칙은 5년 이내에 경기조정 재정수지 균형 달성 - 새로운 채무준칙은 2015/2016 회계연도까지 공공부문 순채무비율(public sector net-debt-to-GDP ratio)을 전년보다 감소시킴
미국	• 2010년 2월부터 세입과 의무지출에 적용되는 PAYGO준칙 부활 • 2011년 8월에 의회가 재량지출 상한제도를 시행함으로써 다음 10년 동안 9천억 달러 재정절감 예상 - 자동지출삭감(sequesters)은 2013년 1월부터 시행될 예정이며, 이로 인해 향후 10년 동안 1조 2천억 달러 절감 예상

출처: 국회예산정책처(2016), 『주요국의 재정제도』

있다. 재정준칙 유형별 도입 국가를 살펴보면, 상대적으로 재정수지준칙과 채무준칙을 운영하는 국가가 많고 지출준칙과 수입준칙을 채택한 국가는 적은 것으로 나타났다.

그러나 기존의 단일 준칙은 2009년 글로벌 금융위기를 거치면서 효과적으로 운영되지 못함에 따라 외부 충격에 좀 더 견고하고 경기변동을 수용할 수 있는 유연성을 결합한 차세대 재정준칙(Next-Generation Fiscal Rules) 설계의 필요성이 제기되었다. 이에 세계 각국은 재정건전성 확보를 위해 엄격한 재정준칙의 적용과 함께 재정의 안정적 경기운용을 위해 경기조정 및 구조적 지표를 활용한 유연성 있는 준칙을 적용하거나 준칙의 예외조항을 활용했다. 또한 기존의 단일 준칙은 지속 가능성 문제를 해결함에 있어 충분한 역할을 수행하지 못함에 따라 이를 보완하기 위해 균형수지준칙과 채무준칙 등 다양한 준칙들이 결합된 복합준칙을 사용했다(Schaechter et al., 2012).

3.
재정준칙의 유형

1) 목표 재정변수에 따른 유형

국제기구 보고서 및 관련 선행 연구들은 주로 재정준칙(fiscal rules)을 목표 재정변수(target aggregate)에 따라 분류하고 있다. 따라서 재정준칙은 세입준칙(revenue rule), 지출준칙(expenditure/spending rule), 재정수지준칙(deficit rule; budget balance rule), 국가채무준칙(debt rule) 등으로 구분한다. 여기에 과거 영국이나 독일 등 유럽 국가에서 사용한 '황금률 준칙'이라는 차입준칙(borrowing rule)을 포함한다. 세입준칙은 세입징수를 증대하고 과도한 조세부담을 방지하기 위해 세입의 상한 또는 하한을 설정한다. 지출준칙은 정부지출 규모, 증가율 또는 GDP 대비 비중 상한 등을 통해 수지적자를 조정한다. 재정수지준칙은 정부 재정수입과 지출 사이의 수지적자가 목표 재정변수이며, 정해진 기간에 특정한 수치목표 혹은 범위를 충족해야 한다. 국가채무준칙은 국가채무에 대한 안정적 관리를 목표로 공공부문의 GDP 대비 채무비율 상한선을 명시적으로 설정한다. 차입준칙은 국내자본 혹은 중앙은행으로부터의 정부 차입 금지, 수입 혹은 지출 대비 차입 비율을 제한하고 있다.

2) 엄격함 정도에 따른 유형

재정준칙은 환경 변화에 따른 준칙 변경의 용이성 및 매년 수정 여부에 따라 경성준칙과 연성준칙으로 구분된다. 매년 수정 없이 항구적으로 준칙을 운용하면 경성준칙이며, 매년 예산안을 채택하기 전에 준칙을 수정하는 경우는 연성준칙으로 분류할 수 있다. 경성준칙의 대표적인 예는 EU의 마스트리히트조약과 안정성장협약(SGP)이며, 연성준칙의 예는 중기재정계획 하에서 매년 준칙을 수정하는 호주와 뉴질랜드에서 운용되는 준칙이다. 여기서 중요한 것은 준칙의 엄격함에 대한 정도라기보다는 정치적 재량을 억제할 수 있는 유효성이다. 비록 정치적 연합체에 의해 제정된 연성준칙이라 할지라도 민주적 통제로서 준칙을 엄격하게 준수하여 경성준칙 못지않은 효과를 얻을 수 있다. 재정준칙을 도입한 대부분의 국가들은 법적 기반을 바탕으로 하는 경성준칙을 적용하고 있다.

〈표 12-3〉 경성준칙과 연성준칙

구분	경성준칙	연성준칙
변경 가능성	경제환경이나 정치환경에 따라 변경할 수 없음	쉽게 변경할 수 있음
시계(視界)	항구적이며 매년 수정 없음	매년 예산안을 채택하기 전에 수정할 수 있음
정부 형태	1당 주도의 강력한 정부, 특수 목적의 연합체	정치연합체(민주적 통제에 의해 정치적 재량 통제 가능)
대표적 예	EU의 안정성장협약(SGP)	호주, 뉴질랜드의 중기재정계획

출처: 홍승현 외(2014), 『주요국의 재정준칙 운용 사례』, 한국조세재정연구원 정책분석 14-03.

3) 준칙의 제정과 집행 주체에 따른 유형

재정준칙은 단일 국가의 재정정책에 의해 제정되고 집행되는 것이 일반적이지만, EU나 IMF 등 외부 기관에 의해 제정되고 감독될 수도 있다. 예를 들면, 일부 EU 회원국의 경우 마스트리히트조약과 안정성장협약을 위반한 경우도 있었지만 대부분의 경우 외부적 감독과 통제가 있은 이후 재정상황이 개선되었다고 평가할 수 있다. 그러나 재정준칙의 이행과 준수 여부는 국가의 정치적 형태(political entity)와 관계없이 정치적 협약에 대한 효과적인 이행에 의존하는 경우가 많았다. 유럽의 경우 과반수 정당 지배체제가 반드시 재정준칙의 이행과 집행에 효과적이지 않으며, 오히려 1990년대 네덜란드의 경우처럼 여러 정파가 연합한 정부형태가 준칙의 제정과 집행에 효과적이었음을 보여주는 사례가 있다(홍근석 · 김성찬, 2017).

4) 회계기준에 따른 유형

재정준칙은 정부회계의 기준을 발생주의로 할 것이냐 현금주의로 할 것이냐에 따라 영향을 많이 받는다. 재정준칙은 일반적으로 현금주의보다 발생주의 원칙에 입각하여 제정되고 있다. 정부 회계기준을 다르게 적용하면 준칙에서 설정한 목표변수를 다르게 보고할 수 있어 회계조작(creational accounting)의 위험이 따르므로 현금주의와 발생주의를 모두 참조하여 재정준칙을 고안하거나 이행을 점검해야 한다. 영국은 목표 재정변수인 경상수지, 공공부문 순부채를 발생주의 기준으로 계산한 반면, 스위스의 총재정정책관리(debt brake)는 현금주의에 기반을 두고 있다. 또한 목표변수를 총계로 할 것인지 순계로 할 것인지가 중요한데, 이는 어떤 것을 기준으로 하느냐에 따라 총지출, 총수입 혹은 부채비율 등의 크기를 조작할 수 있는 문제점이 있다(홍근석 · 김성찬, 2017).

5) 운용 현황

IMF 자료에 따르면, 재정수지준칙을 운용하고 있는 국가가 69개로 가장 많은 것으로 나타났다. 그다음으로 지출준칙을 운용하고 있는 국가가 42개이며, 채무준칙을 운용하고 있는 국가는 38개로 나타났다. 세입준칙을 운용하고 있는 국가가 10개로 가장 적은 것으로 나타났다. 이 중에서 두 가지 이상의 복합준칙을 운용하는 국가가 대다수를 차지하는 것으로 나타났다. 2015년 현재 국가 수준의 재정준칙을 운영하고 있는 86개 국가 중 43개 국가가 3개 이상의 재정준칙을 복합적으로 운영하는 것으로 나타났다. 2개의 재정준칙을 운영하는 국가는 25개이며, 18개 국가는 1개의 재정준칙만을 운영하는 것으로 나타났다.

〈표 12-4〉 재정준칙 운용 현황(2015)

구분	세입준칙	지출준칙	재정수지준칙	채무준칙	계
정치적 협약	4	8	7	4	23
정당 간 합의	2	6	6	5	19
국제조약	0	0	0	0	0
법률	3	25	48	27	103
헌법	1	3	8	2	14
계	10	42	69	38	159

주: 국제조약은 초국가준칙에 대한 법적 근거로 사용되며, 여기에서는 제외함.
출처: IMF (2017), *Fiscal Rules Database*.

대부분의 재정준칙은 성문화된 헌법과 법률에 법적 근거를 두고 있어 경성준칙이라고 할 수 있다. 법률로 규정된 재정준칙이 103개(64.8%)로 가장 많은 것으로 나타났고, 정치적 협약이 23개(14.5%), 정당 간 합의가 19개(11.9%), 헌법이 14개(8.8%)인 것으로 나타났다.

4. 주요국의 재정준칙 운용 사례[2)]

1) 유럽연합(EU)

유럽연합(EU)은 EU 통화통합과정에서 방만한 재정운용을 방지하기 위해 경제수렴기준의 하나로, 1997년 회원국 간 안정성장협약(Stability and Growth Pact, 이하 SGP)을 체결하여 준수하도록 했다. 각 회원국은 당해 연도 및 향후 3년 동안 재정수지에 대한 중기재정목표(Medium Term Objective)를 설정하도록 했다. 즉, 각 회원국들은 자국의 재정수지가 '과도한 재정적자(excessive deficit)' 상태에 있지 않도록 하기 위해 1992년 마스트리히트조약에서 체결된 '일반정부 재정적자가 GDP의 3% 이내'이고 '일반정부 기준 국가부채 비중이 GDP의 60% 이내'로 억제할 것을 목표로 제시했다.

그러나 안정성장협약은 구속력 결여로 각 회원국의 재정을 개선하는데 실패했다. 2003년 중반 회원국 절반이 적자 한도를 초과하는 '과도한 재정적자' 상태에 직면했다. 특히 유럽연합의 핵심 국가인 독일과 프랑스가

2) 신동진 외(2016), "최근 주요국의 재정준칙 운용 동향 및 시사점", 『경제동향&이슈』 통권 제42호의 내용을 중심으로 작성함.

안정성장협약의 재정준칙을 준수하는 데 실패할 정도로 회원국들의 재정수지와 국가채무가 악화되었다. 게다가 유럽 각국은 2009년 글로벌 금융위기를 극복하는 과정에서 경기부양책에 따른 재정지출이 증가하면서 재정건전성이 더욱 악화되었다. 이에 유럽연합은 회원국들의 재정건전성을 제고하기 위해 2011년 안정성장협약을 개정하여 각 회원국들이 재정준칙을 준수하지 못할 경우 제재조치를 강화하는 '과다적자 시정조치(excessive deficit procedure)'를 시행했다. 즉, EU는 국가부채비율이 GDP 대비 60%를 초과하면 과거 3년 연평균 초과분의 1/20을 줄여서 부채기준인 60%까지 감축하는 EU 집행위원회의 권고안을 시행하고, 이를 위반할 경우 보증금 및 벌금을 GDP 대비 0.2% 부과했다.

2012년에는 EU 27개국 중 영국과 체코를 제외한 25개국이 안정 · 통합 및 관리를 위한 조약(Fiscal Compact) 체결을 통해 재정준칙에 대한 법적 강제성을 강화하면서 재정통합을 추진하려고 했다. 특히, 이 조약에는 그동안의 재정준칙이 경기하강기의 규율에 초점을 맞추고 있어 재정의 안정적 경기운용을 위한 자동안정화 장치가 작동하지 않았다는 문제점을 인식하여 경기조정 및 구조적 지표를 활용한 유연성 있는 준칙을 적용했다. 즉, 구조적 재정적자를 GDP의 0.5% 이내로 제한하고 중기재정목표 등을 반영한 예산안을 작성하도록 했다. 부채 기준 초과 시에는 매년 구조적 재정수지가 GDP 대비 0.5% 이상 개선되도록 명확한 달성경로를 제시해야 하며, 위반 시 GDP의 0.1%를 벌금으로 납부하여 벌금은 구제금융기금으로 편입되도록 했다. 또한 중장기 재정목표를 포함한 재정준칙을 회원국의 자국 법률(가능하면 헌법)에 규정하도록 강제하며, 부채발행계획에 대한 사전 보고를 의무화했다.

2) 독일

독일은 인구고령화 및 경제 구조변화에 따라 실업률이 증가하고 기존 황금률 준칙을 적용하는 데 제도적으로 미비점을 가지고 있어 정부부채가 증가했다. 독일헌법 제115조에 황금률 준칙[3]이 규정되어 있었는데, 자본투자의 범위가 모호하고, 경제가 균형 상태에서 크게 벗어나는 경우를 지나치게 넓게 인정하는 문제가 있었다(이명헌, 2011). 1960년대 말 황금률 준칙을 도입할 당시 GDP의 20% 수준이던 정부부채비율이 1997년 58.6%와 2005년 70.2%를 거쳐 2007년 65.0%로 증가했다.

독일은 2008년 금융위기를 극복하기 위한 재정지출 확대로 재정상황이 더욱 악화되었다. 2008년 이후 글로벌 금융위기를 극복하기 위해 소득세감면 및 사회안전망 강화, 높은 수준의 공공투자와 가계소득이전 등을 포함한 재정패키지를 통해 3.75% 규모(GDP 대비)의 경기부양책을 시행했다.[4] 이에 따라 재정수지가 2007년 GDP의 0.2% 흑자에서 2009년 GDP의 3.2% 적자로 전환되면서 정부부채비율은 2007년 GDP의 65.0%에서 2009년 GDP의 76.5%로 크게 증가했다.

따라서 독일 정부는 기존 황금률 준칙이 한계점을 드러내면서 새로운 재정준칙을 도입할 필요성을 논의하게 되었다. 독일 연방정부는 2009년 헌법을 개정하여 2016년부터 구조적 재정적자를 GDP 대비 0.35% 이내로 유지함으로써 부채의 신규발행을 GDP 대비 0.35% 이하로 허용하고, 주정부는 2020년부터 구조적 재정수지를 균형으로 유지함으로써 부채의 신규발행을 전적으로 금지하는 채무제한준칙(Debt Brake Rule)을 도입했다. 즉, 이

---

3) 경제가 균형 상태에서 크게 벗어날 경우를 제외하고 순차입은 자본투자 수준을 넘지 못하도록 제한하는 것임.

4) OECD(2009), *Economic Outlook, Germany*, Volume 2009 Issue 1, p. 86 참조.

미 발행한 국채의 원금이나 이자 상환을 위한 국채 발행은 허용하나 '연방 및 주의 예산은 원칙적으로 차입에 의한 수입 없이 수입과 지출의 균형'을 이루어야 한다는 의미다. 단, 자연재해나 정부 통제가 불가능하고 국가 재정 상태에 막대한 영향을 미칠 수 있는 예외적 긴급 상황에서는 연방정부와 주정부가 추가적 차입을 허용할 수 있도록 했다.

이외에도 독일 정부는 2011년 개정된 안정성장협약과 2012년 비준된 신재정협약 등 EU의 재정준칙을 준수할 것을 요구받았다. 독일 정부는 국가부채 한도가 안정성장협약(SGP)에서 정한 GDP 대비 60%를 초과함에 따라 과거 3년 연평균 초과분의 1/20을 줄이는 과다적자 시정절차를 적용받게 되었다. 또한 경제 · 화폐 통합을 전제로 25개 EU 국가가 2012년에 맺은 신재정협약의 재정준칙 사항인 구조적 재정수지 적자를 GDP 대비 0.5% 이내로 제한하는 것을 준수하게 되었다.

이렇게 2010년 개정된 자국 재정준칙 강화와 2012년 EU 신재정협약 등을 이행함에 따라 독일의 재정상태가 호전되어 재정건전성 제고효과가

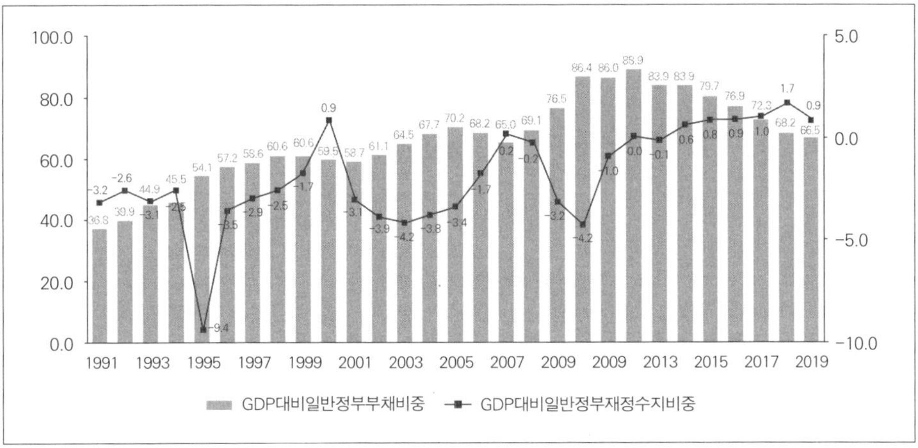

출처: OECD (2019), *Economic Outlook* No. 105.

〈그림 12-1〉 독일의 재정수지와 정부부채 추이

나타났다. 2013년 연방정부의 구조적 재정적자가 GDP의 0.14% 적자로 채무제한기준(GDP의 0.35% 적자)보다 낮아서 목표를 달성했고, 2014년의 경우에도 GDP의 0.27% 흑자를 기록하여 목표를 초과 달성했다. 2014년 국가부채(74.9%)는 안정성장협약(SGP)에서 정한 부채수준(GDP 대비 60%)을 초과했으나, 과거 3년간 연평균 초과분의 1/20을 줄이는 과다적자 시정기준(75.25%)을 달성했으며, 2014년 일반정부의 구조적 재정수지가 GDP의 0.8% 흑자로 EU 신재정협약 기준(0.5% 적자)을 달성하는 결과를 거두었다.

〈표 12-5〉 독일의 재정준칙과 재정상황

(단위: GDP 대비 %)

	지표	내용	2013	2014
자국 재정준칙				
채무제한준칙	구조적 재정수지 (연방정부)	0.35% 적자 이내 (2016년부터)	0.14% 적자	0.27% 흑자
EU 재정준칙				
안정 · 성장 협약	재정수지 (일반정부)	3% 적자 이내	0.1% 흑자	0.3% 흑자
	국가부채[1] (일반정부)	60%(75.25%)[2] 이내	76.9%	74.9%
신재정협약	구조적 재정수지 (일반정부)	0.5% 적자 이내	0.8% 흑자	0.8% 흑자

주: 1) '마스트리히트조약'(1992년)에 의한 일반정부부채로, 이는 OECD 기준 총금융부채(gross financial liability)와 달리 통상적 거래에서 발생하는 거래신용 또는 미수 · 미지급계정, 보험책임준비금을 제외하며, 국채의 평가 시 명목가격(OECD 기준 시장가격 또는 발행가격에 이자를 합함)으로 산정함.

2) 2011년 11월 개정된 안정성장협약에 따라 국가부채가 GDP 대비 60%를 초과한 경우에는 초과분을 이전 3년 기준 연평균1/20 이상 줄이면 부채준칙을 달성한 것으로 평가(1/20 규칙)하면서 산정한 국가부채기준임.

출처: 독일연방재무부(Bundesministerium der Finanzen), Őffentlichen Finanzen, 2015. 4. 15.

3) 스웨덴

스웨덴은 1990년대 초 발생한 금융위기 극복을 위해 세계은행에 GDP의 4%에 달하는 구제금융, 대내외 환경변화에 따른 경기침체, 높은 사회복지지출 규모 등으로 재정상황이 급격히 악화되었다. 스웨덴의 재정수지는 1990년 GDP의 3.2% 흑자에서 1993년 10.8% 적자를 기록했고, 국가채무는 1990년 GDP 대비 43.1%에서 1994년 78.2%로 1.8배 급증했다. 따라서 스웨덴 정부는 1990년대 중반부터 재정준칙 도입을 포함한 재정제도 개혁 등을 통해 1991년 금융 · 재정위기로 인해 증가한 정부부채를 감축했다.[5)]

스웨덴은 1996년 중기재정계획인 「춘계재정계획안(Spring Fiscal Policy Bill)」을 도입하여 3년 단위로 예산안을 편성했다. 또한 중앙정부의 총지출과 27개 분야별 지출한도를 설정하는 지출준칙을 도입하되, 지출 분야별 한도 설정에 예비비(budget margin)를 두어 예상치 못한 경기변동 등에 대비하도록 했다. 2000년에는 재정건전화를 위해 구조적 재정수지 흑자를 GDP 대비 2% 이상으로 하는 구조적 재정수지준칙을 도입했다.[6)] 1997년 체결한 EU 안정성장협약에 따라 정부부채 비중은 1997년 GDP 대비 77.5%에서 2007년 46.9%로 감소했다.

그러나 스웨덴은 글로벌 금융위기 극복을 위해 2009년 GDP 대비 1.4%의 추경예산을 편성하는 등 확대재정정책을 실시하면서 재정수지가 2007년 GDP의 3.4% 흑자에서 2009년 0.7% 적자로 전환되었다.[7)] 스웨덴

---

5) 조은영(2014), 『북유럽 국가의 금융 · 재정위기 극복과 시사점』, 국회예산정책처, 15-34쪽 참조.

6) 2007년 재정수지 흑자 비율을 GDP 대비 1%로 낮추었다가 2016년 0.33%로 상한선을 재수정함.

7) Aizenman, Joshua & Yothin Jinjarak (2011), "The role of fiscal policy in response to the financial crisis," United Nations, p. 23 참조.

은 EU 국가는 아니지만 향후 유로를 자국통화로 전환할 경우 효력이 발생한다는 전제하에 2012년 5월 EU의 신재정협약을 비준하는[8] 등 재정의 지속 가능성 제고를 위해 노력했다. 결론적으로 스웨덴은 글로벌 금융위기 이전에 도입한 지출준칙(1997)과 재정수지준칙(2000)을 준수함으로써 정부부채를 감소시켜 글로벌 금융위기에 유연하게 대처할 수 있었으며, 이후에도 다른 OECD 국가들에 비해 양호한 재정건전성을 유지했다. 스웨덴의 정부부채 비중은 1997년 GDP 대비 77.5%에서 2007년 46.9%로 감소한 후 글로벌 금융위기를 거치면서 2014년 56.3%로 증가했으나 2014년 OECD 평균(111.5%)을 하회한 것으로 나타났다.

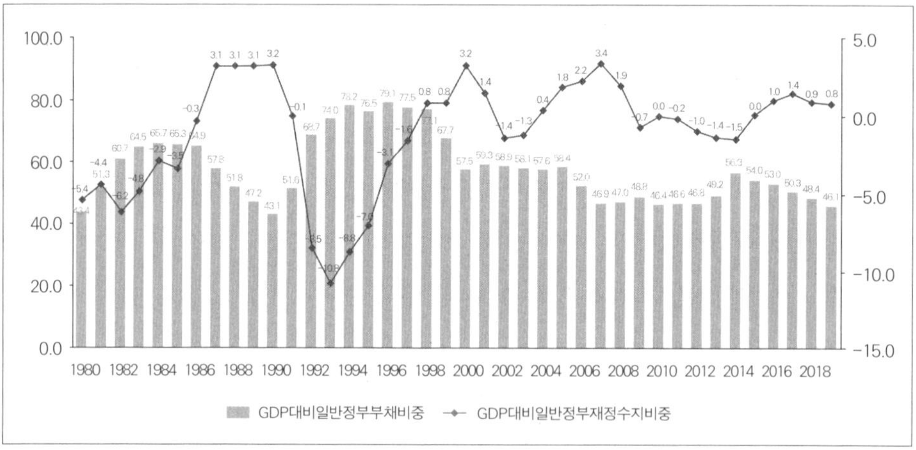

출처: OECD, *Economic Outlook* No 105, 2019. 5.

〈그림 12-2〉 스웨덴의 재정수지와 정부부채 추이

8) Regeringskansliet, "Fördraget om stabilitet, samordning och styrning inom ekonomiska och monetäraunionen," Regeringskansliet, July 13, 2012. 〈http://www.regeringen.se/rattadokument/departementsserien-och-promemorior/2012/07/ds-201230/, 접속: 2016. 3. 10〉

4) 영국

1997년 집권한 영국의 노동당 정부는 재정 개혁의 일환으로 재정정책과 국가채무관리정책에 대한 구체적 준칙(code)을 규정한 「1998년 재정법(Finance Act 1998)」을 제정했다. 「1998년 재정법」에 근거하여 만들어진 재정안정화준칙(Code for fiscal stability)은 공공재정의 건전성을 확보하고, 지출과 조세부담을 세대 간 및 세대 내에서 공평하게 적용하는 것을 재정정책의 중기적 목표로 설정하여 이러한 목표를 달성하기 위해 황금률 준칙(Golden Rule)과 지속 가능한 투자준칙(Sustainable Investment Rule)의 두 가지 재정준칙을 설정했다. 황금률 준칙은 일반정부 차입이 투자목적으로만 허용되며 경상지출에는 적용되지 않는 것이고, 지속 가능한 투자준칙은 공공부문 순채무(Public Sector Net Debt)[9] 비중이 GDP 대비 40% 이내로 유지되는 것(Sustainable Investment Rule)이었다. 이렇게 1998년 재정준칙 도입으로 2001년까지 재정수지가 다소 개선되었으나, 2001년 이후 교육 및 의료 부문 등에서 공공지출이 늘어나면서 재정적자가 확대되었다.[10] 영국의 재정수지는 1993년 GDP의 6.8% 적자에서 2000년 1.4% 흑자로 개선된 이후 악화되어 2007년 2.6% 적자로 나타났다.

영국은 2008년 글로벌 금융위기로 인한 경기침체로 경상수지 적자와 공공부문 순채무가 크게 증가하여 재정준칙에서 설정한 범위를 넘어섰고, 이에 영국 재무부는 글로벌 금융위기에 신축적으로 대응하기 위해 2008년 11월부터 2009년 12월까지 기존 재정준칙의 적용을 유보했다.[11]

---

9) 공공부문 순채무는 총금융부채(Gross Financial Liabilities)에서 유동성 금융자산(Liquid Financial Assets)을 차감한 것이고, 공공부문은 중앙정부, 지방정부, 공기업을 포함하여 일반정부보다 넓은 범위임.

10) Fyfe, Nick & Andrew Threadgold (2013), *The UK Economy 2003-2013*, Anforme Ltd.

11) IFS (2009), *The IFS Green Budget*, pp. 97-98 참조.

영국의 재정적자는 2007년 GDP의 2.6%에서 2009년 10.4%로 증가하면서 정부부채 비중도 2007년 GDP 대비 49.7%에서 2011년 100.5%로 증가하여 100% 수준을 넘어섰다. 이에 영국 정부는 2011년 새로운 재정준칙 도입 등을 통해 재정적자 감축을 위해 노력했다. 2010년 보수당-자민당 연립정부로 정권이 교체되면서 새롭게 「2011년 예산책임 및 감사법(Budget Responsibility & National Audit Act 2011)」[12]을 제정했다. 영국 정부는 「2011년 예산책임 및 감사법」을 통해 2011~2016년 GDP 대비 공공부문 순채무 비율을 전년보다 감축하고, 2017~2018 회계연도 내에 경기조정 재정수지 균형을 달성하는 준칙을 도입했다. 또한 EU 위원회는 2009년 영국이 안정성장협약을 준수하지 못하자 2014~2015 회계연도까지 재정적자를 3% 이내로 낮출 것을 권고했다. 그러나 영국은 글로벌 금융위기 이후 도입한 재정준

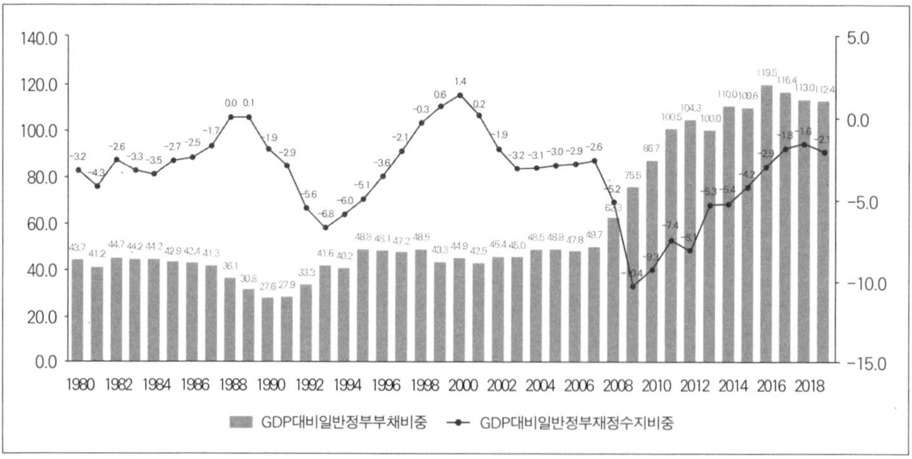

출처: OECD (2019), *Economic Outlook* No. 105.

〈그림 12-3〉 영국의 재정수지와 정부부채 추이

12) 영국 정부는 2010년 공공부문 순채무 비율의 감소를 주요 내용으로 하는 「2010년 재정책임법」을 제정했으나 상기 법으로 대체됨.

칙을 준수하지 않아 재정상황이 크게 개선되지 않았다. 영국의 GDP 대비 공공부문 순채무 비율은 2011~2012 회계연도의 70.9%에서 2013~2014 회계연도의 79.1%를 거쳐 2014~2015 회계연도의 83.1%로 증가했다. 또한 영국의 일반정부 재정적자도 2014~2015 회계연도에 GDP의 5.1%로 EU 안정성장협약(1997)의 기준(3% 적자)을 준수하지 못해 EU 위원회는 기한(deadline for correction)을 2016~2017 회계연도로 연장했다.

〈표 12-6〉 영국 재정준칙과 재정상황

(단위: GDP 대비 %)

	지표	내용	2013~2014	2014~2015
자국 재정준칙				
채무준칙	순채무 (공공부문)	2010~2016년 공공부문 순채무를 전년보다 감축	79.1%	83.1%
EU 재정준칙				
안정성장협약	재정수지 (일반정부)	적자 3% 초과 금지	5.28% 적자	5.1% 적자
	국가부채[1)] (일반정부)	60% 초과 금지	87.9%	87.5%

주: 1) '마스트리히트조약'(1992)에 의한 일반정부부채로, 이는 OECD 기준 총금융부채(gross financial liability)와 달리 통상적 거래에서 발생하는 거래신용 또는 미수 · 미지급계정, 보험책임준비금을 제외하며, 국채의 평가 시 명목가격(OECD 기준: 시장가격 또는 발행가격에 이자를 합함)으로 산정함.
출처: HM Treasury, Budget 2015, 2015; HM Treasury, Spending Review and Autumn Statement 2015, 2015.

5) 미국

미국은 1980년대 초반 대규모 감세 조치, 국방비 증액, 경기침체 등으로 건국 이래 일종의 경제규범으로 간주된 균형재정이 붕괴되었다. 1983년

GDP 대비 재정적자 규모가 제2차 세계대전 이후 사상 최고치인 7.2%를 기록했다. 이에 미국 정부는 「예산집행법(Budget Enforcement Act of 1990)」 제정을 통해 PAYGO 준칙[13]과 재량지출 상한선 설정[14] 등을 도입했다. 이 같은 재정준칙 도입 등으로 정부부채비율은 1993년 GDP 대비 70.3%에서 2001년 52.9%로 하락했으나, 2003년 이후 PAYGO 준칙이 폐지[15]됨에 따라 정부

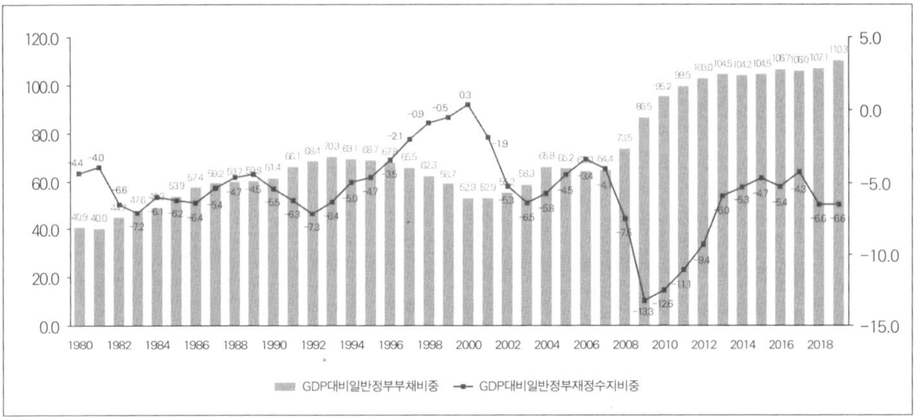

출처: OECD (2019), *Economic Outlook* No. 105.

〈그림 12-4〉 미국의 재정수지와 정부부채 추이

13) PAYGO 준칙은 의무지출에 변화를 주는 법률안이 적자를 증가시키지 않거나 흑자를 감소시키지 않도록 재정수지에 중립적이어야 함을 규정하고 있음. 당초 1991년부터 1995년까지의 한시법이었으나 1998년까지 연장되고 다시 2002년까지 연장되어 시행되었고, 2010년 2월에 다시 법률로 부활함[정문종(2012), "예산과정에서 재정건전성 강화 수단에 관한 연구", 『예산정책연구』 제1권 제1호].

14) 1990년 제정된 예산집행법은 재량지출 상한선을 설정하고 있음. 이는 연방지출의 약 1/3을 차지하는 재량지출에 대해 미래 5년간 상한선을 설정하고, 예산이 이를 초과할 경우 일률적으로 모든 분야의 예산을 삭감하도록 함[정문종(2012), "예산과정에서 재정건전성 강화 수단에 관한 연구", 『예산정책연구』 제1권 제1호].

15) 준칙 도입 첫해부터 실제치와 목표치의 괴리가 확대되면서 자동 삭감 집행이 사실상 불가능해지고 균형재정 달성에 실패함에 따라 PAYGO 준칙을 폐기함[인태환(2007), "미국 재정적자 동향과 주요 적자감축정책 연구", 한국행정학회 · 한국정책학회 하계 공동학술대회 발표 논문].

부채비율은 2003년 GDP 대비 58.3%에서 2007년 63.9%로 증가했다.

미국도 2008년 금융위기를 극복하기 위한 재정지출 확대로 인해 재정상황이 급속하게 악화되었다. 미국 정부는 경제위기 상황을 타개하기 위해 「2008년 경제부양법(Economic Stimulus Act of 2008)」 및 「긴급경제안정화법(Emergency Economic Stability Act of 2008)」, 그리고 「2009년 미국 경제회복 및 재투자법(American Recovery and reinvestment Act of 2009)」을 신속하게 도입했다. 이에 따라 재정적자가 2007년 GDP의 4.1%에서 2009년 13.3%로 급격히 증가하면서 정부부채비율은 2007년 GDP 대비 64.4%에서 2009년 86.5%로 급속하게 증가했다.

미국은 금융위기 대응으로 확대된 정부부채를 감축하기 위한 방안으로 PAYGO 준칙을 부활하면서 지출준칙 도입 등 재정건전성 강화 조치를 시행했다. 과거 한시적으로 적용되던 PAYGO 준칙을 2010년 2월에 부활했으며, 재정건전성 강화와 재정균형 측면에서 「2011년 예산통제법(Budget Control Act of 2011)」을 통해 부채한도를 증액하되 향후 10년간 지출삭감을 실행하는 지출준칙을 도입했다. 이런 PAYGO 준칙의 부활 및 지출준칙의 도입으로 인해 지출증가세가 약화되어 재정적자는 2009년 GDP의 13.3%에서 2014년 5.3%로 감소 추세에 있으나 2007년(4.1%)에 비해서는 여전히 높은 것으로 나타났다.

6) 일본

일본 정부는 1947년 「재정법」을 제정하면서 '재정지출은 세입을 초과할 수 없다'는 재정수지준칙을 도입했으나, 1975년 이후 지속적으로 이러한 준칙의 적용제외를 요청했다. 또한 1990년대 초 버블붕괴 이후 경기침체에 대응하기 위한 감세정책과 장기불황 지속으로 세수감소, 고령화 진전 등에 따른 세출확대로 인해 대규모 재정적자가 지속되었다. 이렇게 재정지출이 확대되어 1997년 정부부채비율이 GDP 대비 100%를 초과함에 따라 하시모토 내각은 일시적인 경기회복을 항구적인 것으로 판단하고 「재정구조개혁법」을 통해 2003년까지 재정적자를 GDP의 3% 이하로 감축하는 목표를 제시하고 증세와 지출억제를 동시에 실시했다. 그러나 「재정구조개혁법」 같은 무리한 목표를 설정함으로써 오히려 경기를 위축시키고 목표 달성에도 실패했다. 1997년 아시아 금융위기를 극복하기 위해 공공사업을 확대하고 급속한 인구고령화에 따른 사회보장지출이 증가하면서 정부부채비율은 1997년 GDP 대비 100.8%에서 2007년 154.3%로 더욱 확대되었다.

일본은 2008년 이후 대규모 경기부양책을 시행[16]함으로써 재정건전성이 더욱 악화되었다. 2010년 실질 GDP 증가율이 3.5%로 회복했으나 2011년 3월 동일본 대지진과 2012년 유럽 재정위기 확산으로 경기가 하락했고, 이에 일본 정부는 SOC 정비, 산업경쟁력 강화 지원 등의 경기부양책을 시행했다. 이로 인해 2009년부터 GDP 대비 8% 이상의 재정적자를 기록함으로써 2011년 정부부채비율은 GDP 대비 201.8%로 GDP의 2배를 상회했다. 이에 따라 일본 정부는 세출 절감과 소비세율 인상 등의 세제개혁과 함께 새로운 재정개혁목표를 설정했다. 2009년 9월 민주당으로 정권이 교체되면서 「행정쇄신회의」를 설치하여 사업효과가 낮은 불요불급한 사업을 동결 · 폐지하여 1조 엔의 재원을 절감했다. 이후 아베 내각은 2018년까지 기초재정수지 적자 규모 GDP 대비 1% 축소 및 2020년까지 기초재정수지 균형을 달성하여 2020년 이후에는 국가채무를 안정적으로

16) 정유신(2015), 『일본경제 장기침체 특성과 대응정책에 관한 연구』, 국회예산정책처 연구용역, 33-34쪽.

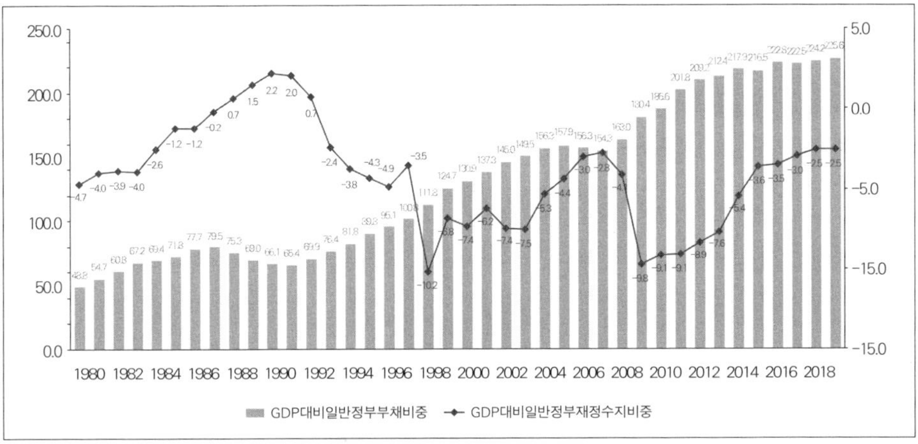

출처: OECD (2019), *Economic Outlook* No. 105.

〈그림 12-5〉 일본의 재정수지와 정부부채 추이

낮춘다는 재정개혁목표를 제시했다.[17] 또한 2020년까지 사회간접자본 정비, 지방재정 개선 등 세출개혁과 과세체계 재검토, 소비세율 인상 등 세제개혁을 통해 기초재정수지를 개선시킬 계획이다.

17) 국회예산정책처(2015), 「아베정부의 경제정책 추진 현황과 시사점」, 『NABO 경제동향&이슈』 제38호, 12-13쪽.

5.
우리나라의 재정준칙 운용 사례

우리나라는 현재 재정준칙을 엄격하게 시행하고 있지는 않으나 재정건전성 유지를 위해 다양한 조치를 시행했다. 1980년대에는 「예산회계법」에 의한 양입제출(量入制出) 원칙을 적용했다. 1980년 이전까지 만성적인 재정적자를 벗어나기 위해 당시 「예산회계법」에 적자보전용 국채 발행을 원칙적으로 금지하는 조항을 두고 세입의 범위 내에서 세출이 이루어지도록 했다. 이러한 양입제출 원칙은 단서 조항에 의해 강력한 법적 구속력은 기대할 수 없었으나 재정당국의 강력한 의지로 IMF 경제위기 전까지 재정건전성을 유지할 수 있었던 것으로 평가된다.

또한 우리나라는 「국가재정법」과 「국가재정운용계획」을 통해 수입 및

〈표 12-7〉 재정준칙 도입 관련 국회 법률개정안

구분	법률안		주요 내용
PAYGO 제도	이만우 의원 안 (2012. 10. 30)	국가재정법	정부가 의무지출을 증가시키는 법률안 등을 제출 시 이를 상쇄하기 위한 법률안의 동반 제출 의무 부여
		국회법	국회의원 또는 위원회가 의무지출을 증가시키는 법률안 등을 제출 시 이를 상쇄하기 위한 법률안의 동반 제출 의무 부여

구분	법률안		주요 내용
국가채무 준칙	김춘진 의원 안 (2013. 9. 3)	국가 재정법	• 국가채무가 국내총생산액의 일정비율을 초과하지 않도록 하는 등 국가채무의 한도액을 정해 국가채무 관리 • 부득이한 사유로 국가채무총량을 초과하는 경우가 발생하는 때는 미리 국회의 의결을 얻어야 함
재정수지 준칙 + 국가채무 준칙	김무성 의원 안 (2013. 10. 10)	국가 재정법	• 재정수입과 재정지출이 원칙적으로 균형을 이루도록 관리해야 함 • 해당 회계연도의 국내총생산 대비 국가채무 비율이 직전 회계연도의 국내총생산 대비 국가채무 비율보다 낮게 유지되도록 국가채무를 관리해야 함
국가채무 준칙	이낙연 의원 안 (2013. 11. 25)	국가 재정법	• 국가채무가 국내총생산의 일정비율을 초과하지 않도록 하는 등 국가채무의 한도액을 정하여 국가채무 관리 • 부득이한 사유로 국가채무총량을 초과하는 경우에는 미리 국회의 의결을 얻어야 함
PAYGO 제도	이노근 의원 안 (2013. 11. 28)	국회법	• 위원회는 예산 또는 기금상의 조치를 수반하는 의안을 심사하는 경우 의안과 재원조달방안에 관한 자료를 함께 검토 • 의원 또는 위원회가 예산 또는 기금상의 조치를 수반하는 의안을 발의할 경우 비용추계서 및 재원조달방안 제출 의무 부여
PAYGO 제도	이만우 의원 안 (2015. 5. 28)	국회법	소관 위원회와 예산결산특별위원회가 협의를 거쳐야 하는 재정수반 법률안임에도 불구하고 협의를 거치지 않은 경우 본회의에 심사보고 할 수 없음
		국회 규칙	재정수반 법률안에 대한 소관 위원회와 예결위와의 사전협의 대상범위를 시행하여 5년간 재정지출의 순증가액 또는 재정수입의 순감소액이 500억 원 이상인 경우, 의무지출이 증가하는 경우, 특별회계 또는 기금을 설치하거나 폐지하는 경우 등으로 정함
PAYGO 제도	추경호 의원 안 (2016. 7. 8)	국회법	• 의원 및 위원회가 예산 또는 기금상의 조치를 수반하는 의안을 발의ㆍ제안하는 경우 비용추계서와 재원조달방안에 관한 자료를 함께 제출 • 위원회는 예산 또는 기금상의 조치를 수반하는 의안을 심사하는 경우 의안과 재원조달방안에 관한 자료를 함께 검토하여 국가 재정의 수입과 지출이 균형을 이룰 수 있도록 함

출처: 국회의안정보시스템(http://likms.assembly.go.kr/bill/main.do)

지출통제 등에 관한 규정들을 운용 중이다. 「국가재정법」 제90조에 세계잉여금 등의 처리에 대한 규정(지방교부세 및 지방교육재정교부금 정산 → 공적자금상환기금에 출연 → 국가채무 상환 → 추경예산 편성에 사용)을 명시함으로써 법적 기속력이 있는 수입준칙을 운용 중이다. 정부는 중기적 관점의 재정운용을 위해 「국가재정법」에 근거하여 2007년부터 5년 시계의 중기재정계획인 「국가재정운용계획」을 매년 수립하고 국회에 예산안과 함께 제출하고 있다. 그러나 정부는 매년 「국가재정운용계획」에서 총지출 증가율을 총수입 증가율보다

〈표 12-8〉 재정건전화 관련 법률제정안

구분	법률안		주요 내용
재정수지 준칙 + 국가채무 준칙 + PAYGO 제도	정부 (2016. 10. 27)	재정건전화법	• 국가채무 및 재정수지의 관리의무(안 제6조 및 제7조) - 정부는 국가채무를 관리하기 위하여 다음 회계연도 예산을 편성할 때 전쟁이나 대규모 재난이 발생한 경우 또는 대내외 재정여건의 중대한 변화가 발생했거나 발생할 우려가 있는 경우를 제외하고는 국내총생산 대비 국가채무총액의 비율을 100분의 45 이하로 유지하도록 함 - 정부는 재정수지의 관리를 위하여 다음 회계연도 예산을 편성할 때 전쟁이나 대규모 재난이 발생한 경우 또는 대내외 재정여건의 중대한 변화가 발생했거나 발생할 우려가 있는 경우를 제외하고는 관리재정수지의 적자를 국내총생산액의 100분의 3 이하로 유지하도록 함 • 재정부담이 수반되는 법률안 등에 대한 추계자료 및 재원조달방안 마련 의무(안 제9조) - 예산 또는 기금상의 조치를 수반하거나 조세특례를 신규로 도입하는 법률안을 국회의원 또는 「국회법」에 따른 위원회가 발의 또는 제안하거나 정부가 국회에 제출하는 경우에는 해당 법률안의 시행일이 속하는 회계연도부터 5회계연도 기간 동안의 재정 수입 및 지출 증감액에 대한 추계자료와 이에 관련된 구체적인 재원조달방안을 작성하여 해당 법률안에 첨부하도록 함 - 각 중앙관서의 장이 입안하는 법령안이 재정지출을 수반하는 경우에는 재정 수입 · 지출 증감액에 대한 추계자료와 재원조달방안을 작성하여 해당 법령안을 입법예고 하기 전에 기획재정부장관과 협의하도록 함

구분	법률안		주요 내용
재정수지 준칙 + 국가채무 준칙	송영길 의원 안 (2016. 12. 14)	재정건전화법	• 국가채무, 재정수지 및 국세감면의 한계를 규정하고, 정부가 이를 준수하도록 함으로써 국가재정의 총량을 안정적으로 관리하도록 함(안 제7조부터 제9조까지) - 정부는 「국가재정법」 제32조에 따라 다음 연도 예산안을 편성할 때 전쟁이나 대규모 재해가 발생할 경우 또는 대내외 재정여건에 중대한 변화가 발생했거나 발생할 우려가 있는 경우를 제외하고는 신규 국가채무를 전년도 명목 국내총생산의 1만분의 35 이하로 유지하도록 함 - 정부는 「국가재정법」 제32조에 따라 다음 연도 예산안을 편성하는 경우 관리재정수지가 균형을 이루도록 노력
재정수지 준칙 + 국가채무 준칙 + PAYGO 제도	송언석 의원 안 (2019. 5. 23)	재정건전화법	• 국가채무 및 재정수지의 관리의무(안 제6조 및 제7조) - 정부는 국가채무를 관리하기 위하여 다음 회계연도 예산을 편성할 때 전쟁이나 대규모 재난이 발생한 경우 또는 대내외 재정여건의 중대한 변화가 발생했거나 발생할 우려가 있는 경우를 제외하고는 국내총생산 대비 국가채무총액의 비율을 100분의 40 이하로 유지하도록 함 - 정부는 재정수지의 관리를 위하여 다음 회계연도 예산을 편성할 때 전쟁이나 대규모 재난이 발생한 경우 또는 대내외 재정여건의 중대한 변화가 발생했거나 발생할 우려가 있는 경우를 제외하고는 관리재정수지의 적자를 국내총생산액의 100분의 2 이하로 유지하도록 함 • 재정부담이 수반되는 법률안 등에 대한 추계자료 및 재원조달방안 마련 의무(안 제9조)

출처: 국회의안정보시스템(http://likms.assembly.go.kr/bill/main.do)

낮게 유지하는 암묵적 지출준칙을 운용하고 있으나, 법률에 의해 강제되지 않는 내부지침으로 해외 국가들이 운영하는 재정준칙과는 법적 기속력, 명확성, 제재조치 등을 고려할 때 엄격한 재정준칙이라 보기는 어렵다.[18] 또

18) 포괄적 의미의 재정준칙으로 간주되는 재정규율(fiscal discipline)은 재정의 안정성(stability) 및 지속 가능성(sustainability)을 확보하기 위해 재정운용과정에서 준수해야 할 원칙 또는 규범으로 정의할 수 있음. 예로, 건전성 · 효율성 · 투명성 등 재정운용 기본원칙을 근간으로 하는 규범으로 국가재정법 제5장 '재정건전화'에 명시되어 있는 조항(예: 예산부수법률 제안 시 재원조달방안 제시, 추경예산 편성요건, 세계잉여금 사용 원칙 등)과 '예산안 편성' 시 예비타

한 정부는 2009년 글로벌 금융위기를 극복하는 과정에서 악화된 재정건전성을 회복하기 위해 한시적으로 PAYGO 준칙을 도입한 적이 있다.[19] 정부는 「2010~2014년 국가재정운용계획」에서 「2015년 예산안」 편성과정부터 신규의무지출에 대해 PAYGO를 적용하는 내용의 재정준칙을 법규화하지는 않았지만 예산안편성지침에 제시되었다.

재정준칙이 효과적으로 작동하기 위해서는 무엇보다 법제화가 중요하다는 인식 하에 제19대와 제20대 국회에서는 PAYGO 준칙, 국가채무준칙, 재정수지준칙과 국가채무준칙을 결합한 복합준칙 등을 도입하자는 다수의 법률개정안이 제출되었지만 임기만료로 폐기되었다.

한편 정부도 재정의 중장기적인 지속 가능성을 확보하고 재정건전성을 강화하기 위해 재정준칙 도입 내용을 포함한 「재정건전화법(안)」(총 7장 17개 조문)을 2016년 국회에 제출했다. 재정준칙과 관련된 조항으로는 국가채무 및 재정수지의 관리의무(안 제6조 및 제7조) 조항이 있다. 국가채무 준칙조항으로 국가채무를 GDP 대비 45% 이내로 관리하고 5년마다 이 수치를 재검토하되, 경기침체, 대량실업, 남북관계 변화 등 「국가재정법」으로 규정된 추경 편성 요건을 충족하면 재정준칙을 적용받지 않는 예외규정을 두었다. 재정수지준칙조항으로는 관리재정수지 적자를 GDP 대비 3% 이내로 제한하는 규정을 두었다. 이 밖에 정부 또는 국회에서 재정부담 수반 법률안을 제출할 경우 비용추계서 및 재원조달방안을 의무적으로 첨부하는 조항도 함께 규정했다. 정부의 「재정건전화법(안)」 제출 이후 2회의 「재정건전화법」 의원법률안이 제출되었다. 2회의 의원법률안(송영길 의원 안과 송언석 의원

당성조사 실시 등을 포괄하는 개념임.

19) 그러나 미국에서 운용 중인 PAYGO 준칙은 우리나라와 미국의 예산제도 차이, 예산 비법률주의, 수입법안과 지출법안의 소관 상임위원회 불일치, 예결위의 비상임위원회 등 우리나라 국회에 적용하기에는 한계가 있다는 견해가 있음.

안)은 정부제출법률안과 채무준칙 및 재정수지준칙에 적용되는 국가채무와 재정수지의 상한선에서 차이를 보이고 나머지 조항은 대부분 유사한 것으로 나타났다.

6.
정책적 시사점

앞에서 그동안 우리나라의 재정준칙 운용 사례에서의 문제점을 살펴보고, 주요 외국의 재정준칙 운용 사례를 요약·분석하여 다음과 같은 정책적 시사점을 제공하고자 한다.

첫째, 1997년 이후 도입한 재정준칙을 준수함으로써 2008년 글로벌 금융위기에도 불구하고 양호한 재정 상태를 유지한 스웨덴의 경우를 참고하여 대외적 충격에 민감한 우리나라의 경우 재정준칙의 조속한 도입을 통해 건전한 재정 상태를 유지할 필요가 있다. 스웨덴은 재정준칙 도입으로 정부부채비율이 1997년 GDP 대비 77.5%에서 2007년 46.9%로 감소했으나, 글로벌 금융위기를 거치면서 2008년 47.0%에서 2014년 56.3%로 다시 증가했지만 여전히 OECD 평균(111.5%)을 하회하고 있다.

둘째, 금융위기 극복과정에서 헌법 개정을 통해 재정준칙을 강화한 독일과 명시적 재정준칙을 준수하지 않은 영국과 일본의 경우를 참고하여 재정건전성 제고를 위해서는 먼저 재정준칙의 법제화가 필요하고, 정부가 법제화한 재정준칙을 준수하려는 의지가 필요하다는 것을 알게 되었다. 독일은 2009년 헌법 개정을 통해 채무제한준칙을 도입함으로써 연방정부의 구조적 재정수지가 2013년 GDP의 0.14% 적자에서 2014년 0.27% 흑자로 전환되었다. OECD 자료[20]에 따르면, 헌법에서 2009년 채무제한준칙에 대한 근거를 둔 독일의 경우 준칙의 구속력이 강하여 재정건전성 제고효과가 더 큰 것으로 나타났다. 반면 영국은 2011년 「예산책임 및 감사법」을 통해 '2016년까지 GDP 대비 공공부문 순채무 비중을 전년보다 감축'하는 채

〈표 12-9〉 주요국의 대표적인 재정준칙

국가	재정운용 목표	법적 기반	주요 내용
독일	채무비율	헌법 (2016)	구조적 재정적자(GDP 대비)를 0.35% 이내로 유지함으로써 부채의 신규발행을 GDP 대비 0.35% 이하로 허용
스위스	재정수지	헌법 (2003)	지출은 경기변동요인을 감안한 수입 전망치 내에서 달성
미국	PAYGO 채무한도	법률 (2010,2011)	• 의무지출 증가 또는 세입 감소를 내용으로 하는 신규 입법 시 반드시 이에 대응하는 다른 의무지출 감소나 세입 증가 등 재원조달 방안이 동시에 입법화되도록 의무화(The Statutory Pay-As-You-Go Act of 2010) • 법률에 의해 채무한도를 매년 통제(Budget Control Act of 2011)
영국	채무비율 재정수지	법률 (2011)	• GDP 대비 공공부문 순채무 비율 전년보다 감축 • 2017~2018 회계연도 이내에 경기조정 재정수지 균형 달성
프랑스	재정수지	법률 (2012)	구조적 재정적자(GDP 대비) 0.5% 이하 유지
스웨덴	재정수지	법률 (2000, 016)	구조적 재정수지 흑자(GDP 대비) 2%(2000) → 0.33%(2016) 이상 유지

주: 국회예산정책처(2016), 『주요국의 재정제도』 등을 바탕으로 재구성

20) OECD (2015), *The State of Public Finance*.

무준칙을 도입했으나, 2014~2015 회계연도의 공공부문 순채무 비중(83.1%)이 전년(79.1%)에 비해 4%p 증가했다. 또한 일본은 1947년 법제화한 재정준칙을 정부가 적용제외를 요청하는 등 지속적으로 준수하지 않아 글로벌 금융위기 이후 재정건전화 조치에도 불구하고 정부부채는 지속적으로 증가했다.

마지막으로, 2008년 금융위기 이후 재정준칙을 부활했지만 재정수지 개선효과가 위기 이전에 비해 약한 미국을 반면교사 삼아 재정준칙 도입 시 재정건전성을 확보하는 항구준칙으로 설계할 필요가 있다. 미국은 2002년까지 한시적으로 도입한 PAYGO 준칙이 2010년 부활함에 따라 재정적자가 점차 감소하고 정부부채의 증가속도는 둔화되었지만, PAYGO 준칙이 폐지된 기간 동안 재정여력이 감소되어 2014년 재정적자가 GDP의 5.3%로 2007년(GDP의 4.1%)에 비해 증가했다.

참고문헌

국내문헌

국회예산정책처(2015). "아베정부의 경제정책 추진 현황과 시사점". 『NABO 경제동향&이슈』 제38호.

______(2016). 『주요국의 재정제도』

국회의안정보시스템(http://likms.assembly.go.kr/bill/main.do)

김대철 · 박승준(2015). "국가재정운용계획 11년 운영 평가 및 과제". 『제도와 경제』 제9권 제1호(통권 19호). 한국제도경제학회.

김정미 · 이강구(2013). "해외 주요국의 재정준칙 운용동향과 정책시사점". 『국회예산정책처 경제현안분석』 제84호.

신동진 외(2016). "최근 주요국의 재정준칙 운용 동향 및 시사점". 『경제동향&이슈』 통권 제42호.

이동원 · 문외솔 · 이종규 · 이태환(2011). "재정 위기 방지의 유용한 수단, 재정준칙". 『CEO Information』 제814호. 삼성경제연구소.

이명헌(2011). 『독일의 재정제도』. 한국조세재정연구원.

인태환(2007). "미국 재정적자 동향과 주요 적자감축정책 연구". 한국행정학회 · 한국정책학회 하계 공동학술대회 발표논문.

정문종(2012). "예산과정에서 재정건전성 강화 수단에 관한 연구". 『예산정책연구』 제1권 제1호.

정유신(2015). 『일본경제 장기침체 특성과 대응정책에 관한 연구』. 국회예산정책처 연구용역.

조은영(2014). 『북유럽 국가의 금융 · 재정위기 극복과 시사점』. 국회예산정책처.

홍근석 · 김성찬(2017). 『세대간 회계 및 재정준칙 법제화에 관한 연구』. 국회예산결산특별위원회 정책연구보고서.

홍승현 외(2014). 『주요국의 재정준칙 운용 사례』. 한국조세재정연구원 정책분석 14-03.

국외문헌

Aizenman, Joshua. & Yothin Jinjarak (2011). "The role of fiscal policy in response to the financial crisis," United Nations.

Bundesministerium der Finanzen, Őffentlichen Finanzen, 2015. 4. 15.

Fyfe, Nick. & Andrew Threadgold (2013). *The UK Economy 2003-2013*, Anforme Ltd.

HM Treasury (2015). *Budget 2015.*

______ (2015). *Spending Review and Autumn Statement 2015.*

IFS (2009). *The IFS Green Budget.*

IMF (2017). *Fiscal Rules Database.*

OECD (2009). *Economic Outlook, Germany*, Volume 2009 Issue 1.

______ (2015). *The State of Public Finance.*

Schaechter, A., Kinda, T., Budina, N., & Weber, A. (2012). "Fiscal Rules in Response to the Crisis - Toward the "Next-Generation" Rules: A New Dataset," IMF Working Paper, IMF.

Schick, A. (2003). "The Role of Fiscal Rules in Budgeting," *OECD Journal on Budgeting* Vol. 3 No. 3, OECD.

13장

최창옥

디지털 시대의 국가 미래 비전과 지방분권자치 전략*

*	본고는 미래학회 학술지 『미래연구』 2019년 12월호에 게재된 논문임을 밝힘.

1. 요약

중앙집권관치는 유효기간이 끝났다. 디지털 경제는 네트워크 기반의 수평, 분권적 · 개방적 협업생태계가 지배하고, 빠른 변화와 고도의 불확실성을 특징으로 한다. 우리의 중앙집권관치는 이런 변화된 환경에서 신속정확하고 효율적인 의사결정이 어렵다.

이 글에서는 지방분권자치를 그 대안으로 제시한다. 이를 위해 헌법 개정을 전제하지 않고 실천할 수 있는 세 가지 원칙을 제시한다.

첫째로 정부의 의사결정 단위를 경량화하여 작고 효율적인 단위로 나누고 다원화하여 권한과 책임의 관계를 단순하고 명확하게 할 필요가 있다.

둘째로 재정의 지방분권화다. 지방분권자치의 알파와 오메가는 재정분권이고, 재정분권은 지방세의 과세 자주권을 전제로 한다. 지방세법이 정한 대로 우선 지방세의 세목과 세율을 지방의 재정수요에 따라 자율적으로 결정할 수 있도록 해야 한다.

셋째로 중앙은 전국 차원의 사회안전망, 지방은 산업 육성으로 역할을 전문화해야 한다. 변화와 불확실성 시대에는 중앙정부가 정확한 판단을 한다는 보장이 없다. 오히려 확률적으로 오판할 가능성이 더 높고, 그 폐해는 전국적이 되며, 기회비용 손실도 만만치 않다.

따라서 중앙정부의 역할은 개인과 기업으로 하여금 실패 위험을 감수하고 혁신과 실험적 비즈니스에 민간이 과감하게 도전할 수 있도록 안전판이 되어줄 생산적인 사회안전망을 제공하는 것이다.

한편 지방분권자치는 한반도 통일과정에서 민주적 정당성을 확보하고, 통일 이후 남북한 화합과 공생발전을 보장할 합리적인 준비가 될 수 있다. 이 차원의 지방분권자치는 헌법 개정을 필요로 한다.

이를 위해 북한 주민들이 자유의사와 민주적 절차로 우리의 자유민주주의 헌정체제에 편입할 수 있는 절차와 방법을 열어주고, 통일 이후 남북한 지역갈등 해소 및 공생발전과 단일 국가 정체성 확보 등을 위한 실천적 수단도 필요하다.

따라서 북한의 연방제 통일 방안과는 다른 우리 방식의 연방국가형 지방분권자치 모델, 즉 북한지역의 일부 또는 전부가 집단적 의사에 따라 우리의 자유민주주의 헌정체제에 편입할 수 있는 길을 열어주고, 체제의 이질성이 현격한 북한 주민들을 우리 헌정체제로 유도할 수 있는 통일과정 관리 방안도 요구된다.

2.
유통기한 만료된 '중앙집권관치'

이 글의 중심 메시지는 지방분권은 디지털 시대의 급변하는 경제 환경에서 국가생존과 발전의 필수요건인 동시에 민주적 절차에 의한 남북한 통일과 통일 이후 북한 주민들과의 공존과 화해를 위한 전제조건이라는 것이다.

이러한 기대와는 달리 현재 우리 정부 조직과 운영은 중앙집권적 성격이 강하다. 이는 냉전과 남북한 군사적 대치상황을 극복하기 위한 국가안보적 필요가 크게 작용한 결과이지만, 조선 500년 관료 지배의 전통과 일제 식민통치의 잔재도 무시할 수 없다.

이 같은 중앙집권적 관치가 과거 산업화 시대에는 긍정적인 영향을 미친 것도 사실이다. 즉, 정부 주도의 산업화 정책을 추진하는 과정에서 빈약한 자원을 효과적으로 동원하여 압축성장하는 데 긍정적인 기여를 했기 때문이다.

당시에는 자원배분 역할을 할 시장이 미성숙한 데다가 금융시스템마저 미비했기 때문에 정부가 그 역할을 대신하여 여기저기 흩어져 있는 자원을 집약적으로 동원하고, 비교우위가 기대되는 전략산업에 집중 투자하는 등 자원배분의 효율성을 높일 수 있었다.

그러나 산업화에 이어 민주화, 그 뒤를 이은 세계 경제의 글로벌화, 그리고 다시 디지털 경제로 급격하게 전환된 환경에서는 중앙집권관치 모델의 실효성과 시대적 역할이 의문시되며, 오히려 급변하는 환경에 신속하고 효율적인 대응을 가로막는 족쇄가 되고 있다.

따라서 그동안 우리 경제의 성장 엔진을 가동시켜온 중앙집권관치는 디지털 환경 도래와 함께 유효기간이 종료되었으며, 생산적인 대안적 거버넌스 모델로 전환할 때가 되었다.

이하에서는 정부 조직과 기능을 지금의 중앙집권적 관치 모델에서 지방분권 중심으로 전환하는 것이야말로 디지털 시대의 국가발전 전략인 동시에 한반도 통일 전략이라는 주장을 제기한다.

주지하듯이 디지털 기술은 세계 경제를 빛의 속도로 이어주며, 네트워크 질서로 바꾸고 있다. 이에 따라 초국적 네트워크를 기반으로 활동하는 디지털 다국적 기업들의 영향력이 엄청나게 커졌다. 이를테면 구글, 애플, 마이크로소프트 등의 영향력은 웬만한 국가의 정부 권력과 통제 범위를 능가하며, 종종 각국 정부의 법 · 제도나 정책과 갈등을 빚기도 한다.

이처럼 기존의 전통 산업경제로부터 디지털 경제로 전환되면서 나타나는 특징 중에서 특히 정부의 역할과 관련해서 주목할 만한 것들을 몇 가지 언급하면 다음과 같다.[1)]

첫째, 카카오, 네이버, 구글, 페이스북 등 디지털 경제를 이끌어가고 있는 기업들의 예가 보여주듯이 네트워크 연결이 비즈니스 활동과 수익 창출의 기반 역할을 하고 있다.

디지털 기술에 의한 연결과 정보처리는 파괴적 혁신의 무기가 되면서

---

1) 이에 대한 좀 더 자세한 논의는 최창옥(2017), 『4차 산업혁명의 경제적 의미와 정부 역할』, 한국정보화진흥원, 5-15쪽 부분 참조.

기존의 산업경제에서는 전혀 생각할 수 없었던 새로운 비즈니스 모델을 창조하고 있다. 예컨대 사용자의 경험과 사용자가 생산한 콘텐츠(네이버, 유튜브 등), 개인 유휴자산(에어비앤비, 우버 등) 등을 연결함으로써 기업 소유가 아닌 고객 소유의 자산을 기업의 생산적 자산으로 이용하고 있다.

둘째, 손으로 만져지지 않는 무형자산(intangible asset)이 기업가치의 핵심이 되고 있다. 즉 기업 경쟁력의 원천은 공장의 생산라인이나 건물 또는 토지 같은 물질적 자산이 아니라 비물질적 자산, 즉 데이터와 알고리즘, 혁신역량, 인적 자본 및 조직역량 등 손으로 만져지지 않는 비물질적 무형자산이 핵심으로 작용하고 있다.

이에 따라 GDP에서 차지하는 무형자산 투자의 비중도 점점 높아지고 있다. 이를테면 미국의 경우 1995~2009년 사이 GDP 대비 유형자산과 무형자산 투자는 9.0% 대 10.6%로 무형자산 비중이 더 높다. 영국과 아일랜드(9.4% 대 8.7%), 스칸디나비아 국가(11.2% 대 7.9%)도 무형자산 투자가 유형자산 투자 못지않게 높은 비중을 차지하고 있다(Carrol Corrado et. al., 2012).

셋째, 사회적 분업 방식이 중앙집권, 수직적 · 폐쇄적 위계구조(hierarchy)에서 분산적이고 네트워크로 연결된 수평적 · 분권적 구조의 개방적 협업 생태계 중심으로 전환되고 있다. 이는 곧 인간의 일하는 방식, 소통하는 방식, 심지어는 생각하고 행동하는 방식까지 바꾸고 있다.

넷째, 국제 분업도 선진국-개도국 간의 수직적 분업에서 서로 다른 공정 간의 수평적 분업으로 바뀌고 있다. 이처럼 국제 분업이 수평적으로 전환되면서 선진국과 개도국 간의 기술과 노하우 전수가 동반되지 않고 있다. 과거에는 수직적 분업을 매개로 선진국의 기술과 노하우가 개도국으로 이전될 수 있었으나, 이제는 그 통로가 차단되면서 선진국-개도국 간 기술 격차가 갈수록 심화되고 고착화되는 경향을 보이고 있다(OECD, 2015).

다섯째, 디지털 기술이 창조적 파괴의 주력 수단이 되면서 고용창출의 엔진이 전통 제조업에서 디지털 기술과 결합된 신생 산업으로 이동하고 있다. 이에 따라 전 세계적으로 스타트업 또는 창업 초기 단계의 신생 기업(young firm)이 신규고용 창출을 선도하고 있다. OECD 연구에 따르면 대부분의 선진국에서 스타트업과 5년 미만의 신생 기업이 신규고용 창출의 30~60%를 차지하는 것으로 나타나고 있다(OECD, 2015).

이처럼 스타트업과 신생 기업이 파괴적 혁신을 이끌면서 신규고용 창출의 엔진 역할을 하는 이유는 무엇일까? 그 이유는 한편으로는 디지털 기술이 저비용으로 창조적 파괴를 가능하게 해줄 뿐 아니라, 이들 신생 기업들이 디지털 기술을 이용한 실험적 비즈니스 모델을 과감하고 겁 없이 시도하기가 쉽기 때문이다.

이 모든 특징들의 근저에서 작용하는 근본적인 힘은 네트워크 연결에 있다. 초보 수준의 네트워크 이론에 의하면 네트워크는 노드와 링크로 구성되는데, 이들 간의 연결 범위, 빈도 및 밀도가 커질수록 네트워크상의 질서는 점점 더 예측하기 어려운 급격한 변화와 고도의 불확실성이 지배하게 된다. "만인에 대한 만인의 투쟁"이라는 홉스적 질서가 지배하는 국제질서에서 이는 곧 한 국가의 운명이 졸지에 위험에 처할 수도 있는 반면, 역으로 위기와 도전을 기회로 전환하여 경제력을 키우고 일류 선진국으로 도약할

〈표 13-1〉 디지털 기술이 스타트업에 의한 창조적 파괴를 용이하게 하는 이유

창조적 파괴 촉진 요소	촉진 이유
자금 부담이 적은 가벼운 린 창업	초기 비용의 대부분을 차지하는 고정비용 불필요
과감한 비즈니스 모델 실험이 가능	실패해도 손실 극소화
테스트 마켓 검증이 용이	무점포 전자상거래 활용
다양한 시장으로의 접근성	저비용으로 전국 또는 글로벌 시장 접근도 가능

출처: 최창옥(2017)

수도 있음을 의미한다.

디지털 기술과 분산 네트워크에 기반을 둔 수평적 · 분권적 · 개방적 협업생태계가 지배하는 세계에서 정부만이 여전히 수직적 · 집권적이며, 폐쇄적이고 경직된 위계구조를 고수한 채 급격한 변화와 고도의 불확실성을 속도와 능률로 헤쳐나가기는 어렵다. 그러므로 국가의 생존과 경제 활력을 보장할 대안을 모색할 필요가 있다.

이 글에서는 그 대안으로서 지방분권자치를 제안한다. 이 목적을 위한 지방분권의 수준과 범위는 재정분권화가 요체다. 이는 현행 헌정체제에서도 의지만 있으면 헌법의 개정 없이도 실현 가능하다. 이에 대한 좀 더 자세한 논의는 뒤로 미룬다.

다음으로 지방분권이 한반도 통일과정과 그 이후 통일한국의 미래상에 미치는 영향을 살펴보고자 한다. 결론부터 말하자면 지방분권 중심의 정부조직과 운영은 한반도 통일과정에서 민주적 정당성을 확보하고, 통일 이후 남북한 주민 화합을 위해서도 바람직한 대안으로 여겨진다.

우선 통일한국의 지방자치는 연방국가형 분권자치 모델이 바람직한 것으로 보인다. 이는 광역 지방자치단체를 광역 지방정부로 전환하고 준국가 수준의 자치권을 부여하여 더욱 근본적인 수준에서 지방분권과 자치권을 부여하는 것을 의미한다. 이와 같은 연방국가 수준의 지방분권은 현행 헌법의 허용범위를 벗어나므로 장차 통일국가의 미래상을 염두에 두고 헌법을 개정하는 경우에 해당한다.

연방국가 수준의 지방분권은 통일과정에서도 절차적 합법성, 남북한 주민의사에 토대를 둔 민주적 정당성 확보에도 기여할 것이다. 그뿐만 아니라 통일 이후 남북한 지역갈등 해소 및 남북한 균형발전을 위해서도 필수다. 이에 대한 자세한 설명은 뒤에서 다루기로 하고, 여기서는 그 절차와 방법에 대한 의견부터 제시한다.

연방국가형 분권자치의 단계별 추진을 위해서는 1단계로 남한에서부터 우선 준연방 수준의 분권자치를 통해 광역시 · 도별 다양한 모델의 지방자치 모델을 실험하고 경험적 학습을 쌓을 수 있도록 하여 지역주민들의 민주적 자치역량을 배양할 필요가 있다.

이어서 2단계에서는 남한정부의 준연방형 분권자치를 확고하게 정착시킨다. 3단계로는 연방국가형 분권자치로 이행하고, 4단계에서는 연방국가형 지방분권자치를 완성시킨다. 이 마지막 단계는 북한 지역의 일부 또는 전부를 우리의 자유민주주의 헌정체제에 담을 수 있는 이른바 '준비된 그릇'이 되어야 할 것이다.

이와 같이 남한에서 연방국가형 분권자치의 완성을 위한 단계별 추진 과정에서 남북한 관계는 어떻게 관리해나갈 것인가? 가장 바람직한 남북한 관계발전은 남북한 지방정부들이 자유롭고 활발하게 분권적 · 자율적 교류를 확대하는 것이다.

그러나 남북한 체제의 이질성이 현격한 상황에서 이처럼 이상적인 수준의 자유로운 교류는 기대하기 어려우며, 바람직하지도 않다. 따라서 자율적 교류는 북한 내에 분권화가 상당 수준 진전되고 안정적으로 자리를 잡은 이후로 미루고, 그 이전까지 남북한 교류는 중앙정부를 매개로 한 교류와 협력을 추진하는 것이 바람직하다.

다만 통일준비를 위한 과도기적 지방분권과 자치를 위해서는 헌법 개정 이전이라도 우선 남한에서라도 지역별 특색에 맞는 다양한 지방분권 및 자치 모델의 실험을 허용하고 경험적 학습을 축적해갈 필요가 있다.

3.
'지방분권자치'제도의 개요[2)]

1) 지방분권자치제도의 개념

국가와 지방의 관계는 국가 성격의 역사적 변천에 따라 바뀌어왔다. 18세기에 절대국가가 등장할 때는 중앙집권의 경향이 강했고, 19세기 산업혁명 초기의 자유방임체제에서는 지방분권이 강했으며, 20세기 현재 복지국가로 이행하면서 다시 중앙집권이 강하게 대두했다.

그러나 21세기 글로벌화와 디지털 시대에는 국경의 경계가 약해지고 글로벌 정보 네트워크의 확산 등에 의한 분권화의 영향으로 다시 새로운 개념의 지방분권이 요구되고 있다.

우리 경제도 4차 산업혁명과 디지털 기술로 인한 빠른 변화와 고도의 불확실성이라는 새로운 환경에 효율적으로 대응하기 위해서는 지금까지와는 다른 분권적 국가운영시스템이 요구되고 있다. 세계시장에서 경쟁하는 기업과 마찬가지로 정부도 국경이라는 지리적 경계 안에 격리되어 안주하

---

2) 최창옥(2017)의 "4차 산업혁명 시대 남북한 지방자치 추진 전략" 중 일부 내용을 본 논문의 편집 취지와 맥락에 맞게 수정, 보완한 것이다.

기보다는 지구촌 경제에서 경쟁하며 자국의 국가경쟁력을 키우는 것이 국가생존과 번영의 선결요건이기 때문이다.

흔히 지방자치는 단체자치와 주민자치라는 두 가지 요소로 구성된다. 단체자치는 중앙권력으로부터 독립하거나 중앙의 지나친 간섭을 배제하는 지방분권의 의미가 강하고, 주민자치는 지방 사무를 주민들의 참여에 의해 처리한다는 민주적 이념으로서 주민이 주인으로서 스스로 통치한다는 의미에서 지방 사무에 참여하는 것을 의미한다.

단체자치, 즉 지방분권은 민주국가가 아닌 공산주의 독재국가에서도 시행될 수 있으며, 중앙과 지방이 각자의 적합한 역할을 담당하는 기능적 분업의 의미가 강하다. 즉 지방의 사무는 그 지방의 특색을 잘 알고 주민의 요구나 기대와 밀착된 지방 행정단위에서 담당하는 것이 더 적합하다는 것으로, 능률의 논리가 강조된다.

후자의 자치, 즉 주민자치는 주민이 지방정부의 주인으로서 직접적인 참여를 통해 지방 관료의 타성이나 비능률을 막고 주민들의 요구를 더욱 충실하게 반영한다는 민주적 이념이 강하게 내포된 것이다.

이하에서는 주로 단체자치, 즉 지방분권을 우선적인 국가전략으로 제시한다. 주민자치는 지방분권이 제도적으로 보장된다면 각 지방별로 주민 스스로의 결정으로 민주주의 이념과 절차에 따라 각기 다양한 자치 시스템을 창안하고 실시할 수 있을 것이기 때문이다.

2) 지방분권제도의 유형

일반적으로 지방분권은 중앙정부와의 관계, 특히 자치권의 수준과 내용에 따라 국가마다 그 형태가 다양하다. 각국의 중앙-지방 간의 권력관계는 국가의 형성과정이나 통일과정 또는 과거로부터 이어져온 전통 등과 같은 역사적 산물의 성격이 강하다.

예컨대 미국의 경우는 식민지 개척이나 서부개척시대부터 자연발생적으로 생성되어온 역사적 배경에 의해 주정부의 자치권은 당연한 기본권으로 존중된다. 영국의 경우도 잉글랜드, 웨일스, 스코틀랜드, 북아일랜드 등 4개의 지역이 하나의 연합 왕국(United Kingdom)으로 통일되는 역사적 과정을 통해 자치의 전통이 자리 잡게 된 것이다.

남북한 통일 시 지방자치 형태는 단일국가형, 연방국가형의 양극단을 포함해 그 중간 형태인 준연방형(또는 준단일국가형) 등 세 가지를 생각해볼 수 있다.

연방국가형은 미국, 캐나다 및 독일이 이에 해당한다. 즉 이들 국가는 연방정부, 주정부, 지방정부 등 3개 단위의 정부로 구성되어 있다. 예컨대 미국의 경우 미합중국 연방정부 밑에 50개의 주(州)가 있으며, 주아래에는 약 8만 9천여 개의 지방정부가 있다(임성일, 2017).

여기서 지방정부는 주정부를 의미하는 것이 아니라 주의 하위정부인 카운티(county), 시(city), 타운(town), 빌리지(village) 등을 의미한다. 특히 미국의 지방정부는 주정부의 창조물로서 주에 의해 창설되거나 운영되는 관계로 지방정부의 형태는 주마다 매우 다양하고 복잡하다는 특징이 있다.

단일국가형은 지방정부가 국가(중앙정부)의 전체적 권력구조 안에 놓여 있다. 프랑스와 한국 및 일본이 여기에 해당한다. 예컨대 프랑스의 경우 중앙정부 아래 레종(region), 데파르트망(department), 코뮌(commune)이라는 지방정부가 있는데, 모두 중앙정부의 통제와 감독 하에 놓여 있다. 특히 프랑스는 나폴레옹이 통치할 시기에 군대조직 같은 통일된 체제로 지방조직을 정비하면서 국가의 개입과 통제가 강한 집권적 전통이 강하게 자리 잡았다.

절충형 또는 중간형으로서 준연방형이 있다. 준연방국가형은 형식적으로는 단일국가의 형태를 띠고 있으나 실질적으로는 연방국가처럼 운영되는데, 영국이 대표적인 예다. 영국은 이미 언급했듯이 잉글랜드, 웨일스, 스코틀랜드, 북아일랜드 등 4개 지역이 국왕 아래 단일국가 형태를 띠고 있다.

그러나 4개 지역이 각각 언어와 종교, 인종 등이 다르며, 지역마다 지방색이 매우 강해 실질적으로는 지방국가(local state) 형태를 유지하고 있다. 특히 스코틀랜드와 웨일스는 각각 129명과 60명의 의원으로 구성된 의회가 구성되어 독자적인 입법권을 갖고 있으며, 외교, 국방 등을 제외한 광범위한 영역에서 자주권을 갖고 있다.

다음 장에서는 국가생존의 항구적 조건을 살펴보고, 디지털 시대의 경제 환경에서 중앙집권관치는 유효기간이 종료되었으며, 국가생존과 발전의 조건으로서 지방분권이 왜 중요한지에 대해 살펴본다.

4. 디지털 시대의 국가 미래와 지방분권자치

1) 국가생존의 항구적 조건

(1) 개관: 외부의 위협(threat)과 내부의 위험(danger)

일찍이 폴 케네디 교수는 약육강식의 논리가 지배하는 국제질서에서는 군사력과 경제력의 균형을 강대국의 조건으로 보았다. 이는 지금도 여전히 유효할 뿐 아니라, 설득력이 높아지고 있다. 이는 강대국의 조건일 뿐 아니라 우리와 같이 강대국에 둘러싸인 국가로서는 사실상 국가생존의 최소 조건이기도 하다.

군사력과 경제력의 균형이란 군사력에서는 평화를 지킬 만한 충분한 실력을 갖춰야 하지만, 그것을 지속적으로 떠받쳐줄 경제력도 아울러 갖추는 것을 의미한다. 즉 군사력이 필수적인 요소로서 중요하지만, 한정된 자원을 군사비에 과도하게 쏟아부어 경제의 활력을 소진시켜서는 안 된다는 것이다. 그럴 경우 결국 군사력의 유지도 불가능하기 때문이다.

한편 경제 활력이란 생산력을 지속적으로 확대 재생산할 수 있는 효율성으로서 동역학적 의미에서의 순발력과 기초체력을 의미한다. 이 조건을 충족하기 위해서는 다시 두 가지 상충되는 요구 간의 균형이 필요하다. 한정된 자원을 한편으로는 현재의 사회경제적 요구, 즉 소비를 만족시켜야 하고, 다른 한편으로는 현재 소비를 희생하고 미래를 위한 투자, 즉 생산능력의 확장을 위한 충분한 투자가 필요하다. 이같이 상충되는 두 가지 압력 간의 갈등을 해결하고 균형을 유지해야 경제력의 지속적인 확대 재생산이 가능하다.

결국 군사력은 외부의 보이는 위협(threat)에 대항하여 평화를 지키는 것이라면, 경제력은 내부의 보이지 않는 위험(danger), 즉 국민의 서로 다른 요구 간의 갈등을 평화적으로 해결하고 경제 활력을 유지하는 역량이라고 할 수 있다.

어느 국가이든지 외부의 위협에 대해서는 쉽게 대비하고 결속할 수 있지만, 내부 갈등은 쉽게 드러나지 않고, 드러날 경우에는 극단적인 갈등과 돌이킬 수 없는 상처로 이어질 수 있다. 따라서 내부의 갈등을 평화적으로 해결할 수 있는 안정된 시스템이 필요하다. 지방분권이 바로 그 해결책 중의 하나라는 것이 이 글의 주장이다.[3)]

(2) 경제력의 확대 재생산 조건

군사력과 경제력의 균형, 그리고 소비와 투자의 균형은 기술적 조건에 따라 달라진다. 즉, 역사적으로 새로 등장하는 기술은 이들의 균형 관계에 균열을 일으키는 중요한 변수로 작용해왔다. 이를테면 석탄이나 전기와 같이 지치지 않는 무한 동력원의 등장도 그런 사례에 해당한다. 즉, 더욱 강력

---

3) 국민 간의 경제적 이해 갈등은 결국 성장과 분배 간의 갈등, 또는 효율과 형평 간 갈등을 의미한다.

한 군사력과 경제력을 갖추면서도 하나가 다른 하나를 끌어내리지 않고 균형을 유지할 수 있게 하는 신기술을 발전시켰기 때문이다(폴 케네디, 2005).

마찬가지로 디지털 기술은 지식과 정보에 접근하고 습득하는 방식, 사회적으로 소통하는 방식, 그리고 일하는 방식까지도 근본적으로 바꾸고 경제 구조와 지형도의 변화를 이끌면서 이들 균형 관계에 영향을 미치고 있다.

이 절에서는 디지털 기술의 시대가 요구하는 정부의 역할과 기능, 그리고 이의 효율적 수행을 위한 수단으로서 지방분권의 의의와 필요성을 경제력 측면에서 검토한다. 물론 군사력도 중요하다. 그러나 경제력 없이는 군사력의 위축도 불가피하며, 결국 경제력이야말로 국가생존의 제1 조건이라 해도 과언이 아닐 것이다.

주지하듯이 대한민국은 한때 세계 경제에서 성장 발전소 혹은 성장의 아이콘으로 여겨졌으나 최근 성장 동력이 떨어지고 있다. 이 글을 쓰고 있는 2019년만 하더라도 1/4분기 성장률이 마이너스를 기록했고, 연간 성장률도 2% 마지노선을 넘기 어려울 것이라는 우려가 높다.

그렇다면 변화와 혁신, 창조적 파괴의 도구[4]인 디지털 시대에 우리 경제의 성장 엔진에 다시 불을 붙일 점화 플러그는 없는 것인가?

여기서는 성장 정체의 요인이 우리의 중앙집권적 관치, 즉 게임의 룰을 만들고 관리해야 하는 정부의 조직 구조와 운영원리가 봉건적인 가부장 지배원리에 깊이 뿌리박고 있다는 문제의식에서 출발한다. 따라서 지방분권자치로의 전환이 곧 디지털 경제의 성장 엔진에 다시 불을 붙일 점화 플러그가 되리라는 것이 이 글의 주장이다.

---

4) 하버드대학교 총장인 로렌스 서머스 경제학 교수는 21세기를 '(디지털 기술이 이끄는) 창조적 파괴의 시대'라고 강조한 바 있다.

2) 디지털 경제가 요구하는 정부 역할

정부의 기능과 역할은 국가생존을 좌우하는 가장 중요한 요소이며, 특히 디지털 시대의 경제 환경과 국제질서에서는 더욱 그렇다. 그 이유를 몇 가지 제시하면 다음과 같다.

첫째, 디지털 환경에서는 정보의 접근성과 활용방식이 달라진다. 즉 지식과 정보가 소수의 전문가에게 독점되던 과거와 달리 개인들 사이에 광범위하게 분산 · 공유되고, 누구나 쉽게 접근하고 활용할 수 있다.

둘째, 이와 같은 정보 접근성의 확대는 사회구성 원리와 권력구조의 변화로 이어진다. 개인 블로그, 유튜브 동영상, 각종 SNS 등 다양한 정보전달 및 소통 매체의 확산으로 분산된 개인들도 얼마든지 자신의 콘텐츠나 이데올로기를 전파하고, 추종자들을 모아 여론을 주도하거나 거대한 동조세력으로 규합할 수 있기 때문이다.

셋째, 디지털 기술은 정부의 집행 권한을 약화 또는 무력화시킬 수도 있다. 이는 정부의 규제를 회피할 수 있는 다양한 수단이 열려 있기 때문이다. 예컨대 비트코인 등 디지털 암호 화폐와 블록체인 기술은 정부의 고유 영역으로 여겨져오던 화폐 발행권이나 소유권 등기 같은 국가 등록시스템을 대체할 정도로 기술 발전의 성격이 이전과는 달라졌다.

넷째, 디지털 기술은 새로운 실험과 시행착오의 비용을 줄인다. 반면에 성공이 주는 보상은 네트워크를 타고 흐르는 외부효과(externality effect)와 확산효과(spill over effect) 때문에 엄청나게 커질 수 있다. 작은 비즈니스 실험이라도 일단 성공하면 네트워크를 타고 순식간에 전 세계를 무대로 판로를 확장할 수 있기 때문이다.

다섯째, 정부는 이전에 경험하지 못한 새롭고 생소한 문제에 수시로 직면할 가능성이 높다. '우버'나 '타다'와 같이 이전에는 없었던 완전히 새로운 승객 서비스의 등장은 소비자 편익을 크게 개선하지만, 기존의 택시 업계와 이해 갈등을 일으킨다. 그럼에도 불구하고 정부는 문제 해결의 실마리조차 찾지 못하고, 기존 업계를 보호하는 식의 안일한 대응에 안주하고 있다.

그렇다면 이와 같은 디지털 시대의 정부는 그 역할과 기능이 어떻게 바뀌어야 할까?

결론부터 말하자면 군사 부문에서 무기경쟁과 마찬가지로 정부의 시스템 경쟁력이 요구된다. 시스템 경쟁력은 효율성 및 공정성, 자기치유 능력을 의미한다. 효율성은 의사결정과 행동이 신속하고 생산적인 것을 말하고, 공정성이란 사회 구성원들에 의해 수용될 수 있는 게임의 룰을 의미하는 것으로, 이는 곧 시스템의 내적 안정성과도 직결된다.

마지막으로 자기학습 능력이란 환경 변화를 신속하고 정확하게 탐지하고 자신을 재빨리 적응시키는 자기치유 능력을 의미한다. 이것은 곧 디지털 시대의 기업 경쟁력의 요체라고도 할 수 있는데, 정부 거버넌스 역시 이와 동일한 능력을 필요로 한다.

그렇다면 우리 정부가 시스템 경쟁력을 갖추려면 어떻게 해야 할까?

첫째, 실험과 시행착오를 마다하지 않아야 한다. 이는 곧 정부의 고유 권한인 규제와 감독의 혁신으로 이어질 것이다. 역사적으로 정부의 규제 · 감독은 새로운 기술의 수용과 확산의 방향과 속도를 좌우하는 중요한 역할을 해왔다.

이를테면 산업경제 시대는 단순하고 선형적이고 예측 가능성이 높았으며, 이에 따라 위계구조에 의한 상의하달식 문제해결이 효과적이었다. 하지만 디지털 시대의 변화와 혁신을 능동적으로 수용하기 위해서는 새로운 규제 방식으로 전환이 필요하다.

둘째, 정부가 앞장서는 산업정책은 편익보다는 비용이 더 클 위험이 높고, 압축성장 시대와 함께 그 수명을 다했다. 디지털 시대의 정부 역할은 민간의 창발과 혁신을 장려하고 비즈니스 생태계의 건강성, 즉 개인과 기업이 도전적이고 실험적인 비즈니스와 스타트업에 과감히 도전할 수 있는 산업 생태계를 조성하는 후원적 역할이 요구된다.

셋째, 사회안전망 제공이다. 디지털 경제의 엔진은 과감한 실험과 시행착오인데, 여기에는 당연히 실패의 위험이 따른다. 정부의 역할은 줄타기 묘기하는 서커스 곡예사에게 안전그물망(safety net)을 설치해주고, 체조 선수에게는 콘크리트 바닥에 매트리스를 깔아주어 고난도 기술 연마를 장려하는 것이다.

넷째, 공정한 게임의 룰을 만들고 관리하는 것이다. 창조적 파괴의 시대인데, 이는 새로운 창조가 무엇인가를 파괴하는 것이다. 이를테면 혁신적이고 새로운 비즈니스가 기존 비즈니스를 파괴한다는 것이다. 이럴 때 정부는 부당한 방법으로 게임에 개입하거나 한쪽 편을 들어서는 안 된다. 정부의 역할은 게임이 공정하게 진행되게 하는 것이다.

다섯째, 디지털 시대의 정부는 변화와 불확실성 속에서도 균형을 지켜낼 수 있는 복원 탄력성(resilience)이 요구된다. 복원 탄력성이란 충격을 완충하거나 원상회복하는 능력을 말하는데, 이것 없이는 과감한 정책실험이나 시행착오를 기대하기 어렵다. 하지만 중앙집권관치는 경직된 관행과 타성 때문에 변화의 시대를 감당하기 어렵다.

여섯째, 정부 조직과 거버넌스 자체의 디지털화가 요구된다. 이는 정부 행정서비스의 단순한 전산화와는 다르다. 우리 정부는 UN의 전자정부 지수 세계 톱 수준 랭킹으로 평가받고 있다. 이는 물론 높이 평가할 만하다. 하지만 거버넌스의 디지털화는 이와 다른 것이다.

거버넌스의 디지털화는 더 근본적인 변화, 즉 국민과 상호작용하는 방식의 변화, 정부의 본질적인 기능과 역할의 변화, 국민의 지혜와 의견을 수

〈표 13-2〉 산업경제와 디지털 경제에서의 지식의 변화

구분	산업경제	디지털 경제
생산품	규격품 대량 생산	On Demand 주문 생산
작업 방식	표준 매뉴얼에 의한 절차	상황에 맞는 유연한 절차
지식의 특성	형식지(知) 복제와 모방으로 따라 하기	암묵지(知) 경험과 실험을 통해 더듬어 습득
지식의 저장	문서화, 코드화	조직문화와 구성원에 체화
지식의 성격	Technology(코드화가 용이)	Skill(코딩이 불가능)
지식 습득	강의, 교과서	창의적 문제해결, 풀뿌리 습득
조직 구조	위계적(중앙집권, 관료적 명령통제)	수평적(분권과 분산, 자율적)
위험 요소	작은 실수도 치명적 위험	실수에 대한 두려움이 치명적 위험

출처: 최창옥(2017)

렴하고 국정에 반영하는 방식의 근본적인 변화를 요구한다. 그런 점에서 행정 전산화나 전자정부와는 근본적으로 다르다.

지금까지 디지털 시대가 요구하는 정부의 역할 변화를 언급했는데, 이런 변화가 과연 가능할 것인가? 이 모든 변화를 가능하게 할 유일한 대안은 중앙집권관치의 옷을 벗고, 지방분권자치라는 새 옷으로 갈아입는 것이다. 이하에서는 현행 헌정체제에서 추진할 만한 지방분권의 원칙과 방향을 제시하고자 한다.

그에 앞서 우선 정부 거버넌스가 지방분권자치로 전환할 경우 경제에는 과연 어떤 변화를 기대할 수 있을까? 먼저 이에 대해 몇 가지 살펴보면 다음과 같다.

첫째, 지방 경제에 대한 중앙정부의 개입 여지는 감소하고, 지방 재정의 자기책임성이 높아질 것이다. 중앙정부에 대한 지방의 재정의존도가 낮아지면 자연히 관-관 로비가 줄고 부패의 위험도 낮아질 것이다.

둘째, 지방 재정 지출에서 권한과 책임의 연계가 높아지고 책임 소재가 단순하고 명확하게 드러난다. 따라서 지방 사무에 대한 주민들의 감시와 통제도 구체적일 수 있다. 이는 곧 공공서비스 공급의 효율성과 주민 체감도를 높일 것이다.

우리 헌법 제7조 1항은 "공무원은 국민 전체에 대한 봉사자이며, 국민에 대하여 책임을 진다"고 규정하고 있다. 그러나 일개 공무원이 국민 전체의 의사를 어떻게 알 것이며, 국민에 대한 책임이 무엇을 뜻하는지는 설명이 없다.

이 때문에 공무원의 주관적 판단에 의한 관치와 규제 만능주의를 정당화할 위험이 크다. 그것을 제어할 구체적인 장치도 없다. 결과적으로 국민 무관심, 이익집단 로비, 그리고 마침내 부정부패로 이어질 위험성을 높인다(김희식, 2019).

지방분권을 더욱 확고하게 하려면 헌법 제117조 1항의 자치제한 규정을 '법령의 범위'에서 '법률의 범위'로 원 포인트 개헌만 하면 된다.[5] 참고로 성문헌법의 원형이라는 미국의 헌법도 1789년 제정 이후 수십 차례에 걸친 수정을 거치면서 헌정체계를 현실에 맞춰온 결과다.

3) 디지털 경제를 위한 지방분권자치의 원칙과 방향

우리 헌법 제1조는 "대한민국의 주권은 국민에게 있고, 모든 권력은 국민으로부터 나온다"라고 규정하고 있다. 하지만 항간에는 이 조항을 "대한민국의 대통령은 국민이 뽑고, 모든 권력은 대통령으로부터 나온다"로

---

5) 법령은 장관령을 포함하므로 주민 직선으로 선출된 광역단체장이 장관의 통제를 받게 된다.

바뀌야 한다는 자조적인 주장도 있다. 민주주의 국가로서는 도를 넘을 정도로 대통령을 정점으로 하는 중앙정부에 권력이 집중되어 있다는 의미일 것이다.

〈그림 13-1〉은 기획재정부가 발간한 2018년도 예산편성 지침서인데, 언뜻 읽어보아도 구소련 중앙계획당국에서 발간한 듯한 인상을 준다. 지방마다 독특한 현지사정이나 주민들의 요구가 제각각이겠지만, 중앙집권관치는 이런 식의 세세한 지시와 통제를 필요로 한다.

디지털 환경이 요구하는 신속하고 능률적인 의사결정을 위해서는 이와 같은 관료적 경직성으로부터 탈피하기 위해서라도 지방분권자치로 전환하는 것이 불가피하다.

정부의 권한과 책임의 기능적 분업에서 중요한 원리 중의 하나는 '보충성의 원리(principle of subsidiarities)'다. 이는 주민을 위한 모든 공적 기능은 주민과 가장 가까운 곳에서 가장 효율적으로 수행할 수 있는 지방정부에 우선적으로 귀속되고, 지방정부가 할 수 없거나 국가 전체에 해당하는 기능은 상위 정부 또는 중앙정부에 귀속된다는 원리를 말한다.

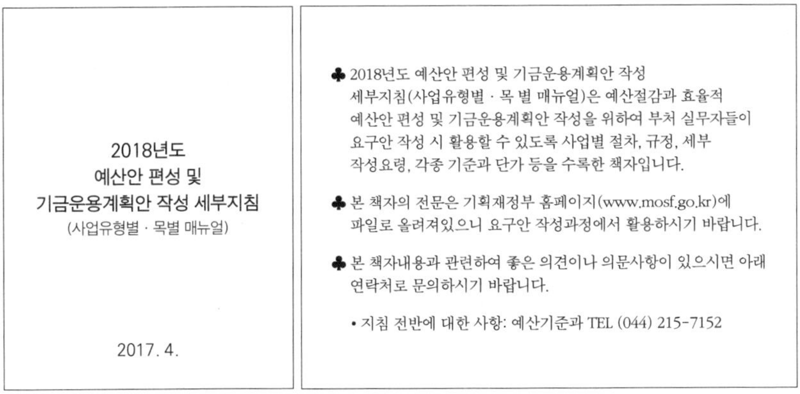
2018년도
예산안 편성 및
기금운용계획안 작성 세부지침
(사업유형별 · 목별 매뉴얼)

2017. 4.

♣ 2018년도 예산안 편성 및 기금운용계획안 작성 세부지침(사업유형별 · 목 별 매뉴얼)은 예산절감과 효율적 예산안 편성 및 기금운용계획안 작성을 위하여 부처 실무자들이 요구안 작성 시 활용할 수 있도록 사업별 절차, 규정, 세부 작성요령, 각종 기준과 단가 등을 수록한 책자입니다.

♣ 본 책자의 전문은 기획재정부 홈페이지(www.mosf.go.kr)에 파일로 올려져있으니 요구안 작성과정에서 활용하시기 바랍니다.

♣ 본 책자내용과 관련하여 좋은 의견이나 의문사항이 있으시면 아래 연락처로 문의하시기 바랍니다.

• 지침 전반에 대한 사항: 예산기준과 TEL (044) 215-7152

〈그림 13-1〉 구소련 중앙계획당국을 연상시키는 기획재정부의 예산편성 지침

보충성의 원리는 중앙과 지방이 비교우위와 전문성 및 분업화의 원리에 따라 권한과 책임을 배분하는 것으로, 중앙의 권력 독점을 제어할 뿐 아니라 지방으로의 권력 분산과 기능적 분업을 통해 급격한 환경 변화에 탄력적으로 대응한다는 실용적 차원에서도 필요하다.

이는 국민이 주권자라는 민주주의의 근본취지를 충실하게 살린다는 차원에서 지당한 원리이기도 하다. 즉 국민은 주권자로서 최적의 공공 서비스를 누릴 권리가 있으며, 정부도 이 같은 국민의 당연한 권리에 최적화된 방식으로 봉사할 의무와 책임이 있기 때문이다.

디지털 기술 시대의 지방분권자치도 이 같은 보충성 원리에 충실해야 할 것이다. 이하에서는 보충성의 원리에 따라 헌법 개정 없이 추진할 수 있는 지방분권 전략 세 가지만 간략히 제시한다. 첫째는 정부 의사결정 단위의 경량화, 둘째는 재정의 지방분권화, 셋째는 국가-지방의 기능적 분업, 즉 국가는 사회안전망, 지방은 산업육성으로 전문화하는 것이다.

(1) 정부 의사결정 단위의 경량화

공공 서비스가 보충성의 원리에 따라 국민 수요에 최적화된 방식으로 제공되기 위해서는 우선 의사결정의 경량화가 필요하다. 이는 주권자인 국민을 우선으로 하는 민주적 정당성과 합리성 차원에서뿐만 아니라 디지털 시대의 국가발전 전략으로서도 꼭 필요하다.

의사결정 단위의 경량화란 행정수요의 내용과 범위에 맞게 의사결정 단위를 작고 효율적으로 나누어 권한과 책임을 단순하고 명확하게 연계시키는 것을 말한다. 이는 현장과 가까운 곳에서 상황에 맞는 기민하고 탄력적인 의사결정을 가능하게 할 것이다. 디지털 시대의 급변하는 경제 환경에 신속정확하게 대처하기 위해서도 반드시 필요하다.

특히 지방주민을 위한 사무는 장소적으로 주민과 가장 가까운 그 지방정부와 같이 규모가 작은 행정단위에 맡기는 것이다. 이럴 경우 중앙정부에 비해 훨씬 더 현장과 밀착된 정보로 지역주민의 수요에 맞춰 능률 행정을 할 수 있을 것이다.

이렇게 의사결정 단위를 현장과 가까운 작은 행정단위로 이양할 경우 의사결정이 신속정확하고 능률도 오를 것이다. 특히 지역주민에 의한 자치와 감시가 용이해지기 때문에 지방 관료의 낭비나 부패 또는 나태를 견제하는 데도 효과적일 것이다.

정부의 주요 역할 중의 하나는 사인(私人) 간의 이해충돌을 조정하는 일인데, 의사결정 단위가 경량화될수록 문제가 단순해지므로 해결도 쉬워진다. 『손자병법』에도 있듯이 복잡한 문제를 쉽게 푸는 방법은 문제를 작은 단위로 쪼개고 나누는 것이다.

지방분권은 디지털 환경에서 국가경제의 활력도 높일 수 있다. 디지털 기술은 창조적 파괴의 수단이 되는데, 이는 창조되는 새 비즈니스와 파괴되는 구 비즈니스 간 첨예한 이해충돌을 일으키기 마련이다. 이때 문제가 전국적이냐 특정 지역에 한정되느냐에 따라 해결도 달라진다. 즉 문제의 범위가 작아질수록 해결도 쉬워지는데, 지방분권은 이처럼 문제를 작게 쪼개는 역할을 하기도 한다.

예컨대 앞에서 언급한 '우버'나 '타다' 같은 새로운 승객 서비스가 소비자의 편익을 개선하지만, 기존 택시업계와는 이해충돌을 일으킨다. 지방분권으로 문제가 장소로 한정되면 타협이나 이해조정이 그만큼 쉬워진다. 따라서 창조적 파괴로 경제 활력도 높아질 것이다.

참고로 미국은 지역별로 매우 다양한 지방자치가 실시되고 있다. 전국적으로 모든 지방정부는 기본 가치와 작동 원리 등에서 공통점을 공유하지만, 각 지방정부는 내부 조직, 권한 배분, 작동 원리 등 구체적인 내용을 자치적으로 결정하기 때문에 지방마다 형태가 다양하다.

이처럼 각 지역별 특성 차이와 다양성을 허용하기 때문에 심지어 지방세의 세목과 세율 등을 지역의 실정과 재정 상태에 맞출 만큼 지방자치제도와 운영이 다양하다. 이 같은 자치제도의 다양성은 각 지방정부별로 새로운 정책실험도 다양하게 추진할 수 있는 여지를 준다.

물론 그러다 보면 지방에 따라서는 정책 미스를 범할 수도 있을 것이다. 그럴 경우에도 그 폐해나 부작용은 해당 지역에 국한된다. 반면에 성과가 입증된 정책은 이웃의 다른 지방정부에서도 모방 · 복제하여 확산시킬 수 있다. 즉, 성공적인 정책실험의 긍정적인 파급영향은 전국으로 확산될 수 있다.

새로운 정책실험의 비용은 적고 성공 효과는 크다. 이는 참신하고 과감한 새로운 정책실험을 촉진하고 장려함으로써 디지털 환경의 기회와 도전을 국가경제의 활력으로 연결시킨다. 이 점에서도 지방분권은 유용성과 불가피성이 인정된다.

지방분권은 정부가 주민의 수요에 따라 최적화된 공공 서비스를 제공해야 한다는 국민주권의 민주주의 정신에도 부합한다. 또한 산업정책 측면에서도 지역마다 특성과 장점을 살린 최적의 특화 산업을 각자 육성하게 되어 국가경제의 다양성과 활력에도 긍정적으로 기여한다.

그러나 우리의 현행 중앙집권관치는 의사결정이 장소적으로나 심리적으로 현장 주민과 너무 멀리서 이루어지고, 최종 결정에 이르기까지 수많은 단계를 거쳐야 한다. 결국 의사결정은 관료화되어 무겁고 경직될 수밖에 없다.

이와 같은 경직성을 탈피하고 디지털 환경의 기회와 도전에 발 빠르고 능률적으로 대응하기 위해서는 이미 지적한 것처럼 의사결정 단위를 경량화할 필요가 있으며, 지방분권자치가 그 중요한 수단이 된다.

(2) 재정의 지방분권화

지방분권은 곧 재정분권이고, 재정분권은 곧 지방세의 과세 자주권과 사실상 동일시된다. 지방세 과세 자주권이란 세목과 세율을 지방의 재정수요에 따라 자율적으로 결정할 수 있는 권한을 말하며, 그 책임도 스스로 지는 것이다. 다행히 현재 우리나라는 지방자치재정권을 헌법 조항으로 규정하고 있어 이런 의미의 재정분권은 충분히 가능하다.

헌법 제117조 제1항은 "지방자치단체가 재산을 관리하는 권한"을 지방자치단체에 부여하여 자치재정권을 헌법적으로 보장하고 있는데, 여기서 자치재정권이란 예산, 지출권(세출권)과 수입권(세입권)을 의미한다.

그중에서도 자치 세입권은 지방자치단체가 주민에게 지방세를 부과 · 징수할 수 있는 과세 자주권에 해당한다(차상붕, 2001). 이를 근거로 지방자치법 제135조는 "지방자치단체는 법률이 정하는 바에 따라 지방세를 부과, 징수할 수 있다"고 규정하고 있다.

또한 이 규정에 의거하여 지방세법 제3조 제1항은 "지방자치단체는 지방세의 세목, 과세객체, 과세표준, 세율 기타 부과, 징수에 관하여 필요한 사항을 정함에 있어서는 (이 법이 정하는 범위 안에서) 조례로써 하여야 한다"고 규정하고 있다.

우리나라는 지방자치단체의 과세 자주권을 위한 헌법과 법률의 근거가 이미 마련되어 있다고 볼 수 있으므로 의지만 있다면 재정의 지방분권은 언제든지 가능하다고 볼 수 있다.

다만 여기서 재정의 지방분권화와 자치가 대폭적으로 허용될 경우 지방재정 건전성에 대한 불안과 우려를 느끼는 국민이 많다는 것이 걸림돌이 되고 있다.

그러나 선진국의 경험에 비추어보면 재정의 중앙집권이 곧 재정 건전

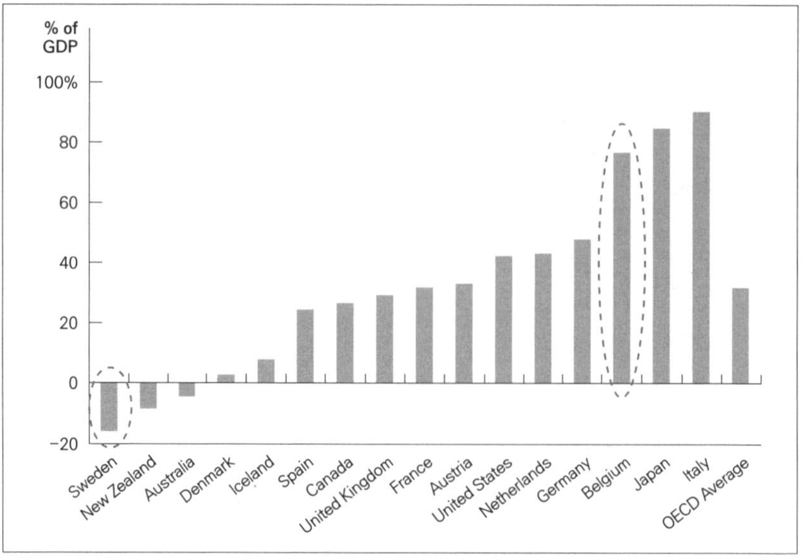

출처: Jonathan Gruber (2011)

〈그림 13-2〉 OECD 주요국의 GDP 대비 국가채무 비중(%)

성을 보장하는 것은 아니다. 오히려 재정의 지방분권과 자치가 강할수록 재정의 자기책임성으로 지방재정의 건전성은 더 개선되는 경향이 있다.

〈그림 13-2〉는 OECD 국가의 국가부채 비율(GDP 대비)을 보여주는데, 스웨덴과 벨기에가 특히 주목을 끈다. 두 나라는 같은 유럽 국가이고, 인구도 1천만 명 내외로 비슷하다. 그러나 스웨덴의 국가부채가 마이너스(즉, 흑자)인 데 반해 벨기에는 GDP의 80%를 넘을 정도로 국가부채 비율이 심각하게 높다.

이런 차이가 생기는 이유는 무엇인가? 여러 원인이 있겠으나, 당장 눈에 띄는 차이는 지방분권이냐 중앙집권이냐의 차이다. 즉 벨기에와 달리 스웨덴은 연방국가로서 지방분권이 매우 강하고, 이것이 스웨덴의 재정 건전성에 긍정적인 작용을 한 것으로 보인다.

이처럼 지방분권이 강한 나라의 재정 건전성이 훨씬 양호한 것을 볼 때 지방분권이 곧 재정의 방만한 운영을 유발한다는 우려는 근거가 약하다. 반대로 지방분권이 강하면 재정의 건전성도 높아질 가능성이 큰데, 이는 권한과 책임의 연계로 재정의 자기책임성을 높이기 때문이다.

미국의 사례도 눈여겨볼 만하다. 미국은 분권의 전통이 특히 강하다. 미합중국 헌법 제1조는 연방정부와 주정부 간의 권한과 책임의 배분 원리로서 "연방정부의 권한으로 구체적으로 명시되지 않은 모든 권한은 주정부와 국민에게 속한다"고 규정할 정도로 분권의 전통이 강하다.

즉 연방정부의 권한으로 명시적으로 규정된 국방, 외교, 안보, 전쟁, 통화, 표준, 국가복지 등의 기능을 제외한 거의 모든 공적 기능은 주정부의 권한에 속할 만큼 주정부의 권한이 막강하다.

〈그림 13-3〉은 미국의 주정부와 지방정부의 재정수지 추이를 보여준다. 위는 연방정부의 재정수지 추이를 보여주는데, 거의 예외 없이 적자를 보여왔다. 이와 대조적으로 아래는 주정부와 지방정부의 재정수지를 보여주는데, 연방정부와 달리 거의 매년 흑자다.

주정부와 지방정부의 이 같은 재정 건전성의 배경에는 바로 주정부와 지방정부의 재정운영이 자율성과 책임성이 높다는 사실이다.

참고로 미국의 경우 대부분 지방에서 세입과 세출의 차이로 적자가 예상될 경우에는 주로 지방세의 세원과 세율의 조정을 통해 균형을 맞춘다. 즉 각 지방정부는 세출에 비해 세입이 부족할 경우, 그 모자라는 예산은 기본적으로 주민에게 지방세를 인상하여 적자를 충당한다.

이 때문에 지방세가 인상될 경우 지역주민은 세금이 왜 인상되었는지, 그리고 그것이 어디에 사용되는지 분명히 알 수 있고, 다음번 선출직 선거에서 누구를 뽑을지에 대한 중요한 판단 근거가 된다. 이와 같은 주민에 의한 감시 통제는 선출직 정치인이 재정 건전성에 매우 민감할 수밖에 없으

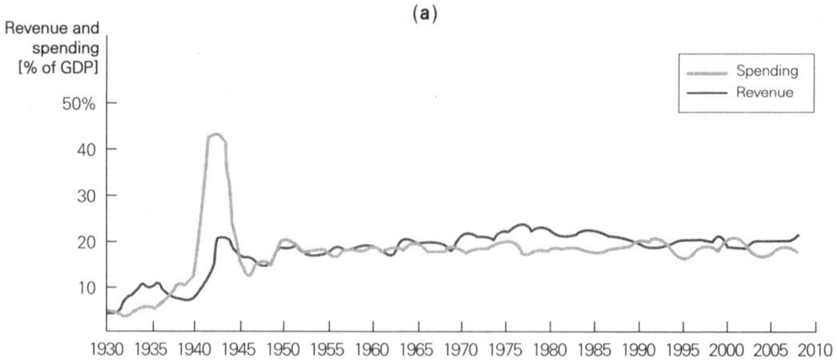

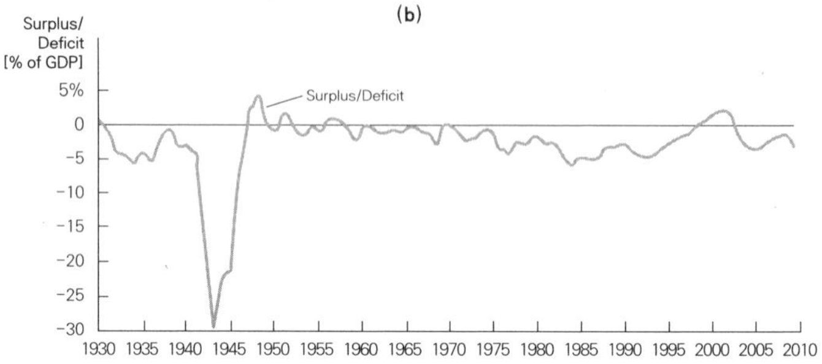

〈미국 연방정부 재정수지 추이〉

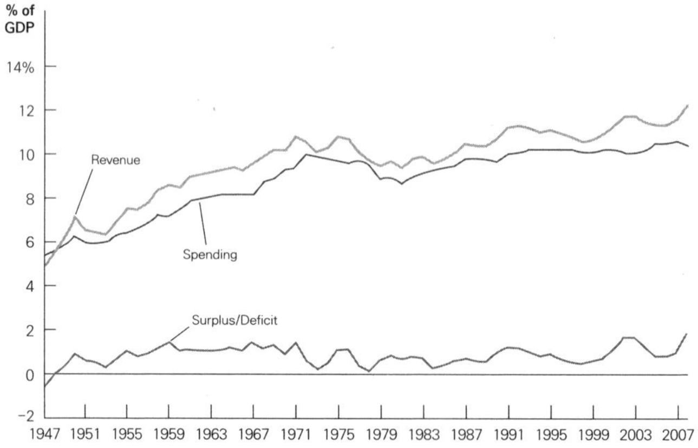

〈미국 주정부 및 지방정부 재정수지 추이〉

출처: Jonathan Gruber (2011)

〈그림 13-3〉 미국의 연방정부와 주정부의 GDP 대비 재정수지 추이(%)

며, 재정 균형을 유지하는 강한 인센티브가 된다.

그뿐만 아니라 미국의 거의 모든 주는 지방채 발행도 주민 동의(주민투표 등)를 필요로 한다(임성일, 2017). 즉 일시적 재정적자를 메우기 위한 지방채 발행도 절차적 투명성과 책임소재를 분명히 하고, 자율성과 자기책임성을 강하게 연계시킨다.

이처럼 미국의 경우 재정자치의 기본 원리는 자기책임성을 보장하는 이중의 장치가 작동한다. 첫째로 지방재정 적자는 그 지방 주민이 책임을 지고, 둘째로 지방정부는 주민 선거를 통해 그로 인한 정치적 실패의 위험을 감당한다. 즉, 이런 이중 장치를 통해 지방재정의 건전성은 중앙정부의 통제가 아니라 주민자치를 통해 더욱 실효적으로 작동한다.

이 같은 미국의 재정분권제도는 그 토양과 환경이 우리와 다르므로 그대로 이식할 수는 없지만, 그 기본원리는 배울 만하다. 즉, 지방재정의 건전성은 중앙정부에 의한 엄격한 통제보다는 지방분권과 주민자치라는 이중의 제어장치를 효과적으로 활용할 필요가 있다는 것이다.

부언하자면 현행 중앙집권관치 재정은 도덕적 해이를 부추기고 방만한 재정 운용의 위험을 높이고 있다. 특히 배정된 예산은 일단 쓰고 보는 것이 상책이다. 절약한 예산은 다른 긴급한 용도로 전환할 수 없고, 오히려 책임 추궁이 따르며, 다음해에 예산이 삭감되는 불이익도 따라온다.

물론 감사원과 국회의 국정감사 등 이중 삼중의 통제장치가 있기는 하지만, 역으로 의사결정의 경직성과 책임회피를 부추기는 부작용도 만만치 않다. 결국 지방분권과 주민자치에 의한 자기책임성에 비해 효과가 떨어질 수밖에 없다.

거듭 강조하지만 지방분권의 요체는 재정분권이고, 재정분권은 지방세의 과세 자주권이다. 즉 지방세의 세목과 세율을 스스로 결정하고 주민이 책임지는 세입 자치권이 지방재정분권의 핵심이다.[6] 특히 조례는 주민이 직선한 지방의회가 제정하는 자주법이라는 점에서 지방 조례에 의한 세입 자주권은 조세법률주의의 진정한 취지를 살리는 것이기도 하다.

헌법 제59조의 조세 법률주의의 기본 취지는 '대표 없는 과세 없다'라는 것인데, 이에 따르면 지방 주민의 고유 사무를 위한 세목과 세율을 지방의회의 조례로 결정하고 책임을 지게 하는 것이 조세 법률주의의 진정한 취지를 살리는 길일 것이다.

이에 대해서는 부록에 제시된 "재정분권화의 헌법 및 법률적 근거"를 참조하기 바란다.

(3) 국가는 사회안전망, 지방은 산업육성으로 기능적 분업

중앙정부는 전국 차원의 사회안전망, 지방은 산업육성으로 역할을 전문화해야 한다. 변화와 불확실성 시대에는 중앙정부가 정확한 판단을 한다는 보장이 없다. 오히려 확률적으로 오판할 가능성이 더 높고, 그 폐해는 전국적이 되며, 기회비용 손실도 만만치 않다.

따라서 중앙정부의 역할은 개인과 기업으로 하여금 실패의 위험을 감수하고 혁신과 실험적 비즈니스에 민간이 과감하게 도전할 수 있도록 안전판이 되어줄 생산적인 사회안전망을 제공하는 것이다.

디지털 경제는 빠른 변화와 고도의 불확실성이 지배하는 고위험-고수익(high risk – high return) 경제다. 중앙정부의 엘리트 관료라고 해서 불확실한 미래를 더 잘 예측한다는 보장은 없다. 오히려 결정이 잘못되더라도 책임을 지지 않고, 현장과 멀어 부정확한 정보와 지연된 의사결정으로 오판할

6) 하지만 우리나라는 현재 지방소비세율이 2018년 11%에서 2019년 15%, 2020년 21%로 중앙정부가 일방적으로 결정해 모든 지자체에 일률적으로 적용하고 있다.

위험이 더 크다. 즉, 수익보다는 위험이 더 크다.

전시 상황에는 현장 지휘관의 역할이 중요하듯이 변화무쌍한 디지털 시대에 신속정확한 결정과 조치를 위해서는 현장과 가까운 지방정부에 권한과 책임을 이양하는 것이 합리적일 것이다. 이는 경제적 역할에서 중앙과 지방의 기능적 분업에서 새로운 접근을 요구한다.

과거에는 정부 주도의 산업화와 압축성장이 효과가 있었다. 그러나 이제는 더 이상 유효하지 않으며, 중앙정부의 지나친 개입이 성장을 가로막는 걸림돌이 될 위험이 높다.

고위험-고수익 경제에서는 현장과 동떨어진 중앙정부가 앞장설 경우 잘못된 결정을 할 위험이 확률적으로 더 높다. 중앙정부의 잘못된 결정으로 한정된 자원이 엉뚱한 곳에 투입될 경우 기회비용 손실이 만만치 않고, 그 폐해는 전국으로 확대 재생산될 것이다.

그러므로 중앙정부의 바람직한 역할은 앞장서는 것이 아니라 뒤에서 후원하는 일이다. 고위험 경제에서 개인과 기업이 과감한 결정을 하더라도 실패의 위험으로부터 다시 도전할 수 있는 안전판을 제공하는 것이다.

기술 혁신과 산업구조 조정은 한계산업에서 생산성 높은 신생 산업으로 노동력의 재배치를 필요로 한다. 사회안전망은 이 과정에서 생길 수 있는 일시적인 실업이나 소득상실에 대한 안전판을 제공함으로써 산업구조 조정과 노동력의 효율적 재배치를 촉진하고, 생산성 높은 경제로의 이행을 도울 수 있다.

반면에 전략산업을 육성하거나 산업정책을 미세 조정하는 역할은 지방에 이양할 필요가 있다. 산업육성 정책이 지방으로 이양되면 어떤 이점이 있을까?

우선 각 지방별로 지역 특성에 맞는 다양한 산업정책과 비즈니스 모델의 등장으로 지역별로 특화된 산업생태계가 조성될 수 있다. 이 과정에서 각 지방은 각기 다른 정책적 판단이나 정책실험을 시도할 수 있을 것이다.

물론 이 과정에서 정책적으로 오판을 할 수도 있다. 그러나 그런 경우라 하더라도 그 폐해는 해당 지방의 경계선 내로 제한된다. 반대로 성공한 정책실험의 경우는 다른 지방에서 복제 · 모방하여 전국적으로 확산되고 경제 활력에 기여할 수 있다.

또한 디지털 경제의 성장 요체는 기업하기 좋은 환경 또는 혁신 생태계 조성인데, 이는 정주 여건이나 자녀교육 여건, 여가 및 문화 시설 등 기업 또는 사업체가 소재하는 장소와 밀접한 관계가 있다. 따라서 사업 현장과 장소적으로 가까운 지자체에 그 역할을 맡기는 것이 현장 수요에 맞는 능률적인 지원이다.

요약하자면 중앙정부는 전국 차원에서 사회안전망을 통해 고위험-고수익 경제의 안전판 역할을 하고, 산업육성정책은 지방으로 이양하여 지역별로 다양한 전략산업이 육성될 수 있도록 유도할 필요가 있다. 이는 지방별로 다양한 실험과 시행착오를 가능하게 하고, 결국에는 국가경제의 다양성과 활력을 높이는 데도 긍정적인 작용을 할 것이다.

참고: 중국 지방정부의 산업육성정책

중국은 사회주의 국가이지만 지방분권이 강하다. 경제발전은 주로 지방정부가 계획을 세우고 민간이 주도하는 모델이다. 즉, 중앙정부에 비해 지방정부의 역할이 크다. 창업의 경우에도 중앙정부보다는 지방정부가 주도하고 있다. 창업 절차가 지방정부에 이양되어 간소화됨에 따라 누구나 쉽게 창업하고 새로운 제품과 서비스로 비즈니스에 착수할 수 있다. 이에 따라 수많은 젊은이들이 의욕적으로 창업에 뛰어들고 스타트업에 동참한다.

예컨대 중국에서 창업과 신생 기업 성장이 가장 활발한 지역 중의 하나인 광둥성 선전시 바오안구의 경우 해당 지방정부가 스타트업 엑셀러레이터와 코워킹 스페이스(Accelerator & Co-working Space)를 지원하여 창업 활성화를 유도하고 있다.

그뿐만 아니라 지방정부가 나서서 창업팀의 입주비용을 보조해서 창업 초기의 고정비용 부담과 리스크를 해소해주며, 창업자들에게 생소할 수 있는 절차를 지방정부 공무원이 직접 찾아가서 해결해준다. 중국의 지방 공무원이 이와 같은 서비스 정신으로 무장된 배경에는 스타트업 육성과 성장이 곧 그들의 승진고과에 반영되기 때문이다(손요한, 2018).

이처럼 중국의 경우 지방정부가 지역산업정책을 주도하고 있으며, 창업지원의 기본 골격은 지방정부가 앞장서는 관(官) 주도 창업 및 산업육성보다 민간이 주도하고 지방정부는 우호적인 환경을 조성하고 후원하는 역할에 주력한다. 즉, 민간 주도-관 후원 방식의 창업지원 및 육성 방식이 효과를 거두고 있다.

5.
통일한국의 비전과 지방분권자치[7)]

1) 문제 제기

지방분권은 디지털 시대의 국가생존 전략일 뿐 아니라 한반도 통일국가를 향한 준비 차원에서도 유용한 전략이다.

남한과 북한은 오랜 분단 기간 동안 서로 다른 체제와 상이한 경제발전 수준에서 살아왔다. 이 같은 남북한의 이질성을 극복하고 평화통일로 나아가기 위해서는 첫째로 통일과정이 절차적으로 정당성을 확보할 수 있어야 하고, 둘째로 통일 이후에도 단일국가로서의 정체성을 유지할 수 있어야 하며, 셋째로 오랜 분단 기간 동안 의도치 않게 축적된 이질성을 극복하고 화해 · 공존할 수 있을 만큼 다원주의적이어야 할 것이다.

이하에서는 이 같은 관점에서 한반도 통일과정의 평화적 관리와 통일 이후 남북한 주민 간의 정체성을 확립하기 위한 도구적 가치로서의 지방분권 전략을 검토한다.

---

7) 이 장의 상당 부분은 최창옥(2017) 중의 일부를 본 논문의 편집취지와 맥락에 맞게 부분적으로 수정, 보완한 것이다.

우선 밝혀두고자 하는 것은 이하에서 통일한국의 모델로서 연방국가형 분권국가를 검토하고 있지만, 이는 북한식 연방제 통일과는 엄연히 다르다는 것이다. 여기서 말하는 통일 모델은 자유민주주의 체제가 확고하게 유지될 수 있는 통일만을 유용한 대안으로 검토한다.

이는 앞에서 살펴본 바와 같이 디지털 시대의 국가생존 전략으로서 지방분권자치 모델을 통일 전략으로까지 연장한 것이다. 특히 자유민주주의를 헌정의 기본질서로 하고, 통일 과정과 절차가 북한 주민의 자유의사가 반영되는 민주적 정당성에 근거하는 통일을 지향한다는 것이다.

2) 통일한국의 지방분권 모델: 연방국가형 지방분권

통일국가의 지방자치제도의 형태는 통일과정 및 방법과도 직결되는 문제다. 노태우 정부 이래 역대 정부가 기본적으로 전제해온 통일전략은 3단계 통일론[8]이다.

그러나 이 방식은 가장 민감한 문제, 즉 통일국가의 헌정체제와 남북한의 권력분점 방안이 분명하게 제시되어 있지 않다. 또한 통일 이후에도 남북한 간의 현격한 이질성을 극복하고 화해 · 공존을 보장할 만한 안정되고 신뢰할 만한 제도적 장치가 제시되어 있지 않다는 점에서 적절한 통일 방안인지 의심스럽다.

이하에서는 대안적 통일 방안으로서 자유민주주의를 헌정체제의 기본질서로 하는 연방국가형 지방분권 국가 모델을 제시한다.

앞에서 분단국가의 통일 모델로서 세 가지를 살펴보았다. 그중에서 평

8) 3단계 통일론은 남북한 화해협력-국가연합-완전통일로 이루어져 있다.

화적이고 민주적 절차로 통일에 이르는 모델로서는 연방국가형 지방분권이 가장 현실적으로 보인다. 가장 최근의 사례로 독일은 구동독 지역의 5개 주 주민이 민주적 투표를 통해 독일연방에 가입하는 형식으로 통일을 달성했다.

영국의 경우도 스코틀랜드와 북아일랜드 지역이 비슷한 절차를 통해 연합왕국(United Kingdom)의 일원으로 편입되었다. 미국 또한 50개 주로 구성된 합중국으로 완성되는 과정에서 새로운 주들이 연방에 가입하는 형식과 절차를 통해 오늘의 미 합중국이 탄생했다.

이처럼 연방국가형 지방분권제도가 분단된 국가의 통일 모델로서 현실성이 높은 이유는 연방에 가입하는 주(州)들이 준국가 차원의 자치권을 유지하기 때문에 자치권의 양보를 최소화할 수 있으며, 연방 가입 이전에 비해 국방, 외교, 복지 등 국가 차원 사무에서 일종의 규모의 경제와 범위의 경제를 누릴 수 있다는 이점이 크게 작용한 것이라 할 수 있다.

이러한 역사적 경험과 현실 논리에 비추어볼 때 남북한 통일을 염두에 둔 지방분권과 자치는 연방주의(federalism)의 원리에 입각한 지방자치로 전환할 필요가 있다. 연방주의는 두 가지 관점에서 남북한 통일국가의 지방자치 모델로서 또 다른 장점이 있다.

첫째, 연방제 수준의 지방자치의 확대는 통일 이전에 남북한의 서로 다른 체제 차이를 수렴함으로써 남북한의 이질성을 상당 부분 완화시키고 통일 이후에 있을 중앙정부와 지방정부 간의 자치와 협치를 더 용이하게 조화시킬 수 있다.

둘째, 연방주의는 국방 · 외교 · 재분배 등 국가 사무를 제외한 나머지 대부분의 공공 서비스를 지방정부에 이양하고 광범위한 자치권을 허용하기 때문에 남북한의 체제 차이로 인한 이질성을 통일절차의 마지막 단계에서 상당 부분 수용하거나 극복할 수 있다.

즉 남북한의 서로 다른 정치구조, 경제구조 및 지방행정체계의 차이를 처음부터 획일적으로 일치시킬 필요 없이 영국의 경우처럼 한 국가 내에 다양한 자치체제를 허용할 수 있다. 물론 통일 이후 통일국가의 정치 · 사회적 통합과 안정을 위해서도, 또한 절차적 통일을 내용적 통일로 완성시켜가는 과정에서도 이 같은 다원성은 필수불가결한 요소이기도 하다.

따라서 남북한 통일을 준비하는 차원에서 연방국가형 지방자치를 우리가 추진할 지방자치 모델로 삼고 단계별 추진전략을 강구할 필요가 있다.

3) 통일절차상 지방분권의 도구적 역할

연방국가형 지방분권은 남북한이 정치적 통일에 이르는 절차적 또는 수단적 가치도 크다. 앞에서도 살펴보았듯이 연방국가형 지방자치제도는 영국, 미국, 독일, 독립국가연합(CIS) 등 분열된 지역 또는 다양한 민족이 연합하여 통일국가를 구성하기가 상대적으로 수월하다는 것이 역사적 경험이다(최창호, 2006).

이는 높은 수준의 지방자치권 보장이 중앙과 지방의 권력분립을 통해 단일 중앙정부에 의한 권력남용의 우려를 최소화하고, 중앙과 지방의 권력 분점을 통해 분열과 갈등이 생기더라도 민주적 절차와 타협을 통해 이를 적절히 해소할 수 있는 장치를 마련할 수 있기 때문이다.

그뿐만 아니라 연방국가형 지방자치는 통일과정에서 절차적 합법성과 민주적 정당성을 확보하는 데도 용이하다. 이는 연방국가형의 경우 북한 주민이 원하면 대한민국의 일부로 편입될 수 있는 평화적이고 합법적인 절차가 미리 투명하게 제시될 수 있기 때문이다.

이는 결과적으로 통일절차와 방법의 예측 가능성이 높아지고, 통일과정을 용이하게 하며, 소요 기간도 단축시킬 수 있다. 예컨대 독일 통일의 경우와 같이 북한 내부의 급변사태나 북한정권의 결정에 의해 북한지역 전체 또는 일부 지역이 주민투표를 통해 자율적으로 연방의 일원으로 가입할 수 있는 길도 열어둘 수 있을 것이다.

따라서 연방국가형 지방자치제도로 개헌을 추진할 경우에는 연방가입 절차, 자치권의 허용 수준 등을 명시해 북한지역 전체 또는 일부 지역이 주민투표를 통해 민주적 · 합법적 절차를 통해 연방의 일원으로 가입할 수 있는 문을 열어둘 필요가 있다.

이를 위한 준비과정의 일환으로 우선 남한부터라도 과도기적으로 연방제 수준의 지방자치를 도입하여 안착시키고, 통일에 앞서 일정 기간 학습과 경험을 미리 쌓아갈 필요가 있다.

4) 연방국가형 지방정부의 구성단위

연방국가형 지방분권제도로 전환할 경우 준국가적 자치권을 가질 연방의 기본구성단위, 즉 주정부에 해당할 지방정부 단위를 어느 수준에서 정해야 할까?

그동안 국내에서는 5대 초광역권 중심의 5+2 혹은 5+3 구상[9] 등도 제기되어왔으나, 장차 북한의 일부 지방행정단위가 개별적으로 연방에 가입할 수 있기 위해서는 현재 남한의 16개 광역시 · 도 같은 수준의 지방단위를 연방의 기본 구성단위로 하는 것이 바람직해 보인다.[10]

---

9) 5대 초광역권은 수도권, 충청권, 호남권, 동남권(부산, 울산, 경남), 대구경북권을 지칭하고 +2는 강원과 제주, +3은 여기에 세종시를 추가한다(성경륭, 2013).

10) 통일국가의 기본구성 단위를 남한과 북한이라는 2개를 기본단위로 하는 것은 통일 이후 갈등

기존의 광역시 · 도는 첫째 이미 오랫동안 생활권으로 자리 잡아온 기존의 행정구역체제를 존중하는 절차적 편리성이 있고, 둘째 지역별 향토적 동질성과 유대감이 이미 형성되어 공동체 의식이 강하게 자리 잡고 있기 때문이다. 만일 이를 무시하고 여러 행정구역을 인위적으로 뒤섞어놓으면 하나의 행정구역 체계 내에서 지역 간 갈등의 소지가 너무 크다.

그러므로 한편으로는 오랜 전통을 존중하고, 다른 한편으로는 연방국가형 개헌을 위한 절차적 간편성 그리고 북한지역과의 지방행정조직 조화의 관점에서도 기존 행정구역을 존중하는 것이 바람직해 보인다.[11] 이럴 경우 북한의 일부 지역 가입이 가능한 것은 물론이고 북한 전체가 한꺼번에 가입하는 것도 가능하다는 장점이 있다.

장차 남북한 경제협력과 자유왕래가 활발해지고 북한의 개혁개방이 확대될수록 북한 내에서도 지방분권과 균형발전에 대한 요구가 더욱 강렬하게 분출될 것이다. 이 경우에도 북한 내 주민들의 자치요구는 기존의 지방행정구역 단위를 중심으로 표출될 가능성이 크다는 점도 고려할 필요가 있다.

아직 북한에서는 지방분권과 주민자치를 상상하기 어려우나 북한도 개혁개방이 진전될 경우 경제발전과 주민생활의 향상을 위해 시장경제 확대, 개인의 기본권 확대와 정치 민주화, 지방분권과 주민자치를 점진적으로 실현해가야 할 것이다. 또한 지금까지와 다르게 대결적 남북관계가 공존과 협력의 남북관계로 진화해나가게 되면 지금은 불가능해 보이는 변화가 가능해질 수도 있을 것이다.[12]

이 고착화될 우려가 크고, 연방국가형 지방분권과 자치의 원리와도 부합하기 어렵다.

11) 기존 행정구역들이 자체적인 필요에 의해 초광역권으로 자발적으로 통합하도록 중앙정부가 다양한 인센티브 부여 등 간접적으로 유도하는 방식을 병행할 수 있다.

12) 한편, 냉전 종식 이후 동남아 ASEAN의 후발 회원국인 공산주의 국가들은 선발 회원국에 비해 개발격차가 아직 해소되지 않은 현실적인 한계들이 드러나 있는 상태다. 이러한 현실적인 한

5) 연방국가형 지방분권자치의 단계별 추진전략

(1) 1단계: 경제협력과 자유왕래

우선 남한사회가 지방자치제도 성숙 및 남북통일을 준비한다는 목표 하에 지금과는 달리 연방국가형에 가까운 지방자체제도를 실시하고 정착시킬 필요가 있다. 그리고 남한지역 내에서 다양한 지방자치가 가능한 실험적 모델을 시도하도록 유도하여 다양한 성공모델을 개발할 여건을 미리 조성해야 한다.

이는 장차 북한지역에서 분권과 자치가 허용될 경우 북한 지자체들이 참고하고 활용할 수 있는 다양한 롤모델 개발의 의미가 있다. 이를 위해서는 광역자치단체별로 높은 수준의 자치권한을 부여하고, 광역자치단체별로 각자 자율적으로 하위 지방정부의 지방자치제도를 창의적으로 고안하고 정착시킬 수 있도록 자율권을 부여할 필요가 있다.

남북한 간에 자유왕래가 실시된다고 하더라도 남북한은 각각 자신들의 고유한 체제를 유지하고 있는 단계이므로 북한의 지방자치에 대해 남한정부에서 구체적으로 개입하기는 어렵다. 따라서 우선은 남한에서부터 연방국가 수준의 강력한 분권형 지방자치제도의 정착과 성숙을 도모하여 통일에 앞당겨 대비해야 한다.

이에 반해 북한지역에서는 북한의 사회주의 체제의 특성상 주민자치는 당분간 어려울 것이다. 그러나 북한의 개혁개방이 확대되면 단체자치 형태의 지방분권은 사회주의 체제와도 양립 가능하기 때문에 사실상 북한

계들을 극복하기 위해 러시아 혹은 중국을 잇는 신 실크로드를 통해 개발격차를 좁히고, 관광 등 부가수입 창출로 남한의 원조 없이 자치할 수 있게 하는 전략 등도 심도 있게 고려해야 할 것이다.

스스로의 필요에 의해 상당한 속도로 진전될 수도 있다.

따라서 북한지역의 경우에는 주민이 직접 다스리는 주민자치까지는 아니더라도 중앙과 지방 간의 적절한 사무배분을 통해 능률을 위한 분업적 관점과 주민의 요구와 기대를 더 가까운 지역에서 적절하고 신속하게 대응할 수 있다는 측면에서의 지방분권을 유도할 필요가 있다.

(2) 2단계: 자유무역 및 단일경제권

단일경제권 시대가 되면 경제적으로는 상당 부분 통합이 이루어진 상태라고 할 수 있다. 이 단계는 장차 목표로 하는 정치연합을 위한 준비단계이기도 하다. 이 단계에서 남한지역은 연방국가형 또는 준연방국가형 지방자치가 뿌리내리도록 하면서, 북한지역은 단일국가형 지방자치가 뿌리내리도록 지원한다.

이 단계에서는 남한과 북한의 지방자치단체 차원 또는 지방정부 간 자율적인 교류와 협력을 유도한다. 특히 남한 내에서의 다양한 자치분권 모델을 남북한 지자체 간의 교류협력을 통해 북한 주민이 자연스럽게 학습할 수 있도록 지원하여 북한 주민들이 자치역량과 민주의식의 고양과 역량을 배양할 수 있도록 돕는다.

북한은 경제 분야에서부터 우선적으로 지방의 자율성과 지방분권을 강화하도록 지원하는 것이 바람직하다. 이는 북한이 다른 분야와 달리 경제영역에 한해서는 비록 제한적인 수준이지만 상당한 수준까지 이미 오래전부터 지방분권이 허용되고 있기 때문이다. 이 단계에서 북한지역 내에서는 사회주의 체제에서도 수용이 가능한 단일국가형 지방분권을 추구하고, 비록 주민자치까지는 아니더라도 단체자치 수준의 지방분권이 뿌리내리도록 하며, 장차 명실상부한 지방자치를 위한 준비단계로 삼을 필요가 있다.

(3) 3단계: 단일화폐 제도

한국은 연방국가형, 북한은 준연방국가형 지방자치를 실시한다. 특히 북한지역에서도 분권자치 수준을 단계적으로 확대시켜나가도록 지원하여 단체자치와 주민자치가 병행 추진되도록 지원한다.

단일화폐가 통용될 정도로 경제교류가 활발해지면 남북한 지방자치 정부 간의 교류와 협력도 매우 활발해질 것이다. 이러한 과정에서 그동안 남한사회에서 어느 정도 뿌리내린 연방국가형 지방자치 모델이 상당한 간접학습 효과를 통해 북한지역도 주민이 직접 참여하는 지방자치로 전환하는 데 추진력을 부여할 수 있을 것이다. 물론 남한과 북한의 화폐 가치가 다르고 단위도 다르기 때문에 한반도 전역에서 통일화폐를 정착시키기는 쉽지 않을 것이다.

(4) 4단계: 통일 및 1국가 1체제

남한의 자유민주주의 체제가 주도하는 연방국가형 지방분권국가 체제가 되고, 북한지역에도 주민자치를 근간으로 하는 다양한 형태의 지방자치 모델이 자리 잡는 단계에 해당한다.

이 단계가 되면 북한지역으로 4대 보험이 확대 적용되어야 할 것이다. 이는 통일국가로 나아가는 중요한 추진력이 될 수도 있고, 통일에 대한 북한 주민의 거부감도 크게 약화시킬 수 있을 것이다.

정치연합 시 남한지역과 북한지역이 국가권력 또는 중앙정부의 권한을 어떻게 공유 또는 분점할 것인가 하는 것은 통일과정의 안정적 추진을 위한 절차적 또는 도구적 효용 측면에서 중요한 문제다. 또한, 통일 이후에도 정치적 안정과 단일국가로서의 정체성과 일체성을 단단하게 유지하기 위한 조건으로서의 도구적 가치도 매우 크다.

권력분점 또는 공유방식에서 특히 중요한 것이 의회 기능이다. 의회는 연방국가의 전례를 참고하여 지역 대표성을 갖는 상원과 인구비례를 대표하는 하원으로 구성되는 양원제가 필요하다. 인구비례로만 할 경우 남한의 인구가 북한에 비해 2배에 달한다는 측면에서 북한지역 주민들의 요구와 기대를 적정수준으로 담아내기 어렵기 때문에 이는 남북한 통일과정에서 중요한 장애요인이 될 것이다.

이러한 장애를 100% 해소하기는 어려우나 어느 정도 수용할 수 있는 방안은 남북한 비슷한 수준의 인원으로 구성되는 상원이 필요하다. 상원은 인구비례대표인 하원에서 다수를 차지하는 남한지역 의원들에 의한 다수 권력의 남용을 효과적으로 견제할 수 있는 역할을 함으로써 북한지역 주민들의 우려를 상당 부분 완화시킬 수 있기 때문이다.

상원 구성의 토대는 광역시 · 도별 2인의 대표로 구성되는 방식이 현실적으로 가장 적합하다. 광역시 · 도의 지방행정구역 경계는 분단 직전의 행정구역을 기준으로 하되, 인구규모의 크기를 어느 정도 감안하여 조정하는 것이 바람직할 것이다.

분단 직전 북한지역의 광역 행정구역은 함경도, 평안도, 황해도, 그리고 강원도 일부(3.5개 도), 남한지역은 경기도, 충청도, 경상도, 전라도, 강원도 일부(4.5개 도)였다. 한편, 참고로 제주도는 분단 직전에는 전라남도 행정구역이었다가 이후에 분리되었지만, 지리적 특수성을 고려하여 하나의 독립된 광역행정구역으로 인정할 필요가 있다.

결국 북한은 3.5개, 남한지역은 5.5개의 비율로 상원을 구성할 수 있다. 물론 극단적으로는 남북한 동수로 상원을 구성하고, 매 10년 등 일정 기간을 단위로 인구비례를 감안하여 조정하는 방안도 생각해볼 수 있다.

6.

결론: '지방분권자치'는 국가생존 전략

우리의 중앙집권관치는 냉전과 남북한 군사적 대치상황을 극복하기 위한 국가안보적 필요와 정부 주도의 산업화 정책을 통해 압축성장하는 데 긍정적인 기여를 한 것은 사실이다.

그러나 산업화 이후 민주화, 그 뒤를 이은 글로벌화, 그리고 다시 디지털 경제로 급격하게 전환되는 환경에서는 더 이상 유효하지 못하다. 오히려 급변하는 경제 환경에 신속하고 효율적인 대응을 가로막는 족쇄가 되고 있다.

따라서 디지털 시대의 국가생존과 경제 활력을 보장할 수 있는 대안을 모색할 필요가 있으며, 그 대안은 지방분권이다.

중앙정부와 지방정부 간 적절한 권한과 책임의 구분에서는 '보충성의 원리(principle of subsidiarities)'가 중요하다. 이는 주민생활에 필요한 모든 공적 기능은 주민과 가장 가까운 곳에서 주민들의 요구에 가장 효율적으로 부응할 수 있는 지방정부에 우선적으로 귀속되고, 지방정부가 수행할 수 없거나 국가 전체에 해당하는 기능은 상위 정부 또는 중앙정부에 귀속되는 원리를 말한다.

보충성의 원리는 중앙과 지방이 각자 비교우위와 전문성 및 분업의 원리에 따라 권한과 책임을 배분하는 것으로 능률의 원리가 작동하는 것이지만, 중앙에 위한 권력의 독점을 제어하고, 지방으로의 권력 분산과 기능적 분업을 통해 급격한 환경 변화에 탄력적으로 대응한다는 실용적 차원에서도 중요하다.

이는 국민이 주권자라는 민주주의의 근본취지를 충실하게 살린다는 차원에서도 지당한 원리라 할 수 있다. 즉 국민은 주권자로서 최적의 공공서비스를 누릴 권리가 있으며, 정부 역시 이 같은 국민의 당연한 권리에 최적화된 방식으로 봉사할 의무와 책임이 있기 때문이다.

디지털 기술 시대의 지방분권자치도 이 같은 보충성 원리에 충실해야 할 것이며, 이에 따라 지방분권을 위한 세 가지 원칙 또는 방향을 제시한다. 첫째는 의사결정 단위의 경량화, 둘째는 재정의 지방분권화, 셋째는 국가-지방의 기능적 분업, 즉 국가는 사회안전망, 지방은 산업육성으로 전문화하는 것이다.

첫째로 의사결정 단위의 경량화란 정부 조직과 운영의 기본 원리를 작고 효율적인 조직으로 나누고 다원화하여 권한과 책임의 관계를 명확히 한다는 것이다. 이를 위해서는 중앙정부나 상위기관에 집중된 권한과 기능을 지방이나 하위기관으로 이관하고 분권화해야 할 것이다.

둘째로 재정의 지방 분권화인데, 지방분권은 곧 재정분권이고 재정분권은 곧 지방세의 과세 자주권과 사실상 동일시된다. 과세 자주권이란 지방세의 세목과 세율을 지방의 재정수요에 따라 자율적으로 결정할 수 있는 권한을 말한다. 다행히 현재 우리나라는 지방의 자치 재정권을 헌법적으로 규정하고 있어 의지만 있으면 실행이 가능하다.

셋째로 중앙과 지방의 권한과 역할의 재배치로, 중앙은 전국 차원의 사회안전망, 지방은 산업육성정책으로 전문화하는 것이다.

디지털 경제는 본질적으로 인적 자본(human capital)이 이끌어간다. 따라서 유망산업으로의 인적 자본의 원활한 재배치가 곧 국가 경쟁력을 좌우하는데, 사회안전망이 생산적으로 운영될 경우 산업 간 노동력 이동을 촉진함으로써 유망산업을 육성하고 후원할 수 있다.

반면에 전략산업을 육성하거나 산업정책을 미세 조정하는 역할은 지방에 이양할 필요가 있다. 산업육성정책이 지방으로 이양되면 어떤 이점이 있을까?

우선 각 지방별로 지역 특성에 맞는 다양한 산업정책과 비즈니스 모델 등장으로 지역별로 다양한 산업생태계가 조성될 수 있다. 이 과정에서 각 지방은 각기 다른 정책적 판단이나 정책실험을 시도할 수 있을 것이다.

물론 이 과정에서 지자체에 따라서는 정책적으로 오판할 수도 있다. 그런 경우라 하더라도 그 폐해는 해당 지방에 국한된다. 그러나 반대로 성공한 정책실험은 다른 지방에서 복제·모방하여 전국적으로 확산됨으로써 경제 활력을 높일 수 있다.

또한 디지털 경제의 성장 요체는 기업하기 좋은 환경인데, 이는 정주 여건, 자녀교육, 여가 및 문화 시설 등 기업 또는 사업체가 소재하는 장소와 밀접한 관계가 있다. 따라서 사업 현장과 장소적으로 가까운 지자체가 그 역할을 하는 것이 능률적이다.

요약하자면 중앙정부는 전국 차원에서 사회안전망을 통해 고위험-고수익 경제에 대한 안전판 역할을 해줄 필요가 있다. 즉, 콘크리트 바닥에 매트리스를 깔듯이 개인이나 기업이 과감한 실험에 도전할 수 있도록 안전판을 제공함으로써 경제 활력 제고에 기여할 수 있다.

반면에 산업육성은 지방으로 이양할 필요가 있다. 이는 지방별로 다양한 실험과 시행착오를 가능하게 하고, 결국 국가경제의 다양성과 활력을 높이는 데도 긍정적인 기여를 할 것이다.

한편 지방분권은 한반도 통일과정에서 민주적 정당성을 확보하고, 통일 이후 남북한 주민의 화합을 위해서도 바람직한 대안이 될 수 있다. 그 이유는 다음과 같다.

우선 통일한국의 지방자치는 연방국가형 분권자치가 바람직하다. 즉 광역지방자치단체가 광역 지방정부의 역할로 전환하고 준국가 수준의 자치권을 부여함으로써 지방분권자치를 기반으로 하는 다원주의적 정부 시스템으로 전환해야 한다.

이는 통일과정에서도 절차적 합법성, 남북한 주민의사에 토대를 둔 민주적 정당성 확보에도 기여할 것이다. 그뿐만 아니라 통일 이후 남북한 지역갈등 해소 및 남북한 균형발전을 위해서도 필수다.

연방국가형 분권자치의 단계별 추진을 위해서는 1단계로 남한에서부터 우선 준연방 수준의 분권자치를 통해 광역시 · 도별 다양한 자치모델을 실험하고 경험적 학습을 쌓을 수 있도록 하여 지역주민들의 민주적 자치역량을 배양할 필요가 있다.

이어서 2단계에서는 남한정부의 준연방형 분권자치를 확고하게 정착시킨다. 3단계로는 연방국가형 분권자치로 이행하고, 4단계에서는 연방국가형 단일국가 모델을 완성시킨다.

남북한 체제의 이질성이 현격하므로 과도기적 단계에서는 남북한 간 교류와 협력은 북한 내에 분권화가 상당 수준 진전되어 안정적으로 자리잡은 이후로 미루고, 그 이전까지는 중앙정부를 매개하거나 중앙정부와의 협력을 바탕으로 추진하는 것이 바람직하다.

이런 점에서 남한에서부터 우선 과도기적 단계로서 준연방 수준의 분권자치를 통해 광역시 · 도별 다양한 모델의 지방자치를 실험하고 경험적 학습을 쌓을 수 있도록 하여 남한 주민들의 민주적 자치역량을 미리 배양하고 축적해나가는 것이 유효한 통일전략이 될 수도 있다.

참고문헌

국내문헌

강용기(2008). 『현대지방자치론』. 대영문화사.

김희식(2019), "지역의 자생 발전을 위한 제도틀 모색"

성경륭(2013). 『균형사회와 분권국가의 전망』, 한울.

소진광 등(2008). 『한국 지방자치의 이해』, 박영사.

손요한(연도), "혁신의 시대, 정부의 역할은 무엇인가?"

임성일(2017). 『지방자치단체의 위기와 파산』. 도서출판 해남.

차상붕(2001), "과세자주권의 범위와 확대에 관한 연구," 충남대 박사학위 논문.

최창옥(2019), "미래 시나리오 및 정책변수 도출 연구," 국회 미래연구원.

______(2018), "4차 산업혁명시대 남북 지방자치 추진전략", 『카이스트 통일을 말하다』, 김영사.

______(2017), 『4차 산업혁명의 경제적 의미와 정부 역할』, 한국정보화진흥원.

최창호(2006). 『지방자치학』, 삼영사.

______(2009). 『지방자치의 이해』, 삼영사.

국외문헌

Carrol Corrado, Jonathan Huskel, Cecilia Jona-Lasino, Massimilano Lomni (2002). "Intangible Capital and Advanced Economies: Measurement Methods and Comparative Results".

Jonathan Gruber (2011). *Public Finance and Public Policy*, 3rd ed.

OECD (2015). *Young SMEs, Growth and Job Creation*.

참고: 재정분권화의 헌법 및 법률적 근거[13)]

우리 헌법상 지방분권, 그중에서도 재정분권은 어느 정도까지 가능할까? 헌법상 지방자치단체의 재정자치를 규제하는 조항은 크게 두 가지다. 하나는 헌법 제59조로, "조세의 종목과 세율은 법률로 정한다"고 규정함으로써 조세법률주의의 원칙을 선언하고 있다. 물론 여기서 조세법률주의란 "조세의 부과 · 징수는 반드시 국회에서 제정하는 법률에 의하여야 한다"는 것을 말한다.

다른 하나는 헌법 제117조 제1항에서 "지방자치단체가 재산을 관리하는 권한"을 지방자치단체에 부여하여 자치재정권을 헌법적으로 보장하고 있다. 여기서 자치재정권이란 예산, 지출권(세출권)과 수입권(세입권)으로 구성되며 그중에서도 특히 세입권은 지방자치단체가 그 고유한 업무를 수행하기 위해 지방세를 부과 · 징수할 수 있는 권한을 포함한다.

자치재정권 중에서 주민에게 지방세를 부과 · 징수할 수 있는 권한을 지방자치단체의 과세 자주권이라고 하며, 지방세의 세목과 과세표준, 세율 등을 조례로서 자율적으로 결정할 수 있는 권리를 의미한다고 할 수 있다(차상붕, 2013).

지방자치단체의 과세권은 재정분권의 핵심이라 할 수 있는데, 이 두 조항에 비추어 지방자치단체의 과세권은 어느 정도까지 보장될 수 있을까? 이는 헌법 제59조의 조세법률주의라는 형식요건과 헌법 제117

13) 이 부분은 최창옥(2019)의 일부 내용을 부분적으로 수정, 보완한 것이다.

조에서 규정한 지방자치권의 실질적 보장을 어떻게 조화시킬 것인지에 달려 있다.

현행 법체계 하에서는 지방세와 관련한 조세법률주의는 지방세의 범위를 설정하고 그 범위 내에서 지방자치단체가 세목과 세율을 결정하도록 지방세 과세권을 규정하는 식으로 보장하고 있다.

지방재정권의 범위에 대해서는 헌법 제117조를 정점으로, 지방자치법 제135조에서 "지방자치단체는 법률이 정하는 바에 따라 지방세를 부과, 징수할 수 있다"고 규정하고 있으며, 이 규정에 따라 지방세법 제3조 제1항에서는 "지방자치단체는 지방세의 세목, 과세객체, 과세표준, 세율 기타 부과, 징수에 관하여 필요한 사항을 정함에 있어서는 (이 법이 정하는 범위 안에서) 조례로써 하여야 한다"고 규정하고 있다.

여기서 "이 법이 정하는 범위 안에서"라는 부분을 괄호로 묶었는데, 이 부분은 1998년 법률개정(법률 제5615호)를 통해 포함시킨 것으로, 지방세에 대한 조례의 규율을 지방자치제도 출범 당시보다 오히려 더 까다롭게 만든 것으로, 지방분권의 관점에서 보면 일종의 퇴행이라 할 수 있다.

현행 법체계하에서는 지방자치단체가 법률의 위임 없이 새로운 세목을 조례로써 신설하는 것은 위헌이지만, 국회의 법률 개정을 통해 어느 정도의 포괄적 위임은 가능하다고 볼 수 있다. 현행 법체계 하에서 지방자치단체의 조례 재정권의 범위와 한계는 ① 법령의 범위 안에서, ② 지방자치단체의 사무에 관한 사항을 대상으로 한다.

여기서 지방자치단체의 사무는 지방자치법 제9조 제1항의 "그 관할구역의 자치사무와 법령에 의하여 지방자치단체에 속하는 사무",

즉 자치사무와 단체위임사무를 뜻하고, 국가사무가 지방자치단체의 장에게 위임된 경우, 즉 지방자치단체의 장이 국가기관의 하급기관의 지위에서 수행하는 국가위임사무는 여기에 포함되지 않는다(대법원 1999.9.17. 선고, 99추30 판결).

한편 조세법률주의의 해석 또는 실제 적용에서는 "대표 없는 과세 없다"는 문구의 역사적 기원이 보여주듯이 국회에서 의결한 법률이라는 형식 요건에 지나치게 얽매이기보다는 실질적인 의미를 살릴 필요가 있다.

당해 지방자치단체의 주민들이 직선으로 선출한 지방의회가 조례를 통해 그 관할구역 내 주민들만을 위한 지방 고유 사무의 수행을 위해 지방세를 부과 · 징수하는 것은 조례의 전속관할 권한으로, 포괄적인 위임 형식으로 대폭 허용하는 것이 "대표 없는 과세 없다"로 상징되는 조세법률주의의 실질적 취지를 살리는 것이라고 할 수 있다.

즉 헌법에서 규정한 조세법률주의와 역시 헌법이 보장하고 있는 지방자치재정권의 조화를 위해서는 조세법률주의의 실질적 의의를 침해하지 않는 한 법률에 의한 위임을 통해 조례에 의한 지방세의 부과 · 징수를 가능한 한 포괄적으로 허용하는 것이 바람직하다고 할 수 있다.

법률, 예컨대 지방세법 등을 통해 지방세 과세권을 조례에 위임하는 경우 법적 안정성과 예측 가능성을 크게 저해하지 않는 범위 내에서 과세요건과 절차 등을 명확하게 규정하는 대신 일반적 혹은 추상적 개념이나 개괄 조항의 사용도 가능할 것으로 여겨진다.

그뿐 아니라 국세와 지방세의 분류도 법률 개정을 통해 지방자치재정권을 대폭 확대하는 방향으로 재조정이 가능하며, 경우에 따라서는 국세, 예컨대 소득세도 해당 지방자치단체에서 징수한 부분은 국가와 해당 지방자치단체 간에 일정 비율로 배분하는 식으로 재정분권을 실질적으로 보장하는 것도 가능할 것이다.

이러한 지방자치단체의 과세권은 조세 투명성을 높이고, 세원 포착 및 확대를 통해 넓은 세율-낮은 세율 원칙에 의한 조세 효율성과 형평성을 높이는 데도 기여할 것이다. 또한 지방자치단체의 자율권과 책임성을 크게 높이고 조세-편익 연계성을 강화시킴으로써 앞으로 예상되는 조세부담률 증가에 대한 주민들의 저항 또는 거부감을 낮추는 데도 기여할 것으로 예상된다.

이런 점들을 종합해볼 때 조례가 관할지역 주민의 직선에 의해 선출된 지방의회에서 제정되는 자주법이라는 점에서 (현행 헌법의 양대 조항의 해석을 지방자치권 보장에 무게를 두는 방식으로 재해석하여) 포괄적 위임의 범위를 넓혀가는 것이 바람직할 것이다.

특히 조세법률주의의 취지가 "대표 없는 과세 없다"라는 민주주의 출발에 그 기원을 두고 있다는 점에서, 지방자치단체 관할 구역의 고유 사무로서 해당 주민들에게만 적용되는 과세를 그 지방 주민 및 고유 사무와 동떨어진 타 지역 대표들이 대부분을 차지하는 국회가 지나치게 간섭하는 것은 "대표 없는 과세 없다"라는 조세법률주의의 원래 취지와 오히려 충돌하는 것으로 볼 수도 있다.

결론적으로 지방세의 경우에는 조세법률주의의 형식적 이해와 함께 헌법적으로 보장되어 있는 지방자치권의 실질적 보장도 동시에 고려하여 균형을 유지할 필요가 있는데, 정부의 의사결정단위의 경량화 및 다원화를 위해, 그리고 민주주의의 실질적 보장을 위해 헌법의 해석 또는 국회의 법률을 통해 지방자치단체의 과제 자주권을 포괄적으로 허용하는 방식으로 재정 분권화를 실질적으로 보장할 필요가 있다.

찾아보기

ㄱ

ㄴ

ㅈ

ㅊ

ㅋ

ㅌ

ㅍ

ㅎ

ABC

123

저자소개

김강식

한국항공대학교 경영학부 교수로 재직하고 있으며 독일 만하임대학교에서 인사 · 노동전공으로 경영학 박사학위를 받았다. 훔볼트재단 펠로우, 베를린자유대학교와 뮌헨대학교 초빙교수 등을 역임하였으며 경제사회노동위원회, 산재보험심의위원회, 서울지방노동위원회에서 공익위원으로 활동하였다. 한독경상학회와 한국질서경제학회의 회장과 편집위원장을 역임하였다. 주요 연구 분야는 노동, 고용, 인적자원관리 등이며, 『신인적자원관리』(탑북스, 2018), 『노사관계론』(무역경영사, 2015) 외 다수 저서와 연구논문을 발표하였다.

김대철

고려대학교 경제학과와 동 대학원 경제학과를 졸업하고, 재정학 전공으로 경제학 박사학위를 받았다. 한국보건사회연구원, 국민연금연구원, 국회예산정책처를 거쳐 현재 대구경북연구원 연구위원으로 근무하고 있다. 주요 연구 분야는 공적연금을 포함한 복지재정, 재정수지와 국가채무 등 재정총량, 장기재정전망, 조세 이론 등이며 최근에는 지방재정에 관심을 가지고 연구하고 있다. "아동수당제도가 출산율 제고에 미치는 효과"(2018), "경북의 지방소비세율 인상 영향과 지방교부세제도 개선방안"(2019), "광역지자체의 분야별 재정지출이 경제성장에 미친 효과 연구"(공저, 2020) 등의 논문과 보고서가 있다.

김상철

한세대학교 사회복지학과 교수로 재직하고 있으며, 고려대학교 경제학과와 동 대학원 경제학과에서 학사와 석사를, 독일 브레멘(Bremen)대학교 경제학과에서 사회정책전공으로 박사학위를 받았다. 한국보건사회연구원과 서울시의회 보건복지위원회에서 근무한 바 있다. 주요 연구 분야는 경제와 복지의 관계에 관한 이론이며, 복지재정, 경제민주주의 및 독일 통일 등을 주제로 논문을 발표하였다. 최근에는 장애인 직업재활과 고용에도 관심을 가지고 연구하고 있다. 『한국 복지국가의 정치경제』(공저, 2012), 『복지국가의 조세와 정치』(공저, 2015), 『독일의 사회보장제도』(공저, 2018) 등의 저서가 있다.

김상호

광주과학기술원 기초교육학부 교수로 재직하고 있으며, 독일 엘랑엔-뉘른베르크(Erlangen-Nurnberg) 대학교 경제학과에서 학사, 석사, 박사 학위를 받았다. 한국보건사회연구원 원장, 저출산고령사회위원회 위원, 국민연금 기금운영위원회 부위원장, 사회보장위원회 위원으로 활동하였다. 주요 연구 분야는 복지재정, 사회보험, 사회보장 및 통일 등이다. 논문으로 "국민연금 재정불균형과 개혁(안)의 소득재분배 효과"(2019), "동독 사회정책의 이상, 현실 및 체제 붕괴"(2019), "독일 공무원연금제도의 개혁과 시사점"(2015), "독일 미니잡 취업자의 사회적 보호"(2015) 등이 있다.

김성국

이화여자대학교 경영대학 명예교수로, 이화여자대학교 경영대학 경영학부 교수, 경영대학장, 경영전문대학원장을 역임하였다. 서울대학교 인문대학 독어독문학과(문학사)와 서울대학교 대학원 경영학과(경영학 석사)를 졸업했으며, 독일 만하임(Mannheim)대학 경영대학원에서 경영학 박사학위(Dr. rer. pol.)를 받았다. 한국 인사조직학회장, 한·독경상학회장, 대한리더십학회장, 아시아·유럽미래학회장, 베를린(Berlin)자유대학 강의교수, 함부르크(Hamburg)대학 대리교수를 역임하였다. 유럽저널 Management Revue 편집 및 자문위원으로 활동하였으며, 저서로는 『인적자원관리5.0』, 『모멘트리더십』, 『실리콘밸리에서 만난 괴테와 스티브잡스의 대화』 등 다수가 있다.

김이석

아시아투데이 논설심의실장으로 재직하고 있으며, 서울대학교 경제학과를 졸업하고 미국의 뉴욕대학교에서 '하이에크 지식의 문제(Hayekian Knowledge Problem)' 관련 논문으로 경제학 박사학위를 받았다. 한국경제연구원, 한국개발연구원, 국제문제조사연구소, 국회예산정책처, 경기개발연구원 등에서 연구하였고 시장경제제도연구소 소장을 맡고 있다. 『번영은 자유주의로부터』, 『시장경제원론』, 『경제학, 더 넓은 지평을 향하여』(공저) 등의 저서와 『루드비히 폰 미제스』, 『화폐와 신용의 이론』, 『자유주의로의 초대』(공역), 『자유의 윤리』(공역) 등의 역서가 있다.

민경국

서울대학교 문리대를 졸업하고, 독일 프라이브르크 대학교에서 경제학 석사 박사를 취득했다. 강원대학교 경제학과 교수를 거처 정년퇴임과 함께 현재 같은 대학 명예교수로서 자유주의경제철학아카데미 원장과 한국경제신문고정 칼럼니스트로 활동하고 있다. 하이에크소사이어티 회장과 제도경제학회 회장을 역임했다. 최근의 주요 저서로는 『국가란 무엇인가』(2018), 『자유주의의 도덕관과 법사상』(2016), 『자유민주주의란 무엇인가?』(2015), 『경제사상사 여행』(2014), 『자유의 길: 하이에크의 자유주의 사상연구』(2007), 『자유주의의 지혜』(2007) 등이 있다.

장태석

경북대학교 경제통상학부 교수로 재직하고 있으며, 서울대학교 사범대학에서 학사와 동 대학 국제대학원에서 석사를, 독일 키엘(Kiel)대학교에서 경제학 박사학위를 받았다. 한독경상학회 사무국장, 한국질서경제학회 이사, 한국EU학회 사무국장을 역임한 바 있다. 주요 연구 분야는 국제금융, 거시경제, 계산경제, 독일의 경제정책 등이다. 최근에는 불확실성이 경기변동에 미치는 연구에도 관심을 가지고 연구하고 있다. 주요 연구논문이 해외 저명학술지인 *Journal of Economic Behavior and Organization*, *Computational Economics*, *B.E. Journal of Macroeconomics* 등에 게재되었다.

전삼현

숭실대학교 법학과 교수로 재직하고 있으며, 숭실대학교 법학과에서 학사와 석사를, 독일 프랑크푸르트(Frankfurt)대학교 법학과에서 법학전공으로 박사학위를 받았다. 주요 연구 분야는 회사법, 경제법, 자본시장법에 관한 이론 등이다. 최근에는 4차 산업혁명 시대의 창업, 식물신품종보호제도에도 관심을 가지고 연구하고 있다. 『자본시장법 개론』(2016), 『4차산업시대 성공적 창업』(2018) 등의 저서가 있다.

정남기

동아대학교 경제학과 교수로 재직하고 있으며, 독일 Technische Universität Berlin(베를린 공대) 경영학 학사와 석사 그리고 경제학 박사학위를 받았다. 중소기업연구원에 다년간 재직하였으며, 주요 연구 분야는 금융시장, 질서자유주의, 중소기업정책 등이다. 최근에는 부동산정책에도 관심을 가지고 연구하고 있다. 『눈앞의 생선보다 어장이 우선이다: 이야기로 읽는 중소기업정책혁신』(공저, 2006), 『대중소기업상생협력: 해외사례를 중심으로』(공저, 2006) 등의 저서가 있다.

조병선

독일 쾰른대학교에서 경제공법을 전공하여 법학박사 학위를 취득한 후, IBK기업은행 경제연구소장, 숭실대학교 벤처중소기업학과 교수, 한국가족기업연구원장 등을 역임하였으며, 현재는 중견기업연구원장으로 재직하고 있다. 주된 연구 분야로는 가족기업의 경영과 승계, 중소 · 중견 기업정책, 독일 미텔슈탄트 및 히든챔피언 등이 있다.

최종태

서울대학교 경영대학 명예교수로 재직하고 있으며, 영남대학교 상학과에서 학사와 석사를, 오스트리아 린츠 대학교 경영학과에서 박사학위를 받았다. 서울대학교에서 30여 년간 경영대학 교수로서 근무하면서, 경영대학 학장, 노사관계 연구소장, 서울대 교수협의회 회장 등을 역임한 바 있다. 한국 경영학회 회장, 한국 노사관계학회 회장, 한국 인사관리학회 회장, 그리고 한국생산성학회 회장 등의 학회장과 최저임금위원회 위원장, 대통령소속 노사정위원회 위원장(장관급) 등의 공직도 역임한 바 있다. 『현대 노사관계론』(경문사, 1982), 『현대 인사관리론』(박영사, 1981) 등을 비롯한 다수의 저서와 논문이 있다.

최창옥

뉴욕주립대학교(스토니부룩)에서 경제학 박사학위를 받았으며, 경기변동, 경제성장, 계량경제를 전공하였다. 주로 경제의 동적인 변화 패턴과 방향을 수리적, 계량적으로 분석하는 데 관심을 갖고 공부하였다. 성균관대학교 경제학과에서 재정학, 거시경제학, 수리경제학을 강의하고, 디지털 경제(4차 산업혁명, 블록체인 등)에 관해서도 몇 년째 연구하고 있다. 기업 또는 정부기관 공무원 대상으로 디지털 경제 관련 강의도 하고 있으며, 판교 테크노벨리에 소재하는 소프트웨어정책연구소에서도 2년 남짓 근무한 바 있다. 특히 최근에는 용인대학교에서 빅데이터 강의도 시작하였다. 질서경제와 관련해서는 주로 경제질서, 재정정책, 민주주의 및 미래학에 관해 호기심을 갖고 연구하고 있다.